科学版素质教育丛书·人文类
安徽省高等学校"十一五"省级规划教材

中国文化概论

主　编　檀江林
副主编　陆　琳
　　　　汪　清
　　　　崔景明

科学出版社
北　京

内 容 简 介

本书主要面向理工类大学生文化素质教育，遵循人文精神与科学理性有机结合的思路，重点探讨中国传统文化不同学派、不同门类中的内在主体精神，贯彻历史与逻辑相统一的原则。全书由内在紧密关联的四大文化模块构成：首先对中国文化的总体状貌、形成背景、发展沿革和基本精神进行系统阐释，然后对中国传统文化的五大核心内容进行系统阐释，进而对中国五大文化门类的精髓展开深度挖掘，最后适当关注当代中国主流文化和大众文化的基本趋向。

本书既可作为普通高等学校公共基础课的教材，也可作为具有中等以上文化程度的读者研习中国文化的参考书和培训教材。

图书在版编目(CIP)数据

中国文化概论/檀江林主编. —北京：科学出版社，2013
安徽省高等学校"十一五"省级规划教材
ISBN 978-7-03-037252-9

Ⅰ.①中… Ⅱ.①檀… Ⅲ.①中华文化-高等学校-教材 Ⅳ.①K203

中国版本图书馆 CIP 数据核字 (2013) 第 064838 号

责任编辑：相 凌 / 责任校对：彭 涛
责任印制：徐晓晨 / 封面设计：华路天然工作室

科学出版社 出版
北京东黄城根北街 16 号
邮政编码：100717
http://www.sciencep.com

北京虎彩文化传播有限公司 印刷
科学出版社发行 各地新华书店经销
*
2013 年 4 月第 一 版 开本：787×1092 1/16
2019 年 6 月第五次印刷 印张：15 3/4
字数：397 000
定价：49.80 元
(如有印装质量问题，我社负责调换)

前　言

2011年10月,《中共中央关于深化文化体制改革推动社会主义文化大发展大繁荣若干重大问题的决定》指出:"文化是民族的血脉,是人民的精神家园","没有社会主义文化繁荣发展,就没有社会主义现代化。在新的历史起点上深化文化体制改革、推动社会主义文化大发展大繁荣,关系实现全面建设小康社会奋斗目标,关系坚持和发展中国特色社会主义,关系实现中华民族伟大复兴。"党的十八大报告明确提出:"要坚持社会主义先进文化前进方向,树立高度的文化自觉和文化自信,向着建设社会主义文化强国宏伟目标阔步前进。"英国著名历史学家汤因比曾经统计过,在人类历史上共出现过26个文明形态,而在长期的历史演变进程中,有的衰落,有的消亡,有的中断,有的被异族征服,至今尚存者寥寥。唯有中华文明绵延数千年而从未中断,成为世界延续型文化的代表,至今仍展现其强大的生命力。当21世纪中华民族再次阔步走向世界,实现民族的复兴大业时,了解中国传统文化的基本内容、主体精神和价值观念、认识方式和行为手段,有助于我们去鉴赏、去甄别、去传承、去创新,进而增强我们应对挑战的信心与实力。这就是我们编写本书的主要着眼点。

中华民族文化是一个多元一体的有机价值体系,是统一的中华民族创造力的反映。中国传统文化的产生和发展受制于独特的自然条件和社会历史条件,包括大陆性地域的地理环境、以小农经济为主体的经济基础、以家族制度及"家国同构"为特征的社会结构、相对封闭的国际条件等诸多因素,它们相互影响,相互制约,构成了一个稳定的生存系统。与这个系统相适应,中国传统文化的形成和发展自成一体,形成了鲜明的文化特色。

应该说,中国文化的研究范围是一个非常宽泛的课题。广义上,应该包括中国有史以来创造的物质生产文化、制度行为文化、精神心理文化的总和。本书则侧重中国文化中的精神心理、观念形态的形成、演变、沿革及其规律性的探讨。在研究中国文化时,既注意到其历史性,又注意到其共同性,更关注其当代性;既阐述文化基本结构的有机组成,又侧重文化主体内容的基本精神与规律的探讨。

本书的总体构架是面向理工类大学生文化素质教育,遵循人文精神和科学理性有机结合的思路,重点探讨蕴含在中国传统文化不同学派、不同门类中的的内在主体精神,贯彻历史与逻辑相统一的原则,设计出具有内在紧密关联的四大文化模块:首先通过对中国文化的总体状貌、形成背景、发展沿革和基本精神进行系统阐释,让读者对中国传统文化有一个概要性、总体性的把握(包括第一章至第四章);然后对中国传统文化的五大核心内容(儒家思想、道家道教思想、中国佛教文化、法家法文化、兵家思想)进行系统阐释(包括第五章至第九章);进而对哲学、史学、文学、艺术和科技五大文化门类展开深度挖掘（包括第十章至第十四章）；最后对当代中国主流文化的社会主义和谐文化的趋向，以及改革开放以来中国大众文化的基本走向予以适度关注，并进行前瞻性思考（包括第十五章、第十六章）。

本书由檀江林教授担任主编，陆琳、汪清、崔景明担任副主编。具体章节编写分工如下：檀江林编写第一章，第四章，第十章第三节；陆琳编写第十二章，第十三章；汪清编写第五章，第八章，第十一章；崔景明编写第二章，第六章；王前军编写第十四章，第十六章；陈二林编写第三章，第九章；刘红梅编写第七章，第十章第一节、第二节；孙玉红编写第十五章。最后由檀江林负责全书的统稿与文字润色，并负责整理参考文献。合肥工业大学马克思主义学院研究生何恩情、武晓妹和郑晴晴全程参与了书稿内容特别是全部引文的核对工作。

在本书编写和出版过程中，得到华中科技大学杨叔子院士、教育部原社科司司长杨瑞森教授、合肥工业大学党委副书记张效英研究员、滁州学院党委书记庆承松教授、合肥工业大学马克思主义学院院长黄志斌教授、合肥工业大学出版社原总编钟玉海教授、合肥工业大学人文素质教育中心主任李永山博士、合肥工业大学学工部长王峰博士等相关领导的大力支持，科学出版社相凌编辑更为本书的出版付出辛勤劳动，在此一并表示深深的谢意。

在本书编写过程中，参考引用了大量最新研究成果，其中的主要资料来源已在书中以脚注方式尽可能体现，个别引用较多的文献采取夹注方式，同时列入书后参考文献，如有疏漏，敬请谅解。

由于编者专业水平和知识经验所限，书中的不足之处，欢迎专家、同仁批评指正。我们期待在今后的教学实践过程中，能够不断将教材修改、充实与完善。

本书的公开出版，凝聚着合肥工业大学"人文素质教育公共课"教学团队的集体智慧，并得到合肥工业大学"国家大学生文化素质教育基地"和安徽省高校人文社科基地"现代科技发展与马克思主义理论研究中心"出版基金的资助。

编　者

2012年12月

目　　录

前言
第一章　中国传统文化的整体状貌 ··· 1
第一节　文化的内涵、特征及功能 ··· 1
第二节　中国传统文化的内在结构 ··· 6
第三节　研习中国传统文化的宗旨与路径 ······································· 11
第二章　中国传统文化植根的自然、经济及政治基础 ···························· 14
第一节　大陆性自然地理环境与中国传统文化 ································ 14
第二节　自然经济与中国传统文化 ··· 16
第三节　宗法制度与中国传统文化 ··· 21
第三章　中国传统文化的发展演变历程 ··· 28
第一节　中国传统文化的萌生奠基 ··· 28
第二节　中国传统文化的繁荣发展 ··· 33
第三节　中国传统文化的近代转型 ··· 37
第四章　中国传统文化的主体精神 ·· 41
第一节　以民为本　天人合一 ·· 41
第二节　道德直觉　刚健有为 ·· 47
第三节　贵和尚中　兼容并包 ·· 51
第五章　中国传统儒家思想的发展历程及现代流变 ······························ 57
第一节　先秦儒家的代表人物及思想体系 ······································· 57
第二节　中国传统儒学思想的发展沿革 ·· 61
第三节　现代新儒学的发展及总体特色 ·· 65
第六章　中国道家道教思想的形成、发展及影响 ································· 71
第一节　道家道教的产生与发展流变 ··· 71
第二节　道家道教思想对中国传统文化格局的总体影响 ···················· 78
第三节　道家道教伦理思想的价值意蕴 ·· 84
第七章　佛教在中国的传播及流变 ·· 88
第一节　佛教的形成及其在中国的传播过程 ··································· 88
第二节　佛教的核心观点及现代价值 ··· 93
第三节　禅宗的形成及其对中国文化的影响 ··································· 98
第八章　中国传统法文化的发展演变及基本精神 ································ 105
第一节　中国传统法文化的源起及早期发展 ·································· 105

    第二节　中国传统法文化的发展及近代转型 ·················· 110
    第三节　中国传统法文化的基本精神 ························ 116

第九章　中国传统兵家思想的发展沿革及基本精神 ·················· 119
    第一节　中国传统兵家思想的历史渊源 ······················ 119
    第二节　中国传统兵家思想的发展沿革 ······················ 123
    第三节　中国传统兵家思想的基本精神 ······················ 127

第十章　中国传统哲学思想的发展沿革及基本精神 ·················· 131
    第一节　中国哲学概述 ···································· 131
    第二节　中国传统哲学思想的发展过程 ······················ 133
    第三节　中国传统哲学思想的基本精神 ······················ 135

第十一章　中国传统史学思想的发展脉络及基本精神 ················ 145
    第一节　中国传统史学思想的形成发展期 ···················· 145
    第二节　中国传统史学思想的繁荣延续期 ···················· 149
    第三节　中国传统史学思想的基本精神 ······················ 155

第十二章　中国古代文学的主要成就及基本精神 ···················· 158
    第一节　中国古代文学的发展历程 ·························· 158
    第二节　中国古代文学的辉煌成就 ·························· 161
    第三节　中国古代文学的基本精神 ·························· 169

第十三章　中国古代艺术的主要成就及主体精神 ···················· 177
    第一节　中国古代艺术的发展沿革 ·························· 177
    第二节　中国古代艺术的主要成就 ·························· 181
    第三节　中国古代艺术的主体精神 ·························· 195

第十四章　中国古代科技的主要成就及基本特征 ···················· 199
    第一节　中国古代科学领域的主要成就 ······················ 199
    第二节　中国古代技术领域的巨大贡献 ······················ 204
    第三节　中国古代科技的基本特征及在近代的发展迟滞 ········· 208

第十五章　当代中国先进文化的主流趋向：构建社会主义和谐文化 ···· 213
    第一节　构建社会主义和谐文化的时代必然性 ················ 213
    第二节　社会主义和谐文化的基本内涵与基本精神 ············ 216
    第三节　构建社会主义和谐文化的可行路径 ·················· 221

第十六章　当代中国大众文化的发展趋向：休闲化与网络化 ·········· 228
    第一节　20世纪80年代的"文化热"与"文化论争" ·········· 228
    第二节　20世纪90年代以来大众文化的休闲化趋向 ············ 231
    第三节　21世纪以来大众文化的网络化趋向 ·················· 236

主要参考文献 ·· 241

第一章　中国传统文化的整体状貌

文化是人的活动方式与活动成果的辩证统一，是一个动态系统、一个不断创造的历程。中国传统文化自成一系，历经4000余年，始终绵延不绝，而与中国文化相若的其他古国文化，或已夭折，或已转易，"惟独中国能以其自创之文化绵永其独立之民族生命"[①]。中国传统文化是中国人的伟大创造，展示出中华民族对世界做出的无与伦比的伟大贡献。文化越来越成为民族凝聚力和创造力的重要源泉，越来越成为综合国力竞争的重要因素，越来越成为经济社会发展的重要支撑，丰富精神文化生活也越来越成为我国民众的热切愿望。努力探索、发掘和研究民族文化的历史遗产，为当今现实社会服务，成为摆在我们面前的一项重要任务。

第一节　文化的内涵、特征及功能

一、文化的概念

文化的概念众说纷纭。1952年，美国文化人类学家克罗伯和克拉克洪合著《文化——有关概念和定义的回顾》一书，列举了西方学术界80年间出现的各种"文化"定义160余种。而1952年至今，世界各地关于"文化"的新定义更是层出不穷。

汉语中的"文化"一词，既是中国语言固有的传统词汇，又是近代以来学者赋予新内涵的翻译语汇。在中国语言中，"文化"是"文"与"化"两个字的复合词组。殷商甲骨文的"文"字，像一个袒胸而立、身有花纹文饰的人。《礼记·乐记》说："五色成文而不乱"；许慎《说文解字》称："文，错画也，象交叉。"进一步引申为文字典籍、精神修养、礼乐制度、德行美善、文德教化等含义。因为与五色成文有关，"文"字又有了与"质"、"实"相对的含义。如《论语》中称："质胜文则野，文胜质则史，文质彬彬，然后君子。""化"字本义指事物动态的变化过程。《易》所说"男女构精，万物化生"和《礼记》"赞天地之化育"，即其所指，因而又衍生出造化、大化等义。

"文"、"化"合用，见之于《易》："刚柔交错，天文也。文明以止，人文也。观乎天文以察时变，观乎人文以化成天下。"[②]天文与人文相对，"天文"指天道运行的自然规律；"人文"指人与人之间纵横交织的社会关系、人伦规范和风土民情。意即为政与治国，均须通过观察天象变化，把握自然规律与时令变化，并对人间生活百态因势利导、随宜教化，以实现理想治局。在此，"因文教化"或"以文教化"的含义已十分明确。

---

① 梁漱溟. 中国文化要义. 上海：世纪出版集团，2005.
② 出自《易·贲卦·彖传》.

西汉刘向《说苑》中将"文"、"化"二字连为一词。《指武》中说:"圣人之治天下也,先文德而后武力,凡武之兴,为不服也,文化不改,然后加诛。"其后,晋人束晳提出"文化内辑,武功外悠",意即"以文化辑和于内,用武德加于外远"①。"文化"成为与"武功"、"武力"相对的概念,即以文德教化天下。

西方语言文化的原型是拉丁文 cultura,含有耕作、居住、练习等含义,英文为 culture,含有改良土壤、栽培植物、种植树木、饲养牲畜等意。这种用法至今仍保留在 agriculture(农业)和 horticulture(园艺)一类词汇中。后来逐渐引申出神明崇拜、性情陶冶、品德教化等含义。这与古汉语中"文化"所具有的"文治教化"之意比较接近。所以,近世学者便采用"文化"来对译 culture 一词。

19世纪中叶以来,随着西方人类学、社会学、民族学等文学科的勃兴,"文化"作为一个专门术语被诸多学科所引用,概念也随之发生变化,并开始具有现代科学的意义。最早从科学的角度给"文化"下定义的是英国"人类学之父"泰勒,他在《原始文化》一书中将文化诠释为"文化或文明,就其广泛的民族意义来说,乃是包括知识、信仰、艺术、道德、法律、习俗,以及任何人作为一名社会成员而获得的能力和习惯在内的复杂整体"②。之后,西方许多学者又从不同角度进一步修正"文化"的定义。

"文明"一词被世人所熟知。从内涵和外延看,"文明"与"文化"是两个概念,既相互联系又存有区别。"文明"一词,在中国古代典籍中出现较早。《尚书·舜典》说:"睿哲文明,温恭允塞。"孔颖达诠释为:"经纬天地曰文,照临四方曰明。……舜既有深远之智,又有文明温恭之德,信能允实上下也。"《周易》称"文明以止,人文也。"③在古代汉语中,"文明"的最初用法有光明、文德彰显的含义,其义项部分与文化交叉。近代以来,在文化启蒙过程中,大量西方学术思想与术语涌入中国,学术界开始用"文明"一词对译英文中的 civilization。该英文单词来源于拉丁文的 civis(市民)和 civilitas(都市),具有两方面的内涵:一为文雅之义;二为政治方面的意义,与国家概念相对应。

"文化"概念有广义和狭义之分。广义的"文化"是指人类社会活动过程中所创造的一切成果,表现为物质和精神两方面的内容。换言之,历史进程中,人类所有的物质创造内容和不断发展着的思想意识都表现为文化。狭义的"文化"主要是指人类精神创造活动及其成果,如思想观念、价值取向、道德规范、社会风气、文艺活动等。

二、文化的基本特征

其一,文化是一个综合统一体。文化的要素和成分尽管多种多样,但不是简单、孤立和杂乱无章的拼凑,而是相互整合而统一的。文化就是诸多要素和成分在纵横交错的关系中所产生的综合统一体,这种统一性通过共同的价值系统和行为模式表现出来。

其二,文化体现了人类集体创造的意志和力量。创造是文化之母。因为文化由人创

---

① 出自(南朝)萧统.昭明文选.卷十九.
② 庄锡昌.多维视野中的文化理论.杭州:浙江人民出版社,1987.
③ 出自《周易·贲·彖传》.

造并掌握，必须明确地同本能的生物学遗传或先天性行为方式区别开来。人是文化创造的主体，人在文化创造过程中必然结合成一定的群体，建构成一定的社会组织模式。有人就有了历史，有了历史也就有了文化。每一社会、每一民族、每一时代，人们都生活在一定的文化系统中，包括生存的国家、活动的社会、遵守的制度、寄身的家庭、秉持的信仰等。因此，文化所体现的是人的群体本质、群体现象以及类本质和类现象。文化不是对个别人的描述，仅表现个别人特征的内容不属于文化现象。

其三，文化具有内在稳定性与创新性。文化作为世代相传的连续体，是社会性传承的结果，成为超越个体的存在。在人类文化的发展过程中，随着历史的积淀，民族文化系统的建构及其稳态作用得以保持。而在连绵不断的发展过程中，文化更具有创新的机制，这种创新机制最终引领文化传统变化或迁移。

其四，文化具有地域性和超地域性。文化的地域性，指每个地域的文化都有自己不同于其他地域的特征。一种文化产生于一定的地理环境，或者说，早期人类活动必须借助于一定的地理环境。因此，文化就不可避免带有特定的地域印记。大致相同的地理条件下，人类在创造文化时，依然会表现出种种差异，如情趣迥异的建筑风格、好恶相异的价值观念。而特定民族在历史发展过程中恪守自己的共同语言、共同利益、共同的风俗习惯和民族性格，又使文化具有鲜明的民族性。文化的超地域性，指文化超出原有地界，带有一种普遍性质，即文化在互相接触、吸收、同化过程中，逐渐形成了某些共性，为全人类所共有；有些文化开始时仅某一特定区域发生和成熟，以后传播到其他地方，成为世界性文化。

其五，文化具有同一性和时代性。同一性指文化作为人类在长期的社会实践中的经验积累和智慧结晶，成为人类社会成员所共同创造、共同享有。不被一定的社会成员共同接受和理解的事物，不属于文化现象。中国的四大发明，西方发现的声、光、电，都是人类共有、普遍的社会进步。文化的时代性，指任何文化都是在特定的历史条件下创造出来，都是在继承前人的基础上创造发展的。文化既具有传承性，又带有鲜明的时代特征。

文化的本质特征，就是"自然的人化"或"人的本质力量的对象化"。在文化的创造和发展过程中，主体是人，客体是自然。人凭着自由意志和创造力量，从自然界中独立出来，并创造出"第二自然"及"人化自然"，也就是文化领域。能够创造"第二自然"，开创文化领域，是因为人具有自由意志和能动作用。马克思正是从人的生命活动本质出发，考察了人的生产活动与动物的生产活动的根本区别，指出人的自觉、自由、有意识的活动，才是人类文化创造活动的本质特征。

三、文化的内在结构

从文化的结构看，"文化"内涵的丰富性决定其外延的广泛性。从时间维度上，可分为原始文化、古代文化、近代文化、现当代文化；从空间视角上，可分为东方文化、西方文化、海洋文化、大陆文化；从社会层面上，可分为贵族文化、平民文化、官方文化、民间文化；从社会功能上，又可分为礼仪文化、服饰文化、校园文化、企业文化等。这些从时间、空间或社会层面对文化所作的分类是从外在角度所作的划分,目前学术界一般从物质、制度、精神三个层面进行文化分类。

物质生产文化,又称物态文化,是人类所从事的物质生产创造活动及劳动产品的总和。它以满足人类生存发展所必需的衣、食、住、行为目标,直接反映人与自然的关系,反映人类对自然的认识、利用和改造的程度与结果,反映社会生产力的发展水平,是一种可以感知、具有物态实体的文化事物,成为人类从事一切文化创造的基础。

制度行为文化,分为制度文化和行为文化。制度文化是人类在社会实践活动中所建立的各种社会规范的总和,包括婚姻、家庭、政治、经济、宗教等制度以及组织形式。人是社会化的动物,社会活动要求人类处理好人与人、人与社会的关系,否则社会就会陷于无序,制度文化就是用来规范协调人与人之间的行为,具有很强的调适性。行为文化是人类在长期的社会实践和复杂的人际交往中约定俗成的习惯行为定势,多以民风和民俗形态出现,见之于日常生活,具有鲜明的民族特性和地域特色。

精神心理文化,是人类在长期的社会实践和意识形态活动中升华出来的价值观念、道德情操、审美情趣和思维方式的总和,分为社会意识形态和社会心理两个部分。社会意识形态是经过系统加工的社会意识,往往由相关专家对社会心理进行理论归纳、逻辑整理、艺术升华,并以著作或作品等物化形态固定下来,流行传播,垂于后世,与制度文化相对应。社会心理指人们日常精神状态和思想面貌,是尚未经过理论加工和艺术升华的流行的大众心态,包括人们的情绪、愿望和要求等,与行为文化相对应。

在文化结构的三个层次中,物质文化是人类在适应自然、改造自然、征服自然过程中的创造及其成果,反映人与自然的关系;制度行为文化是人在建立社会、推动社会发展过程中的创造及其行为的自觉,反映人与社会的关系;精神文化是人在自身发展过程中主体意识的自觉及其精神创造能力的成果,反映人与自我的关系。

外显的物质性文化往往随着生产力这一最为活跃因素的变革而迅速变革;处于中层的制度文化随着社会革命和社会变革或快或慢地发生,并由于统治阶级文化的改变而影响人们的社会行为方式;精神心理文化则内化于人的心底,长久地积淀在民族文化的深层,形成民族独特的心理结构,它最难发生变化,其核心部分是历史形成的思维方式、价值观念和长期对生活意义的体认。

四、文化的主要功能

(一)传承功能

文化忠实地记录人类的活动历程。在文字出现之前,人们通过口头语言,将经验、知识、观念口耳授受,代代相传。文字作为文化的载体,极大地扩大了文化的记录功能。而随着造纸术、印刷术的出现,科学技术和文字本身的不断发展,这种记录功能更是无所不在。史书典籍、科学著作、报纸杂志、音像媒体,都在发挥着文化的记录功能,人类正是凭借着文化的记录功能,不断积累知识经验,持续开拓深广的认知领域,创造出更加灿烂的新文化。同样,人类创造的物质文化也有记录功能。一种工具、一件兵器、一种生活用品、一个艺术装饰,都可以让我们感知到彼时人们的精神状况和实践活动,以及风土人情和历史沧桑。

文化可以进行广泛传播。文化现象都是社会现象，在社会交往中产生和发展，自然就会在社会交往中得到传播。款式新颖的时装、风行一时的歌曲、知识的普及、技能的推广，靠的就是文化传播功能。传播可以纵向，也可以横向；可以在群体内，也可以在群体间。文化的传播可以跨越时空，上下几千年，纵横几万里都可以通过文化的传播功能去认知[①]。

（二）教化功能

文化通过提高认知能力，达到教化的目的。人类通过文化，不断积累经验，改进思维方式，提高认知能力，从而逐渐地认识自然、认识社会、认识自身、认识世界。随着科学技术的不断发展，人类能不断改进已有的认识工具，并创造出新的工具，使认识能力不断扩大，质量不断提高，速度不断加快。一部人类文化史记载着人类成长发展的心路历程和伟大创造，更是一部内容丰富的人类认识史。

文化通过教育促进教化。在汉语系统中，"文化"的本义就是"以文教化"，它表示对人的性情的陶冶、品德的教养。文化的核心功能或基本功能就在于教化，提倡一种文化，也就是倡导一种教育。人从呱呱坠地开始，父母就教他学话，引导他识别器物，教他爱憎。长大后，学校教他知识，教他做人。社会上各种规章制度、风俗习惯、言行举止，都在引导他适应社会。乃至奉行的文化模式，推广和灌输的价值观，通过接受教化的过程，都在自觉不自觉地调整着他的观念和行为，最终内化为自在的行为方式。

通过环境营造促进教化。文化被人们所创造之后，就成了人们生活环境中的有机组成部分，即文化环境。文化环境孕育、教化、发展着人类自身，无论是思想道德还是科学文化知识，都从各个方面渗透、影响、改造着人们的思想和行为。文化不仅自觉教化人，更通过耳濡目染、潜移默化的方式展现教化功能，使人们按照社会的理想和价值标准实现社会化，最大限度地削弱动物性而成为社会人。

（三）凝聚功能

文化可使一个社会群体中的人们在同一文化类型或模式中受到教化，并产生相同的思维方式、价值观念、行为习惯，从而紧紧团结在一起，并产生巨大的认同抗异力量。对一个民族而言，作为一个具有共同生活方式的人类共同体，必须和"非我族类"的外人接触才产生民族认同，也就是说民族意识有一个从自在到自觉的过程，进而形成共同的民族文化心理。即通过共同的民族文化背景所塑造、陶冶而成的共同的基本人生态度、情感方式、思维方式、致思途径和价值观念诸方面所组成的总体结构，成为团结本民族成员和维系本民族整体性的重要精神纽带，同时又使其他民族的心理精神难以渗入，从而对本民族的团结性、整体性起有效保护作用。

文化凝聚功能的核心内容就是民族认同（爱国）。爱国主义是价值观念的体现，属于精神文化的内层文化，凝聚范围大、程度深、最稳固持久。至于共同的爱好、职业、习惯、经历等，则属于表层、中层文化，其凝聚功能也趋于表面化。

---

① 金元浦. 中国文化概论. 北京：首都师范大学出版社，2008.

文化有融合性，也有排他性。一种文化对异性文化的排斥特性，多出自于保存传统的需要。文化相互抗拒不能简单地视为一种阻碍文化发展的保守落后因素。正因为人类这种文化抗拒的心理，才使得很多民族传统得以有效保存，使人类文化没有变成一个模式，避免了文化的单一性发展。在当前全球各地文化模式相互影响越来越深、各种文化类型交往越来越频繁的大环境下，各民族文化都需要保持清醒认识，在交流中有选择地吸收异性文化中适合本地文化生态的文化；在借取、整合异文化要素过程中灵活地利用文化的排异功能；在文化结构的建构中最终达到费孝通先生所倡导的："各美其美，美人之美，美美与共，天下大同。"[①]

（四）调适功能

对生存环境不断调适。不同民族的文化都有一种对本民族的改造与调适功能。改造是为了更好地去把握各种自然界的发展变化；调适是文化适应各种自然条件和社会条件变化的需要。改造主要通过民族的力量去克服人与自然的矛盾；调适则主要解决人在自然环境中的处境。

通过民族精神促进调适。作为一种群体理念的民族精神，并非抽象或者空虚的，它能渗透进民众的理想追求乃至信念中，并通过民众的思想和行为表现出来，就是通过民族精神的无形影响，实现整合与调适社会目标的宗旨。因为民族精神反映了广大民众的意志、愿望和利益，激励和鼓舞广大民众，为实现自己共同价值目标而奋斗。

通过规章制度主动调控。任何一个社会群体，为了共同的生存和发展，在实践过程中，自然要求其成员必须遵守行为准则和道德标准，形成一定的社会规范，以明是非、辨善恶，共同趋向某种价值观、审美观等，进而保证社会在一定秩序中运行发展，这就是文化的主动调控功能。正是这种功能，才使不同制度的社会、不同国情的国家之间和平共处。文化的调控功能是客观存在的，我们应该以积极的态度和科学的方式，优化调控方式，更多地在无形中、潜移默化中实现调控目标。

第二节　中国传统文化的内在结构

一、中国传统文化的涉及范围

"中国文化"，是指中华民族在中国这片土地上创造出来的文化，包括传统文化和文化传统两部分。古代并没有"中国文化"这个概念，只是到了晚清，西方文化大规模进入后，为与西方文化相对称，才有了"中国文化"之说。换言之，"中国文化"概念是晚清知识分子自我反省、检讨传统的用语，它既包括传统社会的文化现象，又包括传统文化背后的精神连接，即文化传统。

"中国"是我们民族文化的生存空间，是华夏五千年文明的摇篮。它既是我们国家自古以来的一个通称，又是现在中华人民共和国的一个简称。

"中国"的内涵经历了一个逐渐扩展的过程。"中国"二字，在古代典籍里有狭义和

---

① 费孝通. 反思、对话、文化自觉（14卷）. 费孝通文集（14卷）. 北京：群言出版社，1999.

广义之别。就狭义而言，"中国"指方形的城，意思是王的都城、京城，城外有诸侯、土地和百姓。《诗经》称："惠此中国，以绥四方。"①就广义而言，"中国"指地理空间的范围，主要指黄河中下游流域，也就是古代所谓"中原之地"。把中原以外的地方视为蛮夷之地，所谓东夷、西戎、南蛮、北狄，"皆据中国以指斥之"②。秦汉以后，历朝版图虽时有损益，但基本趋势是不断拓展。清代疆域"东极三姓所属库页岛，西极新疆疏勒，至于葱岭，北极外兴安岭，南极广东琼州之崖山"③。这就是中国传统文化生存的地域范围。

中华民族是中国传统文化的创造主体。由古代华夏族演变而来的中华民族，是在中国领域内共同生活的各个民族的总称呼。"中华"之名，由来已久。春秋时代，黄河流域的人民就自称"诸华"或"诸夏"，有时单称"华"或"夏"，有时合称"华夏"。各民族经过长期的融合，终于形成了多民族的大整体，总称"中华民族"。由"民族"与"中华"组成的复合词"中华民族"出于晚清，曾与"中国民族"并用。"中华民族"既有悠远深邃的历史渊源，又在近代民族国家竞存的世界环境中得以正式铸成。

二、中国传统文化和中国文化传统

对于"文化传统"和"传统文化"概念的研究，发端于20世纪90年代的中国学术界，其前提是如何正确地认识中国文化及其对现实社会的影响。庞朴先生认为："文化传统"和"传统文化"应该是两个概念，不能混为一谈，"一个民族的传统无疑与其文化密不可分。离开了文化，无从寻觅和琢磨什么传统；没有了传统，也不成其为民族的文化"。其核心观点认为传统文化是"死"的文化，而文化传统是"活"的文化。"文化传统是形而上的道，传统文化是形而下的器；道在器中，器不离道。"④

文化传统的基本含义是民族或群体的历史发展过程中逐渐形成、完善的，曾经被先辈们认可和实践的、具有代表性的文化意识与历史遗存，如道德、伦理、思维方式、行为模式、社会意识等。这些要素在现实社会依然影响或者支配着人们的主观意识和客观行为，进而成为仍然"活"在现实中的"传统文化"。

文化传统之所以称得上"传统"，即在于它具有相对稳定的特征。文化传统一经形成，其影响就贯穿于传统文化全部内容之中，并支配着人们的主观意识和客观行为，成为调节社会生活的稳态系统，体现出内控自制的历史惯性运动。长期形成的文化传统对于人们的思维方式和行为方式构成了持续影响，成为持续性和持久性的精神与行为范式的主体。包括人们群体行为习惯与思想情感定势的文化传统，既是历史的、现实的，又是将来的，也即它在历史过程中逐渐形成和发展，通过社会生活的潜移默化而被人们所接受并身受支使；又成为未来的基因，控制着未来文化的发展进化。

中国文化传统的主体精神是和谐统一。这是一种一元——和谐的体系结构，是和谐

---

① 出自《诗经·大雅·民劳》.
② 出自（清）王筠：《说文句读》.
③ 出自《清史稿·地理志》.
④ 庞朴. 文化传统与现代社会. 中国社会科学, 1986,（5）.

基础上的统一。"天人合一"的哲学思想体现中华民族思维方式的特殊性，如习惯从总体上观察事物，不作较多地分析，喜欢直接描述，崇尚直观的"总体观念"。由"天人合一"的思维方式出发，中国文化强调整体、系统和平衡观念。整体性的思维方式，即在对某一具体对象进行研究时，并不局限于其本身的研究，而是将这一对象放在一个更为广泛的背景下考察，重视人与人、人与社会、人与自然和谐的民族品格，并用和谐的方法消除矛盾、化解矛盾，使矛盾处于一种相对稳定与平衡的状态。从这种系统观和平衡观出发，中国文化强调整体、偏向综合而疏于分析；长于直觉思维和内心体验，而轻视分析批判与逻辑推理，弱于抽象形式的逻辑思维；在理论形态上，表现为求简捷而少推理，靠灵感而非逻辑，重直觉而轻论证。

中国是有着数千年文明史和延绵不断文化传统的国家。我们的祖先不仅创造了辉煌灿烂的物质文明，而且在哲学、文学、史学、艺术、科技等诸多方面均有独特的表现内容，并形成了反映民族心理的思想观念和行为模式。今天，当我们继承和发展这份珍贵的历史遗产时，也被打上深深的传统印记，"在最初的祖先身上显露出来的心情和精神本质，在最后的子孙身上照样出现"[①]。我们每一个人都因袭着传统的重负，身受其影响。

三、中国传统文化的整体特色

（一）一统与多元相统一

中国文化的一统多元体现在两个层面：以华夏汉族为主体、其他少数民族融洽共存的格局；中华民族内部的精神思想领域，以儒家文化为主体、道法兵墨佛等互为补充的多元文化格局，即多民族和睦共存、多元文化融合共生。

中华民族是以汉族为主体的多民族共同体，经历长期的形成过程。汉族的祖先可以追溯到夏商周三代之前。当时存在着人数不一、风俗各异的许多民族，在交往中既有分化、更见融合，合中分、分中合，并在中原地区出现了一个较大的族群华夏民族。由于其强大的聚合能量，最终成为中华民族的核心。华夏族已非单一民族血缘，是由炎黄部落融合了"东夷、南蛮、西戎、北狄"而形成的民族族团。在华夏汉族文化的强大影响下，其他各民族围绕这个核心，不断融合进来。同时汉族文化也或多或少地受其他民族文化影响，并且不断地交织融合成一体，逐渐形成了今天一体多元的中华民族格局。政治上"大一统"，经济、文化交流互补，各民族相互依存、长期融合，成为中华民族形成的内在动因。

"大一统"是中华民族融合的结果，更是历代政治家主导的政治思想。开创中国太平盛世的古圣尧、舜、禹、汤、文、武、周公曾经使用"协和万邦"的价值观治国安邦，进一步发展形成了"大一统"思想。《诗经》中称："普天之下，莫非王土。率土之滨，莫非王臣"[②]，表明中国很早就有天下统一的观念。

自从汉武帝"罢黜百家，独尊儒术"后，中国传统文化在意识形态上的总体特征体现为"儒学一统"。作为中国文化的正统，儒学的礼乐制度、宗法传统、等级观念、伦

[①] （法）丹纳. 艺术哲学. 北京：人民文学出版社, 1983.
[②] 出自《诗经·小雅·北山》.

理规范构成中国古代社会的文化支撑。汉代以后，中国历朝历代的统治者尊孔崇儒，也是基于孔子及其儒学的文化一统需要。

对于儒学在中国文化格局中的正宗地位及其影响，我们应实事求是地分析。儒家的宗法等级观念及其相应的礼乐制度，为维护专制制度提供了理论和文化支撑。但儒家的仁爱精神、民本思想、人格理想、道德境界、学术意识、艺术理论等，也为几千年来中国的哲学文化、政治文化、学术文化和审美文化提供了丰富的精神营养和思想资料。从某种意义上说，中国文化恒久的生命力和强大的凝聚力，就主要源于儒家文化，以至于在全球化的今天，文化界仍然使用"儒家文化圈"界定中国文化的地域特征。

我们更应看到，所谓"儒学一统"是概而言之，从历时性层面分析，与儒学一统并行不悖的还有文化多元。先有殷商神本文化向西周人本文化的变迁，后有春秋战国的诸子蜂起、百家争鸣。西汉中期，以儒学独尊为内核、以经学为主干的文化模式基本定型，中国文化由多元走向一元。而到了东汉末年，随着汉帝国的崩溃瓦解，儒学一统模式又为多元发展的文化格局所取代。魏晋南北朝时期，既有道学复兴、玄学崛起，又有道教创制、佛教传入，从而形成二学（儒学、玄学）、二教（道教、佛教）的彼此融合、相互激荡。魏晋以后，儒道佛三家成为三大主流学说，以儒为主，以佛道为辅翼，彼此渗透、互相推动，影响中国文化的全局，共同铸就中华民族传统文化的主体精神。进入宋明以后，中国文化基本走向儒道释的三元融通，高度整合。而宋明理学中的儒学已不是纯粹的先秦儒学，已成为融儒道佛及诸子百家思想于一体的新儒学。

（二）事功与审美相统一

中国传统文化是一种农业文化，物质基础的主导与支配力量就是在自然经济轨道上运行的农业。"一分耕耘，一分收获"的农耕生活，培育出华夏先民的务实精神和经验理性。在中国早期文化中，墨家和法家就凸显"重实际而轻玄想"的特征。墨家的"兼爱"、"尚贤"、"尚同"主张，均以事功原则为终极根据。而法家的事功原则更加彰显，倡导"名与利交至"[①]。在法家看来，追求功利，成为人的本性，而人与人之间的关系，必然以利益为纽带。儒家更有"三不朽"事业：立德、立功、立言。理想人格是"内圣外王"，路径则是"修身、齐家、治国、平天下"[②]，凸显儒家文化建功立业、兼济天下的功利主义价值取向。

中国传统文化价值观的主流是事功与审美的统一，更多体现于儒家有为与道家无为的互补。以华夏文化为根基的儒家强调礼法和自强不息，具有浓厚的人文主义色彩；而道家则以南方的荆楚文化为依托，崇尚真朴和厚德载物，具有极强的自然主义色彩。儒家主张有为，主张"知其不可而为之"[③]；道家倡导顺其自然、超迈无为。儒家文化注重人伦血缘关系，期望建功立业，以齐家、治国、平天下为己任，把内圣外王看作自身追求的崇高目标；道家主张人与自然的内在合一，向往在生机勃勃的宇宙中悟道自得，享有一种超然物外、守朴崇俭的适愉生活，在精神世界作逍遥之游。在诸子百家中地位最

[①] 出自韩非子：《商君书·助》.
[②] 出自《礼记·大学》.
[③] 出自《论语·宪问》.

高、影响最大的思想家是孔子和老子；对中国社会和中国人影响最深、既广且久的学派是儒道。儒道两家作为中国的本土文化，一刚一柔，一阴一阳，一社会一自然，一有为一无为，既对立又互补。中国思想文化的基本特点就是"阳儒阴道"、"外儒内道"；"儒中有道"、"道中有儒"。儒道互补作为中国文化的基本精神，奠定了中国人的文化生命形态，形成了中国文化阴阳互动、刚柔相济的特色，铸造了中华民族精神和国人的国民性，构筑了中华传统美德和处世精神，汇成了东方伦理智慧的不竭源泉，缔造了大一统的中华文明。

（三）显学与隐学相统一

中国传统文化在秦汉以后出现了显学与隐学之分。从春秋战国时代的"百家争鸣"，到汉武帝时变为"罢黜百家，独尊儒术"。当时法家遭遏制，墨家和名家中绝，阴阳家被儒家所吸收。然而两千多年来，仍然主要是儒法两家的争斗。儒家从汉代起取代了法家，备受推崇，以正统的意识形态起作用，处于显学地位；而法家、墨家等被统治者所抑制，法家的"权、势、术"和墨家的"兼济天下"等，以各种隐蔽方式起作用，而成为隐学。

中国传统显文化是儒家文化。儒家在孔子、孟子、荀子、董仲舒、周敦颐、张载、二程、朱熹、陆九渊、王阳明、王夫之等开创、继承和发展下，渐渐形成了博大精深的儒家文化。其文化要点是："义以为上"的价值观，强调"正其谊不谋其利，明其道不计其功"，反对私利之说；重视现世，解决现实生活中的问题，不讲"来世"，不追求死后的"极乐世界"；天人合一，追求天人之间的和谐统一，阐发天地万物一体的宇宙观和社会观；刚健自强的人生观，倡导自强不息、发愤图强精神；修身为本、以政为德，修身、齐家、治国、平天下，把德治礼教作为施政方针。

法学文化和儒家文化泾渭分明，水火不容。法家主张治国以法为主，以德为辅，道德教化需以法令威严为前提，"法立令行"，然后"教可立而化可成"；甚至将法与德对立起来，"不贵义而贵法"、"不务德而务法"，提倡"以法为教"、"以吏为师"；认同"法、术、势"三者，不可一无，皆"帝王之具"；提出统治者"与天下同利"主张，即顺同百姓利欲，举百姓之利而利之；鼓吹奖励耕战，剪除私门势力，选拔"法术之士"等政策，无不成为后世明君加强中央集权的理论基石。而法家注重"参验"的认识理论，宣扬进化的历史观，以及非道德主义的伦理观，极端功利主义的价值观等，也对后世士大夫与民众产生了很大影响。西汉以后，独立的法家学派虽已消失，但法文化被吸收到汉化儒学的体系中，成为中国传统文化中的隐学。

（四）精英文化与大众文化相统一

中国传统文化自古就有雅俗之分。雅文化为士大夫文化或精英文化，俗文化为通俗文化或大众文化。"雅"是从《诗经》"雅诗"中套用过来。士大夫文化是少数人的文化，它既凸显统治阶层的思想意识，也反映了民族共同文化、共同心理要素。信奉者一般都受过系统的文化教育，较好地继承了历史传统，思想文化比较系统、精致、深刻，但书卷气十足，趋于保守，具有较浓厚的空想色彩。

礼是中国传统雅文化的核心。在中国长期的阶级社会中，礼成为为维护农业社会等级制度、保证政权统一和社会稳定而形成的关于人际关系的行为标准。"礼者，君之大柄也。"①"夫礼者，所以定亲疏、决嫌疑、别同异、明是非也。"②社会各阶级阶层都依照礼导引生活，约束社会成员；成文礼由最高统治者制定和颁布，首先实现于朝廷，在贯彻实施过程中，其中所包含的思想观念也因其具有神圣意义而向四方扩散；礼既具有很强的继承性，又能适时微调而无巨变；礼体现深层雅文化最充分、最直接的部分③。

俗文化的产生。先民为适应生存环境逐步形成了社会普遍性习惯，成为"风气"，称之为"风俗"。"俗，谓常所行与所恶也。"④风俗来源于对生存环境的适应，只有群体性的习惯行为才能成为风俗，属于社会学所说的"社会现象"。风俗是社会的、普遍的，是社会集体根据社会生产生活需要而创造的，对社会个体和群体进行无形约束。对于个体而言能自觉遵循，但个体或小群体的习惯不能成为风俗。中国传统的俗文化源远流长，最早可追溯到《诗经》中的"风诗"。通常以"富贵利达"为最高价值，民众心目中最崇敬的人物不是仁智合一的圣贤，而是能力过人、侠肝义胆的"好汉"。常常贯穿一些"路见不平，拔刀相助"的侠义思想。如果说雅文化的最大症结是保守、僵化、迂腐甚至虚伪的话，那么俗文化的最大问题是庸俗与腐朽。

文化的雅、俗并不等同于高、低，只是表现形式和内容深度的差异。雅文化与俗文化之间没有截然界限，彼此并不绝缘。二者被联系在一起并且边界出现浑然的原因，是它们都在民族文化的核心层，即共同的价值观、世界观。雅文化和俗文化是共存于民族文化中的对立统一体，相互依存、彼此制约，并在一定条件下向对方靠拢与转化。社会上层往往向社会底层强加自己的雅文化，将雅文化通俗化以扩大其在全社会的影响，同时出于调节的目的从俗文化中汲取营养。社会底层往往出于仰慕而仿效雅文化，即所谓上行下效。同时俗文化又以其质朴清新吸引社会上层，部分内容逐渐被上层雅化。

第三节 研习中国传统文化的宗旨与路径

一、研习中国传统文化的宗旨

在实施素质教育、加快高等教育改革的背景下，从通识教育的角度研习中国文化，掌握其发展脉络，引领大学生建设21世纪新文化的思考与实践，具有现实意义。

（1）有助于了解历史，加深对中华民族优良传统的自我认知。在现代科技的条件下，世界已然变成了一个"地球村"。中国文化是我们先辈创造、历代传承下来的丰厚遗产，曾长期处于世界领先地位，对亚洲乃至世界文化的发展产生了深远影响。文化是一个生生不息的运动过程，任何一种民族文化，都有它发生、发展与不断更新的过程，都有其历史和传统，我们正在进行的中国特色社会主义现代化建设，要建立在对中国文化的历

---

① 出自《礼记·礼运》.
② 出自《礼记·曲礼上》.
③ 许嘉璐. 论民族文化的雅与俗. 北京师范大学学报，2003，（4）：5-15.
④ 出自《礼记·曲礼上》郑玄注.

史、特征有一个基本了解和把握的平台上。

（2）有助于准确而深刻地认识当前的国情。中国要自立于世界民族之林，除了具备先进的生产力之外，还必须具备先进的文化。而先进文化不是从天上掉下来的，必须立足于中国的现实，"古为今用、洋为中用"，建设中国特色新文化体系的道路，前提是厘清中国的国情。而国情不是空洞之物，其实质就是文化的历史及其现状。数千年传统文化给我们留下了丰厚遗产，同时也带来因袭的重负，提升和完善现行文化任务十分繁重。深入剖析传统文化对今日中国的影响，是认清国情的必要工作，而认识国情又是新文化建设的必然前提。

（3）有助于以理性态度和求实精神去继承传统。我们今天学习和研究中国文化，既不是因为对历史有特别偏爱，也不是为了发思古之幽情，而是为了加强对中华民族在漫长的历史过程中所形成的民族精神、民族智慧的系统了解，接受爱国主义的洗礼，通过总结、考察和分析，批判地继承文化传统，做好文化创新的知识准备。马克思说过："人们自己创造自己的历史，但是他们并不是随心所欲地创造，并不是在他们自己选定的条件下创造，而是在自己直接碰到的、既定的、从过去承继下来的条件下创造的。"[①]中国文化，就是影响中国人过去、现在和将来的传统。传统是社会的一种生存机制和创造机制。借助于它，历史得以延续与发展，社会的精神成就和物质成就得以保存和实现。惟其如此，文化传统并非仅仅滞留于博物馆的陈列品或图书馆的线装书，更活跃在今人和未来人的生活实践当中，并在实践中不断改变自己。研习中国文化课程，正是培育这种理性态度和务实精神的最好课堂。

总之，当今世界正处在大发展大变革大调整时期，世界多极化、经济全球化深入发展，科学技术日新月异，各种思想文化交流交融交锋更加频繁，文化在综合国力竞争中的地位和作用更加凸显，维护国家文化安全任务更加艰巨，增强国家文化软实力、提升文化国际影响力的要求更加紧迫。

二、研习中国传统文化的可行路径

历史与逻辑相结合。中国文化历经数千年演化，内容异常丰富。我们既要对它的来龙去脉有一个明晰的了解，又要避免被无法穷尽的枝节材料所淹没，将历史与逻辑有机结合，才能收到事半功倍的学习效果。正如恩格斯所说："历史常常是跳跃式地和曲折地前进的，如果必须处处跟随着它，那就势必不仅会注意许多无关紧要的材料，而且也会常常打断思想进程；……因此，逻辑的研究方式是唯一适用的方式。但是，实际上这种方式无非是历史的研究方式，不过摆脱了历史的形式以及起扰乱作用的偶然性而已。"[②]我们在学习历史文化的时候，不要被现象所惑，而要透过现象看本质，注重现象背后的规律性的内蕴，注重历史演变与社会演进的内在规律。

理论与实践相结合。"读万卷书，行万里路"，中国文化的要义，多被记录在汗牛充栋的古籍之中。研读这些古籍，尤其是具有经典意义的文献，有助于我们把握中国文化

---

① 出自《马克思恩格斯全集》第8卷.
② 出自《马克思恩格斯选集》第2卷.

的精髓。同时中国文化的众多要素，更多以非文本形式存留于社会生活之中，如众多的远古遗址、起居生活习俗、宗教礼仪、道德规范等。这就要求我们将研究视野扩大到文本之外的历史遗迹和社会生活的宽广领域，与听课、阅读、讨论结合，将典籍研习与社会考察结果相互比照，从而对于生生不息的中国文化精神有一个动态、全面的了解。

继承与创新相结合。有史以来，我们的先辈结合自己的文化实践，对于养育自己的中国文化，进行过详尽的研究和卓越的创造，并取得了丰硕成果，它已成为人类智慧的结晶。我们没有理由拒绝这一珍贵遗产，而对于其中已过时的部分，则应采取历史唯物主义批判态度。苛求前人、否定历史、怀疑一切的民族虚无主义态度都不可取。

吸收与引进相结合。不断接受外部挑战是文化持续发展的重要条件。一个民族的文化只有遇到更先进的文化，在冲突与融合中才能更新发展。重视同其他民族的交往、勇于对外文化交流，才能真正促进本民族的文化进步。既要保持民族主体性和民族文化的优良传统，又要广泛吸收外来文化的优秀成果，而最终以建设社会主义和谐文化、提高中华民族的文化水平和文明素质为依归。

第二章　中国传统文化植根的自然、经济及政治基础

　　文化作为人类社会生活中影响最为广泛、深刻的一种社会现象，是一个不断创造发展的过程。从空间角度来看，文化存在于社会生活的每一个角落；从时间维度来看，它又贯穿于整个历史长河之中。

　　中国传统文化产生的土壤是基于：一个极有回旋余地的半封闭的暖温带大陆而非海洋国家；一个以农业为主干成分的经济结构而非发达的游牧业、工商业经济；一个在社会组织上区别于中世纪欧洲等级制度和印度种姓制的血缘宗法制。地理环境、生产方式、社会组织这三个层面的格局，共同筑就了中国文化的根本基础，影响了中国文化的发展。中国文化的一系列优点与不足，都或多或少与此相关联。

第一节　大陆性自然地理环境与中国传统文化

一、半封闭的大陆性地理环境

（一）中国文化的生态环境

　　地形多样。地球上的一切地形中国几乎都有，以高山大河为标志，中国自西向东分为三级阶梯：西南部海拔 4000 米以上的青藏高原是最高一级，世界第一峰珠穆朗玛峰在此；第二级，海拔 4000 米以下，1000~2000 米以上的高原和盆地，包括云贵高原、黄土高原、内蒙古高原和四川盆地、塔里木盆地、准噶尔盆地；第三级，大兴安岭、太行山、巫山至云贵高原东缘以东地区，海拔 1000 米以下，主要是 500 米以下的丘陵和平原交错地带，以及沿海海拔 50 米以下的平原，主要有东北平原、华北平原、长江中下游平原和东南丘陵。三级地势，西高东低，大山大河体系构成了中国地形的骨架，形成了中国特有的山河图。中华民族的衣食住行、治乱兴衰、喜怒哀乐，都与千山万水相连。

　　气候复杂。从赤道到极地，从海洋到内陆，各种气候都有。橘生淮南则为橘，生淮北则为枳，山上山下不同春，河南河北不同秋。中华文化的多姿多彩、深厚蕴含、博大胸怀以及适应性和包容性皆源于此。自然环境的特征，造就中华文化成为大国文化、大民族文化。

　　人口众多。中国人口占世界人口 1/5，90% 以上的居民是汉族，汉族也成为世界上最大的民族。2300 年前，中华民族就统一了文字，是一个方言虽多、少数民族语言丰富，但 95% 以上人都使用同一语言、同一文字的大民族。

　　地域广阔。中国是世界上土地面积较大的国家之一。地貌结构由西向东依次为草原、

荒漠、河谷平原（间以丘陵）及东南狭长的沿海地带。西部、北部辽阔的草原孕育了游牧民族，带给人们逐水草而居的漂泊不定的生活。而中原以至江南河谷平原，水源充足，土壤肥沃，优厚的自然环境适合人的生产生活。特殊的自然地理条件决定了中国文明的主体在河谷平原中产生。但这块被东南的大海、西北的荒漠、西南的崇山峻岭包围的土地，成为相对封闭的独立个体，使中华文明从一开始便带有地域上的封闭性。中华先民很早就形成对自己栖息地域的总体认识。史书记载，古中国的地域范围："东渐于海，西被于流沙，朔南暨，声教讫于四海"①，精准地概述了中国地理状况。

（二）中国文化的连贯性

有别于古埃及、古巴比伦、古印度因地理外缘而形成的相对开放的机制，中国文化因地理环境形成相对封闭的机制，从而能够长期保持非常连贯的发展系统，成为世界历史上不多见的连绵性文化的典范。地理上的相对封闭机制是一柄双刃剑，它既具有护卫、保存文化的功能，又会滋长"足乎己，无待于外"②的封闭自守意识。但中国文化的对外交流始终未中断，如陆上丝绸之路和海上丝绸之路的开辟与长期运行，成为古代东西方经济、文化交流的大动脉；而通西域的张骞、取经于印度的玄奘、七下西洋的郑和，成为中华民族开拓致远的杰出代表。中国古代文化从半封闭的地理环境中获得了比较完备的隔离机制，形成一种自发的文化，独立成为一个系统，且具有延续性和一贯性。所谓"天处乎上，地处乎下，居天地之中者曰中国，居天地之偏者曰四夷。四夷外也，中国内也"③。凭借强大的国力和先进的文化，中国同周边各国建立起一种特殊的华夷秩序，一种文化上和政治礼仪上的等级关系。

（三）中国文化的一元与多元

东亚大陆的地理格局，是中国文化既多元又一体，既能独立发生、发展，又能在以后的漫长岁月中保持一以贯之的原因之一。中国文化自其发生起，即因环境的多样性而呈现多元状态，不但黄河流域，而且长江流域、珠江流域，甚至东北和西北地区都有旧石器和新石器时代文化遗址的广泛发现。

这种由地区多样性导致的文化多元倾向，与文化的"大一统"倾向相辅相成，共同构成了中国文化的显著特征，所谓"天下同归而殊途，一致而百虑。"④当然，统一性和多元性在不同时期又不是均等的。春秋战国时期更突出地呈现出文化多样性的特征，学派林立，诸子百家各持一端，相互辩难。而秦汉之际，秦的"焚书坑儒"，汉的"罢黜百家，独尊儒术"，使文化渐以"大一统"面目出现。此后中国文化从多极状态逐渐走向定型化的一元状态。然而在这一元状态下的文化由于不同地域、不同风俗，文化思潮仍是庞杂的，各地区都有自己的独特发展领域，反映出一定历史时期的延续性和地区间的相对独立性。

---

① 出自《尚书·禹贡》.
② 屈守元，常思春. 韩愈全集校注. 成都：四川大学出版社，1996.
③ 出自（宋）石介：《中国论》.
④ 出自《易经·系辞下.》

二、尤其广阔的回旋之地

大漠、高山包护的东亚大陆，腹地辽阔，提供了较为广阔的回旋之地。当中原地区受到北方游牧民族侵扰时，或当中原地力衰退、政治动乱时，中国的政治、经济和文化中心尚有向东南转移的广大区域，进而使中国文化赢得了补强、恢复壮大、发展的必备条件。晋唐以后，长江流域殷实富庶，"东南财赋"与"西北甲兵"共同成为支撑国家的两大柱石。虽然中国的政治、军事重心长期保留在北方，但唐宋以后，处在北方的京师，依南北大运河从江南源源不断供应米粮丝帛，才得以昌盛繁华，故北京有"漂来的城市"之称。历史上经过魏晋南北朝、两宋之间和南宋末期的三次人口大迁徙，传统意义上的中原华夏汉族人，在历次异族入侵中都南迁了，纯粹的华夏族已经消失了，我们现在身上流淌的血液里，也早加入了异族人的基因。东南沿海虽在古代处于中华文化的边缘，却在近代最早接受西方文化，成为得风气之先的地段。如果说，古代中国文化传播的大势是由西北向东南，那么，近现代中国文化传播的大势则是由东南向西北，长江中游则是其交汇处，故两湖在近代成为人文荟萃之处、事件聚焦点，也就并非偶然了。

哺育了中华民族的土地，虽是一块半封闭的大陆，但却是一块非常广阔的大陆，其面积与整个欧洲大陆相差不多。由于疆土广袤，其内部平原辽阔，尤其是黄河、长江流域平原毗连，无明显的天然屏障可以相隔，因而在政治、经济、文化以及军事上，都比海洋民族容易实现统一。历史上强悍的游牧民族南侵，中原虽然丧失了黄河流域，但仍有广大退路可供周旋徘徊。而其他古文明地区一旦沦亡于外族的入侵，则一蹶不振，唯独中国能逐渐感化、教化、同化边缘民族，始终保持自己文化的独特风格和完整系统，悠远文化得以绵延不绝。

第二节　自然经济与中国传统文化

由于中国东部濒临太平洋，周围的海上邻国很少，西北和西南又为沙漠和高原所阻，海上通商或陆路贸易较为困难，加之中华民族的诞生地黄河流域有着平坦的地势、肥沃的土地、温暖的气候、充沛的水源，地理条件决定了中国人习惯以农耕为主。农业是中华民族基本的、也是最主要的生产生活方式，从而对中国传统文化产生深远影响。

数千年来，中国社会形态更迭变化，但农业始终是社会发展的基础，种植、水利、观测天象以及各季节农事，成为文化的重要支柱和推动力。重农抑商是历朝的基本国策；重视农业、轻视科技是统治阶级一贯的思路；民以食为天、民为邦本，民本思想源远流长；既自强不息又墨守成规的主流文化心态主导着民众观念；以变易求不变，不易为体，变易为用，分合必然和循环论的哲学观念深入民心；依赖土地、安居乐天、丰衣足食、崇尚和平；赞美并歌颂田园生活成为文艺创作的源泉和主旋律。概而言之，重农抑商的基本国策、民为邦本的政治思想、依赖土地的务实心态、以变易求不变的循环论的哲学理念、追求和谐自然的审美情趣，深深地植根于中华文化之中。

一、以农业为主的自然经济

早在七千年前的新石器时代，黄河、长江流域就出现了农耕文明的典型，它们分别是黄河中游的仰韶文化和长江流域的河姆渡文化。黄河中下游由此成为中国上古时代的政治、经济和人文中心，夏、商、周三代都在黄河中下游建都立国。农耕业已经成为中原华夏民族社会生活资料的主要来源。古诗中的"日出而作，日入而息，凿井而饮，耕田而食"[①]，就反映了这一时期的景象。随着农业生产力的发展，特别是铁制农具和牛耕的普及，中国的农耕区域又逐渐向长江流域拓展。

中国农业自然经济主要分为两大阶段，一是殷商、西周的土地国有（王有）及村社所有、集体劳作阶段；二是东周至明清的土地私有、个体耕作阶段。自春秋、战国开始，土地国有（王有）私有并存，而私有逐渐占主导。自秦汉以后的两千年间，中国社会广阔而坚实的基础，正是小农业与家庭手工业相结合的自然经济，与此相辅相成的是自耕农土地占有制，以及地方小市场在城乡的普遍存在，地主、商人、高利贷者三位一体，自然经济虽然占据主导地位，但商品经济在两汉即达到一定规模，唐以后更有较大发展，宋代开始发生"城市革命"，即城市由政治、军事中心向工商业中心转化。明末在长江三角洲等地涌现的工场手工业和大范围纺织品市场的形成，诱发了资本主义生产方式的萌芽。但由于自然经济尚未进入瓦解期，加之专制统治对商品经济的摧残性掠夺，以及明清之际大规模的战乱，导致脆弱的资本主义萌芽无法成长起来。

河谷平原为主的自然条件使发展农业生产成为必然选择。当时的农业生产具有几个特点：第一，生产力低下，面对种种自然突变和灾害，先民显得无法应对。有夏人乞求"天"，商人乞求"神"之说。"天"是先人们认为的独立于人之外、超于人的主宰一切的力量，人们心甘情愿地服从其支配，顺从"天命"。第二，尽管自然界有许多突变，但四季更替相对稳定，人们的生活相对有规律地循环，形成了四季周而复始的封闭循环的生活方式。第三，常年耕作总结出种植农作物的宝贵经验，并改善着人们的生活，获得人们的崇敬。治理水患、主持水利成为生产生活中的重大课题，类似"大禹治水"的事件成为历史佳话。第四，农业以土地为基本生产资料，不同地域的土地适宜种植不同的农作物，辛苦劳作的农民等待着收获。人最初由血缘集合群体的本能因农业生产而变得更加稳固，并有所发展。

如上所述，由于中国是半封闭的大陆型国家，黄河、长江流域的自然地理条件非常适合农业发展，使得近代以前中国以农业经济为主体，工商经济在社会经济生活中占比很少，从而使"经济条件的全部或绝大部分，还是在本经济单位中生产的，并直接从本经济单位的总产品中得到补偿和再生产"[②]的自然经济一直独领风骚，占据统治地位，并成为中国传统社会的基本特征。

二、自然经济对中国文化的影响

农耕经济贯穿于中国传统文化的始终，直到近代，农业社会的属性对中国传统政治

---

① 出自(晋)皇甫谧：《帝王世纪·击壤之歌》.
② 马克思. 资本论. （第3卷）. 北京：人民出版社, 1975.

观念和民族特性的形成都产生重要影响。

(一) 民本主义

中国传统文化中的民本思想与集权政治相反相成，是由农耕经济为主的特征决定的。中国古代农业社会由千万个相互雷同、极端分散而很少有商品交换关系的村庄和城镇组成。为抵御外敌，维持社会安定并有序运行，需要产生高高在上、君临一切的君主集权政体，建立统一的、权威巨大的帝国，即所谓"东方专制主义"。中国古代多家学派的思想家都有程度不同的尊君思想。早在两千年以前的秦汉时期就确立了专制主义的中央集权君主政体，成为中国古代农业社会的一个显著政治特征。

与集权主义相伴而生的就是民本主义。一个集权政体赖以生存的物质资料，都要由以农民为主体的民众生产出来。民众安居乐业，农业宗法社会才能正常运转，社稷家国才得以保全。所谓"民可近，不可下，民惟邦本，本固邦宁"①所体现的已不仅仅是对下层百姓遭遇的同情怜悯，更提到了政治高度，将"民"确立为"邦"之根本，深刻认识到"民意"是决定安邦治国的重要力量。在农业社会里，一个以农业为生存根基的国家，必然产生尚农、重农的社会共识。由于社会生产力十分脆弱，一旦发生天灾人祸，就会导致民不聊生、民怨沸腾，甚至王朝更替。中国历史上很多明智的君王都很注意调整上层社会集团与下层民众的关系，懂得农耕的重要和农人的艰辛，体民恤民，力求使双方利益在对立中保持相对平衡，并把约束上层社会的行为作为"治国安邦"的一种手段。而传统士大夫们积极倡导"民惟邦本"、"使民以时"、"民贵君轻"等民本主义思想，这成为中国农业社会的根本观念。老子"圣人无常心，以百姓为心"，孔子"节用爱人，使民以时"，孟子"民为贵，社稷次之，君为轻"②，荀子"君者，舟也，庶人者，水也，水则载舟，水则覆舟"③，以及"仁政"、"王道"学说，都是中国传统政治中民本思想的真实反映，而儒家的"纲常礼教"也由此萌生。因此，"爱民""恤民""利民"的民本思想与"残民"、"虐民"、"害民"的中央集权政治彼此对立、相互冲突，又相互依存、互相补充，共同演绎了中国农业社会政治思想的二重变奏。

(二) 安土重迁

农耕经济的持续性造就了中国文化的延续力，保证了中华文明的绵延不断，造就其极大的承受力、愈合力和凝聚力。生活在东亚大陆上的华夏先民及以后的汉人，栖息于由大河灌溉的辽阔而肥沃的原野间，结束了流动性的渔猎生活，很早就从事定居农业。并对土地产生一种特别执著的感情，在国人的观念中，土地成为根本。《礼记》说："众生必死，死必归土，此之谓鬼"，"鬼者，归也"。中国人把"鬼"做了泛神论的解释，因为他们深信，人无论生与死皆与土有关。生时立足于土，死后亦归于土。对土地的深深眷恋，使汉民族养成一种"故土重迁"习惯。除少数行商走贩和从事"宦游"的士子外，大多数汉人尤其是农民，终生固着在土地上，"日出而作，日落而息"。除非极端严

---

① 出自《尚书·五子之歌》。
② 出自《孟子·尽心章句下》。
③ 出自《荀子·王制》。

重的灾荒和战乱，一般不愿脱离故土。而一个人无论离家乡多远，死后都要归葬于家乡。由于民众少有迁徙，商品生产和流通规模有限，使得从氏族社会遗留下来、由血缘家族组合而成的农村乡社得以世代保存。

农业社会的特点在于定著安居，引发无数士人对乡土怀有无限眷恋之情。《诗经》、楚辞、汉赋、唐诗、宋词、明清小说，无不洋溢着浓浓的乡土情谊，李白《静夜思》，贺知章《回乡》，崔颢《黄鹤楼》，《诗经》中"昔我往矣，杨柳依依；今我来思，雨雪霏霏"等为其代表。中国文化的乡土浓情，在功能上起着巨大的凝聚作用，使国人对故乡、对国家、对民族、对文化都产生普遍的认同感和亲近力，培养了团结友爱、协作互助的精神。当身遭国变，离乡背井之时，这种乡土情谊就会上升为爱国情怀和民族精神，"十年一梦扬州路，倚高寒，愁生故国，气吞骄虏"[1]，无不凸显由乡土之情扩及爱国之情，以及由爱国之情产生的对故土、故国的怀念。海外华人之所以普遍具有落叶归根的思想，同样受其影响。

农耕经济可变性少、求延续、重稳定的特征，造就中国文化较强的持续性和延续力。中国传统文化的持续性与延续力十分明显，从先秦诸子到汉代经学、唐代义疏、宋明理学，都有着一条传统的延续脉络。《易传》所谓"可久可大"，《老子》所谓"天长地久"，董仲舒所谓"天不变，道亦不变"，都是求"久"观念的典型表述。

（三）崇尚中和

中庸是中国传统文化中的一个重要概念。这种人生智慧，源自农耕经济的土壤。《中庸》说："喜怒哀乐未发谓之中，发而皆中节谓之和。中也者，天下之大本也；和也者，天下之达道也。致中和，天地位焉，万物育焉。"中庸之道承认对立面的对立、统一，强调用缓和、和谐、适度的方法来解决矛盾，成为调节社会矛盾使之达到中和状态的高级哲理。中庸之道更是一种生存智慧，把无过无不及的庸常之道作为天下定理、正道，要求人们凡事要适中、适度，不偏不倚，保持均衡。中庸之道体现在行为上，就是中国古人持重、勤劳、少走极端；注重现世和人事，不关心来世和人事以外的自然界，所谓"天道远，人道迩"，"未知生，焉知死"，成为中国人古今传诵的哲言；国人总是少空想而踏实做人做事，关注今生现实生活和现实世界，抽象的宗教难以真正被接纳。

农耕经济的生产方式主要是劳动力与土地的结合，农耕民族的生活方式建立在土地这个固定的基础上，稳定安居成为农耕社会发展的前提。这种生产、生活方式形成中国民众安天乐土的生活情趣。农民希望固守在土地上，起居有定，耕作有时。追求安宁和稳定，以"耕读传家"自豪，以穷兵黩武为戒。墨子就说："若使天下兼相爱，国与国不相攻，家与家不相乱，盗贼无有，君臣父子皆能孝慈，若此，则天下治。"[2]农耕民族反对敌对和冲突，在中国历史上，以汉民族为主的中原农耕民族对西北草原地区游牧民族的侵袭和入侵，除坚决抵抗外，主要采用"柔和"、"安抚"政策，如和亲、会盟、赠送礼物等方式。中华民族尚文轻武、痛恨战争，力倡以德服人，不主张以力

---

[1] 出自（宋）张元干：《贺新郎·寄李伯纪丞相》.
[2] 出自《墨子·兼爱上》.

服人。

（四）多样统一

由于中国疆域辽阔，有着各种不同的自然地理区域，因此，在农耕文明日益发展的时候，中国北方的游牧民族也在不断繁衍生存，农耕民族与游牧民族的长期对垒，促进彼此经济文化互补和民族融合。一方面，北方民族勇猛善战、粗犷强悍，富于流动性，善于吸取从远方传来的异域文化，成为中原稳健儒雅的农耕文化的补强剂；另一方面，农耕民族的先进生产方式、政治制度和文化技术，促进游牧民族社会形态的变化。农耕经济的多元结构造就了中国文化的包容性，如秦晋文化、吴越文化、齐鲁文化、楚宋文化，而且长期吸纳周边少数民族的优秀文明，使中国文化具有多样化的特点。

中国农耕经济的发展中，始终保留着多样的经济成分。从横向看，农耕经济并不仅仅以农业生产为界限，而是包含着手工业、商业等多种经济成分。从纵向看，中国经济在三代时是原始协作式农业自然经济，秦汉至明清则为农业与家庭手工业相结合的经济，至近代始出现农业与工商业并存的经济形态。农耕经济的多元化结构，造就了中国传统文化兼收并蓄的包容性特点。春秋战国时期的诸子百家、秦汉时期的儒道融合，这些不同派别、不同类型的思想文化的交相渗透、兼容并包、多样统一，表现了中国文化"有容乃大"的宏伟气魄。

（五）凝重迟滞

中国农业文化成熟较早，农业生产周而复始衍化以及四时、四季循环的现象，是中国文化中循环论产生的基础，并长期制约着中国人的思维方式。所谓"寒往则暑来，暑往则寒来。"[1]政治生活中朝代的盛衰更迭，治乱分合的往复交替，所谓"天下大势，分久必合，合久必分"，以及人世间的种种变幻离合，更强化了循环观念。金、木、水、火、土"五行相生、相克"观念，便是循环论的表现。

在农业社会中，所采用的主要是农业劳动力与主要生产资料（土地）高度结合的生产方式。农民被固定在土地上，既出于其自身的要求，也是统治阶层的需要。在这种生产方式下，从事周而复始、自给自足的农业经济所必需的安宁和稳定，孤立的劳作场所和狭隘眼光，很难激发他们走出"域外"去开辟一番事业。人们满足于维持简单再生产状态，缺乏扩大社会再生产的能力，社会运行缓慢迟滞。人们更易滋生永恒意识，认为时间是悠久的、静定的，往往表现出习故蹈常的惯性，好常恶变，显露出中国文化的凝重保守禀性，导致社会普遍安于现状、缺乏远见和开拓精神。在士大夫们留下的各类典籍中，虽然可以发现"兼爱非攻"、"礼运大同"、"庄生梦蝶"、"归墟五神山"之类美好的理想或奇妙的玄想，却从未有过海外扩张和征服世界的狂想，这不仅有异于游牧民族以军事征服、战争掠夺为荣耀的心理，更不同于以商品交换和海外殖民为致富手段民族对外拓展的意向。古代中国人这种平实、求安的文化心理，中国文化的厚实凝重性，无不是农业社会特性的具体表现。

长期的农耕生产，形成了中华民族质朴厚重的品格和务实精神。中国文化的重实际

---

[1] 出自《易传》.

而黜玄想的务实精神与农耕经济"一分耕耘,一分收获"的生活经验密不可分。民众在农业劳作中领悟到:利不幸至,力不虚掷,说空话无补于事,实心做事必有所获。更因为过于注重实用知识,使国人往往缺少对科学理论的应有激情。农人的务实作风也感染了士人,"大人不华,君子务实"①成为中国贤哲们一向倡导的精神。注重切实领悟,鄙弃口辩,甚至将能言善辩看作"巧舌如簧",甚至与"狡猾"等同起来,"君子欲讷于言而敏于行"②,不善言辞、笨嘴拙舌成为忠厚老实的同义语。中华民族因此被西方人称为"最善于处理实际事务"的民族③。

第三节 宗法制度与中国传统文化

一个民族特性的形成,除受到地理环境、经济条件等因素制约外,社会政治结构的影响条件也是一个不可忽视的重要因素。在漫长的历史进程中,中国的社会结构经历种种变迁,然而由血缘纽带维系着的宗法制度及其遗存和变种却长期保留着。抓住了中国的家族血缘关系,就打开了中国文化认识之门。

一、宗法制度的缘起及流变

当人类跨入文明社会的门槛时,东西方选择了不同的社会结构和管理形式。印度是种姓制度,欧洲是宗教制度,中国则是宗法制度。有别于印度,也有别于西方,中国古代社会是在以血缘为纽带的氏族关系得到保存的条件下发展的。原始社会后期,黄河流域的华夏族进入父系氏族公社时代。父系氏族社会晚期至商代晚期已有不严格的嫡庶之制,宗法制度就是在父权家长制的基础上不断发展起来的。

中国传统社会的宗法制度是在古代社会宗族普遍存在的基础上形成的,宗族就是同一父系的人们群聚而居,有着共同的土地财产,有共同的宗庙,祭祀着同一个祖宗。这使得血缘血统的作用在当时的社会变得更加有利,处于不可动摇的位置;同一父系的人甚至有共同的墓地,最终形成了一个宗族。"宗"成为中国文化祖先崇拜的代码。"族"为直系亲属或同姓亲属,与血缘有密切关系,指在血统上相联系的人,它成为中国文化血亲的代码,是对同一血缘的人的总称。

(一)宗法制度的产生

宗法制度源于原始社会父系家长制,家庭公社成员之间的牢固的亲族血缘关系,并与社会政治等级关系密切交融、渗透、固结。西周时,宗法制度才得以确立,并形成庞大、复杂却井然有序的血缘——政治社会构造体系。

所谓宗法制社会就是国家政权实行和依靠血缘为纽带的宗族管理制度,它规定同一宗族内部各成员的权利和义务。社会的最高统治者"天子"是天帝的长子,奉天承运,治理天下土地臣民。天子既是最高政治领袖,又是宗法的最大族长和神权崇拜上的至尊

---

① 出自(东汉)王符《潜夫论》。
② 出自《论语·里仁》。
③ 倪晓燕.农耕经济对中国传统文化特征形成的影响.江苏广播电视大学学报,2003,(5):53-55.

教主，集族权、神权、政权于一身。从政治关系来说，天子是天下共同的主人；从宗法关系来说，天子是天下大宗。君王之位，由嫡长子继承，世代保持大宗地位。其余王子则封诸侯，嫡长子继承制、分封制、严格的宗庙祭祀制度，共同构成宗法制的基本内容。

嫡长子继承王位制。嫡长子继承制是宗法制度的核心。如果不规定嫡长子继承王位的特权，不严格区分嫡长子与非嫡长子，那么大小宗关系便无由确定，全部宗法制度更无从谈起。

分封制。宗法制必然导致分封制，这种由宗法制衍化而成的分封制，强化了王权政治。嫡长子继承王位，实际上也就继承了天下的全部土地、人民和财富。嫡长子又将若干土地连同居民分封给诸弟，并允许诸弟享有对该部分土地、居民的统治特权和宗主地位。

等级森严的宗庙祭祀制度。由于天子是天下最高统治者，因此"七庙"成为王室或国家的代称，宗庙的毁灭往往喻示王朝的灭亡。因此历代君王都非常重视宗庙的营建，并将其作为国家权力的象征。而王宫之前，左宗庙右社稷的格局一直沿袭到明清。

（二）宗法制向小家族制演变

春秋战国时期，随着生产力的发展，出现财富的积累，经济地位不平等，与生产关系相适应的权力重新分配等现象。以卿大夫为主的新兴地主阶级经济地位逐步提高，他们强烈要求重新分配政治权力。秦国首先认识到宗法家族制度对社会的制约作用，商鞅看到了"公作则迟，有所匿其力也，分地则速，无所匿其力也"[①]，建议"废井田，开阡陌"，实行"制土分民"即土地小家庭私有的经济制度。秦国在政治上的改革，如废除贵族世袭特权，推行郡县制，成为宗法家族社会解体的重要原因。国家政治制度推行郡县制，但县以下的基层社会仍是聚族而居，实行家族自治管理，宗法制的影响仍延及后世。

（三）世家大族与门阀制度

东汉时期，社会结构发生了显著变化。一是出现了借助经学入仕的世家大族，即士族。二是随着地方势力扩展，一些大宗依靠居住乡里的大家族力量，割据一方，国家政权也无可奈何。在此基础上，形成了门阀制度。门阀就是门第显耀，指世代显贵的家族。魏晋南北朝时期选拔官员的方法是"九品中正制"，由各地中正官采纳乡里舆论，根据家世才德，把人才分成几个等级，进行推选。以家族为基础盘踞于地方的门阀士族，很快就垄断了选举权，出身于名门望族，即使无才无德，总能优先入仕。而出身寒门的庶民子弟，即使才德超群，仍被列为下品，以致出现"上品无寒门，下品无士族"的现象，导致世家大族把持政权的"门阀政治"。隋唐时期取消了九品中正制，开始实行科举制，世家大族政治特权随之取消，更无法操纵科举制，之后逐渐衰落。

（四）家族制度的延续

宋代以后，土地兼并严重，社会动荡不安。宋明理学代表人物将上古时期的宗法制度理想化，主张重建古代的宗族组织，"管摄天下人心，收宗族，厚风俗，使人不忘本，

---

① 出自《吕氏春秋·审分》。

须是明谱系世族与立宗子法。"①其主要内容如下：第一，宗谱，又叫家谱，即宗族继嗣的世系谱。宗谱中最主要的部分是谱系名录。第二，宗祠，又称祠堂，是供奉祖先神主、进行祭祀活动的场所，被视为宗族的象征。崇拜祖先并立庙祭祀的现象，最早出现于原始社会。夏商两代已有了宗庙，周代以后则对天子、诸侯、大夫、士立庙的数量作了具体规定，平民不允许立庙，只能在居室中祭祀祖先。宋代的祠堂也以家庭名义建立，而且与居室相连，非单独建筑。元代以后，以宗族为单位建立的宗祠开始出现。明代时，正式允许民间联宗立庙，宗祠由此在民间普遍化。宗祠有多种功能，如举行庄严隆重的祭祀活动，追思祖先，用血缘关系团结同族人；向族人灌输族规家法，教育族内子弟；处理宗族事务，凡涉及家族公务，或调解族内纠纷，族长即召集族人于宗祠，研商对策。第三，族田，宗族的公共田产。主要分为祭田、义田、学田三大类，一般采用招佣耕种、收取地租的方式经营。祭田的地租供祭祀祖先活动使用，义田地租用于赈济族中贫困灾病者，学田地租用于宗祠办学。在族田收入中，用于赈族济贫占相当大部分。族田是家族制度的物质基础。第四，族长，作为一族最高首领，拥有极高权力，主持祭祀典礼、管理族产、教育惩罚族人和处理族内或族外纠纷等。第五，族规，又称族训、族约、宗规、家规、家训、祠规等，是族人的行为规范，起宗族法律作用，反映不同的宗族传统和宗族风范。虽然族规仅是宗族对族人行为规范的规定，属民间公约性质，但具有合法地位，受国家法律保护，发挥着补充国家法律不足、协助维持社会秩序的作用。

二、宗法制对中国传统社会的影响

在巩固中华民族持续力的文化力量中，最具价值者即为宗法制文化，其组织严密，原则细致，绵延万世而未绝，凡是中国人都难以超脱。宗法制对中国传统社会的影响力体现在以下几个方面。

（一）倚重家庭

梁漱溟曾说："家庭生活是中国人第一重的社会生活……人每责备中国人只知有家庭，不知有社会；实则中国人除了家庭，没有社会。……人从降生到老死的时候，脱离不了家庭生活，尤其脱离不了家庭的相互依赖。你可以没有职业，然而不可以没有家庭。"②就成为中国人以家族为本的真实体现。

孝亲敬祖。孝亲思想，自孔子开始形成体系，西汉《孝经》就得到统治者的青睐和宣传。"孝亲"是中华民族的道德本位，成为一切道德规范的核心和母体，这种情感不仅表现在对死去先人的祭奠以及祈求他们保佑后代人丁兴旺、家族昌盛，更体现在对活着的长辈的绝对顺从、孝敬，所谓"百善孝为先"即是其体现。人可以无才无能，不可以无孝；可以对朋友、对他人无情无义，但却不能对父母忤逆不孝。若为不孝，则千夫所指、万人不齿，将被排斥在主流社会群体之外，甚至受处刑责。

中国传统社会中，孝具有三大价值意蕴。首先，孝为立身之本，一个人要立于天地之间，为他人所尊敬，必须达到一定的道德水准，而"孝"为"德"之本，因此要立身，

---

① 出自（宋）张载：《经学理窟·宗法》.
② 梁漱溟. 中国文化要义. 上海：学林出版社，1987.

就必须行孝；其次，孝为齐家之宝，以身教影响家庭的每一个成员；其三，孝为治国之道，为什么中国古人选择了"孝"这一伦理规范？这与农业经济有密切关系。农业经营生产方式把人们与土地紧密结合，从春到冬，缺少任何环节都会导致农业无收成。你要赡养父母，就不能够离开家乡，离开土地，所以孔子说"父母在，不远游"。

（二）秉持传统

在中国人的情感依托中，祖先的亡灵可以护卫家人。对血缘延续高度重视，欲使家族枝叶繁昌，生小孩愈多愈妙，且重男轻女，以保证传宗接代、香火不断。通过扫墓祭祖、追忆先人，可以在情感上净化心灵、团聚族人。清明节，祭祀逝去的祖先和家人，寄托哀思，流传至今。宗法制把人牢牢束缚在家族或宗族团体中。为了编制本宗的谱系和历史，将祖师爷按次序安排位置，年代久远不可考证者，甚至会凭空假造。孔子就曾经说过："三年无改于父之道，可谓孝矣。"[①]在更广泛的社会领域中，中国文化注重所谓道统、家法，各派各门都有一套特殊规范，世代传承。

传统社会的普遍现象是对"离经叛道"的排斥，思想家讲究学术传承，文人、学士则推崇"文统"，作诗、作文有所祖述。这种敬重祖先和传统观念渗透到传统文化之中，就形成中国传统文化强调沿袭与继承，坚守捍卫文化的稳定性。对传统极度尊重，从积极方面，可以强化文化的延续力、传承性，使中国文化成为世界上罕见的没有因外力而中断的文化系统；从消极方面，造成民众习惯于向后看的积习和因循守旧倾向，知足常乐，厚古薄今，弱化了进取心与创新意识。

（三）家国同构

第一，父系单系世系盛行。严格的父系单系世系原则在西周之后盛行。始终以父系家长制为核心，父亲在家庭"君临一切"，父权神圣不可侵犯。君主则是全国的君父，君权成为父权的延伸。特别是权力继承上，信奉嫡长子继承制，依照"立子以贵不以长，立嫡以长不以贤"的原则继位，不仅不允许母系成员染指，也不能传位于本系女性后裔。在民间，在某种专业特种技艺的传授方面，甚至有"传男不传女"、"传媳不传女"的习俗。与父权相应的是夫权，女子在宗法社会中处于从属地位，不能染指政治，也没有财产继承权，但却要遵从"三从"、"四德"，还要受"七出"制约。

第二，家族制度长期延续。家族是由血缘纽带维系着的宗法性组织，构成中国社会的基石。因同一祖先而聚集在一起的家族成员，由于其经济利益和文化心态一致，所形成的社会实体通常较为稳定，成为社会机体生生不息的细胞。中国历史尽管历经动荡，但构成中国传统社会基石的以血缘纽带联系起来的家族制度却始终稳固，在西周以后数千年历史中始终存续。

第三，"家国同构"社会格局。"家国同构"即家庭、家族与国家在组织结构方面的共同性，实质上是源于氏族社会血缘纽带解体不完全而遗留下来的血亲关系的深刻影响。家与国的组织系统和权力配置都严格按照父系家长制。由于宗族组织已成为封建政权的基础，家规族法本身具有政权性质，能发挥政府机构起不到的作用。国家的一些政

---

① 出自《论语·学而》.

务活动通过宗族组织执行，族长利用祖宗名义进行统治，督促族人交纳赋税，对族人进行教化，老百姓会反抗政府，但很难反抗族权，族长可以用"叛逆不孝"之名义弹压。族权政权相补，形成中国特殊的统治范式，源远流长，影响至深。

三、宗法制对中国文化的影响

19世纪中叶以前，中国古代的社会形态、社会制度和组织形式虽然历经种种变迁，但建立在农业经济基础之上的以父系家长制为核心的宗法制度，却延续了数千年之久，直到近现代还保留着明显痕迹。宗法关系渗透于社会生活的各个领域，形成一个密布交织的社会网络。并经统治阶层的积极倡导和知识分子的加工改造，使之理论化、固定化，逐渐形成一套系统的宗法制和政治伦理学说。这种伦理化的政治或政治化的伦理思想，对中国国民性格的形成，对中国政治传统和两千多年的文化传承都产生深远影响。

（一）世俗取向

人类文化，包括中国文化，无不以宗教开端。人类早期对自然和自身缺乏了解，往往把生死、自然灾祸看作异己力量操纵。任何民族早期文化都有宗教盛行的痕迹。到周代，统治者从殷的灭亡中汲取教训，用"天"代替了殷商"帝"的位置，冲淡了人格神的主宰性；而且就崇拜的"天"来说，也降低了其绝对地位，提出"天命靡常"、"敬德保民"等思想，开始从宗教理念中分离出"人德"观念。春秋时期，社会开始把人与人、人与社会的和谐作为价值判断的标准，又经孔孟荀等的继承发展，完成了中国文化从神到人的观念转化。

中国人求神拜佛不是为了拯救灵魂、死后复活，更多的是着眼于现世幸福，希望神明保佑平安、祛病消灾、时来运转。中国没有产生犹太、基督或伊斯兰那样的宗教，因此也没有像欧洲那样的宗教战争。中国的神明是世俗的，关帝、妈祖等都是由人而神，没有那种唯我独尊的绝对权威性。在中国的许多寺庙里，儒、道、释三教并列，和谐相处，接受各自的信徒参拜，凸显讲究实际效用、不僵硬地执着于非理性的特定信仰的原则。由于"孝亲"这一宗法意识浸染社会，使多数国人不至于成为"六亲不认"、"无父无子"的宗教狂徒。

（二）忠君爱民

中国人的"孝亲"意识强烈，为历代统治者所提倡，并成为政治伦理的一大特色。国人普遍敬奉的牌位，在于崇君。对君的崇敬是对父崇敬的延伸，所谓"君子之事亲孝，故忠可移于君；事兄悌，故顺可移于长；居家理，故治可移于君"[①]。"国"与"家"相通，君权与父权互为表里，君被看做全国百姓的父亲，君与民的关系是"君父"与"子民"的关系；伴随着国家的家族化，宗法观念便演化为"三纲五常"等一整套伦常体系，构成传统社会人际关系的准绳，保持社会有序和家庭安定的纽带。但这种宗法意识也成为套在国人脖子上的枷锁，使人们在"忠君敬长"的规范内谨小慎微，一切听从"天意"安排。

---

① 出自《孝经·广扬名》.

先秦典籍大量论述了民本思想。如《尚书》记载"惟天惠民"、"民之所欲，天必从之"；《礼记》称"君以民存，亦以民亡"。孔子"仁者爱人"，就是设身处地为他人着想，统治者要"因民之所利而利之"，使人民得到实际恩惠。孔子不但把"己所不欲，勿施于人"当作"爱人"的一项重要内容，还把它当作与人相处的根本方法。这一思想经孟子、荀子等发展，形成了较系统的民本思想。统治者对自己提出许多严格要求，"天生民而树之君"[①]，在品质上要"宽厚"、"公正"、"勤勉"、"诚敬"，在为政上要"以德辅命"、"敬天保民"、"敬德保民"，为庶民谋求最大的福祉。民本价值观，对后世开明君主影响很大。唐太宗经常和大臣讨论治国的方略，他说："为君之道，必须先存百姓"[②]，并屡次引用"水能载舟，亦能覆舟"警诫大臣和太子；他说自己"每日坐朝，欲出一言，即思此一言于百姓有利益否，所以不敢多言"[③]。

中华民族五千年的文明史表明，在自然经济占主导地位的条件下，这种以血缘关系为基础的宗法制国家体制，与之相应的"民为邦本，本固邦宁"的治国理念具有极其强烈的凝聚力和生命力，创造了中国封建社会的经济繁荣景象。

（三）政治膜拜

中国传统政治的出发点以人为本位，其所重视的是天人关系、人际关系的和谐。因此，不提倡竞争，反对向自然过分索取。这种政治观念体现在教育方针上，便是"读书做官"或"学而优则仕"。由于国家选拔官吏的主要途径是科举考试，因此，读书求学不仅被视为文化传承和接受知识的需要，更成为一种荣耀，成为走仕途、入官海的必经之路。体现在学术上，则是道、学、治三位一体。体现在文学上，则是"文以载道"[④]，强调文学为政治服务，否定单纯欣赏价值的作品。总之，在宗法制度下，不仅政治本身，而且中国文化的各个侧面都依附于政治、服从于政治。中国文化的强烈政治化倾向，既使其形成和保持着生动的、富于社会责任感的"经世致用"传统，又使其不能提供自然科学得以发展所必需的社会氛围。

（四）德化天下

由于中国文化宗教意识淡薄，中国古代多数思想家都以社会及人生的问题作为研究中心。早在氏族社会时期，由于还没有成文法，氏族长老管理社会就靠榜样的力量和道德感召、团结、调动氏族成员。中国古代先贤以追求"圆融无憾的人生"为目标，具有鲜明的道德理想主义色彩。这种文化与希腊以"求真"为目标的"科学型"文化不同。科学型文化把宇宙观、认识论同道德问题区别开来，探求道德问题的目的是与认识自然、征服自然相联系；而作为"道德型"的中国文化，很少脱离伦理学说去讨论自然，往往把对宇宙论、认识论的探讨归结到道德问题，认为齐家、治国、平天下要以"修身为本"；尊者、长者尤其要讲究"身教"，"以身作则"为历代先贤所提倡。后世各朝相继颁布了无数成文法，但人们对道德威力的看重仍胜过法律，孔子称："道之以政，齐之以刑，

---

① 出自《左传·文公十三年》。
② 出自《贞观政要·卷一》。
③ 林甘泉. 从文明起源到现代化. 北京：人民出版社，2002.
④ 出自（宋）周敦颐：《通书·文辞》。

民免而无耻；道之以德，齐之以礼，有耻且格"（《论语·为政》），这说明古代先贤更重视德治。

在宗法制度下产生的"道统"观念和"法古"意识，一直贯穿于中国社会生活中。其具体表现是：政治上讲"正统"；思想学术上讲"道统"；文学上讲"文统"；艺术流派乃至手工业行规也讲"家法"、"师传"。"道统"观念的积极意义在于它有力地强化了中国历史和中国文化的延续力，使中国历史和文化成为世界上少有的未曾中断过的典范。而其消极作用也不可忽视，造成中国人向后看的积习和守旧倾向，容易丧失进取心，缺乏创新精神，成为社会变革最大的制约因素和社会进步的惰性力量。"言必称尧舜"、"言必称三代"，效仿古人，留恋往事，成为国人立论的习惯；"法古"、"尊先王"成为政治家的口头禅；即使不少锐意革新的志士，也往往打着"古代圣贤"、"承袭道统"的旗帜，去革除弊端，否则变法主张就难以施行[①]。

---

① 张继良. 试论中国古代农业社会与宗法制度对政治伦理思想的影响. 河北师范大学学报, 1999,（3）：49-52.

第三章　中国传统文化的发展演变历程

中国传统文化源远流长，绵延不绝。从总体上看，表现出明显的连贯性，但随着朝代更替和社会变迁，中国传统文化本身也在不断发展演进，因而呈现出一定的阶段性特征。由此，我们将中国传统文化分为四个时期，即先秦——中国传统文化的萌生奠基，秦汉至隋唐——中国传统文化的兴盛繁荣，宋元明清——中国传统文化的持续发展，鸦片战争至 20 世纪中期——中国传统文化的近代转型。

第一节　中国传统文化的萌生奠基

一、夏商周三代的礼乐文明

中国文化起源颇早。原始先民在改造自然的过程中，不断改进生产工具，以适应严峻的生存环境。在改造外在世界的过程中，原始氏族部落组织逐渐从母系氏族社会过渡到父系氏族社会，从狩猎采集经济过渡到农牧生产经济。在此过程中，有关自然、宇宙、人文的神话传说得以衍生，如盘古开天辟地、女娲补天、夸父逐日、嫦娥奔月、精卫填海、大禹治水、愚公移山、仓颉造字等。

中华民族的人文始祖伏羲、炎帝和黄帝即为传说时代的人物。按世系推断，伏羲生活的时代距今约 6000 年，炎帝生活的时代距今约 5500 年，而黄帝生活的时代距今约 5000 年。据唐司马贞的《史记索引》记载，伏羲创制了八卦、文字、婚姻制度，以及捕鱼用的罟和打猎用的网。文字也是伏羲炎黄时代的产物。文字是记录语言的符号，具有形、音、义三个要素。文字产生的直接渊源之一，是伏羲炎黄时期出现的刻画符号。刻画符号有一定的意义和相对固定的形状，但没有读音，是文字的前身。炎黄部落与中原各部落经过长期的冲突和融合，形成了中华民族，炎黄是中华民族的人文始祖。炎帝的最大功绩是发展了原始农业与医药，故称为神农氏。黄帝又叫轩辕氏，其所属部落发明很多，最值得注意的是文字、衣冠和若干社会制度的创设。这些创造发明，使得古老中国在物质、制度和精神方面逐渐丰富和完善起来，对中国文化发展起到巨大促进作用。

中国文化源远流长，但严格意义上的中国文化诞生于夏商周三代。从器物建制方面看，夏商周三代文化已初具规模。夏朝人的天文历法知识与农业水利经验较为丰富，已开始用干支记日，夏历成为中国历史上最早的历法。大禹治水的成功，有力地促进了农业的发展与社会的安定，酿酒、制陶、铸铜等门类较多的手工业由此兴起。二里头文化遗址的发掘，为夏朝已具有比较发达的器物文明提供了佐证。

与夏朝相比，商朝的农业、手工业与畜牧业更为发达，国家机构设置也更为完整。从殷墟遗存来看，商朝人创造了自己的文字，这些文字因被大量刻在龟甲或兽骨上而被称为甲骨文。中国有文字可考的历史是从商朝开始的。周人也承认,"唯殷先人,有册有典"(《尚书·多士》)。商朝的天文、历法和医学知识达到了更高的水平。人们密切关注并有意识地记载农业收成与气候变化的关系,认识了很多星座,制定了阴阳合历的历法,甲骨文中记有完整的干支表,还会使用一些医药和器具治病。商朝人还制造出石磬、编钟、铜铙等乐器,能演奏"九招""六列"等乐章,达到了较高水准。青铜器与骨玉石器的制造水平也较高,"司母戊方鼎"与"四羊方尊"等青铜器具有很高的艺术价值。

周克商以后,实行"授民授疆土"的分封制,同时建立了以姬姓为中心的宗法制度,国家机构设置比商朝更加完备。周代开始实行井田制,随着生产工具的改进与农作物种类的增多,农产量达到了"乃求千斯仓,乃求万斯箱"(《诗经·小雅·甫田》)的水平。以铸铜、制陶、琢玉为主的手工业也很发达,号称"百工"。"抱布贸丝"(《诗经·卫风·氓》)已成日常行为,凸显了商业的发达。更为重要的是,西周的甲骨文与铭文更为成熟,特别是《尚书》、《周书》、《易经》、《诗经》的问世,显示了周人先进的文化意识与人文理性。

从思想文化方面看,夏商周三代既表现出一定的连贯性,也表现出较大的差异,尤其是到了周朝,思想文化与精神领域发生了质变,实现了第一次"思想突破",即由"畏帝(天)"、"尊神(鬼)"到"敬德"、"保民"的转变。

夏商周本来都相信天命,尤其是殷代统治者,对天命笃信不疑。殷代统治者相信自己是禀受天命而治,"天命玄鸟,降而生商"(《诗经·商颂》),商汤即以上帝天命的名义讨伐夏,以"有夏多罪,天命殛之""予畏上帝,不敢不正"为由而"致天之罚"(《尚书·汤誓》),而商纣王直至败亡还顽固地认为,"我生不有命在天"(《尚书·西伯戡黎》)。由于认为国祚永固的天命来自于"帝","上帝"之命就是天命,因而,商朝人将"帝"视为至高无上、无所不能的神而顶礼膜拜。《礼记·表记》说:"殷人尊神,率民以事神,先鬼而后礼。"其所遵从和侍奉的神就是"帝"或"上帝"。统治者几乎事事占卜,向"帝"祈求,遵从"帝"的意旨,"帝"在商朝政治、军事、筑城、农业等活动中,具有主宰地位和绝对权威,"上帝"几乎垄断和宰制着殷人生活的全部。正如郭沫若所言:"殷时代是已经有至上神的观念的,起初称为'帝',后来称为'上帝',大约在殷周之际的时候又称为'天'。……殷人的至上神是有意志的一种人格神,上帝能够命令,上帝有好恶,一切天时上的风雨晦冥,人事上的吉凶祸福,如年岁的丰啬,战争的胜败,城邑的建筑,官吏的黜陟,都是由天所主宰,这和以色列的神是完全一致的。"[①]

作为殷之小邦的周,本来也笃信和敬畏天命,但克商以后,周人开始对绝对天命观产生怀疑。"不(丕)显文王,受天有(佑)大命"[②],"惟时上帝,集厥命于文王"(《尚书·文侯之命》),说明周人起初也相信文王是天命在肩,甚至是天命之化身。至少在周代初期,"周王对天命的敬畏与服从,与殷王对上帝命令的敬畏和服从如出一辙。"[③]周人声称,由于殷商恶贯满盈,故而为天命所不容,因而,作为天命的承担者,理应顺从天命之召唤,以讨伐叛逆天命者,否则就有违天命,就会遭到上天怪罪,正所谓"商罪贯

---

① 郭沫若. 中国古代社会研究. 石家庄:河北教育出版社,2004.
② 出自《大盂鼎铭》.
③ 钟国发. 神圣的突破. 成都:四川人民出版社,2003.

盈，天命诛之，予弗顺天，厥罪惟钧"（《尚书·泰誓上》）。周代商后，逐渐对殷人王权神授、天命不改观念产生怀疑，认识到天不值得绝对信赖，天命并非永固不变，"天不可信"、"天命靡常"观念逐渐流行，并且认识到人自身的作用，"弗永远念天威越我民，罔尤违惟人"（《尚书·君奭》）。这就明确否认了殷人的永恒天命观，在一定程度上揭示了天命的属人性，肯定了"人"对天命的主导作用，从而对殷人的绝对天命观进行了实质性的改造和变革，表现出强烈的忧患意识与高度的政治觉悟。

基于殷亡周兴的历史反思，周代统治者已然察识，要获得和保有天命，就必须重视人的作用，重视人文"德"，施行德政德治，也即认识到"德"是获得天命、确保权位的首要因素和重要条件。作为君王，只有认识到天命因"德"而转移，遵循"敬德""明德"原则，才能领受和保有天命，从而协和天下。所谓"皇天无亲，唯德是辅"（《尚书·蔡仲之命》），表明周代统治者已较为充分地认识到"德"的重要性。

周初统治者所强调的德政德治，也包括刑罚的内容，所谓"有德唯刑""明德慎罚"，即是说实行德政必须要辅之以刑罚，德与罚同时相互配合，相须为用，恩威并施，宽猛相济，才能使整个社会达致中和状态。

周公旦还将这种德刑相合的精神贯彻到"制礼作乐"的礼治过程中。周代之礼，"大都具有法律效力，由国家机关强制执行，不少原则，起着管理国家事务，调整社会关系，规范人们行为的法律作用"[①]。西周德刑相合的德政德治，实际上通过礼乐和合的礼治而进行。正是凭借着礼乐之治，德刑相合的和合精神与德治主义思想才得以阐扬、贯彻和落实。

在周初统治者看来，"敬德"应体现于"保民"之中。《易经》、《尚书》里包含了大量注重民意、关注民情、重视民生的"保民"思想。由于深刻认识到天意即民意，"天矜于民，民之所欲，天必从之"（《尚书·泰誓上》），"天听自我民听，天视自我民视"（《尚书·泰誓中》），因而，"怀保小民"的施政理念被反复强调。周公旦等看到，最初，以成汤为代表的殷"先哲王"也很注意"用康保民"（《尚书·康诰》），治理民众，保民安康。只是到了后来，特别是殷纣王，暴民虐民，不敬德保民，百姓无奈之下只得携妻带儿哀告于天，上天哀怜百姓，故而才将治理人世之命转交给周人。对此，周代统治者深感忧患，认为要以史为鉴，吸取夏殷败亡的历史教训，敬德保民以享天命。《尚书·召诰》说："我不可不监于有夏，亦不可不监于有殷，……惟不敬厥德，乃早坠厥命。"这说明，西周统治者确实认识到保民、安民、惠民的重要性，以及扰民、暴民、残民的严重性，显示出周人强烈的忧患意识与可贵的政治理性。

总之，夏商周三代无论是从器物建制，还是从思想文化方面，都表现出一定的继承性与连贯性，后世将其统称为礼乐文明。"殷因于夏礼，所损益可知也；周因于殷礼，所损益可知也"[②]；"三代之礼一也，民共由之"[③]。这都说明，夏商周三代之礼相因相承、一以贯之。这种成为"国之干"的"礼"，承担着"经国家，定社稷，序民人，利后嗣"[④]，

[①] 胡留元，冯卓慧. 夏商西周法制史. 北京：商务印书馆，2006.
[②] 出自《论语·为政》.
[③] 出自《礼记·礼器》.
[④] 出自《左传·隐公十一年》.

即管理国家事务、规范社会秩序、调谐人际关系的功能。不过,更为重要的是,与夏商相比,周代疑天惟人、敬德保民的思想观念,实现了中国思想文化上的超越与突破,代表了三代礼乐文明的最高成就,奠定了中国文化"母型"和发展方向。

二、春秋战国时期的"百家争鸣"

由于西周后期统治者加重剥削,社会矛盾激化,最终导致了"国人暴动"与共和行政。公元前770年周平王东迁后,西周结束,东周开始。史学界习惯上将东周分为春秋和战国两个时期。

春秋战国时期,随着铁制农具和牛耕的使用推广,井田制逐渐瓦解,赋税制度改革,变法主张推行,私有财产日渐累积。各诸侯国争夺霸主地位,出现了"春秋五霸"和"战国七雄",周王的宗主地位摇摇欲坠。与此同时,各阶层代言人纷纷著书立说,议政乃至参政,思想文化领域发生了翻天覆地的变化,出现了儒、墨、道、法、兵、名、农、杂、阴阳、纵横、小说家等百家争鸣、文化多元的繁盛景象。

儒家学派创始人孔子,面对春秋末期礼崩乐坏、战患频仍的社会现实,为恢复西周礼乐制度奔走呼号,提出一套以"礼"为最高目标、"仁"为核心价值、"中庸"为言行准则的政治伦理学说,期望把政治目标与个人修为结合起来,实现内圣而外王的理想追求。孔子之后,"儒分为八",孟子与荀子对后世影响最大。孟子继承发展了孔子的"仁学"思想,阐述了以良心为基础的性善论和以性善论为基础的王道主义,还大力提倡"去利怀义""舍生取义",使儒家的道德观进一步完备起来。荀子则着重继承发展了孔子的"礼学"思想,看到人性恶的一面,强调"化性起伪"与"积善成德",主张通过后天努力而成就圣贤,倡言"隆礼重法",从而实现"一天下"之目的,还提出"天人相分",高扬"制天命而用之"的理性精神。

战国初年的墨翟创立了墨家学派。出身于手工业者的墨子代表下层民众,提出"尚贤""尚同""兼爱""非攻""节用""节葬""非乐""非命""天志""明鬼"等主张。从表面上看,墨子思想中包含着非命尚利和尊天事鬼的矛盾,但从深层次分析,墨子尊天事鬼的思想体现了"借天为说"的形上追求。在认识论方面,墨子提出了著名的"三表法",认为立论当推究来历、详察实情和验证实用,从而成为中国历史上提出对人的认识进行检验及如何检验的第一人。墨子还探讨了义利问题,提出"万事莫贵于义""义可以利人",主张将"义"化为国家之利、天下之利,具有明显的功利主义倾向。墨子死后,"墨分为三"。战国后期墨家一派克服了墨子学说中宗教迷信成分,在认识论、逻辑学以及自然科学领域都作出了一定的贡献。

道家学派以老子、庄子为主要代表。老子强调"道"为世界之本,"道"兼具精神与物质性,蕴涵着本体论与宇宙论的意义。老子之"道"表现出相反相成的矛盾性和返本复初的循环性,所谓"反者道之动"。他还提出朴素辩证法思想,认为任何事物的生灭是对立统一因素相互转化的结果,主张以弱胜强、以柔克刚、知雄守雌。在政治上,其主张"无为而治",希望社会退回到"小国寡民"、"老死不相往来"的原初状态。庄子继承了老子的宇宙观及政治思想,又把老子的辩证法思想推向极致,突出强调个人的精神自由与内在超越。其从批判人生桎梏和人性异化出发，拒斥"丧己于物，失性于俗"的"倒置之民"，期望通过"齐物"、"无己"而实现精神上的"逍遥游"，在世俗社会中达到"游心"与"游世"的统一，表现出相对主义倾向和强烈的批判精神。战国时期道家一派还与名家、法家相结合，发展成为黄老之学，为后来的汉初统治者所推崇。

  法家学派的先驱为春秋时期的管仲、子产，奠基人是战国时期的李悝、商鞅、申不害等，战国末期的韩非子则为法家思想的集大成者。韩非子以人皆"自为"、人各"利异"的人性论，"不务德而务法"的道德观，以及"世异则事异，事异则备变"的历史观为前提，系统阐述了"法"、"术"、"势"相结合的完整的法治理论。他斥责儒家"以文乱法"，墨家"以武犯禁"，注重组织和领导的理论与方法，主张"循名责实，信赏必罚"，具有冷静眼光与理智态度，精于利害计算，奉行冷酷无情的利己主义。以韩非子为代表的法家学说，实际上成为后世统治者维护集权统治的理论基石。

  作为兵学鼻祖的孙武，基于"兵者，国之大事也，死生之地，存亡之道"的战略眼光与忧患意识，出于"必以全争天下"、"唯民是保"、"视卒如爱子"的军事人道主义与军事功利主义，立足于"兵无常（成）势"的战争领域，适应"胜敌而益强"的现实需要，顺应天人相分的时代潮流，以自然天论为前提，强调"不可取于鬼神"而"必取于人"，注重君主将帅的主观能动作用，主张既要重视制订"因敌而制胜"、"应形于无穷"的灵活机动的军事策略，更要重视实施"修道而保法"的宽猛相济的德政法治，爱民而保民，练卒而保卒，从而实现"不战而屈人之兵"、"自保而全胜"及"安国全军"之理想目标。孙子以道论政、以德论人，以利论兵、以变论战，疑天而取人、审时而度势、因敌而尚变、重德而保民、保民而全胜的军事哲学思想，在先秦时期可谓独树一帜。[①]

  此外，还有以惠施和公孙龙为代表的名家学派，着重讨论名实关系和概念同异、离合问题，探讨事物的同一性和差异性问题，对古代逻辑学发展作出了较大贡献。以邹衍为代表的阴阳家提出"五德终始"论，用阴阳五行的生克流转模式来解释、论证和把握人生世事，对后世中国政治和社会心理均产生了广泛影响。此外，农家、纵横家、杂家等学派在当时都占有一定地位。

  总之，在春秋战国时期，"诸子蜂起，百家争鸣"，各家各派在天道观、历史观、人生观、宇宙论、本体论、认识论、社会伦理、礼法制度、政治主张、军事战略诸层面上，都进行了深入探讨，展开了激烈争论，大大推动了思想文化与学术的发展。

  这一时期的史学、文艺、天文、医学以及科技领域也取得了可观成就。《春秋左氏传》是第一部解释《春秋》的完整编年史。《国语》是中国最早的一部国别史。《战国策》则主要记录了战国时期纵横家的言论。这些都是文质俱佳的史学杰作。诸子百家的著作及以屈原《离骚》为代表的楚辞，青铜工艺品与编钟等乐器，都表现出很高的文学艺术价值。而以《甘石星经》为代表的天文学，以《黄帝内经》为代表的医学，以《吕氏春秋》为代表的农学，以《礼记》为代表的教育学，以《考工记》为代表的手工艺，以及最早的指南仪器——司南的制造，则展示出很高的科技水平。

[①] 陈二林. 论孙子兵法哲学思想之渊源. 滨州学院学报, 2012, （5）: 8-14.

第二节　中国传统文化的繁荣发展

一、自秦汉至隋唐——中国文化的繁荣期

（一）从经玄之变到儒佛之争

从公元前221年秦始皇统一中国，到公元960年北宋王朝建立，中国历史经历了几次大的分分合合。总体上看，分裂的时间较短，统一的时间更长，这为文化的繁荣发展提供了相对安定的政治与社会环境。秦始皇统一全国之初，统一货币、度量衡与文字等，实现了"书同文，车同轨"，为中华民族几千年的思想文化发展奠定了坚实基础。然而，秦王朝的残暴统治使其二世而亡，不寿而终。汉初统治者认真吸取秦王朝迅速败亡的教训，实行"与民休息"的无为政策，迎来了"文景之治"的盛世局面，到汉武帝时期国力趋于鼎盛。汉末黄巾起义之后，地方势力武装割据、魏蜀吴三国鼎立局面逐渐形成，并由此步入魏晋南北朝时期。尔后，经由短暂统一的隋朝而渐入盛唐，而唐中期的"安史之乱"及唐王朝的倾覆则引发了五代十国的割据分裂。起伏跌宕的时世酝酿就和催生了多姿多彩的思想文化。

为了抚平秦末苛政与长期战乱给社会造成的巨大创伤，汉初统治者及时推行无为而治、休养生息的政策措施，道家黄老之学因适应这一政策取向而勃兴，涌现出陆贾、刘安、扬雄、王充等一批具有道家思想倾向的政论家与思想家，产生了《淮南子》、《太玄》、《论衡》等一批具有明显道家色彩的著述。《淮南子》一书虽然整体上思想比较驳杂，但其宇宙论、人生论与政治观，都显示了鲜明的道家风范。扬雄撰写的《太玄》将《易》、《老》加以融合，持中以观玄，主张"反者玄之动"。王充所著《论衡》则以自然元气论为立论根本，对谶纬神学进行了猛烈批判，秉承了先秦儒家的务实精神与入世情怀。

随着社会经济的恢复和军事实力的增长，黄老之学已不能满足汉朝强化中央集权的需要了。为加强统治，汉武帝采纳了董仲舒"罢黜百家，独尊儒术"和"兴太学"的建议，儒学由此而复苏。以董仲舒为代表的经学家们，把儒家经典《春秋》与战国以来风行的阴阳五行学说，以及黄老道家思想整合在一起，构造出一个"天人感应"的目的论体系，从而将先秦以来的儒学改造为经学，使得儒学中关于树立纲常名教、确立宗法等级秩序、调节各种社会关系的理论重新崛起，更好地适应了时势的需要。他们着重章句推衍以阐发微言大义，提倡大一统、尊君抑臣、正名分等思想，以求"通经致用"，对当时的政治思想文化及后世社会产生了很大影响。而由汉章帝主使拟订、经班固整理草就的《白虎通义》，更是把董仲舒的天人感应、君权神授思想与谶纬迷信糅合在一块，以宣扬三纲五常。应该说，汉代经学作为官方统一的意识形态，在稳固政权制度及推行思想教化方面起了重要作用，并为后世统治者所沿用且始终占据着正统地位，但也产生了限制思想创新、阻滞科技发展的负面影响。

迄至魏晋南北朝时期，由于政局纷乱、社会动荡，讲究等级秩序的门阀制度得以形成，兼综道儒特色、以挽救名教危机为己任的"玄学"，逐渐取代日趋繁琐僵化的两汉

经学，而成为思想文化的主流。何晏、王弼、向秀、郭象等一批玄学家，以《老子》《庄子》《周易》即所谓"三玄"为研究对象，力倡得意忘言的学术方法，辨名析理的思维方式，以"有无"为核心观念，探究世界本体，以期解决名教与自然的关系问题。玄学家们祖述老庄，崇尚"自然"，采取抽象的思辨形态，提出一系列新思想、新概念和新方法，以超凡脱俗乃至惊世骇俗的言行反叛传统，推动了中国思想文化的解放。

由于社会纷扰多变，民众与士人心态紊乱复杂，玄学与宣扬生死轮回、因果报应的佛教遂合流一处。而上层社会为了巩固统治，包容甚至大力提倡佛教。佛教的传播与发展，客观上促进了中国与印度等南亚国家的文化交流。这些国家的绘画、雕塑、音乐、医药、音韵、哲学等通过译经流传开来，也在很大程度上丰富了中国社会的精神世界与历史文化。而葛洪、陶弘景、寇谦之等道教思想家则采撷老庄精华，融合道儒，提出了一些颇含哲理的宗教思想。

进入隋唐时期，由于当政者采取"三教并用"政策，在重振儒家经学的同时，也扶植佛教、道教，最终促成了儒释道三教鼎立的格局。但由于佛教盛行而造成寺院和僧侣势力恶性膨胀，加之佛教宣扬的出世与虚无的理论对儒家纲常构成很大威胁，故而，韩愈等奋力掀起一股反佛排佛之风。虽然反佛排佛代不乏人，并在一定程度上遏制了佛教的迅猛势头，但随着佛教义理的精致化与世俗化，三教鼎立的局面并未大变，这从后来宋明理学积极回应和吸收佛理精华以及佛教在民间社会的传播接纳情况可以显见。

（二）盛极一时的史学、文艺与科技

这一时期的史学、文学与艺术也盛极一时，辉煌灿烂。在史学方面，汉代著名史学家司马迁撰写的中国第一部纪传体通史《史记》，不仅成为史学巨著，还是一部优秀的文学作品，鲁迅先生赞其为"史家之绝唱，无韵之离骚"。班固等撰写了中国第一部完整的纪传体断代史《汉书》，在体例上对司马迁的《史记》加以继承和改造，有其政治合理性，开了官修断代史之先河。魏晋南北朝时期，陈寿的《三国志》取材精致，文字简练，叙事真实，具有较高的史学价值。范晔的《后汉书》以及《魏书》《宋书》《南齐书》《梁书》《陈书》《北齐书》《周书》《隋书》《晋书》等史学著作相继问世，也都具有重要的史料价值。而北魏郦道元的《水经注》，详记全国各主要河流及周边地域的地理情况及历史沿革，是一部文笔优美的历史地理专著。谢灵运的《游名山志》则专记全国各地的山水名胜，颇具价值。隋唐时期，刘知几撰写的中国第一部系统的史学批评和史学理论专著《史通》，提出从客观形势出发评判历史人物、辨别史料真伪而不迷信古人，反对用宿命论的观点撰写史书，以及优秀史学家须具备史才、史学、史识三长等观点，对后世史学产生了深刻影响。而杜佑所撰《通典》则开创了中国典章制度分类专史的先例，有很高的史料体例价值。

在文艺方面，汉代主要有散文、汉赋和乐府三种形式。汉赋是汉代最出色的文体，其源于楚辞而不同于楚辞，是一种讲求铺张、堆砌辞藻的文体。魏晋南北朝时期，以"三曹"为代表的建安诗人，弘扬了汉代乐府民歌"缘事而发"的现实主义精神，开创了文学史上的建安风格。陶渊明的田园诗风格清新而意境高远，凸显了对官场黑暗的不满和对理想社会的追慕，具有高超的艺术性。徐陵、庾信、谢灵运等的骈体文，讲求声律对偶，文风靡丽，流行一时。而葛洪的《神仙传》、干宝的《搜神记》、刘义庆的《世说新语》，对后代的神话小说与笔记文学颇有影响。民歌《敕勒歌》与《木兰辞》则具有刚健清新的艺术特色，是这一时期的文学瑰宝。与此同时，也出现了不少进行文学批评和探讨文学理论的著作。敦煌莫高窟、云冈石窟以及龙门石窟，皆具有不朽的艺术价值。蔡邕、钟繇、王羲之的书法艺术风格各异，达到了炉火纯青的地步。唐代诗歌空前繁荣，以李白、杜甫、白居易为代表，名家辈出，灿若星河，诗作内容广泛、形象丰富、体裁多样、艺术精湛，在古典诗歌中达到登峰造极的高度，在中国文学史上具有突出地位。而由韩愈和柳宗元等发起的古文运动，主张弃骈用散，"文以明道"[①]，对当时和后世文学创作也产生了积极影响。这一时期还出现了颜真卿、怀素、柳公权等书法名家。

在科技方面，汉代张衡发明了能够测量地震方位的地动仪，张仲景、华佗等医学名家悬壶济世，医著《伤寒杂病论》流传至今。魏晋南北朝时期，祖冲之在数学、天文、历法及机械制造方面成就斐然。其所著《缀术》记有精密求取圆周率的方法、三次方程的解法和球体体积计算法，并制定出当时最先进的《大明历》。而贾思勰的《齐民要术》，集中总结了中国黄河中下游一带农业生产经验。隋唐时期，僧一行用自制仪器测量恒星、北极高度及子午线长度，在当时世界上处于领先地位。在医药学方面，巢元方撰写的《诸病源候论》成为世界上第一部探讨病源和鉴别疾病的巨著。孙思邈所撰《千金方》，对中国医药学的发展产生了深远影响。在建筑方面，李春营建的赵州桥，充分显示了中国古代在桥梁建筑上对力学应用的卓越水平。另外，雕版印刷术的发明，也极大地促进了思想文化的传播。

二、宋元明清——中国文化的发展延续

（一）理学兴盛与思想启蒙

公元960年，赵匡胤发动陈桥兵变，以宋代唐。其采取了一系列削弱地方、集权中央的政策措施，逐步确立君主独裁的专制体制。此后，宋元明清几个朝代的统治者一直致力于从政策制度与思想文化上加强中央集权。

为适应中央集权的需要，改变魏晋至隋唐时期三教并行、一尊未定的局面，宋元明清之际的周敦颐、程颢、程颐、张载、朱熹、陆九渊、王阳明、王夫之、黄宗羲等理学大师，通过批判佛道而恢复儒学原有的主导地位，重建起一个足以抗衡甚至取代佛道的新儒家思想形态；通过批判汉唐经学而把儒家经学从训诂之学导向义理之学，建立起以性理为本的儒家道德哲学。历史由此进入儒、释、道融为一体的理学时代。宋明理学是在更高意义上对先秦儒学的回归和发展。主要分为以张载为代表的气本体派，以二程、朱熹为代表的理本体派，以陆九渊、王阳明为代表的心本体派，他们着重从本体论、心性论、认识论等方面进行理学思想体系的建构，流派之间并无根本性的分歧。理学在重建礼治秩序以巩固封建统治，推动中国思想文化向纵深发展方面发挥了重要作用。

明清之际，由于社会再次出现严重动荡，持续了数百年的理学思潮也进入了批判反

[①] 出自（唐）韩愈：《争臣论》.

思阶段。秉承李贽等对正统儒家的批判精神，明末清初的黄宗羲、顾炎武、王夫之以及颜元、戴震等，以批判继承的态度，对程朱理学的"道统论"、天理人欲的对立论以及所谓醇儒的理想人格等，都进行了批判与反思，指出天理与人欲是相通的，积极提倡经世致用之学。黄宗羲以"人各有私"的人性论为前提，以"公天下"观念批判"家天下"的皇权专制政体，强调法治高于人治，提出"工商皆本"[①]，集中阐发民主主义思想，具有鲜明的近代意识和启蒙意义。顾炎武较多地继承和发展了朱熹理学的思想，批评王守仁的心学，并倡导"修己治人之实学"[②]，提出"天下兴亡，匹夫有责"口号。王夫之则着重从理论上对宋明理学各派观点进行辨析、梳理、剖析，其总结性的理论成为近代启蒙思潮的重要渊源，尤其是"理势相成"的社会历史观，对后世产生了积极影响。另外，强调"实事""习行"的颜李学派，主张"质测即藏通几"[③]的方以智，倡言就事求理、理存乎欲的戴震等，都发挥了开启民智的积极作用。

（二）令人瞩目的史学、文艺与科技

宋元明清时期，伴随着理学的兴盛与思想的启蒙，在史学、文艺与科技方面也取得了令人瞩目的成就。

在史学方面，司马光编纂的中国第一部编年体通史《资治通鉴》，以取材广泛、考证详密、记事周详而著称。袁枢的《通鉴纪事本末》，成为中国第一部纪事本末体的历史著作。明成祖敕令解缙组织编写了当时世界上最大的百科全书《永乐大典》。清朝纪昀等编纂的中国最大的一部丛书《四库全书》，保存了许多珍贵文献。清代朴学兴起，出现了顾炎武、段玉裁、王念孙等考据名家，他们从训诂、校勘、音韵等方面考证经史古籍，对中国古典文献的整理留存作出了贡献。

在文艺方面，韩愈、柳宗元、欧阳修、曾巩、王安石、苏洵、苏轼、苏辙的散文创作题材广泛、风格多样，号称"唐宋八大家"。词作为一种新体诗歌，在宋代达到了鼎盛，出现了柳永、苏轼、李清照、辛弃疾等著名词人。为适应城市商品经济与市民文化娱乐生活的需求而发展起来的宋代话本，成为明清白话小说的先导。宋代米芾、张择端、赵佶等以书画著称于世。元曲则把音乐、舞蹈、宾白、武术、杂技等结合在一起，形成一门独特的综合艺术。关汉卿、马致远、郑光祖、白朴被称为"元曲四大家"，创作了一批思想性和艺术性俱佳的作品。以赵孟頫为代表的元代书画家，形成了挥洒淋漓、重视笔墨情趣、追求意境深远的写意派，把书法、文学、治印和绘画艺术熔为一炉，开创了新境界。明代在传奇小说发展的基础上，产生了大量以历史、神怪、公案、言情和市民生活为题材的长篇章回小说和短篇话本、拟话本，其中以《三国演义》《西游记》《金瓶梅词话》等影响最大。清代文学的最大成就是蒲松龄的《聊斋志异》、吴敬梓的《儒林外史》和曹雪芹的《红楼梦》。尤其是《红楼梦》，实现了思想性和艺术性的高度融合，在中国乃至世界文学史上树起一座丰碑。该时期还出现了郑板桥等书画名家。

自然科技成就也可圈可点。宋代毕昇发明了活字印刷术，成为印刷事业上划时代的

---

① 出自（清）黄宗羲：《明夷待访录》．
② 出自（明）顾炎武：《日知录》四库全书本．
③ 出自（明）方以智：《药地炮庄》．

革新。沈括主持编修了当时最精密的历法《奉元历》，其专著《梦溪笔谈》是一部不可多得的百科全书式的科技文化著作。贾宪、杨辉等首创了二项式定理系数的求法。秦九韶的《数学九章》以算法完备见长。航海交通上已普遍使用指南针，在采矿冶金以及战争中则广泛运用火药。卢沟桥在建筑学方面具有突出价值。元代郭守敬修成了中国古代最精确的一部历法《授时历》。而算盘和珠算的运用和传播，使中国进入了珠算时代。明代李时珍撰著的《本草纲目》号称"东方医药巨典"。徐光启的《农政全书》是一部内容丰富的综合性农学著作。宋应星的《天工开物》被誉为"中国十七世纪的工艺百科全书"。《徐霞客游记》则成为地理学的上乘之作。明代建筑的突出代表是北京故宫，而苏州等地的园林造景也堪称一绝。清代的宫殿、园林、寺庙和陵墓建筑也显示了很高的工艺水准。梅文鼎所著《中西数学通》，则达到了中国古代数学研究的最高层次。

第三节　中国传统文化的近代转型

一、鸦片战争之后的文化论争

　　早在明清之际，中国传统文化与西方近代文化就开始了接触和交流。利玛窦等耶稣会传教士，在传教的同时把西方先进的文化理念与科学知识一并传入中国。在从16世纪末到18世纪初的中西文化交锋中，中国学者内部围绕着天文学与数学问题而进行论争。以徐光启为代表的一派提出"会通以求超胜"[1]主张，倾向于文化起源多元论；以黄宗羲为代表的一派虽然也主张向西方学习，但具有华夏中心主义的倾向；而王锡阐、梅文鼎等则综合了前两派的文化主张，一方面发掘整理国故，另一方面则力图融合中西并超越西方。与徐光启等学习并超越西方的主张相反，一些守旧的知识分子则反对西法，表现出强烈的盲目排外情绪。应该说，"明末清初的中西文化交流是在中国仍保持独立自主地位的情况下进行的"[2]，这一时期的中西文化交流基本上还具有平等互惠的性质。

　　实际上，在鸦片战争前几十年，清朝政府已是败絮其中、危机四伏了。此起彼伏的农民起义，严重动摇了清王朝的根基，而资本主义萌芽的出现，又促使自然经济开始解体。随着甲午海战失败，洋务运动破产，《马关条约》签订，帝国主义列强掀起了瓜分中国的狂潮，国家民族面临着深重危机，由此引发戊戌变法运动。但由于清王朝的腐败与中国民族资产阶级的不成熟，戊戌变法也以失败告终。不过，维新运动所开启的新学与旧学、西学与中学、学校与科举的热烈争论，对封建顽固派与洋务派都是一次猛烈抨击，成为辛亥革命的先声，促使中国思想文化界进入反对改良、鼓吹革命的阶段。这一时期，西方文化被大量引进，东西方文化发生剧烈的碰撞与交融。

　　如果说，明清之际的中西文化交流尚有平等互惠的特征，那么，鸦片战争之后的中西文化碰撞则是剧烈而痛苦的。西方的坚船利炮轰开了古老中国的大门，西方文化大量

---

[1]（明）徐光启. 陈奏历书总目表. 载王重民. 徐光启集. 上海：上海古籍出版社，1984.
[2] 张岱年，程宜山. 中国文化论争. 北京：中国人民大学出版社，2006.

涌入，中国传统文化被动应战、深陷泥淖。林则徐等"睁眼看世界"的中国知识分子已痛苦地意识到，中国传统文化并不优于西方近代文化，在很多方面还落后于"外夷"。魏源提出"师夷长技以制夷"的口号，中国文化在物质及科学技术层面的近代化历程由此展开。虽然"师夷长技"尚停留在器物层面，但其石破天惊地首次公开承认"完美无缺"的传统文化有其劣势，要学习西方文化，这是对西方文化挑战的一个积极回应，具有原则指导意义，推动了人们从器物层面上了解和学习西方文化，推进了近代中西文化的交流融合。

为应对西方文化的挑战与冲击，以张之洞为代表的洋务派则提出了著名的"中学为体，西学为用"口号。张之洞等借用中国传统的"体用"范畴，从文化的结构与功能角度论述中西文化的关系。这种主张既想保留中国传统文化的基本精神及理论要义，又想引进西方文明的技术知识充当制作器物的技艺原理，并以西方科学技术作为应事之术，来强固儒家道统之主体和本体，从而建立一种以中国文化为本位同时又能体现中西合璧的"新文化"。历经数十年而形成的"中体西用"说，是当时流行的一种思维模式，作为一种处理中西文化关系的方针，在中国传统文化的现代化历程中起过积极作用。相对于根本排拒西学的封建顽固势力，"中体西用"派显示出试图借助西方文化来改造中国传统文化的合理性。它打破了"华夷之辨"闭关自守的思维定式，努力探研合理对待中西文化关系问题，使人们在"中体西用"的旗帜下，从战战兢兢地旁骛"西学"逐步发展到公开地学习西方科技知识，掘开了封建文化的缺口，使"士人竞谈西学"成为一种时尚[1]。正是在"中体西用"旗号的庇护下，先进的西方资本主义文化才得以排除封建顽固势力的层层阻挠，日渐渗透进来，客观上有利于中国传统文化的改造与转型。但我们更应看到，"中体西用"说本质上仍是保守的，将"体""用"截然分离，就文化作为一个整体而言，是缺乏充足理据的；而力图在中西文化冲突中保持中国文化的本体或主导地位，仍表现出较为明显的华夏中心主义保守倾向，因而终究要被时代所否弃。

与洋务派相比，作为维新派的康有为应该说走得更远一些。为宣扬历史进化论思想，康有为重新解释了汉代的"公羊三世说"。他说："人道进化，皆有定位。自族制而为部落，而成国家，由国家而成大统；由独人而渐立酋长，由酋长而渐正君臣，由君主而渐为立宪，由立宪而渐为共和……盖自据乱进为升平，升平进为太平，进化有渐，因革有由，验之万国，莫不同风。"[2]其据乱、升平、太平之"三世说"，被比附为从君主到立宪，从立宪到共和三个阶段。康有为借"公羊三世说"，宣扬了实施资产阶级君主立宪的历史必然性，为维新变法运动提供了理论支撑，具有进步作用。从文化重建的角度考察，康有为用"西学"对"中体"即儒家学说进行了改造，这种"不中不西，既中既西"的文化诉求，实际上体现了近代资产阶级的思想观念。与此同时，他们还用"托古改制"手段进行了改造封建制度和传统文化的实践。康有为等的变法思想与张之洞的"中体西

---

[1] （清）张百熙，荣庆，张之洞. 奏请递减科举注重学堂片. 载舒新城. 近代中国教育史料. （第四册）. 北京：中国人民大学出版社，2012：121.

[2] 出自康有为：《孔子改制考》卷十一.

用"说形似而神不似，具有质的差异。张之洞宣扬三纲五常的"中体"，借以和"西体"相抗衡；康有为则高擎孔子大旗，巧妙地将"中体"转换成近代资产阶级思想主张。

二、"五四运动"之后的文化论争

中国传统文化的现代化进程一旦进入制度、社会心理与思想观念转型的层面，"中体西用"论的保守落后性就凸显出来了。20世纪初，孙中山领导的辛亥革命推翻了清王朝的腐朽统治，创建了"中华民国"，近代中国的制度变革取得了突破性进展。但辛亥革命的不彻底性，又再次证明国民思想观念和社会心理层面转型的必要性。基于此，陈独秀、胡适、李大钊等以1915年创刊的《新青年》为阵地，高举科学与民主旗帜，发起了以思想启蒙和改造国民性为宗旨的新文化运动。这是中国近代史上最重要的一次思想启蒙运动，是先进知识分子在思想文化领域进行图强救亡的尝试。陈独秀、鲁迅等启蒙思想家积极传播西方思想，尖锐批判封建专制伦常，使人们开始从专制文化尤其是"吃人"礼教的重重束缚中挣脱出来，增强了民主自由观念，鼓舞人们探索真理和革新进取；启蒙思想家们以前所未有的规模和声势介绍西方社会科学和自然科学，进一步拓展了人们的视野，并为马克思主义在中国的传播创造了有利条件。新文化运动影响了"五四"一代及以后的几代中国人。陈独秀、李大钊等以唤醒"国民之自觉"作为新文化运动的根本任务，旨在从伦理上最终改造旧文化，努力推动中国文化从制度层面向伦理和心理层面转型。但由于历史的局限性，新文化运动也存在一定的偏差。启蒙思想家们有时矫枉过正，不能正确处理中国优秀传统文化遗产和西方文化的关系，从而出现了全盘否定中国传统文化和盲目崇拜西方文化的错误倾向。

"五四运动"之后，围绕着中西文化的关系，以及如何看待中国传统文化与西方近现代文化之地位与价值的问题，基本上形成了针锋相对的两大阵营："中国文化本位"论与"全盘西化"论。由陈立夫筹划、陶希圣等提出"中国文化本位"论，以中国现实需要为标准取舍中西文化，似乎超越了"中""西""体""用"之争，但实质上仍旧是"中体西用"论的翻版。以梁漱溟、张君劢为代表的"东方文化"派不满资本主义制度，看到了西方文明病，主张以东方文化去改造世界。应该说，东方文化论者看到了东方文化的优长之处，东方文化也确实有补于西方文化，对西方社会弊病也不无救治之效。但这一派论者的错误在于，把资本主义制度的危机不恰当地夸大为西方文化的破产，借以反对新文化运动的科学与民主主张，实际上强化了东方文化中心主义。针对"中国文化本位"派的文化保守主义，胡适、陈序经、张东荪等提出"全盘西化"主张。这一主张，针对"五四运动"前后的复古思潮和文化保守主义，自有其特定的历史背景与积极意义。在主张物质文明和精神文明的不可分割性和内在统一性上，也不乏合理性。但"全盘西化"论者完全忽略了文化发展的内在规律与文化交流的可选择性。西方文化本身也是精华与糟粕共存，更有着时代与国别的区分，不可能更不应该照单全收。现代中国人当然要学习西方文化，但这并不意味着要彻底斩断、抛弃自己的思想文化传统，实际上不可能更不应该彻底斩断、抛弃自己的思想文化传统。

20世纪30年代，在"本位文化"与"全盘西化"的论争中，一种逐渐超越二者之上的新的文化主张逐渐形成,这就是先由鲁迅所倡导、后由毛泽东《新民主主义论》所概括的文化观——"民族的、科学的、大众的文化"[1]。所谓民族性,一是强调文化建设要为挽救民族危机和维护民族独立服务,二是强调文化的民族特性和民族主体意识,这就与"全盘西化"论的完全照搬划清了界限。所谓科学性,包括内容的科学和方法的科学,前者反对封建思想,主张客观真理;后者反对割断历史,主张批判继承,这就与历史虚无主义和文化保守主义区别开来。所谓大众性,是说新文化要为广大工农大众服务,使民众享有文化权并增强民主意识,不让文化成为少数精英分子的垄断品。比较而言,"东方文化"论与"中国本位文化"都是调和论,"民族的科学的大众的文化"则是辩证的综合论。

从洋务派的"中体西用"说、康有为的"三世说",到"中国文化本位论"、"东方文化"派、"全盘西化"论,再到毛泽东的"新民主主义文化",西学东渐经历了整整一个世纪。中西文化的碰撞与交融,各种文化观念的争鸣与交锋,共同推动了中国文化的近代化进程。大体而言,鸦片战争之后的中国新文化,在中西古今的激荡和整合之中,沿着民族的科学的大众的方向前进。当然,由于时代的原因特别是 20 世纪上半叶复杂的战争环境,无论是毛泽东的新民主主义文化,还是胡适等的资产阶级文化,其实都未能得到充分发展,更未达到预期目标。迨至 20 世纪后期,当全球化浪潮袭来时,国人再度面临中西文化冲突和中国文化转型等诸多无法回避且亟待解决的重大问题[2]。能否积极妥善地解决好这些问题,事关当今中国特色社会主义文化自觉的形成、文化自信的确立与文化强国的构建。

---

[1] 毛泽东. 新民主主义论. 毛泽东选集.(第 2 卷). 北京:人民出版社,1991.
[2] 张岱年,程宜山. 中国文化论争. 北京:中国人民大学出版社,2006.

第四章 中国传统文化的主体精神

党的十八大报告明确提出："文化是民族的血脉，是人民的精神家园"。中国文化精神和中华民族精神既相互联系、内在贯通，又相互区别、各有其旨趣。中国文化精神的优秀成分，构成中华民族精神；中华民族精神是中国文化精神的核心价值，是中华民族智慧的结晶。全面梳理中国文化的主体精神，既有利于我们深化中国传统文化的研究，剖析中国传统文化的利弊，理性超越传统文化的局限，合理转化传统文化的有益资源，更有利于我们弘扬民族正气、升华民族精神，从而在中华民族的复兴大业中更好地建设我们的先进文化。

总体而言，中国传统文化的基本精神主要表现为"天人合一"、"以民为本"、"自强不息"、"贵和尚中"、"协和万邦"等基本价值观念和精神追求；就中国近现代文化的发展而言，文化精神包含并表现为爱国主义、科学精神、民主精神、自由精神等最为基本的价值观念；改革开放30年来，文化建设在精神层面上所表现的并已理论化的民主法制、公平正义、和谐发展等，并构建了"富强、民主、文明、和谐"，"自由、平等、公正、法治"，"爱国、敬业、诚信、友善"的社会主义核心价值观[①]，全面彰显改革开放新时代的民族精神精神。中国传统文化的民族精神，蕴含了中国文化精神的积极成分，彰显了中华优秀文化传统的内在魅力。

第一节 以民为本 天人合一

中国文化植根于大陆性季风气候条件下典型的农业文明中的客观自然条件、生产劳动的实际需要，以及中华民族独到的思维方式与主观体验能力，最终造就了独具民族特色的民本观和基于"天人合一"信念之上的自然主义，以及偏重人伦实践的文化模式。

一、人本主义

中国文化强调人与自然的和谐统一，彰显追求和谐社会的理想主义倾向，以人本主义为前提，把人作为核心来探讨人和宇宙自然的关系。

中国文化价值系统的确立以及主体内容的嬗变，始终以人生价值目标和意义的阐明及其实践为核心，儒、道、佛等思想体系本质上都是人生哲学。所以，中国文化自孔子开始就有超越宗教、对鬼神敬而远之的精神传统。与西方曾出现漫长的神本主义历史相异，在中国历史上，不仅宗教神学观念从未占主导地位，而且诸如佛教、伊斯兰教、基督教等外来宗教也无一例外地被儒家的人文精神所同化。中国传统文化始终围绕着人，

[①] 胡锦涛. 坚定不移沿着中国特色社会主义道路前进为全面建成小康社会而奋斗. 人民日报, 2012-11-18.

以人为中心、以人为根本，侧重于研究人与社会、人与人的关系以及人的心性修养问题，构成一种伦理本位的人本主义。主要包括民为贵、君为轻的基本政治理念，关注百姓现世的人伦生活，追求一种道德伦理的人文关怀等三个层面[①]。

（一）民贵君轻

中国传统人本主义坚持"民为贵"的民本主义精神，《尚书》中就有"重我民"、"唯民之承"、"施实德于民"的记述，《左传》、《国语》等典籍中也多处强调以民为本观念。儒家学说更集中凸显了"民为邦本"的思想。孔子历来主张重民、富民、教民，在"民、食、丧、祭"这些世间大事中，他将"民"列为首位。孟子则提出了影响中国几千年的"民为贵，社稷次之，君为轻"[②]的著名观点，成为历代开明统治者的座右铭。他强调"乐民之乐者，民亦乐其乐；忧民之忧者，民亦忧其忧"，认为得民心者得天下，失民心者失天下，"得乎丘民而为天下"，"桀纣之失天下也，失其民也；失其民者，失其心也。得天下有道：得其民，斯得天下矣"[③]，"得道者多助，失道者寡助"，政治统治要得民心、合民意，否则便可能"身危国削"。荀子亦主张"民为邦本"，提出"君舟民水"的比喻，传之久远，成为历代为政者的必修课。道、墨、法诸家也都具有以民为贵的思想。在漫长的传统社会中，这一重民贵民精神不断丰富和强化。汉代贾谊曾提出："闻之于政也，民无不为本也。"[④]唐代君主李世民更是深谙民贵君轻之道，认定"君依于国，国依于民"[⑤]。这一系列重民思想，集中反映了中国传统文化民本思想的发展与演进，也呈现了中国式的人本主义传统。

（二）重视现世

中国传统文化在人与神之间，坚持以人为本，重视现世的人伦生活，而将宗教和鬼神信仰置于其后，神本主义始终未居主导地位。以儒家为主体的中国古代思想家，更多地将目光投注于人的现世生活，反对以鬼神为本。《论语》中早就有"子不语怪、力、乱、神"的记载。孔子说过，"务民之义，敬鬼神而远之，可谓知矣"[⑥]。弟子问怎样事鬼神，孔子回答说："未能事人，焉能事鬼？"又问人死后的情况，孔子说："未知生，焉知死？"在这里"事人"、"知生"就是关怀现世，关注现世人的生命和生活；"事鬼"、"知死"是将目光投注于人所不知的鬼神世界，孔子认为既不可能，又无必要，显示了对宗教敬而远之的态度。宋明理学中，不论是气本论、理本论，还是心本论，都否认灵魂不灭，不承认鬼神的存在，却高度肯定精神生活的价值。气本论以天地之间"气"的统一性来论证道德的根据，理本论断言道德源于宇宙本原之"理"，心本论则认为道德伦理出于"本心"的要求。这些道德起源论未必正确，但都摆脱了宗教信仰。此外，我国各民族的民俗文化中，祭祀鬼神的活动虽然隆重而热烈，如民间庙会、傩祭、傩戏，

---

① 金元浦. 中国文化概论. 北京：首都师范大学出版社，2008.
② 出自《孟子·尽心下》.
③ 出自《孟子·梁惠王下》.
④ 出自（西汉）贾谊：《新书·大政上》.
⑤ 出自（宋）司马光：《资治通鉴》卷一百九十二.
⑥ 出自《论语·雍也》.

但即使在这种以祭神为旗号的民俗庆典中，也可以看到人们重现世、重生活的基本态度。观傩戏、逛庙会是集物质和精神交流为一体的现世节庆，反映了民间的狂欢精神和乐观务实的生活态度。

（三）性善取向

中国文化的人本主义是一种具有浓重道德色彩的人本关怀，具有鲜明的道德伦理特征。每一个人，从诞生起便进入一个五伦的社会关系网中：政治上的君臣关系，社会上的朋友关系，家庭中的父子、夫妇、兄弟关系，并各有其行为典范与道德模式，即君仁臣忠、父慈子孝、夫教妇从、兄友弟恭、朋亲友信。整个文化所关注和努力的是"经夫妇，成孝敬，厚人伦，美教化，移风俗"[①]，而每个人则在其中寻找自己的合适位置，践履自身责任。中国传统文化所重视的人，不仅是现世存在的人，更重视处于各种人际关系中"伦理"的人，体现道德原则的人。中国文化更加彰显个人对群体的义务责任，旨在维系整个社会生活正常有序运转，不看重个体精神的自由与独立。

中国文化对个人价值的肯定，不在于个人物质欲望的满足，也不着眼于个人精神的愉悦，而是从个人与对象（家庭、宗族、国家）的关系上肯定个体心性向善。这种向善既是社会的要求，也是个体的自觉。由于心性完善所指向的"理"被提到了"本体"的高度，即在未有万物之前已先存在，这种由"理"所衍生出来的原则，如忠、孝、仁、义，是自然的、天经地义的。个人的价值判断只能定位于通向"理"的心性完善途中，一切作为"实践主体"所从事的"齐家、治国、平天下"事业，都必须是具备了"完善心性"的道德主体才能承担。只有"内圣"才能"外王"，只有"诚意"、"正心"才能"修身"，而后才能"齐家、治国、平天下"。注重人的修养，肯定个体的心性向善，成为中国文化迥异于西方的特征。

这种对人的价值的追求和肯定具有积极意义。道德完善作为一种人格特质，作为主体的一种优良素养，使深受传统文化熏陶的士子们有一种和谐与执著相统一的品格。体现在内心的真诚与尊严，增强内在的自信和宁静，不受时风的左右而动摇，为"道"、为"义"、为"德"的要求不断完善，且固守自己的心性天地，生活因有道德心性的良好自制而井然有序，社会也因这些具有良好心性的楷模而变得纯朴和谐、彬彬有礼。

当然，以儒家为主体的性善论也有其错误和不合理之处。善并不能涵盖一切，把善作为人的唯一本性推崇，自然会侵蚀人"求真"的科学精神，也会对人追求"美"的行为有所扼制，不符合真善美全面发展的人生境界；儒家一味地把人的自然属性当成邪恶之物，千方百计要消灭它，对人的自然本性的必然性、合理性、进步性认识不足，具有一定的禁欲主义倾向；儒家把人的社会性当成天生的、永恒的也不合情理，但社会性来自生活，社会生存条件变化了，人的社会性也会变化，并没千古不变的永恒人性。

二、天人合一

中国传统文化特别推崇天人和谐即天人合一思想。人与自然的关系问题构成中西文

---

① 出自《诗经·毛诗序》。

化的基本差异之一，中国文化尤其重视人与自然的和谐统一，西方文化则强调人通过征服自然、改造自然，才能求得自己的生存和发展。中国古代思想家一般都反对把天和人割裂、对立起来，主张天人协调、天人合一。虽然荀子等有"明于天人之分"和"人能胜乎天"等思想，但并未占主导地位。在先哲们看来，天与人、天道与人道、天理与人性相类相通，因而可以达到天人和谐统一的理想境界。

（一）天人合一思想形成的原因

张岱年先生认为，在天人关系问题上，中国古代思想家主要有三种学说：一是道家的"任自然"之说，即庄子的"不以人助天"；二是荀子的改造自然之说，"大天而思之，孰与物畜而制之？从天而颂之，孰与制天命而用之？"[①]；三是儒家的"辅相天地"之说，"天地交泰，后以裁成天地之道，辅相天地之宜，以左右民"[②]。由于儒道互补构成中国文化的主导方面，因而道家和儒家对天人关系的基本观点是一致的，就是强调天人和谐。道家主张"法天"、"忘己入天"；儒家称"天人合一"。作为儒家经典的《周易》对天人和谐的基本内涵作了如下概括："夫大人者，与天地合其德，与日月合其明，与四时合其序，与鬼神合其吉凶。先天而天弗违，后天而奉天时。"[③]即是说，人应该遵循不违天的天人和谐原则。

"天人合一"源于农耕社会的需要。中国古代各个学派都从不同方面探讨人和自然的关系，即所谓"天人"关系，这并非偶然。因为中国文明的起源和发展与农耕社会有不解之缘，古代物质文化、制度文化和观念文化的创造都离不开农耕基础。在农耕实践中需要研究天人关系，在社会人事范围内也要探讨"天时"、"地利"、"人和"之间的关系。中国很早就有天文历算的发明，也是由于农耕渔牧的需要。由此引发中国文化对人与自然关系的高度关注，对"天人之学"的艰苦探究。

天人合一观念源远流长。早在新石器时代河南半坡仰韶文化遗址中出土的太阳人面图像，就具有浓厚的图腾意识，说明当时人们已经把人和太阳等不同的观念联系起来思考，可以看做是天人合一思想的萌芽。

"天人合一"观念成熟于先秦，在以所谓"五经"为核心的古典文献中，具体记载了对自然与人的认识。《尚书》中有诸多对天文、地理等认识程度的内容，凸显当时已经有专人关注天文，所谓"乃命羲和，钦若昊天，历象日月星辰，敬授人时。"[④]《诗经》中天人观念相当丰富。当时人们对天体、地理、自然界有更深刻、更广阔、更丰富的认识。其中的比、兴，都将自然现象或自然物和人类社会及现实生活相联系，显示当时先民已开始用情感拥抱自然，使自然人化了。

春秋到西汉初期是中国传统思想发展的重要时期。人们开始挣脱血缘氏族的原始礼教，走出以筮古为代表的神灵观念，认真思考自然和社会，开始认识到人类在自然界中的独立存在。然而，现实的以农耕为基础的社会生活方式和氏族血缘礼仪的传统又制约

---

① 出自《荀子·天论》.
② 出自《泰·象传》.
③ 出自《周易·文言传》.
④ 出自《尚书·尧典》.

着人们，使这一时代的自然观念朝着天人相对应的方向发展。到了《淮南子》，人和自然的关系被明显地强化，"天人合一"倾向进一步发展，表现在把人体的部位和宇宙天象一一对应的比照："故胆为云，肺为气、肝为风、肾为雨、脾为雷，以与天地相参也，而心为之主"①。

后经两汉经学、魏晋玄学、隋唐佛学，其核心问题仍然是围绕着"天人"关系而展开，主要表现为"天道"与"人道"，"自然"与"名教"的关系。董仲舒在其所著《春秋繁露》一书中提出，帝王将兴，必有"美祥"，将亡，必有"妖孽"，治世与乱世有不同的征兆。董仲舒着眼于"天人相与之际"②，构筑了一个从自然到人类、从人类的社会组织到人体构造、从人的有形之躯到无形思想观念的严密"天人感应"神学体系。天不再是单纯的客观存在，而是一种通过灾异来表现自己好恶和意志的神灵，自然灾害成为社会灾害的象征。不仅一般的社会现象和"天"相对应，而且人类社会的结构也按照天的意志安排，依则于天；人的道德观念、思想感情均由天定。这种"天人感应"重视的是国家和个体在日常活动和行为中与自然及社会相适应、合拍、协调和统一。从西汉后期开始，谶纬之类充满奇异色彩的著述盛行一时，更将天人感应学说推向神秘和极端，从而牢固确立以天气季节运行为基轴、以"天人感应"为特色的古代自然观。

董仲舒"天人感应"的神学目的论，遭到王充的"元气"自然论与王弼的"天道"自然无为论的否定。王充认为"天"的性质"与地无异"，是无意志、无目的、无人格的自然物体，人和万物都是"偶自生"即自然而然的巧合。这种自然命定论，虽然否定了董仲舒的神学目的论，但也同样扼杀了人的能动性。魏晋玄学大师王弼表面上是老子"自然无为"思想的复归，但他通过本体和现象、运动和静止、天道和人事的研究，把"天"转化为"天道自然无为"，把"人"归结为社会"礼法名教"，既排除了神的作用，又否定了自然命定论。玄学所关心的诸如"有无"、"体用"、"言意"、"自然"等问题，从抽象思辨的角度看，显然高出董仲舒的神学目的论和王充的自然无为论，所以在哲学史上，两汉经学被魏晋玄学所替代就在情理之中。魏晋玄学虽以老庄道家思想为骨架，但讨论的中心问题即"自然"与"名教"关系，实际上是天人关系，并进一步提高到道德本体的层面上来，更追求天人合一的精神境界。

东晋以后，玄学与佛学结合，佛教得到极大发展。佛、儒分歧的焦点是生死问题，儒家重生轻死，佛家重死轻生，以神不灭论为其理论根本。六朝后期，范缜通过形神之辩，认为神为形所生、形亡而神灭，从而否定了佛教"形神相异"的神不灭论。无论是生死问题，还是形神问题，实际上都是围绕天人关系这一核心展开。到唐代，柳宗元、刘禹锡融会诸家，试图对汉以来天人之辩予以总结，柳宗元著《天说》，刘禹锡著《天论》，提出"天人交相胜，还相用"的思想，既注重客观规律性，也强调人的主观能动性，从而克服了王充、范缜纯客观性的缺陷，初步揭示了对立统一的辩证关系。刘、柳学说在形式上似乎是向荀子《天论》的复归，实际上已经完成了一个大范围的螺旋上升的发展过程③。

---

① 出自《淮南子·精神训》.
② 出自《汉书·董仲舒传》.
③ 许总. 论宋明理学的形成及其历史必然性. 齐鲁学刊, 2000，(5).

两宋时期，天人合一思想发展成占主导地位的社会文化思潮。张载第一个明确提出"天人合一"命题。在他看来，人生的最高理想就是天人协调，主张"为天地立心，为生民立命，为往圣继绝学，为万世开太平"①，最终达到天道和人道的有机统一。

（二）天人合一思想的评析

天人合一是关于人和自然的统一问题。从远古直到现代，在汉语的日常应用中，"天"的内涵和形象在不断演变，但作为命定、主宰和作为自然的双层含义始终存在。所以，"天"、"人"关系实际上具有某种不确定的模糊性质，既不像人格神的绝对主宰，也不像对自然物的征服改造，既包含着人对自然规律能动地适应、遵循，也意味着人对主宰、命定被动地顺从与崇拜。

天人合一具有世界观和方法论的意义。从传统的思想和中国古代国家机构的运行及其政治、道德实践看，均有这种意蕴。天是万物之源，天生出万物，也生成了人类社会。天地万物也像人类社会一样运转，自然的发展变化体现着、制约着人类社会的发展变化。日月正常运行，说明人世间一切正常，君明、臣贤、百姓勤耕和睦；而当人事出了问题，君昏、臣奸、百姓反对，那么日月也会用反常予以警告。"古帝王以功举贤，则万化成，瑞应著，末世以毁誉取人，故功业废而致灾异。"②也就是说，人之善将得到天之更大的善，人之恶将得到天之更大的恶。正因为如此，天人合一思想成为人的行为准则和解释历代制度的理论依据。历史上取得政权的统治者总是把自己打扮成顺应天命、替天行事的代表，而反对者也总是攻击其政敌违反天命。如唐太宗就曾称自己是"上畏皇天之临监，下惮群臣之瞻仰，兢兢业业，犹恐不合天意，未副人望"③。宋代高举义旗的梁山英雄也以"替天行道"的口号召令天下。这些几乎成为几千年以来中国政治生活中的惯用语。

天人合一推动了对自然科学及艺术发展。由于天人合一的基本思想是把人作为整个宇宙中心来考虑，强调人是自然系统中不可缺少的有机部分，主张道德原则与自然规律相一致，追求人生的理想即是天人谐和有机统一，这包含着一定的唯物因素，促使着人们去研究自然，推动了中国古代科学技术在部分领域的发展，诸如天文历算、农学和中医学等领域都取得瞩目成就；同时，也促使人们从自然界吸取美感，以自然界的某些现象作为原型进行艺术加工，给生活带来美的享受和高雅情趣，从而对我国古代器物以及书法、绘画、文学、园林建筑等产生重要影响，这从中国山水花鸟画、山水田园诗的兴盛以及对画成"神品"、乐成"天籁"、巧夺天工、物我合一、情景交融等艺术境界的追求中都得以彰显。

天人合一催生了人与自然物我相通的观念形态。在中国人的观念中，没有绝对的自然，也没有绝对的主体，而是泯灭物我界限，主体与客体融合为一。自然万物皆体现人之色彩，人不能违背自然，不能超越自然界的承受力去改造自然、征服自然、破坏自然，而只能在顺从自然规律的条件下去利用自然、调整自然，使之更符合人类的需要，也使

---

① 出自（宋）张载：《张子全书》卷一四．
② 出自《汉书·京房传》．
③ 出自（宋）司马光《资治通鉴》卷一百九十二"贞观二年"条．

自然界的万物都能生长发展。另一方面，自然界对于人类也不是一个超越异己的本体，不是宰制人类社会的神秘力量，而是可以认知、为我所用的客观对象。这种思想长期实践的结果，是自然界与人的统一，人的精神、行为与外在自然的一致，自我身心平衡与自然环境平衡的统一，由此而达到的天道与人道的统一，从而实现完满和谐的精神追求。

总之，作为影响和延续中国数千年之久的主流文化精神的一部分，天人合一思想在其历史进程中有着丰富内涵和合理性价值，它着眼于人类与整个宇宙关系，依据自然的变化推及人世，强调人类应当遵从自然界的普遍规律，尽管其间掺杂一些不健康的内容，但在历史上起了积极作用，至今也不乏现实价值。

天人合一精神也有一定的消极意义。天人合一过分强调环境对人的影响力，非常注重对环境因素影响人世问题的探究，因而形成了古代天人关系之学，带有明显迷信色彩的术学、易学等异常发达；天人合一强调自然对人类的影响，甚至将风马牛不相及的自然变化归因于人世，使人类过度依赖自然，产生自责的心理，限制了人类创造性、能动性的发挥，有碍于中国古代科学技术的深度发展。

第二节 道德直觉 刚健有为

一、道德养成

中华民族是坚持正义、勇于追求真理、崇尚气节的民族。以德性修养为安身立命之本，重视道德自觉和人格完美，强调道德在社会、人生中的地位和作用，成为中国文化精神的重要特征。道德在中国文化中不仅体现在个人的思想品质、修养、行为规范和标准上，更渗透到国家政治、经济生活中，并由此形成了一套完整的道德伦理体系，即所谓的"崇德"或"重德"精神。

（一）道德养成的主要体现

尊亲。中华先民期待天下大治，而天下大治、和谐社会的建立，基础是人际关系的尊亲。中国传统伦理思想以"孝悌"为本，梁漱溟就称中国文化为"孝的文化"。《孝经》能进入中国古代最重要的经典"十三经"之列，本身就能说明问题。郑玄解释道："孝经者，三才之经纬，五行之纲纪。孝为百行之首，经者不易之称。"[①]孝，指"善事父母"；悌，指"敬爱兄长"。孝悌之心可推而广之，由尽孝而尽忠，由事兄而敬长，家庭血缘的亲情进一步放大，从而作为社会一般成员之间和睦相处的伦理准则，"夫孝，始于事亲，中于事君，终于立身"[②]。于是，尊亲便上升为尚德。

尚德。"德"的观念，由周人首先提出。"皇天无亲，唯德是辅"[③]。周代统治者吸取商王朝覆亡的历史教训，扭转、清算商王朝骄奢淫逸、好大喜功、敬天事鬼的浪漫政治，改以"敬德保民"的"德治主义"，奠定中国文化理性主义的发展方向。《诗经》《尚书》一再赞颂的周代先王，就是"敬德"的楷模。"德"的内涵丰富，人们常说的仁义礼智

---

① 出自《孝经·郑氏序》.
② 出自《孝经·开宗明义章》.
③ 出自《尚书·蔡仲之命》.

信，温良恭俭让，礼义廉耻，忠孝节义等均在此列。晋臣范宣子问鲁国大夫叔孙豹，何谓"死而不朽"。叔孙豹回答："太上有立德，其次有立功，其次有立言，虽久不废，此之谓不朽"（《左传·襄公二十四年》）。这种观念得到中国文化实践的认同，经过春秋战国时期诸子百家中若干主要流派的阐发，形成了中国文化中人文主义和道德理想主义传统。

崇礼。将主观修养方面的"德"的具体要求条理化、规范化，便成为"礼"。中国之所以被称为"礼仪之邦"，其内在依据是数千年一贯制地将"崇礼"作为超越生命价值的永恒追求。孔子主张人与人之间统一和谐，提倡用宽容谅解的精神去缓和紧张关系，但人与人之间的和谐也是有原则的，即以符合礼为标准。后来的儒家学者又以阴阳相分、柔刚定位原理，推演出社会政治关系中的君臣、君民和家庭关系方面的父子、夫妇之间的尊卑、贵贱，并严格规定了阳尊阴卑、刚上柔下的等级秩序。

尚仁。毕竟人生立德、立功、立言的"三不朽"伟业，不是人人都能达到的境界，但是基本的"德行"、"仁者爱人"，却不难做到。从逻辑上讲，"爱人"当然是从身边最亲密的人爱起，然后推而广之，"弟子入则孝，出则悌，谨而信，泛爱众，而亲仁"（《论语·学而》）。"老吾老以及人之老，幼吾幼以及人之幼"（《孟子·梁惠王上》）。所以，"君子务本，本立而道生。孝悌者，其为仁之本也"（《论语·学而》）。"仁"实际上包含了爱人、忠恕、孝悌等内涵，成为儒家思想的内核，并把"仁"作为做人的最高道德准则，即"仁者爱人"、"己所不欲，勿施于人"、"己欲立而立人，己欲达而达人"。

（二）道德养成的建构意义

其一，注重个人的德性素养。儒家的自我修养理论影响最为深远。在孔子看来，要变"天下无道"为"天下有道"，就要求志士仁人在德性修养方面达到仁、智、勇的"三达德"境界，达到了这一境界，就能做到"知（智）者不惑，仁者不忧，勇者不惧"（《论语·子罕》）。孔子本人的实践就是在孜孜追求这一德性，而《论语》的主体精神便在于强调道德的作用。正是鉴于德性修养对于一个人安身立命的重要性，宋代大儒朱熹把《礼记》中的一篇《大学》单独拿出来，列为"四书"之首，就在于它强调了自我修养的八个步骤，即格物、致知、诚意、正心、修身、齐家、治国、平天下，并以天下太平和谐为终极目的，"身修而后家齐，家齐而后国治，国治而后天下平"（《礼记·大学》）。中心环节是修身，因为格物、致知、诚意、正心是工夫，是为了修身；齐家、治国、平天下是修身的结果，修身是立身之道，也是立国之道。这种理论强调个人道德修养对社会生活的重要作用，有其合理性。这一德性修养传统的积极结果是中国历史上无数体现民族道德理想追求的仁人志士，对中华民族的历史与现实产生深远影响。

其二，崇尚内圣外王的道德人生。总体而言，儒家强调的人格就是内圣外王，即内蕴道德文章，外可济世经纶。内圣就是人的道德品质不断提升与超越；外王就是提升社会能力，成就文章，教化百姓，建功立业，最高取向是"为天地立心，为生民立命，为往圣继绝学，为万世开太平"[①]。儒家人格中内圣是核心，属于体的范畴；外王是目的，

---

① 出自（宋）张载：《张子全书》卷一四．

是用的表现，先内圣而后可以外王。古代思想家特别崇尚气节、重视情操，强调行为符合道德规范要求。孔子提出"三军可夺帅也，匹夫不可夺志也"(《论语·子罕》)，孟子提倡"富贵不能淫，贫贱不能移，威武不能屈"①的大丈夫人格，所谓"志士仁人无求生以害仁，有杀身以成仁"(《论语·卫灵公》)的情操气节等，都对铸造中华民族的精神品格产生深远影响，有助于形成中华民族刚直不阿的气节和明辨是非、坚持正义的品质。特别是在国家命运多舛、民族生死存亡的紧要关头，许多民族英雄决不丧志辱身，以不屈的斗争来挽救国家民族的命运，甚至不惜牺牲自己、杀身成仁，便是崇尚气节精神的典型体现。

其三，形成中国文化的理性传统。儒家把"成圣贤"规定为人生理想和终极目标，从而赋予人生一种永恒、崇高的价值和意义。这就充分肯定了人性的道德尊严与崇高。还强调道德理想与现实生活的统一，要求每个人从道德践履的主体实践活动出发，由己及人，扩展到全社会，去做一番经世济民、改造社会的弘道事业。儒家的人生观就是从这一道德实践的主体活动与社会现实生活的密切联系中寻觅人生的真谛，探寻人生的意义，由此而获得一种心理情感上的超越。这种人生哲学富有强烈的人文意识，更具有积极入世的现实精神，对中华民族无数优秀人才的成长发挥了积极作用。历史上所谓"国家兴亡，匹夫有责"，所谓"身无分文，心忧天下"②，所谓"居庙堂之高则忧其民，处江湖之远则忧其君"③的济世精神，都可以视作这一文化传统的反映。

其四，构建全面务实的民族精神。中国传统文化的一个突出特点就是注重现实生活，其思想方法和价值取向主要体现为重实践、重事实、重功效，强调务实精神，致力于解决现实问题。中国古代的先哲们在强调人的精神境界的时候，并未否定作为人类生存基础的物质追求。早在春秋时代，就有所谓"三事"之说。《左传·文公七年》记载："正德、利用、厚生，谓之三事。"正德，即端正品德；利用，即便利器用；厚生，即丰富生活。"三事"之说兼重物质生活和精神生活，把道德建设与实际生活联系起来考虑，是一种比较全面而又符合社会实际的观点。虽然作为中国文化主流的儒家学派特重"正德"、"崇德"，而对"利用"、"厚生"问题研究不多。但是，儒家在强调道德修养的同时，也没有完全忽视人的物质生活，只不过重义轻利、有所侧重。在儒家"民为邦本"的思想基础上建立的仁政德治思想体系中，对人们的物质生活给予了充分肯定，并正确地论述过物质生活和精神生活的关系。孔子曾告诉他的学生对老百姓要"先富后教"(《论语·子路》)，政治道德教化应该建立在老百姓生活安定富裕的基础之上，他还提出"因民所利而利之"(《论语·尧曰》)的观点。孟子则提出要"制民之产"，使"七十者衣帛食肉，黎民不饥不寒"，然后"谨庠序之教，申之以孝悌之义"④，培养高尚的道德情操。

其五，追求"大同"的人类最终目标。儒家经典《礼记》有如下描绘："大道之行也，天下为公，选贤与能，讲信修睦。故人不独亲其亲，不独子其子，使老有所终，壮有所用，幼有所长，矜寡孤独废疾者皆有所养，男有分，女有归。货恶其弃于地也，不

---

① 出自《孟子·滕文公下》。
② 出自(清)李惺：《西沤外集·冰言补》。
③ 出自(宋)范仲淹：《岳阳楼记》。
④ 出自《孟子·梁惠王上》。

必藏于己；力恶其不出于身也，不必为己。是故谋闭而不兴，盗窃乱贼而不作，故外户而不闭，是谓大同"①。"大同"社会成为中华民族几千年追求的"乐土"，也是全人类的共同理想，在当代全面建成小康社会、实现中华民族的伟大复兴大业中，仍不乏其现实价值。

二、自强不息

作为中华文化的主导精神，刚健有为、自强不息的精神一直是中华民族奋发向上、蓬勃发展的源动力，无论对国君、人臣、士大夫阶层，还是一般民众，都产生了巨大的影响。这种精神可以追溯到中国文化最早的代表《尚书》和《诗经》之中，这两部典籍里充满着勤勉稳健、勇猛深沉的向上气息。如《尚书·尧典》里对先王"克明峻德，以亲九族"、"历象日月星辰，敬授人时"功业的颂扬，《诗经》的《公刘》《生民》篇中描写的周部族诞生之初的创业艰难和不断壮大等。《易经》进一步明确地提出了"刚健"的观念，赞扬刚健精神，"刚健而文明"，并提出"天行健，君子以自强不息"②。日月星辰永远在运动，有作为的人应效法它的"刚健"，努力向上绝不停止。刚健有为、自强不息的思想，集中反映了中华民族朝气蓬勃、努力向上的顽强生命力，表现了中华民族百折不挠的基本精神。

"天行健，君子以自强不息"是对乾卦卦象的解说。古人观察天道，从其刚健强劲的运行中感悟到人生的真谛，即以天为法，生命不息，奋斗不息；运动不息，自强不息。洪荒开辟之际，中华先民在极其困苦的条件下，艰难创业。这一段历史没有留下确切的文字记载，但留给后世许多瑰丽的神话。中国上古有关盘古开天辟地、女娲补天、夸父追日、后羿射日、精卫填海、愚公移山等脍炙人口的神话传说，都塑造了不惧困难、勇于创造的开拓者形象，无不凸显中华民族古已有之、生生不息的刚健自强的民族精神。

从先秦时代起，刚健自强就是思想家、哲学家们着力阐发的人生精义。老子说："道大，天大，地大，人亦大。域中有四大，而人居其一焉"（《老子》第二十五章），道家的"无为"，实质上渗透了"人法地，地法天，天法道，道法自然"的更高层次"有为"。孔子更是这种精神的极力提倡者和积极践行者。他一生奔波，幻想以周礼匡扶乱世，"明知其不可为而为之"（《论语·宪问》），结果是"发愤忘食，乐以忘忧，不知老之将至"（《论语·述而》）。他对"饱食终日，无所用心"的人生态度极度蔑视，强调"士不可以不弘毅，任重而道远。仁以为己任，不亦重乎？死而后已，不亦远乎？"（《论语·泰伯》）"三军可夺帅也，匹夫不可夺志也"（《论语·子罕》）。儒家一向以积极"入世"的修、齐、治、平作为自家学说的宗旨，儒家学派的后继者们都对"有为"和"自强"的学说进一步发挥。孟子说"天将降大任于斯人也，必先苦其心志，劳其筋骨，饿其体肤，空乏其身"（《孟子·告子下》），"富贵不能淫，贫贱不能移，威武不能屈，此之谓大丈夫"（《孟子·滕文公下》）；荀子提出"制天命而用之"（《荀子·天论》）的著名论断。

---

① 出自《礼记·礼运》。
② 出自《周易·乾卦》。

中国历史上的无数仁人志士以其坚韧不拔，谱写了自强不息的辉煌诗篇。司马迁推崇发奋有为的圣贤："西伯拘里而演《周易》；仲尼厄而作《春秋》；屈原放逐，乃赋《离骚》；左丘失明，厥有《国语》；孙子膑脚，《兵法》修列；不韦迁蜀，世传《吕览》；韩非囚秦，《说难》、《孤愤》；《诗》三百篇，大氐贤圣发愤所为作也。"①在民族兴旺发达、民众精神面貌昂扬向上的昌盛时期，历代士人的情怀中总洋溢着一股建功立业的壮志豪情。汉唐将士的积极戍边，"匈奴未灭，何以家为"的英雄气概，"请君暂上凌烟阁，若个书生万户侯"②的豪迈气势，无不彰显这种精神。特别是在民族危亡、外族入侵或政权易手的关口，民族志士总是以不屈不挠的精神，顽强地进行着反侵略、反压迫的英勇斗争，无数仁人志士为此不息奋争、死而后已，中国历史上曾有过许多可歌可泣的民族英雄，如岳飞、文天祥、戚继光、史可法、郑成功等，都已成为民族历史上不朽的名字，而无数爱国诗词都以高度的自信自尊表现出坚定的自强精神。这就一再证明民众性格中潜藏着强烈的进取向上、自强不息的精神因素。鲁迅赞扬"并不失掉自信力的中国人"，"我们从古以来，就有埋头苦干的人，有拼命硬干的人，有为民请命的人，有舍身求法的人……虽是等于为帝王将相作家谱的所谓'正史'，也往往掩不住他们的光耀，这就是中国的脊梁"③。中华民族具有这样的精神品质，并以广泛的凝聚力和顽强的生命力自立于世界民族之林。

刚健有为、自强不息还有一个重要体现，就是积极否定、革故鼎新的改革精神。所谓"苟日新、日日新、又日新"（《礼记·大学》）。中国历史上每当积弊日久时，总是会有或改革、或革命的运动，为清除积弊而换规变法。对于当今社会而言，大至国家、民族，小至单位、个人，都应该继承和发扬这种精神，只有不断地学习进取、与时俱进、锐意改革，我们的民族复兴大业才会越来越兴旺。

第三节　贵和尚中　兼容并包

一、贵和尚中

中国文化具有贵和尚中的精神。"和"是把众多矛盾的事物有机地统一起来，构成一个和谐的整体；"中"则是在"和"的基础上所达到的居中不偏、兼容两端的境界。二者具有同一性，又不乏辩证意蕴。

（一）和而不同

西方文化强调通过斗争来解决矛盾，中国文化则主张通过调和来化解矛盾。如何以包容品格和博大精神对待矛盾、处理矛盾、协调化解矛盾，构建和谐社会，成为中国文化的重要精神指向。"和谐"一直是中国传统文化追求的最高境界，重视自然的和谐、人与自然的和谐、人与社会的和谐、人与人之间的和谐以及人自身的身心和谐等。

---

① 出自《史记·太史公自序》.
② 出自（唐）李贺：《南园十九首》.
③ 鲁迅. 鲁迅全集.（第6卷）. 北京：人民文学出版社，1958.

《周易》提出"君子以厚德载物",提倡宽容、和谐地待人接物,即以宽厚的道德心怀包容万物,能宽容意见不同的人。较早对和谐进行理论探讨的,是西周末年的史伯和春秋末年的晏婴。史伯强调以不同元素配合,才能使矛盾均衡统一,收到和谐的效果。他指出,五味相和,才能产生香甜可口的食物;六律相和,才能形成悦耳动听的音乐;善于倾听正反之言的君王,才能达到"和乐如一"的局面。晏婴进而用"相济"、"相成"的思想丰富了"和"的内涵,并主要运用于君臣关系上,强调君臣在处理政务上综合平衡,保持和谐统一的关系,主张以广阔的胸怀容纳不同意见。孔子倡导"君子和而不同",也是在不盲目附和的情况下协调不同意见。

在中国文化发展的进程中,"和而不同"精神显而易见。非常典型的例证是"百家争鸣"。在天下大乱、礼崩乐坏的社会背景下,儒、墨、道、法、阴阳等学派各有所长,皆有所明,形成各家竞争、相互驳难的生动局面,议论风发,词锋锐利,直指论敌的要害,但同时也肯定对方的合理成分。"然而其持之有故,其言之成理",自有独立的学术地位,在极尖锐的批判言辞中,充分体现了"和而不同"的文化精神。

冯友兰先生评价说:"在中国古典哲学中,'和'与'同'不一样,'同'不能容'异';'和'不但能容'异',而且必须有'异',才能称其为'和'。客观辩证法的两个对立面矛盾统一的局面,就是一个'和',两个对立面矛盾斗争,当然不是'同',而是'异';但却同处于一个统一体中,这又是'和'。"[①]这是对中国文化"和而不同"精神简明精当的哲理透析。具体而言,中国以和为贵的和合精神,体现在以下方面。

在处理人的身心关系上,所谓"身"是指人的形体,并派生出情、欲、利等,"心"则指人的精神,由此派生出理、义等。之所以要追求身心和谐,就是存在着不和谐之处。欲求得身心和谐,就必须克身扬心,出行入神,崇理灭欲,用心的满足弥补身的匮乏,用精神的力量代替本能的物欲。而天人和谐、人际和谐等无不以身心和谐为基础,是身心和谐的外延与结果。

在处理人与人的关系上,中国文化坚持儒家提出的"己所不欲,勿施于人"和"己欲立则立人,己欲达则达人"的"恕道"原则。要求个人在自己的文化实践中,"老吾老以及人之老,幼吾幼以及人之幼"。这种推己及人的思维形成一种处世方式,即通过人与人之间的情感交流和彼此联系,达到一种和谐境地。强调一事当前,要先设身处地地为对方、他人着想,以对方、他人为重。

在处理人与社会的关系上,坚持"中和为上"原则,把个人与社会的关系看作一个矛盾的对立统一体。对立是源于每个个体都有血肉之躯,必然会有所欲求,而社会又难以满足人的所有欲求,必然与社会发生冲突;统一则凸显个人与社会的不可分,个人脱离社会就无法生存,而失去个人也就不成其为社会。所以,以儒家思想为代表的中国文化,力排法家只重社会而忽略个人利益的极权政治,在人与社会关系处理上反对偏激言行。

在处理人与自然的关系上,强调"天人合一"、"万物一体"境界。人类既然是自然界的一个组成部分,就要以人道合天道,以人心合天心,以人德合天德,以人生合于宇

[①] 冯友兰. 中国现代哲学史. 广州:广东人民出版社,1999.

宙，视天地万物为一体。中国文化要求万物并育而不相害，达到人与自然的整体和谐，人与天地合为"三才"，人可以"赞天地之化育（《中庸》），可以"尽万物之性"，开发自然资源，可以"利用厚生"、"开物成务"，以求人类的生存。本着"尽物之性"，顺万物之性的原则，尊重自然规律，理智地与天地万物保持协调共存，而不是一味地征服和破坏。这种人与自然相统一的和谐思想，与现代生态平衡的科学主张以及可持续发展理念相接近，具有启迪意义。

在处理中国文化内部关系上，千百年来，华夏汉族与数十个民族共存共荣，其间虽有暂时的兵戎相见，但在绝大多数时期都保持着密切交往，互相学习、彼此帮助、亲如一家。

在处理中国文化与外来文化关系上，无论古代汉唐盛世下的主动拓展，还是近代晚清衰局下的被动承受，中国文化都能以平等姿态，吐旧纳新，与异域他邦的文化相容相摄，表现出有容乃大的襟怀、海纳百川的气度。

（二）中庸之道

既然和谐是最好的秩序和状态，是最高的理想追求，那么怎样才能实现"和"的理想呢？儒家认为，根本的途径在于保持"中"道，并以此规定和谐的界限。倡导"中行无咎"，主张以"中"为度，把"中庸"作为处世行为的准则和人格完善的标准，所谓"极高明而道中庸"。

孔子不仅首次提出"中庸"概念，更使中和观念哲理化。孔子认为："中庸之为德也，其至矣乎！民鲜久矣。"[①]强调中庸是一种最高的道德。中庸，就是不偏不倚地把握"中"这个事物运动的总准则。任何事物的最佳状态，都是多种事物的对立统一而构成的和谐，因而"中庸"包含了"和而不同"和"过犹不及"两方面的内涵。孔子认为，办任何事情都有个标准，不能超过这个标准，也不能达不到这个标准，而应该是完全合乎标准的中正不偏、准确适度、无过无不及。事物对立的两端是客观存在的，正确的态度是"允执其中"，叩其两端而用之，在对立的两极之中把握一个最适当的度。子思做《中庸》篇章，开篇指出："致中和，天地位焉，万物育焉。"可见，子思把中庸当作中和的意思，将其看做基本的世界规律。

到了汉代，儒生们继承和发展了先秦儒学的"中庸"观，不仅把它作为伦理道德的最高境界，而且将其作为抽象哲理化的日常行为基本准则。汉儒深入发掘出"中庸"相互关联的三层含义：执两用中；用中为常道；中和可常行。宋明理学时期，"中庸"理念不断得到强化。朱熹《中庸集注》成为后世学者认识世界的基本方法和处世接物的基本原则，而且渗透到一般民众的社会心理之中。

从总体上看，儒家的中和理论是以中庸观为理论基础，以礼为标准，以中、和为范畴，以对统一体的保持和对竞争、冲突的抑制消除为特征的封闭和谐体系。做事恰到好处，为人坚持原则而又能团结和谐，是一种很高的修养境界，但要达到这种境界则不容易。《论语》中孔子提出了达到中庸境界的养成方法：强调自我修养、克制自我、严于

[①] 出自《论语·雍也》.

律己、宽以待人；推己及人，行忠恕之道，将心比心，理解别人；以礼节之，用"礼"节制自己的社会行为等。《礼记·中庸》把中庸之道视为必须达到的一种境界，称之为"极高明而道中庸"。并提出五个步骤达到这个境界："博学之，审问之，慎思之，明辨之，笃行之。"

"中庸"作为一种道德标准，成为指导行为方式的一个最佳尺度，体现在现实生活中就是"中行"。事物的发展都有一个量的限度，达不到这个限度，就不能处于最佳状态；但是超过这个限度，就会发生质变，朝反面转化了。所以，只有"中行"才是保险安全之道。这种思想使得国人做事不走极端，求大同存小异，自觉维护人际关系的和谐，注重保持安定团结的局面。但中庸思想过分强调屈从，也必然限制个体能动性的发挥，培养奴性人格，从而影响社会发展。与现代民主思想相比，中庸思想显然是失色的，不容忽视其消极影响。

总之，贵和持中理念，代表了中国伦理政治型文化的基本精神。这种理念既适应了封建社会大一统的政治要求，又迎合了宗法社会温情脉脉的伦理情感的需要，成为民族的情感心理原则，更培育了中华民族的群体心态，在中国文化的各个领域得以彰显。经过长期的历史积淀，贵和持中精神逐渐泛化为中华民族普遍的社会心理习惯，如政治上对统一的多民族政权的维护，经济上"不患贫而患不均"的平均思想等。

二、兼容并包

中国自古以来就是一个多民族国家，作为主体部分的汉族，不是由单一部落发展，而是融合、同化了其他部族而形成。中国历史上，处理境内各民族之间的关系，以及与周边民族的关系，都一直依照"兼容并包"原则，就是以道德修养和人文教化为根本，以治理好自己的国家为前提，以此感化周边邦国；既要维护本民族独立，又不向外武力扩张；对于其他民族的侵犯，在采取正当防御措施的同时，更采用怀柔、"和亲"、会盟等政策，以求得"协和万邦"。

（一）对内倡导"一视同仁"

在中华民族成长历史上，无论是汉族，还是其他民族，大体上都对异族采取"修其教不易其俗，齐其政不易其宜"的理智行为。在西汉以前尚以军事行动作为向大漠、西南扩张的重要手段，东汉以后，军事活动转变为次要的防御性行为。在承认和尊重边疆民族独立性的基础上，采用"和亲"、"互市"、"贡赐"、"绥抚"，设立"羁縻州"和征收少数民族赋税"夷僚之户皆半输（免去半数）"的民族政策。唐朝对于境内各少数民族采取"顺俗施化"政策，一般不改变其生产方式、社会制度和风俗习惯，多用加封各族首领为都督、刺史的形式，让其继续统辖本族。契丹的大辽国，典章制度"大略采用大唐"。元朝入主中华后，"附会汉法"。明代实行"内安诸夏，外抚四夷，一视同仁，咸期生遂"[1]政策，对在元代进入中国版图的各少数民族地区，"顺俗施化，因人授政，欲其上下相安也"[2]。清康熙帝一直强调"满汉一体"，在北京开设博学鸿儒科，网罗全

---

[1] 出自（明）杨荣：《北征记·国朝典故卷之十八》.
[2] 出自（明）张紞：《云南机务钞黄》.

国"名士",共建基业;雍正帝也鼓吹"华夷无别",尝谓"本朝之为满洲,犹中国之有籍贯",同是中国人不能因籍贯(民族)之不同,而"妄判中外"[①]。长期以来,中国各民族相依相存,各异质文化互为吸纳和融合,奠定了建立共同政治实体的基础,至清代最终实现全国空前的大统一,完成各民族相互融合成为中华民族的历史过程。

由于汉族人口众多、文化先进,历史上曾经同化了一些少数民族,而实际上在同化的过程中,汉族也吸收了其他民族的某些文化特征。诸如战国末期流行的"胡服骑射";盛唐人的气质"大有胡气";清代满族妇女的旗袍为汉族妇女所钟爱等。

中国文化不仅善于在内部融合吸收各族文化的精华,而且也乐于接受外来文化,如印度佛教文化、波斯文化、阿拉伯文化以及欧洲文化等。外来文化毕竟与中国本土文化不同,对其选择比较困难。但当观念定势被突破后,中国文化的"和"的机制便会发挥作用,使中国人得以超越地理隔绝,吸收外来文化中利于自身发展的新因素。正是这种兼容并蓄的精神,才使得中华民族的内聚力不断加强,中国文化传承得以久远。

(二)对外主张"协和万邦"

传统道德教化影响塑造着中国人的气质,在民族政策上表现为"协和万邦"。这种政策是以"和合"为精髓的中国文化思想的体现,并与"和合"思想相互影响。中国历史上有武士而无武士阶级,自汉以来国家实行文官制;较少宗教偏见,同一人而信奉儒、释、道三教者不可胜数,历史上从未发生过宗教战争。在中国文化中占主导地位的儒家不主张武力争夺,而强调道德修养;道家思想主张回归自然,相安无事;佛教绝对反对杀生。这种对和平的热爱从上层社会到普通百姓,已经深入人心,成为整个民族的良好自觉。在中国,秦皇汉武的功业被认为是穷兵黩武,诗歌教文中涉及战争大多持反对态度,社会上广受崇拜的往往是德高望重的仁者。这种"协和万邦"思想,成为数千年以来中华民族处理对外关系的基本准则。

中西文化交流大约始于汉代以前。其时,中国的商品已经由西域传入欧洲。《史记》记载:"在大月氏西可数千里……其西则条支,北有奄蔡黎轩。"[②]黎轩即罗马(后称大秦),这说明早在西汉时,中国人所了解的地理区域已包括罗马。中国与罗马之间最初是经由西域进行商业交流的,后因安息人从中阻挠,便改由海路。

古代中国与外部世界联系,大规模的形式起于西汉张骞通西域之后。东汉时,在西亚、中亚乃至欧洲,源于中国的丝路成为主要的交通干道,并以此逐步发展为四通八达的交通网。随着地理大发现以及欧洲到东方新航路的发现后,丝绸之路才逐渐湮没。除"丝路"外,经陆路与西部世界联系的主要交通线,尚有"蜀身毒道"和"草原路",前者由四川曲折转达进入印度;后者由东西向纵贯亚欧草原地带,并在元代为中西陆路交通带来一时极盛[③]。

公元3世纪后数百年间,中国与欧洲的交流曾以海上通道为主。当时中国向外沟通的海上交通线主要有两类:一类是从南海经马六甲海峡入印度洋,终抵大秦(古罗马)

---

① 出自(清)雍正:《大义觉迷录》卷首,上谕.
② 出自《史记·大宛列传》.
③ 龚红月. 智圆行方的世界——中国传统文化新论. 广州:暨南大学出版社,2000.

的"海上丝路";一类是中日、中朝间的海上交通。中国与亚洲其他国家的文化交流开始得很早,先秦文献、秦汉史籍有不少提到朝鲜、越南、日本、印度(天竺)、中亚细亚等国的地名,足以证明中国与周边国家的渊源关系。如《山海经》有"东海之内,北海之隅,有国名朝鲜"[1]的记载,《尚书》也有越南人的祖先在周代与中国通使的记载:"越棠氏重译来朝"[2],最早提到日本的是《汉书》:"夫乐浪海中有倭人,分为百余国,以岁时来献见云"[3]。古代中国与上述国家的交流多为物态文化,如物质、技术等。在精神文化方面,中国古代对外来文化的接纳,仍以邻近的印度、中亚细亚诸国和阿拉伯文化为主,更多关注的是外来的艺术(文学、戏剧、音乐、舞蹈等)和宗教思想,以佛教和伊斯兰教为甚。

总体看,中国与欧亚的文化交流,总体是输出的趋势大于输入。5~15世纪正是欧洲文化近千年的沉寂黑暗期,中国文化则处于相对昌盛繁荣时代,科技水平一直居领先地位,这势必影响古代世界文化交流的主体动向。因此,中西文化交流则延至近现代才进入高潮期。这时候,中国文化对西方文化的吸收已经带有明显的"扬弃"内涵,既引进西方先进的学术、思想和科技,又保持中国传统中利于现代化的积极方面,抛弃不利于文化进化的消极因素,逐渐成为国人一种共识。

---

[1] 出自《山海经·海内经》.
[2] 出自《尚书·大传》.
[3] 出自《汉书·地理志》.

第五章 中国传统儒家思想的发展历程及现代流变

无疑，在中国古代没有任何一个学派的影响能超过儒家学派，惟其如此，儒家以及和儒家思想相关的许多文献被奉为经典，最后汇成著名的十三经。十三经的形成有一个过程，最初在孔子的时代有所谓六经，即《诗》、《书》、《礼》、《乐》、《易》、《春秋》，但战国时《乐》就已失传，所以汉武帝时，只立五经博士。东汉时加上《孝经》、《论语》就成了七经。唐朝时先有"九经"，即《诗》、《书》、《易》、《周礼》、《仪礼》、《礼记》、《公羊传》、《穀梁传》和《左传》，唐文宗开成年间，再加上《论语》、《孝经》、《尔雅》共十二经刻石保存下来，这就是"开成石经"。宋朝将《孟子》加入其中，因此就有了十三经。另外，宋代将《礼记》的《中庸》和《大学》两篇与《论语》、《孟子》合在一起，这就有了"四书"①，以之作为中国传统文化中最为突出的内容。儒家思想作为统治思想影响了中国两千余年，我们不能不了解它。

第一节 先秦儒家的代表人物及思想体系

一、孔子的思想体系

孔子（约前551~前479年），名丘，字仲尼，春秋末年鲁国陬邑（今山东曲阜）人。孔子的祖先是宋国的大贵族，后因宋国内乱，迁徙到了鲁国。到孔子父亲时，已逐渐衰落。孔子很小丧父，童年时代生活在贫困之中。鲁国是西周初年周公的封地，周公是西周时期礼乐制度的主要制定者，所以鲁国是西周礼乐制度贯彻得最好的诸侯，直到春秋末年，许多国家都已礼坏乐崩，而鲁国则仍然保持得很好，所以被称为"礼乐之邦"。各国的贵族来到鲁国，大都惊叹地说："周礼尽在鲁矣"（《左传·昭公二年》）。鲁国的这种文化氛围对孔子影响极大，孔子自小就热衷于礼乐活动，《史记·孔子世家》载："孔子为儿嬉戏，常陈俎豆，设礼容。"成年后孔子主要从事教育活动，先在鲁国招收门徒讲学，后又到了齐国，但遭到了齐国一些士大夫的反对，"齐大夫欲害孔子，孔子闻之。景公曰：'吾老矣，弗能用也。'孔子遂行，反乎鲁"。于是孔子回到鲁国，收了许多弟子，"弟子弥众，至自远方，莫不受业焉"。中年开始步入仕途，被鲁定公任为中都宰，官至大司寇。由于孔子的政治主张不适合鲁国的国情，很快丢了官。孔子带着弟子周游列国，希望能有国君重用他，实施其政治主张，但前后辗转十余年，经历了卫、曹、宋、郑、陈、蔡、楚等国，四处碰壁，"斥乎齐，逐乎宋、卫，困于陈、蔡之间"。

孔子是中国历史上的重要人物，但后世对他有褒有贬，他确实给我们留下了许多

---

① 阴法鲁，许树安. 中国古代文化史. 北京：北京大学出版社，1991.

弥足珍贵而又耐人寻味的思想。今天了解孔子及其思想的主要依据是《论语》。《论语》由孔子的弟子或再传弟子整理而成，记载了孔子与学生的言论和事迹，反映其思想主张。

礼制观。孔子最大的政治理想就是要恢复西周的制度，尤其是礼制。对于春秋末年出现的僭越西周礼制的现象，孔子深恶痛绝，他认为夏商周三代的历史一脉相承，虽有"损益"，但基本方面没有变化，从而说明周王朝的礼制也将百世不替地延续下去，所以孔子以恢复周礼为己任。他主张"天下有道，则礼乐征伐自天子出"，"天下有道，则政不在大夫；天下有道，则庶人不议"（《论语·季氏》）。孔子认为要恢复周礼，首先要"正名"，就是使君臣父子各安其位，遵守各自的名分、职责，不越位，不越过西周礼制的规范。孔子主张除"政"、"刑"之外，更要借助"德"、"礼"，把"德"、"礼"看作首要的统治手段，孔子说："道之以政，齐之以刑，民免而无耻；道之以德，齐之以礼，有耻且格。"他认为为政者如果真正能够以道德治国，"为政以德，譬如北辰，居其所而众星共之"（《论语·为政》）。

道德观。在《论语》中，"道"与"德"有时是区别的，有时是合二为一的。孔子对"道"的追求非常执著，曾说："朝闻道，夕死可矣。"为人处世要讲道德，要适当，不要强求名利，"富与贵，是人之所欲也，不以其道得之，不处也"。在人与人的关系上不要过分霸道，他的弟子说："夫子之道，忠恕而已矣。"对人要真诚，对别人的错误要宽恕，要将心比心，"其恕乎！己所不欲，勿施于人"。日常生活中，时刻要有道德意识，坚持道德原则，孔子还说："不义而富且贵，于我如浮云。"要恢复周礼，实现德治，必须提倡仁德，通过个人自身修养，形成"仁"这个无美不备的德性。要实现"仁德"，每个人都应注意自己的道德修养，要培养道德意识，讲求道德原则，勤于道德实践。孔子很注意自我道德修养，他说："见贤思齐焉，见不贤而内自省也。"一个人要经常反省自己，自我检查，正像曾子所体会的："吾日三省吾身，为人谋而不忠乎？与朋友交而不信乎？传不习乎？"经过内省，检查出自己的过错，就要勇于改正，否则，只能是错上加错。孔子曰："过而不改，是谓过矣。"应严格要求自己，"躬自厚而薄责于人"。

仁义观。在孔子的心目中，不可一刻违背"仁"，"子曰：'志士仁人，无求生以害仁，有杀身以成仁。'"《论语》中提到"仁"的地方有105次，孔子从不同的角度对"仁"进行解释，其中"仁者爱人"、"克己复礼为仁"是最著名的定义。"仁"就是"爱人"，就是对别人要爱。孔子要求一个仁者，在消极方面要"己所不欲，勿施于人"；在积极方面要"己欲立而立人，己欲达而达人"。怎样做才称得上仁人呢？孔子回答说："恭、宽、信、敏、惠。恭则不侮，宽则得众，信则人任焉，敏则有功，惠则足以使人。"还说："刚、毅、木、讷，近仁"（《论语·子路》）。相反"巧言令色，鲜矣仁"。勇也是仁人必备的品行。孔子说："仁者必有勇。"孔子认为对于个人来说，对仁的追求是第一位的，他说："当仁，不让于师。"在政治生活中怎样做才能称得上仁人呢？孔子说："克己复礼为仁"，"非礼勿视，非礼勿听，非礼勿言，非礼勿动"（《论语·颜渊》）。孔子提倡"仁"的目的是为礼服务的，"一日克己复礼，天下归仁焉"。

"中庸"观。孔子说："中庸之为德也，其至矣乎！民鲜久矣。"孔子所认识的"德"

的核心意义就是"中庸"。什么是"中庸"呢？孔子说，"过犹不及"。朱熹解释说："中，无过无不及之名也。庸，平常也。""中庸"是一种不偏不倚、恰到好处的状态，表示适宜、适当、恰好、公平、不左不右的意思，也就是处理问题、办事情主观不要脱离客观，要恰如其分地把握好客观实际，然后才能发挥主观能动作用。

天命观。孔子相信"天命"。"天"在他的心目中是有人格有意志的上帝，是自然界和人类社会的主宰，违反了天命没有好下场，"获罪于天，无所祷也！"人的生死富贵、事业成败兴废都由上天安排，非人力所能及，即"生死由命，富贵在天"。孔子还把知天命的特权垄断在统治者手中，他说："君子有三畏：畏天命，畏大人，畏圣人之言；小人不知天命而不畏也。"孔子相信天命，但是对鬼神则持怀疑态度，"不语怪力乱神"，"敬鬼神而远之"。

教育观。孔子生平中最大的贡献在于教育，并在教育思想和教育方法上总结了一些宝贵经验。其一，在教学实践中，孔子兴办私学，主张"有教无类"，这对于打破贵族垄断教育，促进学术下移卓有贡献。其二，在教育理念上，孔子重视启发性教育，培养学生学习的主动性、自觉性。他说："知之者不如好之者，好之者不如乐之者。"要求学生做到"举一反三"，强调实事求是的学习态度，反对不懂装懂，"知之为知之，不知为不知，是知也。"孔子还说："三人行，必有我师焉，择其善者而从之，其不善者而改之。"其三，在教育方法上，孔子强调学与思的关系，认为"学而不思则罔，思而不学则殆"，"学而时习之"、"温故而知新"。孔子还善于"因材施教"。孔子是一位"学而不厌，诲人不倦"的教育家，他的学生称赞他"循循然善诱人"。为了教学的需要，孔子以《诗经》、《春秋》等作为教材，这些文献大部分经过孔子整理、删订或改编，成为体现孔子思想的重要著作，直到今天，仍然是研究中国古代典章制度和社会政治、经济、文化的宝贵资料，为孔子的一大功绩。

孔子是中国古代伟大的思想家、教育家，开创了儒家学派，他的思想及儒家学派对中国的历史产生了至深至远的影响。到了战国时期儒家分为子张、子思、颜氏、孟氏等八个学派，其中以孟子（属于子思的传人）和荀子两派影响最大。

二、孟子的思想体系

孟子（约前372~前289年），名轲，字子舆，战国时期邹（今山东邹城）人。在儒家学派中影响力仅次于孔子，他们的学说被合称为"孔孟之道"。孟子十分推崇孔子，以孔子的继承人自居，认为"五百年必有王者兴，其间必有名世者……当今之世，舍我其谁也"（《孟子·公孙丑下》）。孟子的思想与孔子的思想有着紧密联系，是孔子思想的进一步发展。晚年，他专心著述，成《孟子》七篇传世。

人性观。孟子认为人的本性是善良的，所谓"孟子道性善，言必称尧舜。"《孟子·滕文公上》。性善论是孟子学说的基石，他说："人性之善也，犹水之就下也；人无有不善，水无有不下。"孟子说："人皆可以为尧舜"，但现实中人们的表现为什么有善和不善呢？孟子认为是后天环境的影响，使原来的善性没有得到培养。为了不被外界所诱惑，就要加强自身的抵抗能力，筑起心理防线，"养浩然之气"，使这种"气"充塞于天地之间，便可回复和扩充人的善性。孟子以性善论作为推行其政治主张"仁政"的理论依据。

历史观。孟子鼓吹要效法先王，即尧舜文武周公，实际上是一种托古改制，假托历史上这些贤明圣王，按照他的理想进行改造，设计出"仁政"、"王道"的社会模式，反对"暴政"和"霸道"。"王道"就是依靠道德仁义来统一天下，不依靠武力，所以又被称为"仁政"。"霸道"则是凭借武力称霸控制天下。孟子主张施行"仁政"即"王道"，反对"暴政"、"霸道"。

"仁政"观。孟子认为推行"仁政"，首先是任用贤能的人充任官吏，管理国家，"莫如贵德而尊士，贤者在位，能者在职"（《孟子·公孙丑上》）。其次，国君要"推恩"，要"制民恒产"。孟子说："无恒产而有恒心者，惟士为能。若民，则无恒产，因无恒心。苟无恒心，放辟邪侈，无不为己"（《孟子·梁惠王上》）。其三，反对国君过度地征收赋税，应"施仁政于民，省刑罚，薄税敛，深耕易耨"。其四，主张"民为贵，社稷次之，君为轻"，表现了"民本"思想；认为要实现"仁政"，必须重视"人和"，说："天时不如地利，地利不如人和。"

"天命"观。孟子的"天命"观比孔子进步。虽然仍将"天"看作有意志的人格神，但并不能主宰宇宙和人间的一切，已丧失了绝对权威。相反，"天命"服从"人心"。孟子说："尽其心者，知其性也；知其性，则知天矣。存其心，养其性，所以事天也。"他虽然仍鼓吹君权天授、君权神授，但也讲君权民授。

三、荀子的主要观点

荀子（约前335~前235年），名况，字卿，战国时期赵国人。他总结了儒墨道诸家学说，但主要尊崇孔子的学说，著成《荀子》一书，内容涉及哲学、政治、经济、军事、教育等，是先秦的重要思想宝库。

天人观。在荀子那里，"天"就是自然界，与传统的天人合一、天人感应观点相反，主张天人分开、人定胜天。他说："天行有常，不为尧存，不为桀亡。"否定了天即是有意志的主体神并主宰宇宙及人类社会一切的思想。"天有其时，地有其财，人有其治。"天、地、人各有其独自的运动规律，各有其特点，人区别于天、地的特点在于人有其"治"，即有认识自然界和改造自然界的能力，提出"制天命而用之"的观点。

"性恶"论。荀子认为人性即人的自然禀赋，或者叫本能，是与生俱有的、客观的，而后天主观努力学习形成的道德品质等则被称之为"伪"，伪即人为的、主观努力的。荀子说："人之性恶，其善者伪也"。荀子认为人性恶的本能是可以改变的。"必将有师法之化、礼义之道，然后出于辞让，合于文理，而归于治"（《荀子·性恶》）。一方面在于"隆礼"，通过礼仪训练，后天的道德教化，使人改恶从善；另一方面就是"重法"，用高压手段，迫使人改邪归正，也就是刚柔并济。

王霸论。不像孟子主张"王道"而反对"霸道"，荀子既提倡"王道"，也不反对"霸道"，只不过有高低先后之分而已。荀子说："故用国者，义立而王，信立而霸，权谋立而亡"（《荀子·王霸》）。所谓"道"，就是指国君用什么政治措施。以仁义治国就是"王道"，以信用治国就是"霸道"，以权谋治国就是"亡道"。荀子对"王道"、"霸道"都不排斥，只是"王道"是他的最高政治理想，"霸道"虽有缺陷，但仍是德政，只是比"王道"层次低而已。其区别是"王道"可以"不战而胜，不攻而得，甲兵不劳而天下服"，"霸道"则是"明其不并之行，信其友敌之道，天下无王霸主，则常胜矣"。

教育观。荀子劝勉人们要努力学习，对学习的效用、意义、目的、态度、方法等，都有精辟的论述。他的《劝学》篇至今仍是一篇勤于学习的光辉著作。他说："学不可以已……木受绳则直，金就砺则利，君子博学而日三省乎己，则知明而行无过矣。"学习是一个不断积累的过程，道德修养也是一个不断积累的过程："不积跬步，无以至千里；不积小流，无以成江海。"学习还要有锲而不舍、持之以恒的坚韧精神："锲而舍之，朽木不折；锲而不舍，金石可镂"。

第二节 中国传统儒学思想的发展沿革

一、儒学在汉代的被神化

秦始皇统一六国，随着政治统一，也强化了思想文化的一统。除了以法家思想为唯一的政治指导思想外，其余在战国时期的各家学说都予以禁锢，制造了"焚书坑儒"。西汉建立之初，儒学虽逐渐复苏，但尚没有地位，汉初崇尚道家思想，实行"黄老无为"。经过汉初数十年的发展，国力渐强，到了汉武帝时，董仲舒、公孙弘等向汉武帝建议"罢黜百家，独尊儒术"，董仲舒说："臣愚以为诸不在六艺之科、孔子之术者，皆绝其道，勿使并进。邪辟之说灭息，然后统纪可一而法度可明，民知所从矣。"[①]董仲舒以儒家思想为基础吸收了阴阳五行、法家、道家等思想，加以糅合改造，形成了适合汉武帝需要的"新儒学"。

董仲舒，广川（今河北枣强）人，代表作是《春秋繁露》。他的思想体系主要包括大一统论、天人感应论、君权神授论等。他极力鼓吹《春秋公羊传》中的"大一统"思想，正好迎合了汉武帝要求加强中央集权，打击诸侯王势力的要求，因此得到了汉武帝的青睐，使儒家学说借助于帝王权威登上了统治地位。他还鼓吹天人感应论，认为人是天创造的，故天人同类、相互感应，将天和人牵强附会在一起，人处处与天相应。董仲舒将人的形体、性格、好恶等都与天联系起来，"人之形体，化天数而成；人之血气，化天志而仁；人之德行，化天理而义；人之好恶，化天之暖清；人之喜怒，化天之寒暑；人之受命，化天之四时。人生有喜怒哀乐之答。"董仲舒仰仗天的权威对帝王进行牵制："灾异以见天意，天意有欲也，有不欲也。"认为天通过灾异告诫帝王要注意实行仁德政治，不要实行暴政，不然上天要警告甚至惩罚，这对抑制统治者的恣意妄为有积极意义。为了维护君权，他还炮制了"君权神授"论。在董仲舒那里，天是有意志有人格的神，有主宰宇宙和人类一切的权威，君主的权力也来自于天，"天子受命于天"。但董仲舒也认为天可以给君主权力，也可剥夺其权力。上天给了君主权力，目的是要他替民的利益着想，这是天意，君主如果违背天意，天将代表民剥夺君主的权力。

[①] 出自《汉书·董仲舒传》.

可以说，董仲舒"君权神授"的理论是一柄双刃剑，既维护了君主的权威，也制约了君主的胡作非为。董仲舒把王道社会看作理想社会，要求君主施仁德于民，但并不排斥刑罚。王道社会应是德主刑辅的社会。理想的王道盛世是轻徭薄赋、人民和睦。此外，还借助天的权威来维护"三纲五常"，为特权等级制度辩护。他认为君臣、父子、夫妻三种伦理关系是"王道之三纲"，是天的意志的表现。三纲来自于天，不能违背。仁、义、礼、智、信五常也同样来自于天，并与木、火、土、金、水对应。

儒家处世既重视原则，也重视灵活变通，董仲舒堪称这方面的代表，在他那里原则被称作经礼，灵活变通被称作变礼，将这两方面结合起来就是一种辩证的方法。他主张法德并举，"德主刑辅"，两者相辅相成。董仲舒因治《春秋公羊传》而成为经学大师，汉武帝设五经博士，并置弟子员，后来汉代的官吏越来越多地从中选举，所以治儒学成了获取官禄的敲门砖，"成帝初即位……是时，博士选三科，高为尚书，次为刺史，其不通政事，以久次补诸侯太傅。"[①]这又反过来刺激了儒学影响的扩大，催化了儒风大兴。此后奠定了儒学在中国封建社会的正统统治思想地位，并延续不衰。

二、宋明理学的兴盛

宋明理学作为一种影响广泛而久远的学说与思潮，其兴起、形成、发展，自有多种因素的促进，但归根到底与一定的社会经济、政治体制乃至文化形态密切相关，是特定时代的产物。以下是其之所以兴起于宋代的原因。

首先，宋代的政治特点。宋王朝的建立，结束了残唐五代长期混乱、分裂的政治局面，重新确立了大一统的中央集权体制。但是，长期的分裂和混乱，使得儒家传统的伦理道德规范遭到极大的摧残和破坏，不利于大一统政治的稳定和巩固。为了加强与政治统治相适应的思想统治，宋朝统治者一开始就倡导尊儒经，提倡重整伦理纲常、道德名教。如宋学的奠基人物欧阳修在新修的五代史中，就将"三纲五常之道绝"、"君君臣臣父父子子之道乖"[②]当作社会衰败的主要原因。可以说，伦理化特点正是宋学的基本内核，理学正是基于时代需要而成为宋学的核心体现[③]。

其次，宋代经济、文化的发展。宋代社会的安定，战乱中遭到破坏的农业生产得到迅速恢复和发展。北宋初年的半个世纪中，耕地面积增加了一倍，农业生产技术与效率不断提高。手工业也得到迅速发展，宋代的冶炼、煮盐、制茶、纺织、烧瓷及造船业，在当时世界上都是先进的。宋代科学文化的进步尤其引人注目，不仅像活版印刷术、指南针、火药等重要发明出现于宋代，而且宋代的天文、历法及数学也相当发达。沈括著《梦溪笔谈》，就对当时许多自然科学成就加以总结。哲学的建构本来就以自然科学的发展为基础，作为宋代哲学核心的理学对自然及社会规律的思考乃至理学中象数学派的形成，成为宋代科学文化发展的必然结果。

第三，与思想史自身进程密切相关。中国思想史在唐代中后期形成一个重要转折，

---

① 出自《汉书·孔光传》.
② 出自《新五代史》卷十六.
③ 许总. 论宋明理学的形成及其历史必然性. 齐鲁学刊, 2000, (5).

韩愈倡儒学道统，力辟佛、老，打破此前三教并盛的局面。宋学为了与政权建设相适应，韩愈所倡的儒学道统自然成为其承续的目标和对象，如宋初学者孙复在《儒辱》中说："汉魏而下，则又甚焉，佛老之徒，横于中国，彼以死生祸福虚无报应为事"，"于是其教与儒齐驱并驾，峙而为三。吁！可怪也。去君臣之礼，绝父子之戚，灭夫妇之义，儒者不以仁义礼乐为心则已，若以为心，得不鸣鼓而攻之乎"，从理论上对佛、老之学冲击伦理纲常、礼乐仁义加以激烈抨击。

北宋是理学发展的初期，出现了著名的理学家周敦颐、程颢、程颐等；南宋则以朱熹为代表，他将理学发展到一个高峰，奠定了理学的崇高地位，后世将他们的思想结合在一起，称为"程朱理学"。由于理学家们认为他们学说的最初源头在孔子那里，由孔子传给子思，子思再传给孟子，他们认为自己继承了孔孟的道统，即儒学的正统，所以又称为"道学"。

实际上理学是儒道释相融合的产物，以儒家思想为主要内容，通过对《易》、《春秋》、《老子》等注疏研究来表达自己的思想。他们大讲"存天理，灭人欲"，维护三纲五常，进一步发展了儒家的天命思想。周敦颐把老子的"无"及道家的"无极"、《周易》的"太极"以及阴阳五行思想融合在一起，留下了《太极图说》、《易通》、《爱莲说》等著作，初步创立了理学的思想体系。《太极图说》中的基本概念就是"无极"，它是无形无象、寂寞不动的"无"，产生在天地之先，是宇宙万物的根源。"无中生有"、"无极"生"太极"，"太极"就是由"无极"产生，是有形有象的实体，有时运动，有时静止，动静交替，动则生阳，静则生阴，吸收了道家《老子》、佛教"非有非无"的思想，对于宇宙本原作了一定的探索。《易通》则从哲学的高度，论述礼乐的产生及其社会功能，论证等级制度的合理性，凸显为封建政治服务的自觉性。《爱莲说》赞美了莲花出淤泥而不染、濯清涟而不妖的品质，象征着有高尚道德修养、高尚品质的人，淤泥象征着人的贪欲，这既有佛学因缘又受儒家自我修养思想的影响，必须除去人的贪欲。

程颢、程颐是同胞兄弟，被称作"二程"。他们思想的一个重要内容就是"存天理，去人欲"，鼓吹"下顺乎上，阴顺乎阳"，把统治者维护其统治的"三纲五常"视为"天理"，是最高的"善性"，为等级制度辩护，而把人所谓的"七情六欲"与其绝对对立，要彻底除去。

朱熹，南宋时期理学最著名的代表，其著作后人合刊在一起，称为《朱子全书》，其语录被人编为《朱子语类》。在朱熹的思想中，"理"是最高的范畴。朱熹说："未有天地之先，毕竟也只是理，有此理，便有此天地。若无此理，便亦无天地，无人无物，都无该载了。有理，便有气流行，发育万物"（《朱子语类》）。又说"帝是理、是主"，理因此与天联系起来了，理就是天、上帝，因此又称为"天理"，而且这些理存在于天地万物之先，是宇宙的本原、万物的主宰，也是一切社会伦理、道德规范的源泉。朱熹把理引申到封建伦理道德之中，大肆宣扬"三纲五常"是天理，主张："未有君臣，已先有君臣之理，未有父子，已先有父子之理。"①

朱熹认为人性本善，是天理在人身上的表现，具体表现为仁、义、礼、智等。他说：

---

① 出自（南宋）朱熹：《朱子大全》卷九十五.

"性者，人之所受乎天者，其体则不过仁、义、礼、智之理而已。"①但大多数人的人性中有恶的成分，这是人的欲望所导致的。怎样除去人性中的恶呢？就要穷理灭欲，即穷尽天理、除去欲望。首先是最高统治者心术纯正、充满仁义、没有私欲，则天下太平，否则社会混乱、人欲横流。其次对于一般人来说，必须听命于伦理纲常，即服从伦常统治。朱熹的理学思想对宋代和后世产生了巨大的影响，其著作《四书大全》、《五经大全》、《性理大全》被明成祖作序颁行天下，科举考试就以朱熹对"四书"的注为标准，成为士人们必读之书，其社会地位达到了仅次于孔孟的高度。

王阳明是明代理学家的代表，生活于明朝统治已出现严重危机的时期，其文章和言论被辑为《王文成公全集》，其主要思想就是"致良知"和"知行合一"。他的"致良知"思想是孟子的"良知"说进一步发挥而来，他认为"天理"与"良知"就在人的心中，"良知"人人皆有，不分贵贱贤愚："良知之在人心，不但圣贤，虽常人亦无不如此。"②"天理"就在人心之中不能"外心以求理"，而应"求理于吾心"（《传习录》），认为"心外无物"、"心外无事"、"心外无理"、"心外无学"。王阳明认为，封建的道德伦理观念就是人心中固有的"理"，也就是所谓的"良知"，人们要"致良知"，就是发挥心中的理性，达到高尚的思想境界，仅限于此还不够，还要施于实践，这就是"知行合一"。王阳明曾在明朝廷中为官多年，参加过镇压农民起义，所以，他竭力维护明朝专制统治，反对违反封建统治的思想和行为。他把违反封建统治的行为看作是"山中贼"，把违反封建统治的思想看作为"心中贼"，提出"破心中贼"比"破山中贼"更重要，但也更难，所以他曾感叹地说："破山中贼易，破心中贼难。"③

三、中国传统儒学的近代转型

宋明理学自宋代兴起后，在政治思想领域占有统治地位，封建礼教所鼓吹的"三纲五常"成了人们的基本规范，在科举考试中以朱熹的《四书章句集注》作为标准答案。士人为了获得功名，只能死记硬背，不能发挥，因此这种文化专制主义禁锢了士人的思想，出现了万马齐喑的局面。可以说，明代以后随着资本主义的萌芽和发展，儒家思想越来越不适应社会进步的需要，相反被统治者用来摧残民主思想萌芽和阻止科学文化发展的思想利器。一些开明的士子要求有所变化，明末清初出现了一批要求改革时弊的士子，其代表人物有顾炎武、黄宗羲、王夫之等。他们要求学以致用，通过考察古代典籍，利用汉代的古文经学的方法，重新解释儒家经书，附会民主理想，因此兴起了考据学。但由于清政府实行文化专制，考据学走向了反面，许多学者钻进了故纸堆，从事所谓纯学术的研究，脱离了社会现实。

清朝自嘉庆以后社会矛盾尖锐，王朝统治已进入全面危机期，一批知识分子宣扬"通经致用"，要求把学术研究与解决社会问题结合起来。代表人物就是龚自珍、魏源等，他们通过对古代典籍的解释来批评时政，如龚自珍利用《公羊春秋》的义例来批判封建

---

① 出自（南宋）朱熹：《孟子或问》卷十四。
② 出自（明）王阳明：《答陆原静书》。
③ 出自（明）王阳明：《王阳明全集·与杨仕德薛尚谦书》。

官僚制度，揭露时弊，高呼"我劝天公重抖擞，不拘一格降人才"。怎样改变现状？对策则是由魏源提出的"师夷长技以制夷"。但一些官僚既羡慕西方的"长技"，又抱着封建的伦理纲常不放，提出了折中方案，即"中体西用"主张，极力维护理学所宣扬的以纲常礼教为主要内容的统治思想，这不可能挽救封建危机。

因此，以康有为为代表的资产阶级维新派登上了历史舞台。他利用儒学今文经学派的思想方法和思想材料，托古改制，成为清末今文经学派的领袖。康有为通过著述《新学伪经考》和《孔子改制考》，假造出一个"真孔子"和真的"孔子之道"，否定传统的儒家思想。康有为提出汉代以来的儒家经典都是王莽时的刘歆假造，因此湮灭了孔子本来的思想。他认为本来的孔子是改革派，要建立民主政治。实际上是借孔子的影响力、借孔子的话语来表达自己的改革主张，这也就是借封建的"尸"来还资本主义的"魂"。康有为还借助《春秋公羊传》的三世说，重新解释其"通三统"、"张三世"之说，其中"据乱世"就是西方的君主专制时代，"升平世"就是君主立宪时代，"太平世"即民主共和时代。中国当时正处于"据乱世"，必须有变法维新而进入"升平世"，旨在通过附会孔子以减轻改革的阻力。

第三节 现代新儒学的发展及总体特色

现代新儒学，是指"五四"以来在强烈的民族文化危机意识刺激下，一部分知识分子力图恢复传统儒学的本体和主导地位，重建宋明理学的"伦理精神象征"，并以此为基础来吸纳、融合、会通西学，建构起一种"继往开来"、"中体西用"式的思想体系，以谋求中国文化和中国社会的现实出路。作为中国现代文化保守主义的主流派，80年来已有三代人薪火相传，形成了自己的学脉和传统，至今仍具有旺盛的生命力。

一、现代新儒学的发展历程

1987年，方克立先生对新儒家做过这样的定性："现代新儒家是产生于本世纪20年代、至今仍有一定生命力的，以接续儒家'道统'、复兴儒学为己任，以服膺宋明理学（特别是儒家心性之学）为主要特征，力图以儒家学说为主体、为本位，来吸纳、融合、会通西学，以寻求中国现代化道路的一个学术思想流派，也可以说是一种文化思潮。"[①]十年后，方先生又进一步论述道："所谓现代新儒学，简单地说，就是中国历史进入现代阶段以后，一般指'五四'以后，主张保存和发扬中国传统，重新确立儒学的本体和主导地位，既有选择地学习西方又反对全盘西化和马克思主义化的一种文化保守主义思潮。它主要是一种哲学思潮，同时也包含着社会政治的内容。"[②]

现代新儒学产生于20世纪20年代初，是对于"五四"激烈反传统的一种保守回应，也是对于当时已在中国流传的科学主义思潮的一种反抗。在"五四"反孔教、反儒学运动达到高潮的时候，在一片"打倒孔家店"的声浪中，梁漱溟首先站出来捍卫孔子学说，

---

① 方克立. 现代新儒学与中国现代化. 天津：天津人民出版社, 1997.
② 方克立. 现代新儒学与中国现代化. 天津：天津人民出版社, 1997.

公开竖起儒家旗帜。他在 1922 年正式出版《东西文化及其哲学》一书，成为现代新儒学的开山之作。梁漱溟在书中第一次把中国文化纳入世界文化架构中讨论，并且断言，只有中国文化所表现的人生态度于现实最合理，可以拯救西方人在功利竞争中的精神烦恼，"世界未来文化就是中国文化的复兴"。梁漱溟一生的事业实际上都致力于儒家文化的复兴，被当作"最后的儒家"而载入史册。

1923 年发生的"科学与玄学论战"在现代新儒学形成和发展史上有着重要意义。20 世纪初从西方传入的科学主义思潮，过分夸大科学功能，鼓吹"科学是没有界限的""科学方法万能"。以张君劢为代表的"玄学派"则认为："人生观问题之解决，决非科学所能为力，唯赖诸人类之自身而已。"①可以说是现代新儒家的共同立场，即认为科学只在解释物理方面有效，至于更高层次的宇宙本体人生道德的真实，或所谓"玄学的真理"，靠科学思维方式不能把握，只能靠认识主体的直觉解悟。

抗日战争时期，新儒学进入比较成熟的阶段。民族危亡的严重局势，刺激了主张发扬民族精神、复兴民族文化的思想学说发展，为其提供了有利的舆论环境。加之经过较长时间的理论准备，包括对西学的学习、了解、消化和吸收，现代新儒家的代表人物已有可能创造出比较完整、系统的理论体系，明确提出自己的纲领和口号。例如，熊十力"新唯识论"的哲学体系，冯友兰创造了继承和发展程朱理学并融入西方新实在论的"新理学"体系，贺麟也力图创造一个以西方"苏格拉底、柏拉图、亚里士多德、康德、黑格尔之哲学，与中国孔孟、老庄程朱、陆王之哲学会合融贯"的理想唯心论哲学体系②。贺麟 1941 年发表的《儒家思想的新开展》一文，可以看作是中国前期现代新儒家的宣言。他宣称："根据对于中国现代的文化动向和思想趋势的观察，我敢断言，广义的新儒家思想的发展或儒家思想的新开展，就是中国现代思潮的主潮。……自觉地、正式地发挥新儒家思想，蔚成新儒学运动，只是时间早迟、学力充分不充分的问题。"还明确提出"以儒家精神为体，以西洋文化为用"、"儒化（华化）西洋文化"口号③，说明现代儒家既区别于盲目崇洋的"全盘西化"派，也区别于抱残守缺的"国粹派"，但最终还是走上了"中体西用"的老路。

总体而言，现代新儒学的开创之功应归于梁漱溟和熊十力，冯友兰、贺麟也可算是有贡献的第一代新儒家。这一时期的新儒家，由于面对着政治强权与文化霸权，面对着人类的无根状态，主要着力点在于发掘传统的价值、重建道德的传统、为人类建立一个最好的意义世界和精神家园。第一代新儒家皆要先立其本，因此不仅在方向与着力点上具有共同性，而且在思想建构上也有相似性，即以传统儒家的根本道德原则为其本，或者说以对人的生命与生活的肯定（"性善"）为其本。在第一代新儒家看来，西方的种种自然形而上学，皆与人的生命与生活没有直接关联，其着重点皆在客观之天道而非自觉肯定自身之人道，人道只是天道的延伸，隶属于天道，就有以天道杀人的种种可能。而佛、道、耶的形而上学，强调了人道对天道之映射，然而在其出发点上，却缺少一种"性

---

① 张君劢，丁文江. 科学与人生观. 济南：山东人民出版社，1997.
② 贺麟. 文化与人生. 北京：北京商务印书馆，1988.
③ 贺麟. 儒家思想的新开展. 思想与时代杂志 1941 年 8 月第 1 期.

善"的自觉，而认定人生即苦或即不逍遥，由此在道德理想境界与现实生活之间就存在一种对立或断裂。只有在儒学这里，主张天人合一，道德理想的境界即是现实生活的境界，理想和现实才真正统一起来。由此，第一代新儒家就在"性善"之本中，通过重建宋明儒以来的道德形而上学，而建立了合天人、通内外的体用不二之学，完成了一种圆满的道德形而上学，承继了传统儒家的"道统"，并发掘出该"道统"的根本价值。

20世纪50年代以后，新儒学在港台地区继续传播和发展，并在特殊的政治环境和文化氛围中掀起一个新高潮。1958年初，现代新儒家的老将张君劢和熊门弟子唐君毅、牟宗三、徐复观三人，在香港杂志联名发表了一篇题为《中国文化与世界》的"宣言"，系统阐述了他们对中国文化的过去、现在和未来，以及中西文化关系等问题的基本观点和立场，提出了当代新儒家"返本开新"的思想纲领。他们强调中国历史文化为一活的精神生命存在，儒家的道德理想和宗教精神对人类社会具有普遍意义。它与现代科学、民主不但不矛盾，而且科学与民主正是中国文化中道德精神自身发展的必然的内在要求，也就是所谓由"内圣"开出新"外王"。

第二代新儒家承继了第一代新儒家对心性之学的鉴定和体认，进一步阐释了中国文化精神之所以作为常道而存在的理由，认为中国文化以心性之学为一切价值的根源，更加凸显了心性之学即儒家的内圣之学在中国文化中的地位。与此同时，这一时期的儒家学者都能正视中国历史文化在外王上的缺陷。"宣言"承认中国文化中缺乏西方近代民主制与科学技术，也承认中国传统思想过分重视道德实践，在"正德"和"利用厚生"之间缺少一个理论科学作中间环节。如果说第一代新儒家的重点在返本，即体认与发掘传统文化的价值，那么第二代新儒家的重点则是在返本的基础上强调开新，即进行价值层面与现实层面之间的打通。唐君毅的"心灵九境"，牟宗三的道统、学统、政统三统并建说，徐复观对知识分子性格与民主政治的思索，张君劢的国家社会主义，本质上都是在返本的基础上在不同层面上所作的开新。

20世纪80年代以来，港台和海外新儒学仍流传不衰，进一步向世界发展，成为一种带有国际性的学术思潮，并且深刻地影响了国内的文化讨论。这主要是由于70年代以来，包括我国台湾、香港在内的"亚洲四小龙"在经济上的起飞，东亚"儒家资本主义"的快速发展，以及欧美在现代化进程中遇到了一系列严重问题，加之后现代思潮在世界范围内的兴起，都启示人们去重新思考传统儒家思想和现代工业文明的关系问题。同时西方人士对中国传统文化的认识和评价也有某种程度的转变，并把它和克服西方现代文明的弊端联系在一起，这就使一些人似乎看到了重振儒学的希望，他们从"文化多元论"、"第三种工业文明"出发，进而提出"儒家资本主义"的概念，使处境艰难的新儒学又受到国际社会的关注，为新生代新儒家的崛起创造了前所未有的机遇。

虽然第三代新儒家登上历史舞台还不长，代表人物也难以定论，但基本上可以把杜维明、成中英、余英时、刘述先等作为代表人物。相较前两代新儒学，第三代新儒学显现出更大的区别。有学者如是评价："以熊十力、牟宗三为典范的新儒家群体已经或正在走向消解，代之而起的这一批经过现代知识和方法的洗礼，对儒家思想持有同情的了解和终极价值层面的某种基本的信诺，同时亦对前辈的陈义太高进行俭省和修正，'在现代社会之内讲圣学的学人'"①。新一代儒者已将他们的事业定位为一种"学",此所谓学只是代表了对儒家思想一种可能的诠释。在此种意义上,"内圣外王"仍然可以提倡,但不是就个体实践方面由内而外、由道德而事功的含义讲,而只是在十分宽泛的意义上讲,就历史发展的过程而言,超越的文化理念终将对现实社会的发展演变产生某种规范作用的意义。但第三代新儒家退守于学与生活世界的结果,是他们失去了儒者特质的一部分,即秉着成己之心,而成人的要求被消解了,圣贤与君子消失了,儒学平面化、世俗化、相对化了。从这种意义上说,尽管第三代新儒家在学术上有所成就,但却是新儒学的倒退。对第三代新儒家而言,一个始终存在的难题就是,如果道德者放弃了建立与维护民主政治的理想设计和现实责任,如果从根本上否认道德责任感与政治根本变革之间的关联,否认个人的内圣对外王的实现作用,那么我们又如何能走在民主化、科学化的大道上,而超越的文化理念又如何能对现实社会产生规范作用呢?

由上观之,现代新儒家确实在中国现代思想史上有明确一贯的宗旨,富有传承性特色,是至今仍然活着的一个思想流派。它不仅是一种学术文化思潮,甚至已成为一种社会政治思潮。因为它始终所关注和回答的是"中国向何处去"的时代主题。因此,我们对它的研究,具有重要的现实意义。首先,新儒学代表着解决 20 世纪中国社会转型、文化冲突、民族现代化等重大课题的一种努力,这些课题不完成,在思想学术的发展中就可能出现新儒学式的思路。其次,新儒学代表着 20 世纪中国人尤其是一部分高层知识分子在民族发展的特定境遇中所产生的特殊情结,只要类似的境遇再现,这种情结就有再生的可能,人们就有与新儒家产生情感上的共鸣与共振的可能。第三,新儒学的思考和提出的思路本身就包含了一些合理的内核,这些内核也理当被继承和接受②。

二、现代新儒学的主要特征

总体而言,现代新儒学体现以下特征③。

传统儒学和宋明理学的辩证回归。具有尊孔崇儒、以儒家学说为中国文化的正统和主干,以继承儒家"道统"、弘扬儒家学术为己任等儒家的一般共同特征。主要继承和发扬了宋明理学的精神,以儒家心性之学为其所要接引的"源头活水",强调以"内圣"驭"外王",表现出明显的泛道德主义倾向,但又有具区别于先秦儒家和宋明新儒家的"现代"特征,即"援西学入儒",既认同传统儒学,又适应现代新潮,走融合中西、"返本开新"的特殊道路。

坚守民族本位的文化立场。现代新儒学思潮是深刻的民族文化危机意识的产物。强烈地要求"寻根",要求认同传统文化。强调文化的民族性和继承性,并且用民族文化主体性去对抗"全盘西化"和贬低、否定中国文化的论调。现代新儒家的代表人物都有强烈的使命感,"深念旧文化崩溃之势日剧,誓以身心奉诸先圣"。民族文化危机越严重,他们维护传统和民族自尊心的心理原则越强烈,但也不能不指出其文化保守主义实质。

---

① 郑家栋. 当代新儒学史论. 南宁:广西教育出版社,1997.
② 樊浩论. "新儒学理性"与"新儒学情结". 中国社会科学,1999,(2):117-129.
③ 方克立. 现代新儒学的产生、发展及其基本特征. 实事求是,1988,(6):31-34,55.

秉持中体西用的基本态度。现代新儒家生活在 20 世纪的中国，深切地感受到中国面临着迫切的现代化问题，意识到民主和科学是不可抗拒的潮流，所以对西学不是采取绝对排斥态度，而是有选择地吸收、改造，用以作为重新建构儒学体系的有机组成部分，"援西学入儒"、"儒化西洋文化"成为现代新儒学的显著特色。他们各以其独特方式探索西方文化和儒学相结合的途径，并且后来者在吸纳西学方面表现出越来越开放的态度。然而，他们的中西融合，是以中为主，强调"以儒家精神为体，以西洋文化为用"，这里已预设中国文化优于西方，在吸收西学时更难免有"六经注我"式的曲解和比附。与这种"中体西用"的基本态度相联系，他们为了连接传统和现代，自觉提出了"返本开新"的口号。这个"本"就是传统儒学，就是"中体"，所开之"新"是指科学和民主，也就是"西用"。

崇尚道德形上的哲学追求。将天道与人性统一起来的道德形上的追求，正是现代新儒家的主要致思趋向。所以他们格外注重研究儒家特别是宋儒的心性理论，认为这是建立在道德实践基础上的道德主体性学说，即所谓"内圣"之学。人只有建立了道德主体性，才能由"内圣"通"外王"，由此道德主体转为知性主体、政治主体、审美主体，开拓出科学、民主等"外王"事业来。这种"内圣外王"之道，被认为是传统儒学的精义所在，也是现代新儒家始终不能突破的思想格局。

推崇直觉领悟的思维方式。重直觉领悟而不重逻辑论证是中国哲学的一大特色，儒、道、佛三家概莫能外。坚持民族本位的现代新儒家继承了这一思维传统，但也受到西方 20 世纪以来非理性主义思潮的影响，把哲学看作是一种体悟心性本体、培养圣贤人格的学问。这必然要求思维向内用力，因为只有直觉玄思才是达到形上本体、实现天道与人性合一的唯一途径。他们对中西哲学直觉思维方式的不懈探究，有助于揭示人类认识的丰富内容和多种机制，但对于其中唯心主义、非理性主义的思想倾向应进行恰当的分析和批判。

三、对当代知识界新儒学情结的评鉴

"新儒学情结"在某种意义上代表了中国人尤其是中国知识分子的传统情结。鸦片战争以来，中国社会的特点表现为民族危机、文化冲突、社会转型三位一体。鸦片战争的炮声打开了中国近代社会的大门，民族危机成为社会转型的最剧烈的阵痛，救亡图存的民族意识成为主导意识。社会转型、民族危机在学术领域的自觉表现，就是以古今中外为内容的激烈的文化冲突。重视精神的东方传统，引导人们在文化中寻找民族危机的根源。由于中国传统文化是一种伦理型的文化，社会转型首先表现为伦理的激荡，文化的冲突也突出体现为伦理的冲突。据此，人们会在伦理中寻找解决冲突、挽救危机的途径。有学者强调，第一，"新儒学情结"是一种民族情结，它既表现为对民族发展的前途和命运的密切关注，更表现为在中西冲突中以民族为本位的情怀。现代新儒家寄希望于通过发动一场儒学复兴运动，促使中华民族摆脱近代以来所遭遇的文化危机，表现出强烈的民族意识、历史意识、道德意识、宗教意识，以及"为往圣继绝学，为万世开太平"的使命感。第二，它是一种回归传统的情结，它认为摆脱危机的出路在于从中华民族自身的历史文化传统中发掘出仍然具有生命活力的"源头活水",以作为吸收外来文化和实现民族文化重建的基础和动源。第三,它是一种文化情结,它把民族危机归结为文化危机,又把文化危机提升到民族危机的高度。按照新儒家的理解,民族救亡必然伴随一场民族文化的自救运动。他们认为民族的命运与民族文化的命运息息相关,近代以来的民族危机本质上是一场文化危机。第四,它是一种道德情结,新儒家认为文化的危机从根本上说是道德危机,他们是道德决定论者。他们习惯于把一切问题都归结到文化的层次上加以讨论,并期望由此出发谋求一个根本性解决。他们的文化救国论本质上是一种道德救国论。他们把道德理想的确立和道德理性的高扬看做是高于一切、重于一切的。他们认为解救危机的根本就是重建儒家"伦理精神象征"。中西冲突中的民族本位;古今冲突中的传统本位;民族危机中的文化本位;文化危机中的道德本位;构成"新儒学情结"的基本特色[①]。

总体而言,不仅新儒学作为一个学术流派对当代中国的学术发展仍有一定的影响,这种影响还随着"儒家资本主义"概念的出现得到进一步加强,而且当代中国面临的历史境遇与五四运动时期仍有某种程度的相似,仍然是社会转型与文化冲突一体,虽然没有发生20世纪20年代由于外族入侵导致的民族危机,但中西方社会发展的巨大反差在国人心中产生的危机意识、忧患意识并不比20年代弱,民族发展仍面临巨大的外来压力。"新儒学情结"的持续存在仍然具有一定的现实性。如果说,作为一个学派的"新儒学情结"是自在的存在形态的话,不自觉地存在于国人潜意识中的"新儒学情结"就是其潜在形态。这种潜在形态对中国社会发展与学术发展同样发挥着潜在作用。

应该说,对待传统的态度及其进行的融合中西文化的努力,是新儒学思想中最合理的内蕴。由于它代表着一种民族感情和民族情结,很容易得到社会认同,因而造成的误区也会更多。在实现现代化、建设具有中国特色的现代文化与文明的过程中,传统当然要继承和弘扬,但也需反思:我们是否会走进"返本开新"的误区?"返本开新"的思路当然有合理的因素,但它的着力之处仍是"返本",新儒学在"返本"方面花了太大的气力,及至"开新"则成强弩之末,最终"内圣强而外王弱"。在现代伦理转换和民族现代化的过程中,当然要弘扬优秀的文化传统,但也要警惕"返本开新"的误区。现代化的根本动力应在于社会发展的内在需要,而主要不来自于传统的"根源动力"。

---

① 樊浩. 论"新儒学理性"与"新儒学情结". 中国社会科学, 1999,(2).

第六章　中国道家道教思想的形成、发展及影响

　　道，无形无状，混而为一，是万物之母，是宇宙唯一的整体存在。道的"无"、"恒"、"一"、"朴"是一切事物原初状态。道，就是太极图所呈现的阴阳之间互相包容、相互补充的对称形态。道学，是汉人最飘逸的现实存在、最逍遥的人间追寻，也是世界四大宗教唯一重生的宗教。

　　道家思想是中国传统文化的主要组成部分之一，道家在历史上虽然不像儒家那样长期被"独尊"的显赫地位，但以其抽象思辨哲学的人文魅力，逍遥洒脱人生的精神资源，在传统文化中独树一帜，它对中华民族的心理状态、民族性格、思维方式和精神风貌都产生过极为深刻的影响。道家文化成为儒家文化的重要补充，它使中国传统文化更具特色。

第一节　道家道教的产生与发展流变

　　道家自产生以来经过了两千多年的沿革，虽然没有成为儒家那样的"显学"，但也没有像其他流派那样中途衰绝，经历的是一个坎坷发展的过程。

一、先秦道家思想

　　道家学说，以老子的道论为基础。在老子的思想中，"道"是最高的哲学范畴，是天地万物的祖宗、宇宙的总根源。天地万物都是由"道"产生，"道"的法则是自然，因而"道法自然"，"道"的自然无为本性，决定了"法自然，宗无为"是老子思想的核心，也是道家、道教学说的纲领。老子"道"的思想即宇宙演化论虽是老子学说的基础和前提，但其主旨却在于探讨天地万物共存共荣的普遍规律。春秋战国时期，以老子和庄子为代表的学派，认为"道"是宇宙本原、万物始祖，以"道"为认识的根本目的，"道"是他们思想体系的核心和最高范畴，所以被称为道家。

　　（一）道家产生的历史背景

　　道家思想产生可以追溯到远古时代，比儒家更为久远。由于女性在母系氏族社会发展中所作出的贡献和拥有的权力，使女性崇拜意识成为远古原始文化的重要内容。由于女性孕育了人的生命，又由于生殖崇拜所凸显的生命意识，先民对于宇宙万物包括宇宙本身都具有生命意识，由人类生命的起源进而思考宇宙万物生命产生的本原和起点问题。

　　道家的"贵阴尚柔"、"守雌谦下"等思想，反映的是女性崇拜的文化意识；重生主义、重视生命等思想，即"道"为天下之母、"道生万物"等思想。又由于女性的柔弱

与水有相同特点,且生命起源于水,人的生命孕育离不开水,生命与水有着紧密联系。柔弱莫过于水,无物不育化于水,无坚不摧也莫过于水,所以道家讲究"水德",并在道家思想体系中占有重要位置。

道家思想体系的真正形成是在春秋战国时期。面对当时"礼崩乐坏"的动荡局面,社会各阶级、各阶层都以不同方式表达自己的政治主张,诸子百家纷纷提出自己重建社会秩序的设想,如儒家主张"礼治",法家主张"法治"。道家认为,应该按照自然规律来重建社会秩序,使人性回归自然宁静、朴素纯真、无欲不争、"无为而无不为",最终实现天下大治。

老子说:"飘风不终朝,骤雨不终日,孰为此者?天地。天地尚不能久,而况于人乎?"① 所以提出"身重于物",表现出对个体生命有限的忧患和"贵生"的思想。庄子说:"吾生也有涯,而知也无涯,以有涯随无涯,殆矣。"《庄子·养生主》。故庄子主张"无己、无功、无名",超然物外,淡泊名利,在有限的人生中,体会无限的自由,而这些思想在诸子百家中别具一格,成为人生烦恼与痛苦的安慰和解脱剂。

(二)老子的思想体系

依据《史记》记载,老子姓李,名耳,字聃,约生于公元前571年,春秋时期楚国苦县乡曲仁里(今安徽亳州市境内)人,和孔子处在同一时期,但是稍早一点,担任周王朝守藏室的史官。孔子到周王朝所在地洛阳去,曾经向他请教过礼。他告诉孔子说:"良贾深藏若虚,君子盛德,容貌若愚。去子之骄气与多欲,态色与淫志,是皆无益于子身。"② 老子看到周室日渐衰微,于是就离开周。将要出关的时候,守关的官员对他说:"你平时不留文字,现在快要隐居了,为我们著部书吧。"于是老子就写了一本书,分为上下篇,内容谈的都是"道"和"德",从此以后就无人知其下落。《道德经》,又称《老子》,是道家的第一部经典著作,为道家学派奠定了理论基础。该书约5000余字,集中体现了老子的思想,内容博大精深,与《周易》、《论语》一起,成为中国在世界上影响最大的三部古代典籍。该书凸显以下精神。

道本体论。老子哲学思想的核心是"道",即形而上的道本体论。老子认为,"道"是宇宙的本原、世界的本体,指出"道"无法用语言来表述。这就克服了过去以有形之物为宇宙本原的局限性,是对中国哲学思维发展的突出贡献。

"道法自然"的哲学观。老子把"无为而无不为"作为社会和人的一切行动所应遵循的法则:"人法地,地法天,天法道,道法自然。"老子以天道作为天、地、人的共同法则,强调一切要合乎自然、顺从万物的自然本性,不要恣意妄为,以人为的造作歪曲事物本性。

朴素辩证法思想。老子经过对若干自然现象和社会现象的观察,不仅发现了矛盾的普遍性与客观性,还提出了一系列矛盾范畴,体察到量变与质变的内在关系,提出"合抱之木,生于毫末;九层之台,起于累土;千里之行,始于足下"(《老子》第六十四章)。

---

① 出自《老子》第二十三章.
② 出自《史记》卷六十三,老子韩非列传第三.

老子用"大曰逝，逝曰远，远曰反"，阐述循环往复之道。因此，老子的归结点在至高无上的"道"。"弱者道之用"的著名命题，就是提倡经常用柔弱的运作使事物向相反的状态变化，要有"生而不有，为而不恃，长而不宰"（《老子》第五十一章）的"玄德"，顺乎自然，"柔弱"是胜强克坚的法宝。这些独到见解，历来为古代兵家和政治家所重视，对后世社会产生过深刻影响。

"无为而治"的政治观。老子说："道恒无名，侯王若能守之，万物将自化"（《老子》第三十八章）。并说："我无为，而民自化；我好静，而民自正；我无事，而民自富；我无欲，而民自朴"（《老子》第五十七章）。老子认为政治混乱、人民贫困都是由于统治者干涉过多、贪欲太甚引起的。在老子看来，"无为而治"的政治主张最适合于"小国寡民"的理想社会。老子展现的是一个以原始氏族社会为蓝本的理想方案，反映了在社会大变动时期，他既不满意现状，又企图躲避现实的矛盾心理。

淡泊其志的人生观。老子的人生哲学具有原始质朴的色彩，他把现实社会的动乱和不安都归咎为儒家的仁义礼智，认为只有"绝仁弃义"，摒弃孝悌仁义等名利思想，"见素抱朴"，才符合"道"的基本法则，才能达到人生理想的最高境界。老子提出人生的理想境界是"见素抱朴，少私寡欲"。他认为，人在立身处世时，应该把握住"三宝"，即"一曰慈，二曰俭，三曰不敢为天下先"（《老子》第六十七章）。因为只要"寡欲"，人们自然就"不争"了；只要"不争"，人际关系自然就能协调，社会的一切祸乱就消除了，才能安定和谐。

（三）庄子的主要思想

庄子（约前369—前286年），名周，战国时期宋国蒙（今安徽省蒙城县）人。庄子出身贫寒，只当过管理漆园的小职员。在乱世，他忧感天下无道、人世浑浊，曾经拒绝过楚威王的高位之聘，转向寻求精神上的解脱隐遁之路。庄子著有《庄子》，成为道家学派最重要的经典著作之一。《庄子》一书有52篇，现存为晋代郭象的注本，共33篇，其文章多采用叙述寓言故事的方式来抒发哲理，想象力极为丰富，语言文字诙谐幽默，感人睿智的描绘，在中国哲学和文学领域中占有重要地位。

庄子的天道自然观继承了老子"道"的思想。他说："夫道，有情有信，无为无形；可传而不可受，可得而不可见；自本自根，未有天地，自古以固存。神鬼神帝，生天生地"（《庄子·大宗师》）。认为"道"是第一性的超感知的精神本体，没有任何质的规定性，是纯属想象出来的抽象玄奥的主观意识，它先天地万物而生，自满自足，周流不殆，永生长存。

庄子把老子的辩证法思想发展为相对主义的认识论，提出了"齐万物"观点。庄子认为："彼亦一是非，此亦一是非，果且有彼是乎哉？"（《庄子·齐物论》）在庄子看来，彼与此、是与非，都是相对的而非绝对的，如同天地万物循环往复的变化一样是无穷的，没有绝对分明的区别，人没有必要去计较，不如任其自然。

自由的人生哲学观。庄子"逍遥"的核心是人生具有超脱豪迈、个性张扬的特点。庄子力倡人应该恬淡无为，顺乎自然，追求人生的超脱与逍遥，追求人在精神上的绝对自由。庄子还提出了一套进入绝对自由精神境界的具体方法，有"无为自然"、"去掉成心"、"消除欲望"、"心斋"、"坐忘"等,其中最主要的是"心斋"、"坐忘",通过这些方法感悟到绝对的"道"。它们与"道"合一,保持内在精神的自由与心态平衡。

超然生死观。庄子认为:"人生天地之间,若白驹之过隙,忽然而已。……纷乎宛乎,魂魄将往,乃身从之。乃大归乎。"(《庄子·知北游》)。视死亡为归化自然,返归道体,这也正是后世"视死如归"一语的渊源。庄子妻死,箕踞鼓盆而歌;庄子将死,欲"以天地为棺椁,以日月为连璧,星辰为珠玑,万物为赍送"(《庄子·列御寇》)。这就是庄子超然生死、追求"逍遥游"的精神境界。

二、道家思想的后世发展与演变历程

老庄创立的先秦道家,其思想内容深邃、韵味十足,而其中"道法自然"的哲学认识,包含丰富的辩证法思想,旷达清高的人生智慧,又素为后代世人所钟情,所以自老庄思想问世两千多年来,注老释庄的文献层出不穷,为《老子》作注疏的唐玄宗把道家思想的精粹概括为"理身"和"理国"两大方面,认为依道家之论,"理国则绝矜尚华薄,以无为不言为教","理身则少私寡欲,以虚心实腹为务"[1]。清世祖顺治皇帝亲笔为《老子》作注,认为道家之道亦即是"治心治国之道",可以从治国和治心两大方面探寻,使道家思想得到传承和弘扬,在后世得到不断演变和发展。

(一)汉初黄老之学

黄老之学是战国时期兴起的尊黄帝和老子为道家创始人的哲学政治思想流派。战国后期,随着中国社会愈益明显的统一趋势,诸子百家试图以自己的学说统一思想,其中齐国稷下道家假托黄帝之名,以老庄的"道"为思想核心,包容其他各家思想,形成了道家黄老学派,并在西汉时期得以盛行。

汉初黄老之学主要以老子的"无为"思想为基础,又吸收了法家和儒家的观点,强调在顺应自然的前提下,发挥人的主观能动性,从而达到"无为而治"的目的,实际上是一种以道家自然哲学为根底的政治哲学或经世之学。在治国主张上,他们吸收了《老子》中"清静"、"无为"和崇俭禁奢等思想,主张节省有度,以利于生财富民,适应稳定社会统治秩序的需要。黄老之学的经典是《黄帝书》和《老子》。1973 年长沙马王堆三号汉墓出土的帛书《经法》、《十六经》、《道原》等古佚书,以及汉初"黄老之治"之后淮南王刘安编写的《淮南子》、史学家司马谈的《论六家要旨》等,对黄老之学在理论上进行了系统的概括和总结,都是黄老学派的重要著作。汉高祖刘邦统一天下之初,社会经济凋零,"民失作业而大饥馑"。怎样恢复经济,黄老之学便适应了时势需要而大得人心。汉初黄老之学的主要代表有曹参、盖公、陆贾、司马谈、刘安等。曹参曾为齐相和汉相国,并拜黄老学者盖公为师,其主要思想是清静无为,主张"贵清净而民自定","载其清净,民以宁一"。司马迁记载:"参为汉相国,清静极言合道。然百姓离秦之酷后,参与休息无为,故天下俱称其美矣。"[2]陆贾在所著《新语》中总结秦王朝灭亡的教训时,向统治者提出了"无为而治"的治国思想,刘邦读后称道不已并予以采纳。汉初,

---

[1] 出自《全唐文》卷41《道德真经疏释题词》.
[2] 出自《史记·曹相国世家》.

实行了"无为而治"的黄老政策,使得经济逐渐恢复、社会趋于稳定,最终出现了"文景之治"的繁荣景象,这为后世王朝树立了一个典范。

(二)魏晋玄学

玄学兴起是魏晋时期一股新的文化思潮。同时,由于佛教的传入和道教的发展,儒学独尊的地位被打破,出现了玄学与儒、道、佛相存相争的局面,它们既自成体系,又相互吸收和兼容,促进了多元文化的发展,使民族文化充满了生机和活力。

"玄"这一概念,最早出现于《老子》第一章:"玄之又玄,众妙之门。"魏晋时期,士大夫把道家的经典《老子》、《庄子》和《周易》合称为"三玄",他们由此所建立的理论体系亦被称为"玄学"。魏晋玄学以老庄道家思想为本,"祖述老庄立论",以口谈玄虚、清谈评议为阐述和表现形式,用道家的自然无为学说、老子的虚无哲学来解释世界本体,通过自然与名教之辨,以调和儒、道两家思想,实际上就是糅合儒、道两家思想而形成一种新的思想体系。玄学的主要代表人物有何晏、王弼、阮籍、嵇康、裴頠、郭象等,其思想各具特色,内容异彩纷呈。

何晏、王弼是玄学理论的奠基人,是"贵无"派的代表人物。二人观点基本一致,所以常常并称。共同发展了老庄的"道"的观点,主张"贵无",以"无"为本,认为"名教"亦出于"自然"。阮籍、嵇康为玄学"旷达"派的代表人物,也是"竹林七贤"中最著名者。阮籍早年"好诗书",著作有《达庄论》等。嵇康风姿俊逸,博学多通,崇尚老庄,向往旷达玄远。裴頠、郭象为玄学中有"唯物论"思想倾向的代表人物。郭象,少有才理,好老庄,善清言,言语"如悬河泻水,注而不竭",他集玄学之大成,著作有《庄子注》等。

玄学的产生是两汉到魏晋思想的一个显著变化。由于统治阶级的腐败以及社会不安定,凸显儒学的"不周世用"和思想的虚伪,当时的士大夫阶层为了自身生存,虽仍坚持儒家文化价值观的存在意义,但占主导地位的却是道家的个性自由,他们在生活上追求清谈,在学术思想领域则推崇比经学更精致简约且富有思辨色彩的理论体系玄学。以何晏、王弼为代表的玄学家皆祖述老庄,提倡以无为本的本体论哲学,主要研讨有无、本末、动静、名教与自然等哲理问题,以探寻理想人格为宗旨,以超越有限达到无限为根本。不仅显著提高了传统哲学的思辨能力,为传统哲学注入了新的元素,而且在生活中引导人们崇尚自然,反对矫揉造作,成为传统美学的灵魂。

玄学产生之初,与儒学发生过较为剧烈的矛盾冲突。玄学之士通常"以老、庄为宗而黜六经",儒学之士谴责玄学家"好谈老庄,排弃世务,崇尚放达,轻蔑礼法"。[①]但是玄、儒二学虽然相互排斥,却也有相互吸收的一面。王弼就以老子思想来解释儒学的方法注释《周易》和《论语》,将儒道两者融合起来;郭象则提出了名教即自然的理论,反对"越名教而任自然",显现出儒道糅合的趋向。玄学家们期望将追寻人性自然与礼教冲突的双重人格,在玄学的理想中得到内在融合,并为调和儒道思想冲突作出积极努力。

汉代至魏晋以来,佛教逐渐渗入中国的文化生活之中,尤其是东晋以后,老庄玄学

---

① 出自《晋书·卞壶传》.

逐步与印度大乘般若学相会合，论玄之士通常以玄学诠释佛学，到唐代更发展至鼎盛阶段。随着佛学渐盛，玄学衰微。

隋唐至明清时期，道家思想随着道教的兴衰也经历了一个与儒家融合至衰落的过程。由于道家哲学是道教宗教理论的主干，在唐、宋、明朝，统治者出于维护自身利益需要尊奉道教时，就为道家思想的传播提供了有利条件，并促使儒、道思想融合，为宋明理学的形成奠定思想基础。而在元、清朝统治者压抑汉人和汉民族宗教时，道教屡受重挫，道家思想的影响日趋衰微。

三、道教的兴起与发展沿革

（一）道教的兴起

中国的道教与佛教、基督教、伊斯兰教有所不同，它既非一个人创造，也不是一时形成，而是经过长时期的努力逐渐发展演变最终形成的。它最初起源于原始社会的巫鬼道和春秋战国时期燕、齐一带的方仙道。在远古时期，人类对阴阳四时、风云雨雪、山崩地震以及人们的生死祸福等难以解释，感到冥冥中有一种超自然、超人类的力量在支配，于是产生了最初的鬼神崇拜。他们把天地山河、日月星辰、死去的部落首领、传说中的英雄以及自己的祖先等都奉为神灵，进行祭祀和祈祷，希望得到其护佑和指引。后来，逐渐产生了一种专门以祭祀和祈祷为职业的人，声称可以预测吉凶祸福，定成败，这就是巫觋和巫祝。

春秋战国之际，在燕、齐沿海一带出现了一批鼓吹长生成仙之术的方士。他们利用邹衍的阴阳五行说解释自然界和人类社会现象。黄老道也是道教的一个渊源。战国时，在齐国的稷下学宫出现了一派学者，他们把道家的创始人老子同始祖黄帝撮合到一起，主张清静养生、无为而治，被称为稷下黄老学派。西汉初年，曹参以黄老清静之术治天下，收到了社会稳定、生产发展之效。历经文景直至武帝初年，汉朝实行黄老政治达六、七十年之久，致使黄老学说深入人心。其中有一些神仙方士将黄老学说与方仙道结合，逐步将黄帝、老子神化，形成了一种尊奉黄帝、老子的黄老道。

东汉顺帝永和六年（公元 141 年），张道陵正式创立道教。他自称老子自天而降，于是奉老子为教主，以《道德经》为主要经典。由于当时人们生活贫困，疾疫流行，治病成为一个社会问题。他们以给人治病为名进行宗教活动，凡是被治好的人出五斗米作为活动经费，因此被人们称为五斗米道。公元 191 年，张道陵之孙张鲁发动起义，攻占汉中，建立了一个政教合一的农民政权。后来张鲁归附曹操，五斗米道得以合法传播，影响逐步扩大。道徒们尊张道陵为天师，故五斗米道又被称为天师道。

东汉末年，冀州巨鹿（今河北平乡）人张角自称大贤良师，利用《太平清领书》传教，人称太平道。又说此道乃黄帝、老子所创，故而也称黄老道。他发动了一场全国规模的农民起义。由于起义者以黄巾为标志，历史上称为黄巾起义。起义被镇压后，太平道也销声匿迹，但五斗米道却继续在民间流传。

（二）道教的流变

西晋初年，五斗米道在四川一带得到恢复与发展。陈瑞自称天师，在川中传播五斗米道。东晋时，天师道在南京得到迅速发展，不少有名的士族，包括王羲之、谢安等也信奉天师道。因为没有出现杰出的领袖，一些祭酒各自为政，人人称教，导致教团涣散，出现了南北朝时期的改革。东晋时期的葛洪继承并改造了早期道教的神仙理论，并在《抱朴子内篇》中，系统总结了晋以前的炼丹成就，成为一位著名炼丹家和早期的化学家。

北魏道士寇谦之，入嵩山修道七载，建立新天师道道场。北魏太武帝封他为国师，并将年号改为"太平真君"，采取了兴道灭佛的政策。天师道在北方得以广泛传播，被称为北天师道。继寇谦之之后，南朝也出现了著名道士陆修静。他曾在云梦山、庐山隐居修道，死后被尊为简寂先生，宋徽宗时被封为丹元真人。经他改造过的天师道，后世称为南天师道。唐宋之后，南北天师道合流，元朝后多数归于正一道。

从东晋中叶到唐宋时期，南北天师道分化出若干大小派别，其中包括南方的上清派、灵宝派、茅山派，北方的楼观派、紫阳派和净明派等。魏晋时上清派成为道教大宗。陶弘景乃此派第九代宗师，也是南朝齐梁之际的著名道教学者、炼丹家、医药学家。他继承了老庄哲学和葛洪的仙学思想，主张道、儒、佛三教合一，编写《真灵位业图》，对传说中的天神、地只分排座次，构建了一个等级森严的神仙世界，对此后道教的发展产生了深远影响。灵宝派产生于东晋中叶的江南一带，以阁皂山为中心，信奉与传承《灵宝经》。其主要代表人物是葛洪。到唐代，其灵宝经法为上清派所吸收，修炼理论与斋仪则多为茅山宗所继承。茅山宗是道教符箓科教派三大宗之一，创始人为陶弘景，被奉为祖师，到唐朝时成为道教的主流派，受到唐皇室的尊崇。元朝后汇于正一派。紫阳派本是北宋道士张伯端创立的一个道教派别，以浙江天台山为传道中心，融会了儒家"穷理尽性"和佛教"顿悟圆通"论，他主张内丹修炼、性命双修。后来成为全真道的南宗，并被奉为南宗五祖之首，号称紫阳真人。

全真道是兴起于金代的北方最大的道教宗派，创始人为陕西咸阳人王喆，号重阳。他云游山东，先后收纳马钰、谭处端、刘处玄、丘处机等七大弟子，这就是著名的北七真。因他曾筑全真庵修行，故而他所创立的道派被称为全真道。它主张三教合一，以老子《道德经》、儒家《孝经》、佛教《般若心经》为主要经典。王重阳死后，其七弟子分散各地传教。王处一、丘处机曾先后被金朝廷召至中都（今北京）传道，名声大振。丘处机向成吉思汗宣传"敬天爱民为本"，"清心寡欲为要"[①]，该理念给成吉思汗施政国家以较大影响。成吉思汗尊丘处机为神仙，命他掌管天下道教，从此全真道进入全盛时期。明清时，全真道与正一道成为天下的两大道派。正一道即传统的天师道，主要由上清派、灵宝派及净明道等符箓派联合组成。唐宋以后，江西龙虎山成为正一道的活动中心。元成宗大德八年（公元1304年）授第三十八代天师张与材为正一教主。从此天师道正式改名为正一道，龙虎山的张天师则成为正一道的当然领袖。此派以《正一经》为主要经典，宣称正一之义。该派允许道士结婚家居，也可以出家山居，不像全真派那样严格。

（三）道教的属性

生死问题是世所关心的问题，也是不少思想家、哲学家反复探讨的课题。老子在《道

[①] 出自《元史·释老传》.

德经》中就曾提出"道大，天大，地大，人亦大"主张，认为人与天、地、道同等重要。《太平经》则说，人的生命只有一次，"人最善者，莫若常欲乐生"。《太平御览》强调："生为天地之大德，德莫过于长生。"正如有学者评价"道教的特色是长生不死，是面对死亡的主体性抗争"①。

道教主张贵生、养生、长生不老，与中医学的主旨基本相通。因此，道教医学与中医学有着密切关系，同样以道家经典《老子》、儒家经典《易经》以及阴阳五行学说为思想基础。中国古代的医学经典《黄帝内经》也是一部重要的道家指导著作。道教医学中的存思、吐纳、导引乃至服食等方法，也多为中医学所吸收。道教医学与中医学相辅相成，在为人们治病疗伤、健体延年上发挥了重要作用。道教认为，我命在我，不属天地。为此，陶弘景专门编写了《养性延命录》，明确提出："人生而命有长短者，非自然也。皆由将身不谨，饮食过差，淫佚无度，忤逆阴阳，魂神不守，精竭命丧，百病萌生，故不终其寿。"因此道教主张人不应听天由命，而应发挥自己的主观能动性，通过养生、锻炼、战胜疾病，增进健康。

道教养生与炼养成仙诸术。先秦至两汉是其逐步形成及早期阶段，主要采用导引、吐纳、房中术及符箓、斋醮诸术；魏晋至隋唐为中期阶段，主要是炼制服用外丹，即"长生不老之药"；五代、北宋至明清为后期阶段，内丹炼养派占据主导地位，其他诸术虽仍存在，但影响日趋弱化。

第二节　道家道教思想对中国传统文化格局的总体影响

作为中国文化深层结构的一部分，由于具有悠久的历史、丰富的内容、独特的风格和鲜明的个性，道家思想对中国文化的发展沿革产生过深远的影响。

一、道家道教思想对中国古代哲学的影响

（一）开启自然哲学的研究

以老庄为代表的道家文化，其哲学思想最大的特点是崇尚自然、反对造作，从而为中国自然哲学的发展奠定了思想基础。最早提出"天道自然"观点的是道家创始人老子，他描写"道"时说："只有物混成，先天地生。寂兮寥兮，独立而不改，周行而不殆。可以为天地母。吾不知其名，强字之曰道。"②"道"所代表的自然，是天、地、人这些自然之物的"混成"和总称，是高度的哲学抽象范畴，是对万物普遍法则的说明。老子还提出因为天、地、人来源于"道"，而"道"是自然的，"道法自然"成为中国古代哲学自然观的出发点。庄子继承了老子的思想倾向，用"庖丁解牛"的故事作比喻，用"依乎天理"、"因其固然"对其进行哲学概括，表现出老子自然哲学观点的进一步发展。从某种意义上讲，哲学理论思维水平既是民族文化的精华，又是民族文化的核心和灵魂，一个民族哲学思维水平的高低直接关系到民族文化的内涵。正是由于道家思想不断补充

---

① 李刚. 劝善成仙——道教生命伦理. 成都：四川人民出版社，1994.
② 出自《老子》第二十五章.

儒家思想的不足，才使得儒家保持较大的影响。从中国文化发展看，从先秦到宋明，其中都贯穿儒道互补的内涵，从而使中国文化不断丰富和发展。

（二）构架中国辩证思维

老子认为，事物运动变化的过程是由简到繁、由易入难、由低至高的发展过程："图难乎其易也，为大乎其细也。天下之难作于易，天下之大作于细"（《老子》第六十三章）。这表明了事物逐渐变化的发展规律，是量变发展到质变的规律。老子说"曲则全，枉则直，洼则盈，敝则新，少则得，多则惑"（《老子》第二十二章），表达的是对处理人事关系的辩证思考；"将欲废之，必固兴之，将欲夺之，必固与之"（《老子》第三十六章），揭示的是正确处理个人与他人利益关系的行为准则；"信言不美，美言不信"（《老子》第八十一章），提出的是判断人们诺言真伪的基本方法。在《老子》一书中，类似的言论非常多，对于指导人们在社会实际生活中树立良好的伦理道德观念有一定的引导作用。庄子继承并发展了老子直觉思维的思想，指出用"心斋"、"坐忘"的方法保持心境的虚静纯一，使心灵空寂达到极点，以便直接与"道"契合。提倡"唯道集虚"、"同于大通"的超理性直觉，进而达到"难以言喻"的境界。处于这样一种超越逻辑、祛除言诠、精神内敛、默然返照的思维状态，就能"众里寻他千百度，蓦然回首，那人却在灯火阑珊处"[①]，得到洞悉与感悟。

二、道家思想与理想人格构建

两千多年来，道家道教思想的伦理观、人生道德观和修养理论不同程度地被其他学派所接纳，被不同阶层的人所实践，从而深深地融入中华民族的血液之中，成为中华民族的一个组成部分。英国学者李约瑟先生说："中国如果没有道家，就像大树没有根一样。"[②]章太炎称："中国头一个发明哲理的算是老子。"[③]民族传统是一个民族世代积累、相对稳定群体的历史经验，虽然，就其整体而言，不免被打上历史烙印，但其中所包含的精华部分随着历史发展，成为一种文明积累，凝结着一个民族的智慧和力量，成为一个民族迎接新时代挑战的历史前提和内在动力，能够唤起国民的历史责任感和民族使命感[④]。

（一）宋明理学承继道学传统

众所周知，儒家的创始人孔子曾经向老子问过礼，而且也碰到过不少隐者，并与他们有一定的思想交往。在《庄子》一书中，我们可以看到更多的孔子及孔子弟子与隐者相遇并发生思想交往的事例。从现存儒家文献中，我们也可以看出道学对于儒家思想的影响。主要表现在以下方面。第一，明哲保身思想。儒家虽然讲杀身成仁、舍生取义，但也同样讲"邦有道则见，无道则隐"，讲道之不行则浮于海。这种思想，就是给儒家入世行道而不得意时所设置的一条后路。第二，人性本善思想。道家讲返璞归真，从思

[①] 出自（清）王国维：《人间词话》．
[②] 出自（英）李约瑟：《中国古代科学思想史》第三章，《道家与道教·结论》．
[③] 张勇．章太炎学术文化随笔．北京：中国青年出版社，1991．
[④] 王泽应．自然与道德——道家伦理道德精粹．长沙：湖南大学出版社，1999：3．

想倾向上是持性善说的。思孟学派讲人性本善，认为人有先天的善良本心，这实质上也是一种复归本性的说法，与道家同出一致。第三，无为而治的政治伦理。儒家是讲德政、利民、富民、道民以德、以正己而正人，但儒家最理想的政治并非治理得最好的政治，而是《论语》中所说的像尧舜那样的"唯天为大"、"无为而治"，即不以治为治的道家政治理念。第四，寡欲养气的道德修养。儒家讲理想品格的修养，都竭力讲寡欲，这似乎与道家没什么两样。此外孟子还讲守存精气、养浩然之气，并加上了"配义与道"，这明显与道家守气、养气的思想密切关联。第五，内圣外王的理想人格。儒家的理想人格虽然是以其仁义理论为依托的，与道家的以道、自然为依托的理想人格不同，但是两派都认为拥有至上的理想人格的人是可以而且应该成为人群的首领；也就是说通过道德的修养，先达到了内圣，再达到了外王，才有资格做君王。

诚然，以上几个方面，未必都是儒家受道家的影响，也可能是道家受了儒家的影响所致，但必须承认道学与儒学在内涵上有很大的共同之处。魏晋时期，在学术思想界发生的"名教与自然之争辩"，使儒学与道学首次发生全面接触。经玄学之士的讨论和论证，名教等儒家所设立的一套纲常伦理，被看成是以自然为内在精神和根本原则的社会规范体系，尤其到了郭象那里，儒家提出的伦理纲常完全被"自然"化了。在他看来，儒家之名教与道家之道本来就是一个东西。以道学伦理观来改造儒学伦理，成为该时期伦理思想的特点。宋明理学是中国古代伦理学发展的高峰，而该伦理学并非凭空出现，而是承继了中国历史上相关伦理学说的精粹得以构建。其最高范畴——理，在理论形式上也就是道学之"道"的化身；其以"存天理、灭人欲"，主静，静坐等修养方式，具有浓厚的道学气息。理学的另一个名称叫"道学"，这种称呼本身就表明了理学与道学的密切渊源。

总之，道学的伦理思想在几千年来一直被不同阶层的人所信奉。当人们在生命历程中受到极大挫折和打击时，在道学伦理学里会找到慰藉和解脱。没有道学伦理学，也就没有中国古代伦理学的发展和成熟。

（二）道家思想与"三教合一"格局的形成

中国士人的主体人生理想毫无疑问是儒家的人格理想，"修身、齐家、治国、平天下"成为中国士人毕生追寻的目标。但是积极入世有时会给士人带来巨大困惑，一旦他们发现以自己的力量无法救赎这个世界时，必然会陷入巨大的精神危机之中。当然，孔子说过"道不行，乘桴浮于海"，而佛教传入中土之后也为人们预留了一个可以通过修行或顿悟而到达的彼岸世界，但"出世"所要求的清净寂灭毕竟与现实的七情六欲格格不入。于是，当无法完成儒家理想人格的构筑时，道家的超世主义特别是以庄子思想为基础的理想人格就成为中国文人追逐精神家园的另一个依归。《逍遥游》所谓"神人无功"，就是说作为理想人格的"神人"，应该顺应自然。儒家主张内圣外王，不仅要有一颗仁者之心，还要有所作为，要"博施于民而能济众"，从而建功立业。庄子主张理想人格要顺应自然的变化。可以说，儒家的理想人格与道家的理想人格互为补充，使人进退自如。

宋明理学的形成，乃是宋明大儒融汇儒道释三教的产物。理学与道教之间，存在着相互影响、相互借鉴吸收的复杂关系。全真道的内丹修炼学说继承了道教钟吕内丹学传统，而王阳明的"知行合一"说则吸收了全真道的"真功真行"说。关于"知"与"行"的关系问题，历来为道家和道教思想家所重视。老子论述说："使我介然有知，行于大道，唯施是畏"；"吾言甚易知，甚易行。天下莫能知，莫能行。……知我者希，则我者贵"（《老子》第七十章）。自古以来，道教即主张修道者的道功与德行，乃是互相依赖、缺一不可的两个组成部分。在中国哲学和伦理发展史上，具有里程碑意义的阳明心学中"知行合一"思想的形成，同全真道的"真功—真行"说存在着密切的内在联系；从其认识论的结构分析，王阳明的"知行合一"论在很大程度上借鉴、改造和吸收了全真道"真功—真行"思想的认识论结构。"知行合一"论的出现，成为中国哲学最后一次整合的标志：完成了从隋唐以来儒道释三教思想融合、超越和升华的历史使命，使理学体系达到可能达到的顶峰。寻根溯源，"致良知"所追求的真知，与全真道修炼思想所讲求的"真功"，都不过是中国哲学的传统方法论——修身致知认识论的个体体现。

在中国思想史上，早期儒家强调自我修养，但注重的并不是从修养中自家体验而得的"知"，而是要求人们以古先圣人之教为蓝本进行仿效。因此孔子哲学中，没有形成经验论的方法论。孔子十分重视"学知"的致知活动，要人们学会"从"圣人而得知识，使学习知识的过程转变为自我修养的过程。道家则强调主体自我修养的认识论意义，用引导人们修身的"道"的客观性、神秘性，引导人们走上自身体验和科学实践之途。道家所主张的修道活动不仅具有直接的认识价值，而且具有改造主客观世界的意义，这也正是后来道家学说能够成为道教的"不出于户，以知天下；不窥于牖，以知天道"（《老子》第四十七章）。此中之要在于以"道"修身。因此，老子论述说："修之于身，其德乃真；修之于家，其德乃余；修之于乡，其德乃长；修之于邦，其德乃丰；修之于天下，其德乃普"（《老子》第五十四章）。道教进一步宣称修身不仅可以致知，而且可以借之获得最大的"知"，进入人生最高的理想状态即神仙境界。

中国传统社会后期，思想文化形态逐渐向道德绝对主义演化。尤其是理学占据伦理主导地位之后，给这种轻视外在经验知识、缺乏实践和探索精神的理论体系造成了不良影响。直到朱熹的儒家思想体系，仍未能超越其低操作性、高理想性，使它往往流于肤浅和虚伪；同时，传统儒家不务现实、奢谈心性的伦理精神，对科学技术的发展构成了不利影响。在这种影响下，道教为追求长生不死而进行的自身努力的行为结构，也逐渐向伦理化乃至心性化演变，技术实践逐渐被道德实践所替代。道教不再满足于信徒的自我修道成仙，而是要求他们到现实的社会生活中去践道、行道，而后方可成仙。全真道的救世思想，即其重要表现形态，就是不仅要修"真功"，而且要有"真行"，这是全真道向信徒提出的内外伦理操作要求。传统伦理思想，道家道教以行善积德为仙基之说，大乘佛教的普度众生思想，在此也得以凸显。全真道认为，实现与道为一理想的最后途径，就是以真知投诸"真行"，在"真行"中实践和体现这种真知。在全真道的伦理体系中，"真功"乃是修道者启我内修的结果，相当于哲学中的主观认识过程阶段；"真行"则是修道者走出自我内修的闭合圈子，到外部社会中去实践其内修之所得。全真道的这种伦理哲学，对中国伦理学说的发展产生了深远影响。

传统社会后期，中国思想领域形成了"三教合一"的大趋势，而且传统认识论体系终于倒向了彻底的道德绝对主义。"吾心便是宇宙，宇宙便是吾心"的思维结构，把主体心性修养的认识论拔高到无以复加的地步，这在阳明心学中得到了集中体现。王阳明的学说不仅继承了儒家思想传统，还同化、改造、吸收了道教、佛教的思想；其思想体系不仅在结构上，而且在内容上都深深地蕴涵着思想文化整合精神。

三、道家道教思想对中国传统文化的影响

道家之学自古号称"杂而多端"，上自哲学思想、自然规律、宗教信仰、治国用兵之道；中有经世权谋、人生经验、养生之道、医药健身、修炼诸方技；下至民俗、祭祀、音乐、绘画、宫观、星命、占验等术数，成为一个包罗万象的文化体系。道家思想博大精深，涉及哲学、政治、经济、科技、养生、军事、文化诸方面，常以奇思妙想、洞观其根本而备受世人称道，其丰富的辩证思想、治国安邦方略和贵生养生理论更为后世所推崇。

（一）道家与中国文化的整体格局

中国传统文化中儒道两家一开始就是不同风格、对立而又相互补充的学派。孔子重社会而老子重自然；孔子侧重于人道，从人道出发强调人与人之间关系的和谐，而老子则从自然主义出发强调人与自然的和谐，讲究"天人合一"；孔子具有贤人作风，老子具有智者形象。正如张岱年所指出，中国古代有两个影响最大的哲学家，一个是孔子，一个是老子。孔子善言人道，奠定了中国伦理思想的基础；老子善言天道，开创了中国古代本体论学说[1]。道家为中国思想文化史上的重要一家，与儒家和佛教同足而立。它们既相互排斥，又相辅相成，共同筑成中华民族传统文化的主要精神。佛教为外来文化，而儒道两家则土生土长于中国社会之中。以华夏文化为根基的儒家强调礼法和自强不息，具有浓厚的人文主义色彩，而道家则是以南方的荆楚文化为依托，崇尚真朴和厚德载物，具有极强的自然主义色彩。儒家文化注重人伦血缘关系，期望建功立业，以齐家、治国、平天下为己任，把内圣外王看作自身追求的崇高目标；道家主张人与自然的内在合一，向往在勃勃生机的宇宙中悟道自得，享有一种超然物外、守朴崇俭的适愉生活，彰显着顺应自然、无为无争的生存智慧。儒道两家作为中国的本土文化，一刚一柔，一阴一阳，一社会一自然，一有为一无为，既对立又互补，和佛教文化一起共同构筑了中华民族传统美德和处世精神，汇成东方伦理智慧的不竭源泉。中国文化的总体格局是由孔子为代表的儒家和以老子为代表的道家共同构成的。

从某种意义上说，孔子哲学的路径是由求真而达到美；最后达到真、善、美的统一境界，而老子则从"道"的自然特征出发，认为只有达到一种更高的与道同体，才是真、善、美的统一境界。可以说孔子追求的真、善、美的统一则是一种世俗的境界，而老子追求的真、善、美的统一则是一种超世俗的境界。以孔子为代表的儒家和以老子为代表的道家所表现的互补性为：入世与离世之互补，刚毅与阴柔的互补，对生命价值的不同理解和互补等。而儒道之间的深层互补则是哲学理论思维方面的互补，主要表现为儒家对道家哲学的

---

[1] 赵吉惠. 论儒道互补的中国文化主体结构与格局. 陕西师范大学学报, 1994,（4）: 42-47.

吸纳。儒道互补从整体上影响了中国文化，使中国文化具有了长达两千多年的人文主义精神传统；并使中国文化带有讲人群之和与讲自然之谐的特色，促使中国文化向着内涵厚重的方向发展。使中国文化传统绵延不断，仍捍卫其独有特色。

在博大精深的中国传统文化中，儒佛道是其三大支柱。儒道相比，儒家思想对中国古代政治、经济和人伦关系的影响大于道家，而道家对中国古代的理论思维、哲学科学、文化艺术的影响则超过了儒家。当今，儒家、佛家、道家思想共同构筑了中华民族的传统美德和处世精神，汇成东方智慧的不竭源泉。

（二）道教与中国传统文学

道教发端、生长于中国社会之中，必然要吸收由这个社会的精神养分，包括文学艺术。同时，道教作为一种特殊的信仰形态一旦被社会所接受，并享有较高地位时，反过来也会影响文学艺术。道教保留了大量的神话故事和民间传说，本身也创造了许多神仙故事，这些都为中国文学中的神话部分增添了色彩。再者，道教独具特色的诗词，也深深影响了中国文学。道教描述神仙轻举飞升或与仙同游的"游仙诗"，描写神仙生活的"神仙诗"，一些阐发修道理论的诗文，都给中国诗词宝库增添了新的特殊内容。我国古代著名诗人李白、李贺、李商隐等都深受道教影响，在他们的诗作中散发出浓厚的道味，且有不少佳作。此外，道教对中国文学的影响在小说创作方面也是很大的。明清时期大量出现的描写神人相斗的长篇章回小说，就可见道教的影响，如《封神演义》、《三遂平妖传》等，都是以道家和道教思想为主旨的。另外，以历史演义为主题的作品，也往往带有浓厚的道教色彩，如《水浒传》、《三国演义》等。

（三）道教与中国传统国画

中国画坛把以道教题材和以佛教题材为内容的绘画合称为"道释画"。有人认为中国画始于"道释画"，这种说法是否符合中国美术史，暂且不论，但"道释画"对中国画的影响毋庸置疑。从中国画中占有重要地位的山水画来看，其受道教绘画的影响就更大了。这种影响不只在技法上，更重要的是对画家的思想和精神境界的影响，也就是说道教的信仰和理论对画家的影响。道教所追求的"恬淡"、"静泊"，对不少山水画家影响较大。

道家思想对发展期的中国诗论、画论、书论有直接作用。中国诗歌、书画理论的发展期无一例外地集中于魏晋南北朝到唐代这段时期。而这一时期也是道家思想在哲学与社会生活领域大行其道的时期。就传统的中国画论来说，道家"观于天地"的思想，开启了中国画坛"澄怀观道"、"心师造化"的传统。中国山水画以"造化"为师，上乘之作无不"画中有诗"，空间的变化表现出时间的流动性，这正是宇宙无限、生机永存的奥秘所在。

（四）道教与中国传统民俗

中国民俗范围极为广泛，所谓"十里不同风，百里不同俗"是其真实写照，内容涉及衣食住行、婚丧嫁娶、娱乐节庆等各个方面。一般来说，道教主要与民间信仰习俗关系密切，通过与信仰习俗的联系，进而影响到岁时习俗、娱乐习俗等。有的风俗延续至今，像敬灶神、贴门神、桃符、燃炮仗等都涉及道教。

道教对中国少数民族的影响亦不可忽视。据相关统计，在中国现有的 55 个少数民族中，以信仰道教为主，兼信其他宗教的约 1000 万人口。道教之所以能够广泛地传播于如此多的少数民族之中，并产生巨大影响，源于道教是一个多神崇拜的宗教，崇奉的神仙很多。道教能够平等对待各少数民族，也是一个重要原因。

总之，道家思想是中国传统文化主流中的组成部分。它对中国传统文化的影响和渗透，见诸于哲学、宗教、政治、艺术等诸多领域。正因为其影响巨大，鲁迅才会说"中国文化的根底全在道教"[①]。道教对古代中国上至朝廷王府、下至市井家庭的影响，如水银泻地、无孔不入，这种影响在当今社会也随处可见。

第三节 道家道教伦理思想的价值意蕴

道家思想是中国思想史上的一派"玄之又玄"的思辨哲学，也是一门很实际的关于如何协调人际关系、达到福乐人生的伦理学。道家伦理学，以"宇宙主义"为理论框架、以崇尚自由人生为特点的伦理学体系，成为中国传统文化的宝贵财富。

一、道家道教伦理思想的基本内容

（一）尊道重德的信仰体系

道家以"道"为天地万物的本原和人类观念形成总法则而著称于世。道教中以"道""德"作为信仰、行动的总准则。道教修行者既要修道，还要积德，故"道"和"德"同为道教的教理、教义中的基本原则。道家之道具有一本性和统贯性，又包含着多样性和丰富性。在天地万物之中，道涵盖着天道、地道、人道之论。道家伦理思想以尊道重德为要义，把道和德作为其伦理学说的最高范畴，成为人类道德的根本要求和内在价值目标。道家所建立的人类道德是效法道的道德，从这个意义上讲，道家的伦理学是一种大伦理学或宇宙伦理学，立意更为深远、蕴涵更为丰富。道家尊道贵德的价值含义，从伦理思想史上说，实际上涉及净化道德动机、摆正道德意向和只问耕耘、不问收获等问题，以自己独创的方式提出了"追求而不是占有"、"贡献而不是索取"等提高人类道德境界的命题和思想，对于清除功利主义，建构一种更清新的伦理思想体系，具有重要意义及现实价值，是人类精神文明的珍贵财富。

（二）身重于物的伦理思维

道家对身物关系进行科学探究，提出了身重于物的价值学说。老子说："名与身孰亲？身与货孰多？得与亡孰病？甚爱必大费，多藏必厚亡"（《老子》第四十四章）。老子倡言，人生在世，应爱惜身体，重视生命，不要过分地追求名利。人生的目的是效法天地自然之道，循依本性而生存。在庄子看来，知悉"道"的人一定通晓事理，通晓事理的人必定能随机应变，能随机应变的人就不会让外物来伤害自己。此即"无以人灭天，

[①] 出自《鲁迅书信集》上卷，人民文学出版社1976年版，"1918年8月20日致许寿裳".

无以故灭命，无以得殉名"①。从道家"身重于物"的伦理观中，人们能够悟出许多人生真谛，比如淡泊名利，视名利为身外之物，注重生活的宁静和平稳，培养一种超然达观的处世态度等。人应该因应自然，不能仅为名利而活。道家"身重于物"的伦理思想昭示我们，能将自己生命原有的自然禀赋善加利用，不要过度地追逐个人所得，人生自会充实和谐。

（三）超凡脱俗的理想人格

道家在深思宇宙和人生时，其伦理思想体现出为人处世的历史睿智，"外圆内方"即是道家为芸芸众生所提供的处世态度或为人的规范与技巧。道家伦理思想因淡泊功名利禄而带有一定的超凡脱俗色彩，但道家伦理思想是不是出世、超世或避世呢？如有学者认为："道家的精神境界，从本质上讲，是出世中的入世。一方面，它是因入世不得志而出世的；另一方面，他们在外表上虽然讲出世，然而在根本旨趣与精神指向上却是入世。"②总之，道家是向往和崇尚"出淤泥而不染"的正人君子，主张在世俗生活中成就自身的理想人格。

（四）"柔弱胜刚强"的人生智慧

在社会上，一般人都懂得"刚强胜柔弱"的道理，而老子不同于凡众，他以超群的智慧，深刻地揭示了"柔弱胜刚强"的人生真谛。从自然界看，"人之生也柔弱，其死也坚强；草木之生也柔脆，其死也枯槁"。"弱之胜强，柔之胜刚。"（《老子》第七十八章）"天下莫柔弱于水，而攻坚强者莫之能胜"，水虽是地上最柔弱的东西，遇圆而圆，遇方而方，但它却能穿透金石，"攻坚强者莫之能胜"。依据"柔弱胜刚强"的原则，老子总结出三条重要的处世之道：一曰"不敢为天下先"，二曰"不争之德"，三曰"知雄守雌"。老子还把"不敢为天下先"的原则运用于战争，主张"吾不敢为主而为客，不敢进寸而退尺"。

（五）"少私寡欲"的名利观念

为了维持人的生命，欲望总是需要的。但如何对待欲望，却有不同的人生价值取向。老子反对纵欲，也反对禁欲，主张"圣人欲不欲，不贵难得之货"。"不欲"即是"无欲"。所谓"无欲"，就是"少私寡欲"（《老子》第十九章）。在老子看来，人的欲海难以填，总是无止境地追逐名利财货并无好处。根据"少私寡欲"的原则，老子提出了四条重要的处世之道："治人事天莫若啬"；"知足不辱，知止不殆"；"功遂身退"；"君子之交淡如水"。老庄道家自知知人的伦理觉悟是中国人立身处世、待人接物的重要内容，影响深远。当今在建设现代化的物质文明、精神文明、政治文明的进程中，发扬谦虚谨慎、戒骄戒躁的精神，讲求"自知不自见，自爱不自贵"的处世之道，仍有意义。

（六）"不以兵强天下"的和平主张

与儒家讲礼治、法家讲法治不同，道家主张"无为而治"。以"无为而治"为核心，道家提出了系统而深刻的政治伦理观，其中包括与民休息的为政方略，众皆平等的价值

---

① 出自《庄子·秋水》.
② 樊浩. 中国伦理精神的历史建构. 南京：江苏人民出版社，1992.

意识，"不以兵强天下"的和平主张等。老庄道家反对战争，向往和平，推崇以道治天下，不以兵强天下，主张睦邻友好，在老子看来，人类能否和平共处，实系大国的态度。老子感于当时各国诸侯能力相尚，妄动干戈，因而呼吁国与国之间，当谦虚并容，从而实现国与国之间的和平共处、睦邻友好。老子道家"不以兵强天下"的和平主张，是我们民族优秀的伦理传统，体现了中华民族热爱和平、协和万邦的伦理精神。"和为贵"、四海之内皆兄弟成为中国人民自古以来处理人际关系的基本价值取向。

二、道家伦理思想的应用价值

道家的伦理思想不仅探究生命的本质，探究治政的要旨，求索养生的意义，而且沉思宇宙的构造和处世哲理，以视阈高超的伦理智慧彪炳于世。道家的伦理智慧通过政治伦理、生命伦理、个人伦理、生态伦理的各自路径表现出来。

（一）道家政治伦理的价值

无为而治是道家政治伦理思想的核心。老子说："为无为，则无不治。"（《老子》第三章）提出"无为"的观念，要求统治者不恣意妄为，并借以消解他们对人民生活的诸多强制与干预。老子的"无为"并不是什么都不做，而是因任自然、不恣意妄为，是"为无为"。道家无为而治的思想，反映到国家政治生活中则是与民休息的治政方略。要做到与民休息，必须省刑罚、轻赋税、去礼文、宽政务。因此，道家政治伦理思想是弱者的精神安慰剂，又是维护强者占据物资优势的特殊堤防，故道家政治伦理思想具有明显的二重性。

（二）道家生命伦理的价值

生命伦理学产生于 20 世纪，但生命伦理思想却源远流长。就中国而论，道家及道教对生命伦理作了深入而又颇富成效的研究。如果说生命伦理学主要关心的是遗传工程、生育控制、器官移植、安乐死、试管婴儿等形而下的问题，那么道家及道教的生命伦理思想则对人的生命表现出终极关怀，关注生命如何才能获得拯救而永保长存等形而上的问题。道家及道教养生之道涉及中医、气功、按摩、起居饮食、炼丹术等多重内容，但构成其生命伦理思想主体的则是保身尽年的生命意识、少私寡欲的调适之道、行善积德的自我充实、看待死亡的达观人生；它们是中国古代生命伦理思想的重要组成部分，至今仍没有失去其活性基元，对当代人们更好地充实和丰富自己的生命，提高自己的生存、生命质量，拓展自己生命的物质因素和精神空间，具有重要意义。

（三）道家个人伦理的价值

《老子》、《庄子》与《周易》虽被称为"三玄"，看起来与现实的人生和个人的安身立命无关，但实际上，老庄对宇宙万物的玄妙思索就是为了把握人生真谛，为芸芸众生提供修身处世的伦理智慧。道家教诲人的许多处世智慧能够超越世俗名利形色的桎梏，获得一种化沉重为轻松的精神释放，从而找回生命的根，自然地看待现实的人生。可以说，道家的个人伦理是一股流动的清泉，当代人汲泉而饮，不但可以缓解心灵的饥渴，而且会获得一种倦乏皆消的精神慰藉。道家伦理自知知人的伦理觉悟，老子说："知不知，尚矣。不知知，病也。圣人不病，以其病病。夫唯病病，是以不病。"（《老子》第七十一章）。道家多付出少索取的立身原则，既是永恒的，又是至善的。宠辱不惊的超然境界，老庄道家恬淡如水的交友之道无疑是中华伦理文化的精华，值得我们在新时期继承发扬。

（四）道家生态伦理的价值

生态伦理学诞生于 20 世纪。在中国，老庄道家及道教信徒早就致力于对人与自然关系的思考并提出了一系列热爱自然、尊重自然和保护自然的思想，主张道法自然，倡导与自然为友，欣赏和珍爱大自然，钟情青山绿水、花草深林、鸟兽虫鱼，并留下了许多讴歌自然景色、抒发田园情感的诗文名篇，如陶渊明的"采菊东篱下，悠然见南山"。

道家的生态伦理思想幽深博大，包含着丰富内容。概括说来，最能体现道家生态伦理思想基本精神和旨趣的有物我为一的整体观念："天得一以清，地得一以宁，神得一以灵，谷得一以盈；万物得一以生，侯王得一以为天下贞"（《老子》第三十九章）；知常知和的平衡思想："夫物芸芸，各复归其根，归根曰静，静曰复命，复命曰常，知常曰明，不知常，妄作凶"（《老子》第十六章）；知止知足的开发原则："夫亦将知止，知止可以不殆"（《老子》第三十二章）；以及热爱自然的伦理情趣，道家把人与自然的关系看成是雨水关系、"母子关系"，一旦科技应用于自然，无异于"竭泽而渔"、"杀父弑母"之罪过等，这些集中地显现出道家生态伦理所特有的东方神韵，揭示出道家生态伦理的博大智慧。

伴随着现代工业的发展和科学技术的进步，环境污染和人类生存环境的破坏已成为现代文明所面临的重大问题。同时，由于科学成为西方近代文化的主要崇拜对象，唯科学主义成为人类理性异化的另一种形式。科学技术作为实际生产力被幻想成有百利而无一害的东西。科学到底是什么？是人与自然对抗的工具吗？老子学说为我们解决生态问题及"唯科学技术论"提供了一把钥匙。生态问题说到底是人与自然的关系问题，以老子为代表的道家以其柔顺和谐的阴性特质提出无为，顺应自然，复归于自然，从而达到人与自然的合一。老子认为：宇宙自然与人类自身是一个和谐的有机统一体，人体不过是相对大宇宙而言的小宇宙，只有人类处于一个自然环境、社会环境和心理环境相协调统一但又无为的状态，才能正常生存。老子提出"以辅万物之自然，而不敢为"[①]的主张。人类对自然进行毫无顾忌的掠夺性开发，结果是自掘坟墓。复归自然的主张使越来越多的人期望回归自然，向往宁静安逸的田园生活。

总之，人类不需要太多的道士，但人类需要"为而不恃，功成而弗居"的尊道贵德之士。当代市场经济的发展呼唤"既以为人己愈有，既以与人己愈多"的价值理念，呼唤"物我为一"、"知足知止"的环境伦理，更呼唤"以百姓之心为心"[②]的治政方略。道家伦理思想并没有离开我们，今天我们对道家伦理思想的需要程度丝毫不亚于历史上任何一个时代。只要我们运用科学方法，坚持正确原则，就能够使道家伦理思想服务于世道人生，服务人类。

---

① 出自《老子》第六十四章.
② 出自《老子》第四十五章.

第七章　佛教在中国的传播及流变

第一节　佛教的形成及其在中国的传播过程

一、佛教的产生

佛教，源于古印度，是世界三大宗教之一。其创始人乔答摩·悉达多，又称释迦牟尼[①]，是迦毗罗卫国王位继承人。释迦牟尼是一个有着强烈的终极关怀精神、敏感善思、意志坚强且富有同情心的人，他对现实社会人生的异化与缺憾保持着极其冷静清醒的理性态度，而非一般人因畏惧和无奈所采取的回避、忘却之态度。正是出于彻底解脱人生痛苦的强烈信仰追求，释迦牟尼放弃了令人企羡的王族生活，踏上艰苦卓绝的求道生涯。

在释迦牟尼看来，他只是发现真理的人，而非创造真理的人。他认为，任何人都可以按照他给予的说明、方法去实际验证真理并解脱生死。因此，悟道后，创立了最初的佛教比丘僧团。释迦牟尼因觉悟而彻底摆脱痛苦称为"佛"，而他的宣传和劝导活动也就被称作"佛教"（觉悟之人的教导）。此后，释迦牟尼开始到印度各地弘法。八十岁时，他在拘尸那羯罗城附近的婆罗园中最后一次讲法，随即入灭。释迦牟尼在世时，佛教主要弘传于印度中部、东部和北部，尤以恒河中下游地区为核心地带。

从佛教产生过程来看，作为终极关怀式的信仰追求，佛教教育目标与一般世俗教育截然不同。佛教主要以思索和探讨人生痛苦产生的最终根源，及如何彻底解脱人生痛苦为正鹄，而非关注社会人生痛苦产生的一般性原因及解决的暂时性办法。与此同时，作为具体的信仰形式，佛教与其他宗教教育目标也有着明显差异。它认为，人生痛苦产生与消除的依据，是一种不以任何人意志为转移的客观真理，而非有意志的人格神；同时，人生痛苦是人自己造作的，亦必须自己才能消除，他人只能提供辅助性的指导和帮助，而无法取代。因此，每个人只有借助佛所说之法，亲自去认识和验证客观真理，并依认识和验证客观真理所获得的智慧去调整自己的身心行为，才可能真正获得解脱。一言以蔽之，佛教的特质在于教育，而佛教的目标，就是让人获得智慧以解脱生死。

二、佛教在世界各地的传播

释迦牟尼入灭后，佛教在印度全境继续不断传播。约在公元前4世纪后期至前3世纪早期，佛教开始向印度境外传播。公元前4世纪后期，马其顿亚力山大王的领土扩张

[①] 乔答摩是姓，又译作瞿昙氏，意为甘蔗种，别称日种；悉达多是名，意为一切义成，即一切所应做的事皆已成就。释迦是氏族名，系甘蔗种之分支，义译曰能，即能者有能力之意；牟尼，意为寂然静默、离欲脱俗、仁爱智慧。乔答摩·悉达多是佛陀在家之姓名，释迦牟尼是人们对佛陀出家证道后具有高尚品德和高度智慧的敬称，有时又称"释尊"，意为释迦族的圣人。

活动，不仅使古希腊文化传播到了东方，也使西方人接触到了佛教等古印度文化，佛教由此开始向域外传播。公元前4世纪末3世纪初，印度孔雀王朝的建立和日渐强大，特别是阿育王对佛教的极力支持和弘扬，促使佛教迅速外传。

在南传方面，最迟至公元4、5世纪左右，缅甸、泰国及苏门答腊、爪哇等地已有佛教盛行。此后，又逐渐传播至柬埔寨、老挝等地。而当时附属于中国的交趾等地（今越南河内一带），早在公元3世纪左右，佛教已很发达，亦是由斯里兰卡或印度东南沿海等地传来。

在北传方面，公元前3世纪，阿育王曾派末阐提到罽宾（今克什米尔）和犍陀罗地区（包括今白沙瓦等地）传教。此后，约于前2世纪上半叶，佛教又传入希腊人建立的大夏王国。至公元前2世纪中叶，徙自中国边疆的大月氏人征服大夏，并逐渐占据了犍陀罗和罽宾在内的广大地区，月氏人亦由此而接受佛教。约在前一世纪时，佛教已由罽宾向东越过葱岭传入于阗（即中国新疆和田一带）。据《后汉书·光武十王列传》及《西域传》等载，最迟在东汉初，佛教已进入中国内地，并开始传播。除了大月氏所属的犍陀罗和罽宾外，佛教亦从安息（在大月氏以西）、康居（在安息以北）等地向中国传播，不过时间相对较晚一些。此外，约在公元7世纪时，佛教又分别从尼泊尔、缅甸等地传入中国的西藏和云南。其中，传入云南的以佛教小乘上座部为主，传入西藏的则以密教①为主。

佛教传入中国后，与儒、道等本土文化不断碰撞融合，渐成中国传统文化重要成分。之后，佛教在印度本土弊端渐生，公元12世纪，在回教军的扫荡排斥下，佛教在印度基本绝迹。自此，中国成为佛教的第二故乡。约在公元4世纪上半叶，佛教从中国传入朝鲜半岛，后又经朝鲜半岛传入日本。隋唐时期，汉地大乘各宗派又纷纷向东传入朝鲜半岛和日本。

13世纪时，元朝的大规模领土扩展活动再次使西方世界了解一些有关佛教的信息，如《马可波罗游记》中的相关记载。马可波罗作为基督教徒和往来东西方的文化使者，曾把佛教当作东方流行最广的非凡宗教介绍到西方世界，尽管其记述极其简略和肤浅，但在欧洲产生了极大的影响。工业革命以后，随着西方列强对亚洲各地的不断殖民侵略活动，西方人对佛教的了解也日渐深入，并首先对西方的哲学思想发生影响。到19世纪，随着亚洲移民的涌入，佛教开始在西方世界生根发芽。斯里兰卡等地的南传佛教、汉传大乘佛教诸宗、日本的汉传佛教诸宗纷纷西传，俄、英、法、德、美、加等欧美主要国家及拉丁美洲、大洋洲、非洲等地区，都有佛教在传播和发展。与此同时，中国西藏密教也以佛教宗派的身份在欧美迅速传播，形式上虽扩大了佛教在西方的影响，但也埋藏下了一些深远的隐患。

世界诸宗教中，佛教经籍最为丰富，教义体系最为庞大，哲学意味最浓，并以依自力修心从而获得精神解脱为主干。正是佛教追求解脱人生痛苦的理想目标、智慧而深刻的哲理构建、生动有效的教学方式及直感诱人的禅悟体验，使之能够不断向世界各地传播，最终成为一个世界性的宗教。

---

① 一种杂合印度教、佛教等宗教思想而产生的新型宗教，传入西藏后，又吸纳并改造了当地苯教的内容，教法中包含大量气功、咒术、男女双修等内容，非纯粹佛教，俗称喇嘛教.

三、佛教在中国的发展过程

（一）东汉佛教的初传

据《三国志》裴松注所载，"昔汉哀帝元寿元年，博士弟子景庐受大月氏王使伊存口授《浮屠经》。"①目前，学界及教界基本认同该论点，即以大月氏之使节伊存口授佛经予博士弟子景庐为中国佛教之始。作为一种外来文化，佛教经历了两汉之际到东汉末年的200年初传期，其过程反复、曲折，最终在中国特定的社会条件和文化背景下定居下来。

佛教以苦人生、信来世、求解脱为主要追求，而汉文化在汉武帝后发展日益成熟，重现实、崇人伦、爱生命的入世特质愈发凸显，当中印文化发生碰撞和融合时，时人很难接纳其出世解脱信仰。不过，佛教主张持戒布施的修福思想，并肯定来生进步，这正好适应了汉人的宗教心理需求，所以很自然地被人们接受，并被认为是"贵尚无为、好生恶杀、省欲去奢"②的清虚之道或类似于追求长生的道教仙术。

佛教义理深邃严密、实践体系次第复杂的特点，使东汉佛教传播呈现阶段性特征。东汉初，即有佛教经典翻译，早期义学传播，则以经典传译为主。而此时因传译方兴，译经数量较少，且集中于桓、灵二帝之后。这一时期的传译重点是禅数之学，即侧重五蕴功能分析，而论证蕴空关系的般若经典译出尤少。自汉末，般若经典越来越受到重视。不过，禅数之学与般若之学虽有传译，仍属义理传播，尚未进入实践阶段。

（二）魏晋南北朝佛教的融适

魏晋南北朝可谓佛教在中国快速发展期，也是印度佛教日益与中国传统文化冲突、调和、逐渐中国化的时期。魏晋玄学实质是借用老庄道家的哲学理论形式对儒家伦常思想进行反思和论证的一场运动，其产生却与佛教早期般若学关系密切。一方面，般若学关怀人生、追求境界的人生态度，契合了魏晋时期忧患意识下士族阶层的心理。另一方面，般若学崇尚智慧、尊重理性的思想风尚，高度抽象思辨的论理形式，唤起了中国思想界抽象思辨的兴趣。早期般若学在概念命题、理论体系上启发了玄学贵无派，使之能够有意识地从哲学基本问题的高度去解决本体论、认识论和社会政治的一系列现实问题。玄谈名士们无不以"般若性空"充实其学，或增清谈之资，佛教亦因此得以借士大夫阶层而迅速传播。

玄学的盛行也为般若学的传播提供了良好的学术思想环境。初期般若经典的翻译，借助玄学和道家的哲学名词和概念来解释佛教的名相，并且从义理上对佛教和儒道学说进行融会。当时的研习者对般若经"空"义的理解，往往受玄学的影响而见解各异，以至于形成"六家七宗"③的局面。

随着经典的进一步传播流行，魏晋时期经论的讲习之风大盛。鸠摩罗什在长安、慧远在庐山，分别建立了南北两大讲学中心，在译经中习学经典，探究佛理，培养了大批佛教人才。北方鸠摩罗什译经常常随即讲解经论之义，参加译事的助手往往亦成了听受

---

① 出自（三国·魏）鱼豢：《魏略·西戎传》。
② 出自《后汉书·襄楷传》。
③ "六家"即本无宗、即色宗、识含宗、幻化宗、心无宗、缘会宗。六家加本无宗的分派本异宗为七宗。各家学说都未能尽符印度般若学的本义，直到鸠摩罗什翻译阐释后，般若正义方昭显于世。

义理的弟子，门人号称三千，义学沙门云集长安，多趋于他的门下。慧远的教育活动对南方佛教的传播和发展起了重大的推动作用，他曾派弟子法净、法领西行求经，并热心于经典的传译事业，使中观、戒律、禅、教诸典及关中胜义得以流播南地。

除了佛教自身的努力，各朝各代政权的大力扶持，也为佛教的流传提供了有利的政治环境。魏晋南北朝时期，佛教得以在更大范围、更多层次的人群中流播，并深刻影响了中国社会各阶层的习俗、价值观、思维方式和生活方式。

（三）隋唐时期佛教的兴盛

隋唐时期，由于佛典的大量翻译，佛教研究成果的长期积累，及佛教人才的普遍成长，中国佛教的创造力空前高涨。顺应思想文化的大一统趋势，佛教学者在统一南北学风的基础上，通过判释佛说经教之"判教"，相继形成了许多各具独特教义、教规和修持方法的中国化佛教宗派，最著名的有八大宗派——华严宗、天台宗、唯识宗、律宗、净土宗、禅宗、三论宗、密宗。八宗中，禅宗发扬中国本土主流文化重现实人生及伦理实践、究性命根源的人文主义，适应了喜简易切实的身心修养之道的民族文化心理，得到广泛传播。中唐时，禅宗成为中国佛教的主流，甚至成为世俗教育的一部分。乃至上至达官贵族，下至农夫村妇，都能谈禅说悟。

玄奘法师西行求法是唐代佛教的一件大事。玄奘去印度先后17年，在那烂陀寺历时五载，主要向戒贤法师学习总赅三乘学说的《瑜伽师地论》。玄奘在那烂陀寺时擅长讲学辩论，以论述精微、说理晓畅而闻名。回国后主要从事法相唯识类经典的翻译，并在讲学过程中阐扬"理佛性"和"五种姓"之说，为慈恩宗的创立奠定了基础。玄奘在20年间共译经论75部，1335卷，完成中国佛教史上的一项壮举，为中国佛教的发展做出了重要贡献。

唐代佛教教育以译场讲学、专宗教育等多种形式开展，中国佛教进入了全盛期。其时，八宗竞秀，高僧如林，理论高度成熟。唐代颂诗"长安三千金世界，终南百万玉楼台"、"一片白云遮不住，满山红叶尽为僧"[①]，可谓当时佛法鼎盛的真实写照。佛教开始呈辐射状向周边国家传播，先后有很多日本和新罗等国的僧人入唐求学佛法。学成回国后，依照中国的佛教宗派创立了相同的宗派继续弘传。中国佛教的异域传播，巩固并加强了中国与这些国家的文化交流。

唐代统治者重视文治，儒释道三教都予扶植，虽然唐王朝自认为是道教始祖李耳的后裔，但实际上采取了佛道两教并重的方针，这也是佛教在唐得到兴盛发展的重要原因之一。"安史之乱"爆发后，佛教遭到破坏。唐武宗时，因崇道排佛，发动了大规模"灭佛"运动。此后，又因五代战乱，佛教诸宗多呈衰绝景象，唯最具中国特色的禅宗独盛，净土宗次之。

（四）宋元明清佛教的渐次沉寂

宋元之后至清末年间，中国佛教渐趋沉寂。虽绵延不绝，并时有发展复兴之势，却难再见隋唐盛况。总的来说，北宋佛教复兴较盛，南宋以迄明代世宗时期，则为平淡晦

---

① 出自《关中通志》.

暗之期。明末至清代，佛教再度兴盛一时，然因积弱过久，仍不及北宋时兴盛。宋元以后的中国佛教强调诸宗圆融、三教融合，在融合不同宗派义理研究与实践方法的同时，还特别重视发展自身的世俗教化功能。在这一发展过程中，佛教亦日益向中国社会和文化深层渗透，成为中国文化不可缺少的一部分，成为宋元以后中国佛教的特质。

这期间，佛教专宗教育经历了不断发展变化的过程，并最终呈现禅、净、教、戒融合的局面。华严、天台、唯识、三论等宗派日趋衰微。而唐末至宋，禅宗不仅子嗣繁盛，一花开五叶[①]，繁衍不绝，而且深施其影响于佛教诸宗。华严宗自五祖宗密，以教解禅、依禅说教，行归禅宗。天台宗的教观，在宋代以后也多融归于禅、净。宋代以后，唯仗自力解脱、以明心见性为宗旨的禅宗渐趋式微；与此同时，仰仗佛力、简单易行的净土宗，则因深契时机、人机，日益兴盛起来，最终成为禅、教、律诸宗之归趣。就禅净关系来看，宋代禅师永明延寿所作禅净"四料简"[②]奠定了禅净关系的基本模式，对后世影响颇大。明清时期，禅宗教育、净土宗教育已然成为中国佛教的两大主要教育模式。

从儒释道三教关系来看，由于文化内在的共通性，三教总体上呈现出融合的趋势发展。宋代以后，三教合流渐成趋势。明太祖朱元璋开国后，确立了以儒学为基本统治思想，佛道二教辅助国道的"三教并举"治国方针。绵延了上千年之久的"三教合一"思潮，在明末时达到高潮。

就儒佛关系而言，唐代佛教的兴盛对儒学思想产生了积极的影响，宋儒援佛入儒，大量吸取佛教心性论，将孔孟的心性修养工夫，提升到宇宙论、本体论的层次，建立了宋明新儒学体系。对于佛教来说，协调儒释关系始终是佛教立足社会、处理三教关系的关键。宋代佛教之儒释融合呼声甚高，其基本立足点在于调和思想、消解矛盾以求共存，在一定程度上表现出以佛附儒来获得儒家认同的倾向。明末佛教更加注重儒释之间的会通。并且以积极、主动姿态以佛教统摄儒学，显示出在儒佛关系理论上的成熟性。此后，儒释融合遂成为中国佛教思想发展之纲要。

就佛道关系来说，在佛教传入初期，道教曾一度与其产生激烈冲突。在后来三教融合的路程中，道教对佛教从初始的对抗，逐渐走向对话乃至接纳，不断吸收佛教思辨方法及其因果报应、六道轮回等基本理论，来提升义理水平、充实理论体系。道教后期的主流内丹学派在理论和修行实践上受到禅宗影响，促成了宋元新道教的产生。唐末吕洞宾最早将内丹与禅结合起来，建立了内丹学的性命双修理论。明末全真内丹家更在"三教合一"思潮中，援佛入道，着意和会禅与内丹，以佛理讲解内丹术，以内丹术诠释佛理，造成佛道混融、佛道混滥现象，佛教内部由此滋生出佛道不分、僧务外学等众多流弊。明清佛教界为显正辨误，消除佛门流弊，更注重彰显佛教主旨以严分佛道界限。以莲池袾宏为代表的明末佛教，侧重严辨佛道在理论基础、修行方法、名词概念及最终境界上的不同。这一思路一直延续至清乃至民国，确定了在佛道关系上佛教维护自身宗旨与内涵的基本立场。

---

① 六祖慧能门下分为临济、曹洞、云门、法眼、沩仰五宗。

② "有禅有净土，犹如带角虎，现世为人师，来生作佛祖。无禅有净土，万修万人去，若得见弥陀，何愁不开悟。有禅无净土，十人九蹉路，阴境若现前，瞥尔随他去。无禅无净土，铁床并铜柱，万劫与千生，没个人依怙。"

清中叶后，中国佛教日渐衰落，至清末而衰甚。其时，内忧外患并发，预示近代佛教厄难中的复兴之路。清末以来，龚自珍、魏源、康有为、谭嗣同、梁启超、章太炎、梁漱溟等一批进步思想家都从佛学中吸收营养，希望能找到一条救世兴国之路。十年动乱中，内地佛教受到严重打压，1980年以后逐渐恢复。在文化复兴与重建中，多元文化共存、互补、竞争，已成为必然之势。政府也提倡继承发扬传统文化精华，振作民族精神。20世纪80年代以来，佛学乘传统文化热而逐渐兴起。

第二节　佛教的核心观点及现代价值

一、佛教的基本教义

佛教核心教义主要有三法印、四谛、八正道、十二因缘等内容。

（一）三法印

三法印指诸行无常、诸法无我及涅槃寂静，如同国王玺印一般权威，能印证辨别真伪，故称之为法印。诸行无常，就是一切事物与现象皆藉条件而产生，亦终归会因条件的消失而灭亡，没有永存的物质和精神现象；诸法无我，指任一物质和精神现象都没有独立实有的自性，所以也并不存在真实永恒的主体自我；涅槃寂静，指通过戒定慧的修学，使构成主体自我的物质和精神现象（即色、受、想、行、识等五蕴）无法现行，实际即是消除主体自我产生的前提条件。因为构成主体自我的物质和精神现象没有条件产生，所以以主体自我为中心的生死轮回及造作不安等种种痛苦悉皆停息，唯余无形无色、非物质非精神、不执自我、不造作生灭、寂静永恒的本体安然独存，谓之涅槃。分别来看，诸行无常侧重观察外境无常生灭的客观规律，以使人减轻或放弃对外境的贪著；诸法无我侧重观察主体自我的虚妄不实，以减轻或消除人生痛苦产生的内在心理根源；涅槃寂静则侧重描述彻底消除痛苦产生的内外认识根源后，所达到的寂静安乐的解脱状态。

（二）四谛

意谓佛教解脱者所证悟的客观真理，具体则包括苦谛、集谛、灭谛和道谛。苦谛，即有关痛苦的真理性认识。有八苦、三苦等种种形式。人生多苦的关键，就在于人有身心，而身心又有生老病死、生住异灭现象，受无常规律的支配。

集谛，即有关身心痛苦不断产生原因的真理性认识。身心现象的不断产生，主要是由于有"我见"和"爱著"。所谓"我见"，自我确认和自我执取，认为自我是一种真实有自性的存在；所谓"爱著"，以自我确认和自我执取为基础，而形成对内外境界贪爱味著的行为和心理习惯。

灭谛，指"我见"和"爱著"是身心现象不断产生和轮回生死的根本原因，所以佛教认为，只要破除"我见"，并彻底清除"爱著"习惯，就可进入永恒寂静安乐的涅槃状态。

道谛，指为获得涅槃解脱境界而应遵循的方法和途径，具体包括八正道。

(三) 八正道

"正"即不邪,道即道路、途径之意,八正道指八种能够通向涅槃解脱的修行方法,具体指:正见,正思惟,正语,正业,正命,正精进,正念,正定。

正见,即有关四谛之理的正确见解和认识,是八正道的关键内容;正思惟,即在正见的基础上进行正确的思维以增进对四谛道理的认识;正语,即依据正见和正思维所获得的理性认识,对自身的言行进行规范和引导;正业,指以佛法智慧为指导,远离一切邪妄行为,修摄身业;正命,即依据符合四谛的理性认识,对自身的日常生活特别是谋生行为进行规范和引导;正精进,指努力修习戒定慧,止恶修善,专注于涅槃解脱之道;精进与布施、持戒、忍辱、禅定、智慧一起,成为大乘佛教修行到彼岸的六种根本方法;正念,即努力维护和保证自己经常忆念正见和正行;正定,即在一切正见和正行的基础上,勤修禅定,利用禅定的强大心意专注力,深入直观地去体证四谛之理,以求彻底清除"我见"及"爱著"。

(四) 十二因缘

十二因缘是集谛的展开,主要是解释一切现象(尤指痛苦与解脱)产生的原因及其过程。其中,生死轮转产生的原因和过程,称为"流转门";而超越生死、解脱痛苦的原因和过程,则称为"还灭门"。就流转门来看,"缘起"主要有十二支,即无明缘行、行缘识、识缘名色、名色缘六入、六入缘触、触缘受、受缘爱、爱缘取、取缘有、有缘生、生缘老死。"缘",在这里作"为……前提条件"解。

"无明缘行","无明"指对世界本质的错误认知。众生流转生死的根本原因,就在于对世界本质产生了错误认知。关键在于错误地执认物质或精神现象本身有真实的自性,或执有真实的"自我",或执有真实的"外法"。由于以错误认知为指导,就导致了不如理的造作言行,即"无明"为"行"产生的前提条件。

"行缘识","识"指造作言行能熏习本识形成染污变异种子。"识缘名色"中的"名色",指生命体出生前处于母胎中的五蕴现象。其中构成肉体的物质现象称为"色",受、想、行、识等精神现象合称"名"。佛教认为,有情本识在前世五蕴坏灭后,由于内部所藏染污变异种子的成熟现行,又一次投入母胎藉助受精卵而逐渐形成新的五蕴。[①]

"名色缘六入"中的"六入",指眼根、耳根、鼻根、舌根、身根、意根六种感官,与色、声、香、味、触、法六种外界信息相互接触的状态。只有在六种感官接触六种外界信息的基础上,才能产生视觉、听觉、嗅觉、味觉、触觉及意识六种明确的认识功能。其中,眼根、耳根、鼻根、舌根、身根五种感官,都是肉体物质现象,只能传递信息,不能了别信息;只有第六种感官意根,是精神现象,不但能接触法尘,而且能了别法尘信息,但极其微弱,所以需分别能力强大的意识出现。

"六入缘触"中的"触",指六根接触六尘产生六识之时,令根、尘、识三类法随顺和合共住,而引发一系列心理功能的一种精神现象,属于五遍行心所法之一。触虽能

---

① 佛教教义认为,本识非物质非精神,故非时空性,本不可说其入胎或出胎。唯其与处胎名色有着密不可分的联系,所以才勉强称之为入胎或出胎,并非本识真有来去。

令根、尘、识三法密切联系，为一系列具体心理功能的产生提供条件，而其本身则以六根与六尘相入相处为前提，所以称六入为触的前提条件。

"触缘受"中的"受"，是主体在接触外界信息时所产生的感受，可分为苦受、乐受和不苦不乐受等三种类型，也属于五遍行心所法之一。任何认识过程，都伴有感受的发生。具体的感受性质，虽与主体的世界观及以前的言行造作密切相关，但其引发的直接心理依据则是"触"，所以触为受的前提条件。

"受缘爱"中的"爱"，指因感受而产生对认识对象的种种欲求，有渴望、厌恶及中间状态等三种倾向。因爱依受而起，所以受为爱的前提条件。爱又分为欲爱、色爱和无色爱三种类型。

"爱缘取"中的"取"，有欲取、见取、戒禁取及我语取四种，指依无明而产生的一系列不正确的见解和认识。这些错误知见，有确认贪爱、鼓励贪爱、增长贪爱及发动业行以实现贪爱的心理功能。因此，爱为取的前提条件。

"取缘有"中的"有"，指为追逐贪爱造作种种言行，从而熏习本识形成后世出生新五蕴的潜在力量。又可分为欲有、色有和无色有等三类。"有"虽由造作言行熏习本识而形成，但"取"却是造作言行熏习本识的直接心理动力，所以取为有的前提条件。既有"三有"种子，则必有后世新五蕴的出生，有出生则必有衰老和死亡，这就是所谓的"有缘生""生缘老死"两支。

从缘起"流转门"来看，无明与爱，是十二支中最重要的两个环节。因有无明，才有对五蕴的自我确认和自我执取；因自我确认和自我执取，才有对感受的味著和贪爱；因味著和贪爱，才有种种造作言行熏习本识形成后有种子，从而不断轮回生死受苦。因此，要想从根本上解脱人生痛苦，就必须破除自我确认的错误认知及贪爱执取的严重习气，也就是缘起"还灭门"，而破除无明知见又是最关键的。

二、佛教核心观点及其时代意蕴

（一）佛教宇宙观

佛教以追求人生究竟解脱为目标，所以佛教哲学的重心是人生论，但佛教亦有宇宙论。佛教宇宙论是对宇宙时空的总认识，涉及世界的生成坏灭，及众生和诸佛所居国土的性状与相互关系等多方面内容。

佛教中的"世界"一词，表达了和宇宙同样的涵义。《楞严经》说："世为迁流，界为方位。汝今当知东、南、西、北、东南、西南、东北、西北、上、下为界，过去、未来、现在为世"①。"世"是不断迁流的时间，"界"是多种方位的空间。世间通常分为"有情世间"和"器世间"两种。有情世间，名为正报，是由业因所感得的正果，指有情识的众生的肉体和精神而言。器世间又名依报，指有情众生所处的山河大地等自然环境。佛教认为，有情世间有六道(又称六凡)：人道、天道、阿修罗道、畜生道、饿鬼道、地狱道，这六道众生分别生存于欲、色、无色三种世界之中。众生依据业力在三界六道中轮回，三界外

---

① 出自《楞严经》卷四.

是"四圣法界",即声闻法界、缘觉法界、菩萨法界和佛法界,六凡四圣合称为十法界。

据《起世经》,三界以须弥山为中心,此山高八万四千由旬,山顶为忉利天,山腰为四天王天,日月绕此山半腰。周围有七香海、七金山,金山外有咸海,咸海中有四大部洲、八中洲及众多小洲。四大部洲也称四天下,相当于我们说的星球。四天下即东胜神洲、南赡部洲、西牛货洲、北俱卢洲,南赡部洲即南阎浮提洲,就是我们所在的地球。这样一个日月所覆之地称为一个"小世界",一千个小世界组成一"中千世界",一千个中千世界组成一"大千世界",又因为一大千世界有小、中、大三种"千世界",故称三千大千世界。此为一佛教化的范围,或称"一佛土"、"一佛刹"。整个宇宙或世界,就是由无量无数个三千大千世界所构成。所以,佛经中常说"十方微尘世界"、"十方恒沙世界"。

整个世界,在空间上虚空无尽,世界无尽;从时间上说,溯之无始,追之无终。但是三千大千世界受到众生业力的支配,也有成(世界生成)、住(世界安住)、坏(世界坏灭)、空(世界坏灭唯有虚空,预示无中生有)四个时期,并循环周转,延续无穷。

与其他学说相比,佛教宇宙观特色鲜明:第一,理性主义精神。佛教以缘起、因缘的法则来建构宇宙观,认为无有上帝、神或造物主创世,具有强烈的理性主义精神。缘起的基本内容是"此有故彼有,此生故彼生。此无故彼无,此灭则彼灭",意为依一定条件才能生起,亦依条件的变灭而变灭。宇宙间纷纭万象,是各种条件、关系由相互联系和因果关系交织组合而成的因缘之网,其中无一现象能孤立独存。第二,宇宙观的开阔性。在三千大千世界的宇宙观中,佛教向人们展示了一幅波澜壮阔、多层次、多结构的宇宙图式:十方无量世界、无量国土,诸佛菩萨罗汉、梵魔鬼神、天堂地狱,六道众生,人的身心结构、生死由来及轮回情状等。其对宇宙全景、生命现象论述的广度、深度、明晰度,可谓独树一帜。"三千大千世界"的宇宙结构图,与现代天文学观察到的星系、超星系、总星系的结构较为相近。第三,人与自然、人与众生的一体关系。在一般人眼里,飞禽走兽、矿产树木与人类三者有本质的区别,然在终极层面,动物、植物、矿物等却是一体无二。佛教依正不二的理念认为,外部自然环境和人文环境(依报)与大众身心(正报)是同构对应的,所谓"依报随着正报转"。因此,大众应注重心灵的环保,"心净则土净,心秽则土秽。"在对待自然万物方面,应以大平等心、大慈悲心,与一切生物发展一种友善共存的和谐关系。佛教这种"众生平等"、"同体大悲,无缘大慈"的基本精神,与儒家"天人合一"、道家"天地与我同根,万物与我同体"观念殊途同归。这种多层次、多结构的和谐观显然具有积极意义。

(二)佛教人生观

三世因果、业报轮回是佛教的基本理论。按照缘起法则,万法流转,生灭无常,有情众生有生老病死,器世间有生住异灭。支配宇宙万象生灭变异的基本原则,就是万有因果律。佛教以因果法则建立了三世的人生观,还联系业报轮回,建立了善恶因果通于三世的伦理思想。

佛教因缘与业报的基本思想,谓业因必然生起相应的果报,这被视为法界本有的客观规律,称"因果律"。佛教因果律大略包括四条法则[①]:第一,善恶业因必生同类果报。

---

① 陈兵. 生与死. 呼和浩特:内蒙古人民出版社,1994.

指善业必得善报，恶业必得恶报，无记业不受报，"因果报应，丝毫不爽"。第二，自作自受，不由于他。指业因所生果报，必由造业者自己或自己的延续来承受，不能由他人替代。每个人现在承受的业报，必是自己以前乃至前生宿世的业力所感。第三，果依众缘，报通三世。业因虽必生果，但果报的成熟，须具备条件，若条件不备，时机未熟，尚不受报。报应未必报在今生现世，也可能报在来生，乃至极为遥远的后世。第四，业由心造，因果可由心回转。业力虽大，但不及心力之大。自心有自主性，而且业性本空，故可由心造作善因，无漏因而得善、无漏果报。已造恶业之报亦可由修道修善，或别造强因遮止暂不受，或由观心、发愿、念佛、持咒、忏悔等消灭不受。

受此因果律的支配，三界众生由于无明造作善业、恶业，命终受业力的牵引，感报有苦乐、升沉之区别，如此在六趣之中如轮流转，辗转不息，无始劫来互为父母、兄弟、妻子、儿女。佛教的因果轮回说有一定的积极意义。《三世因果经》曰："要知前世因，今生受者是；要知后世果，今生作者是。"就是说，世界的美丑、人生的苦乐，皆由人的业力招致。前者是由于众生的共业，后者是由于个人的别业。所谓业力，也就是过去行为的结果。如果现在的境遇较好，不必骄傲，因为有过去的善因。如果现在不继续种善因，未来必然困苦。如果现在境遇困苦，也不要怨天尤人，若能努力向善，未来的境遇必将改善。如何净化人的意识，创造未来的生命环境，是人生努力的目标。从善恶因果、业报轮回的立场来看，人生的意义应是过好物质的、伦理的、精神的生活，敦伦尽份，为他人、为社会服务奉献，如实认识自心，净化自心，完善人格，获得现前、后世、究竟的安乐。可以看出，佛教的人生观积极、乐观，它指引人们鉴因知果，避恶趋善，净化生命，最大程度地实现人生价值。

（三）修行实践观

戒学。戒，是佛教制定的一种关于道德、生活方式及教团生活纪律的行为规范，旨在防非止恶、促发善行。佛教戒律种类较多，小乘戒有五戒、八戒、十戒、具足戒四级，大乘戒律有菩萨戒。

定学。指坐禅修定，令心专注一境而不散乱。为对治心意散乱以求达到安宁清明的精神状态，佛教有多种修定方法。小乘佛教有四禅定、四无色定、九想、八背舍等，大乘则有九种大禅、百八三昧、百二十三昧等。

慧学。"慧"，指能破除迷惑，通达宇宙、人生实相的智慧。慧学，指佛教的智慧之学，包括闻、思、修三慧，听闻经典的教法而生闻慧，思惟所闻所见道理而生思慧，修习禅定而生修慧。

佛教修持次第俨然，《楞严经》云："因戒生定，因定生慧"，意谓闻思慧为指导，在持戒的基础上修禅定，在禅定中修观而获得"修慧"。唯此修慧，才堪断烦恼而入涅槃。戒定慧又彼此互摄、圆融无碍，佛教一切法门皆由三学而展开。如律宗，以持戒为中心而含摄定慧；天台宗的止观修法，实是以持戒为基的定慧修持；禅宗之禅，更是定慧一体，顿入顿证。净土宗持名念佛，求愿往生西方极乐世界。一句弥陀佛号，"赅罗八教，圆摄五宗"，实为戒定慧三学的真实受持。

佛教修持之道极具人生启迪作用。就个体而言，如撇开究竟意义上的解脱内涵，戒定慧实是应机施设、应病与药，具有调整净化心灵世界的良好效用，也是每个人圆满实现自身价值的必由之路。戒学是对治恶业的良药，可以持戒来约束心。佛教戒律虽多，皆以五戒十善为核心内容，以"诸恶莫作，众善奉行"为实质。从心理健康的角度讲，持戒是以合理的规范来约束我们的行为、语言，不仅能锻炼心的自主能力，使心不被有害于自他的烦恼所牵，从而避免恶言恶行，亦能起到督促受持者力行诸善，敦笃伦常、利乐大众的积极作用。有戒的人行端表正，则必心安理得，俯仰无愧，清凉自在。当遵守戒律、实施道德不再是一种外在的强加于人的约束，而成为每个人自觉自愿的需求时，也就意味着个体给予了社会一种最积极的回报。

定学是对治散乱的良药，可以禅定来锻炼心。禅定之"心安一境"，是心高度专注而不散乱的状态。在日常生活中，种种心躁易怒、欲望难羁、用心不专、见异思迁、精神分散等不良心理和精神状态的产生与存在，实际上都是心神散乱、缺乏定力的表现。所以即使仅从现实生活的功利角度考虑，佛教的禅定功夫也是颇有值得学习和借鉴之处的。佛教禅定是一种内证体验，虽不乏神秘意味，说到底其实是一种高级心理学。通过习禅、念佛、止观等禅定修习，不仅可以提高个体专注一境的能力，亦是从情操、智能、意志、情绪、自制力、忍耐力等多方面来锻炼和治疗心灵。长时的修习，身心也会随之产生诸多良性变化，如降伏烦恼、治病健身、益智延年、开发潜能、享受禅悦等等。客观地说，定心不仅是成就一切世间、出世间事业之必须，也可消减个人烦恼，增添人生快乐，进而减少社会冲突，改善社会秩序。

慧学是对治愚痴的良药，可以智慧来观心、明心。佛教慧学既是持戒习禅的理性基础，又是守戒习禅的理性结果，是对宇宙真谛、社会事理、人生本相的参透和悟彻。现实人生的诸多烦恼和痛苦，根源于我们不健全的心理结构、错误的价值判断和行为习惯。以戒定修持为基础的智慧观照，就是以正见观照自心，深入观析、体察心念生灭无常、烦恼痛苦空无自性，从而息灭烦恼妄念、截断意识之流。在日常生活中，如能常常观照，历事炼心，不仅能提高我们接人待物的智慧，更会使我们产生把握自心的超常力量，常常保持安乐明觉的心境。如此心理的良性循环，不仅能使人的心理素质全面、高度优化，还会使整个心理结构产生一种良性质变，实现从多烦恼、不自主、低层次的凡夫型向智慧、安详、慈悲的圣人型的渐次提升。[①]这种心灵自我净化与进化的过程，实际上类似于西方人本主义心理学家马斯洛所说"自我实现"的过程。

通过戒定慧的修持，个体的自由快乐、福德智慧慢慢得以成就。而由每一个个体生命组织起来的家庭、社会乃至国家，也会随之变得越来越安定、清净和祥和。

第三节 禅宗的形成及其对中国文化的影响

在佛教诸宗中，禅宗是最具中国本土特色的宗派，从思想、制度、生活各方面，都

[①] 陈兵. 佛法在世间. 北京：中国时代经济出版社，2008.

实现了彻底的中国化。它使中国佛教发展到了顶峰,对中国哲学、文学艺术、民风民俗,乃至民众的人生态度和生活情趣,都产生了深远的影响。

一、禅宗的形成与核心观点

(一)禅宗的形成发展

相传释迦牟尼在灵山会上拈花示众,当时大众皆默默不得要领,唯弟子摩诃迦叶微笑。世尊说:"吾有正法眼藏,涅槃妙心,实相无相,微妙法门,不立文字,教外别传,付嘱摩诃迦叶。"[1]此即禅宗所传的"拈花微笑"公案,亦即释迦与迦叶之间的心法授受。

梁中叶时,印度禅宗二十八代传人菩提达摩泛舟西来,入嵩山少林寺,面壁九年修习禅定,倡"二入"、"四行"之禅修,以《楞伽经》授徒,后世以达摩为中国禅宗初祖。从达摩到二祖慧可、三祖僧璨,社会影响不大。至四祖道信、五祖弘忍师徒,聚徒传授禅法,渐成全国禅法中心。弘忍门下神秀、慧能二人分立北宗渐门与南宗顿门,时称"南能北秀"。北宗在理论上缺少实质性发展,主张"拂尘看净"的渐修,数传后即为南宗取代。六祖慧能南宗禅法,力倡"顿见真如本性"、"见性成佛",甚能适应中国人尚直觉、重简易实用的文化心理,又与老庄之道相近而更见超脱空灵,从而很快风靡于中唐社会,形成"妇人孺子抵掌嬉笑,争谈禅悦"[2]的局面。慧能门下又有南岳怀让、青原行思二支,为唐末以降禅宗的主流。南岳门下出沩仰宗、临济宗;青原门下分曹洞宗、云门宗、法眼宗,是为五家。以后的禅学发展,大抵不出这五家的范围。临济门下又分黄龙派、杨岐派,合称七宗。于是,五家七宗各立门户,各有家风。宋朝以后,唯临济、曹洞二宗盛行于世。

(二)禅宗的思想特质

顿悟的心法。传统佛教藉学经看教而断惑证真的修证,强调"断一分烦恼,证一分法身"的渐修,而禅宗之悟则是当下一念顿悟自性本来是佛。《坛经》云:"迷来经累劫,悟则刹那间";"前念迷即凡,后念悟即佛"。慧能还提到自己亲身的体验:"我于忍和尚处,一闻言下大悟,顿见真如本性。"[3]可见,此种顿悟是在刹那间完成的,所谓"灵光独耀,迥脱根尘"。禅宗也强调,顿悟亦须"自证自悟",即佛经祖语只是起着引导的作用,觉悟是个人修习、体证的过程,没有统一的模式,语言难表其意,所谓"如人饮水,冷暖自知"。顿悟的方法,慧能提出"无念为宗"、"无相无体"、"无住为本"的思想。无念,就是"于诸境心不染",此非百物不思,亦非心中一片死寂,而是"心不染境",念念之中遣除一切杂念妄想。无相,并非指无诸法事相,因诸法性空本无实体,故对诸法不应起执著相。无住,即不执著于法而念念不住,从系缚中解脱出来而随缘应物、任游无碍。无念、无相、无住都是围绕禅宗的根本宗旨"明心见性"而展开的,它们既是顿悟的方法,也是实现顿悟的要求,目的都是为了开发自性的无尽宝藏。

---

[1] 出自(宋)释普济:《五灯会元》卷第一.
[2] 出自(北宋)苏轼:《楞伽经序》.
[3] 出自(唐)慧能:《坛经·般若品》.

生活化的禅。中国禅宗的解脱方式也别有特色,不主张单一的静坐参禅,而强调修禅要与生活打成一片。慧能说:"佛法在世间,不离世间觉;离世觅菩提,犹如觅兔角。"①禅宗的这种解脱方式清新活泼,完全是一种生活化的修行方式。慧能倡导人们在现实中感悟佛法,禅无处不在、无时不在、无事不在,穿衣、吃饭、担水、砍柴,皆为修禅。慧能之后的禅师们继承了这一思路,有"一宿觉"之称的永嘉玄觉禅师,在其著名的《永嘉证道歌》中曰:"行亦禅,坐亦禅,语默动静体安然。"南岳怀让禅师"磨砖作镜"的故事,也形象说明了南禅"禅非坐卧"、"离相即禅"的禅修主张。禅宗提介的自由任运的生活方式,促使了禅宗生活的平民化、世俗化。禅宗之所以在中唐之后能迅速传播、广泛发展,正在于它契合了平民百姓的心理和生活的需求,源于生活而又活泼地用于当下生活。

禅法的传授之道。禅宗之禅本无定法,初期禅门师徒之间的传授是以心印心,即指导弟子按佛言祖语指示的法则调心,顿契真如,当下见到佛言祖语所指归的心性,而弟子往往因师父点拨的"一言半语"而悟道。据称,禅宗六祖慧能出家前于集市中偶听人诵《金刚经》,至"应无所住而生其心"一句时,豁然大悟。后投五祖弘忍门下,得授心法。"教外别传、以心传心、不立文字",成了慧能南禅教法的特色。宋代以后,因为人根渐劣,以心印心的教授方法难以启用,禅师们教授弟子直指见性的方法遂不断发展衍化,主要有重止和重观两种不同倾向。重止一路,重在坐禅中细致调心而入无分别止,此以宋初曹洞宗下宏智正觉所倡的"默照禅"为典型。重观一路,强调向内"参究"而悟,禅宗人修禅因此被称为"参禅"。参究,也叫"观心",即向内反究、觅求心性,虽然未必用逻辑思辨推析,却是在意识深层进行思察内究,以期彻见"父母未生前本来面目"。参究方法发展到后来,进一步程式化为看公案话头,公案指禅师用来教人参禅的故事,而公案概括于最关键的一句话,称为"话头"。参话头的方法,以一句无义味语杜人解门。待参究力极、念寂情亡时,便能彻见父母未生前之本来面目,即众生本具之真心,亦即万法缘起之空性。参禅一法直指人心,见性成佛,所谓实际理地,不受一尘。总的来说,禅法虽异,原则皆为慧能所说的"随方解缚",即针对学人分别妄心,用适宜的方法为其剥落知见,令其反照内心,放舍名言思虑,体认本心。

棒喝的施教方式。禅宗的施教方式不拘一格、生动活泼、深沉奇妙。禅师往往以异乎寻常的方式接引学人,"或机锋转语,或扬拳竖拂,或语或默"②,甚或呵佛骂祖,如此等等。用现代语言哲学的术语讲,其实均属于广义的"言语"。由于禅宗语言具有即俗说真、扫除俗相的特殊性,在形式上与真俗并阐的其他宗派往往显得不一致甚或相矛盾,造成种种对禅宗的误解。其实,佛教诸宗虽特色各异,但诸宗同源、皆归心海,门庭施设不同而已。再者,所谓机锋公案、棒喝直指、扬眉瞬目、拳打脚踢、斩蛇杀猫等,看似粗鲁之举,实则用心良苦。其目的在于截断学人思路之执著,体悟诸法实相,正所谓"道贵无心,禅绝明理"。禅宗正是藉于这些看似奇特神秘的教学方法,依据开悟的心

---

① 出自(唐)法海编集:《六祖大师法宝坛经》.
② 释印光. 印光法师文钞.(上). 北京:宗教文化出版社,2000.

理学原理，随机施教，随方解缚，达到师徒交流启发禅悟的目的。所以，禅宗各派的差异，也不在教理本身，而在于调心见性的方法不同，教学风格上的差异。

二、禅宗对中国传统文化格局的多重影响

从文化的角度看，禅宗不仅是宗教，也是一种生活的态度和智慧；不仅是一种信仰，也是一种独特的思维方式和生活方式。在历史的发展过程中，禅宗的影响已远远超出了宗教范畴，渗透到哲学、文学、艺术等众多领域以及现实生活的各个层面。

（一）禅宗对中国哲学的影响

唐代禅宗的兴盛，在三教融合的思潮中起到了推波助澜作用，在中国哲学思想上也有着重要影响，特别是影响了宋明新儒学、宋元新道教的形成。

1. 禅宗对理学和心学的影响

儒学在魏晋、隋唐经历了一段相对沉寂期，唐代佛道两教的蓬勃发展，对其起了刺激、推动作用，最终在宋代呈现出新气象。宋明儒家学者大都出入于儒佛之间，吸取佛教思想，最终又归本于孔孟之学。他们援佛入儒，大量吸取佛教心性论和道教宇宙论，将孔孟的心性修养工夫，提升到宇宙论、本体论的层次，建立了新儒学体系。宋明新儒学对禅宗思想的吸收，主要体现在心性论和修养方式两个方面。

心性论思想的吸收。禅宗以"心即真如"为本体论，"顿悟成佛"为方法论。理学和心学所述的"性"与"本心"在哲学内涵上，表现出与禅宗的"佛性"、"真如"的一致性：佛性、真心是宇宙本源，是世出世间物质和精神一切现象的本质，也是众生本来具有的成佛的依据和主体。"性"和"本心"也是精神的本原和本体，是先天的、不变的、本然的、没有受到物欲蒙蔽的东西。禅宗说"真心"广大无边，返本还源，清净本心。而宋明儒学家也说性、本心不可言说、超越语言概念，也不可以用思维意识想象，只能通过个体反观内省的方式去体验这个本然状态[①]。在性善论的发挥上，宋明新儒学亦受到佛教佛性论的影响。佛教佛性论认为，"一切众生，皆有佛性"，只是因为妄想分别不能证得。朱熹认为人性本善，后天禀气有不善，但他以二元论的立场严格区分性善和情恶，没能彻底解决道心和人心在哲学上的统一问题。到了王阳明，主张善恶一元论，反对将气质之性与天地之性分割为二。理学、心学的说法虽有不同，但都坚持性本至善，都提倡保持天性之善而弃除后天人欲之恶。宋明儒学家都认为"人人皆可成尧舜"。王阳明高唱"满街都是圣人"。而内在依据就是人的天赋良知。王阳明所说的"良知"实际上成为"佛性"、"如来藏"的代名词。佛教说真如佛性可以在一念之中证悟，他也认为良知可以在刹那间得到体认。

教育方式上的吸收。宋明儒学在讲学的风格和人格教育方面也受到了禅宗丛林制度的影响。唐代时，马祖创丛林、百丈立清规，建立了中国禅宗的丛林制度。禅宗丛林寺院以集体劳动、集体修行的方式，使僧团过着有纪律的集体生活，真正目的就是"教育"，不仅启发僧众高深的智慧，还培养其高尚的品德。宋明时期的书院，都仿照禅宗寺院的

---

① 陈兵. 佛教禅学与东方文明. 上海：上海人民出版社，1992.

教学模式设立。宋明大儒在教学的过程中，采取的静坐、讲学、实践等方法，也效仿了禅宗丛林教育制度。他们大多参究禅宗，借鉴禅宗的静坐方法。王阳明受禅学的熏习最深，他从禅学的主体性学说中找到了精神力量。在龙场的一次静坐中，大悟格物致知之旨，体会到所谓的圣人之道本性自足，不须外求。这就是中国哲学史上著名的"龙场大悟"。禅宗修行的宗旨是"明心见性"，亲见自己的本来面目。宋明诸儒不但同样以静坐来调心，更在静中求"明心"。王阳明强调学者必须先有明心的功夫，而明心的方法就是"格物"。就是教人在日常接人待物之中，做去恶从善的事情。这种格物，虽然在实质上是一种道德上的反省，与禅宗之禅旨在超出世间而得解脱自在的性质不同，但他主张的时时在念头上做工夫，吸取了禅宗的思想。

2. 禅宗对宋元新道教的影响

禅宗对内丹南宗的影响。南宗祖师张伯端研究道教丹经数十年，后来又参究禅宗，经历了由内丹归禅的思想历程。他非常推崇禅宗，在其著作《悟真篇》中直截了当地把禅说成是"无上至真妙觉之道"，而把道教内丹修命养生之术作为渐次引导钝根世人的手段。从他的《禅宗诗偈》所表述的见地来看，确实与禅宗基本一致。所以《佛祖统纪》里也说"张平叔（伯端）明佛性"。南宗后学，也都依照祖师的路子，先修命后修性，从传统的内丹入手，到了炼神还虚的阶段，还需要参究禅宗，以透彻禅关为究竟。

禅宗对内丹北宗的影响。金初王重阳创建立的全真道，无论在教义、修行实践、教团建制方面都大量地吸取了禅宗思想。其一，在教义上，道教虽有承负说的因果观，但并没有六道轮回的理论。王重阳吸取了佛教的因果和六道轮回理论，将人间比喻为苦海和火宅，劝人们看破世间的虚幻，出家修道。其二，在修行目的上，道教传统内丹修炼以长生成仙为目的，受佛教涅槃说的影响，王重阳否定了道教传统的肉体成仙的说法，转而注重精神的解脱。他认为"真性"、"本性"就是金丹，"本来真性"才是超出生死之本，只有了达真性才能无去无来。其三，在修行实践上，全真道虽然也从事性命双修，但它以禅宗的口号"明心见性"为首务，以澄心遣欲为真功，主张先修性后修命，以性兼命。参照禅宗的"无心"、"无念"、"无住"，提倡"内外清净"，内心不起杂念、不受外尘的污染。并模仿禅宗的参禅方法，顿悟而见性。其四，在教制教规上，全真道也多效仿禅宗。王重阳立教之初，令出家住庵修行，居住条件俭朴，并仿效佛教倡修苦行，其七大弟子皆以头陀式苦行著称。其制度和规戒，大多仿效佛教，制度之完善和实行之严格，在道教诸派中首屈一指。

（二）禅宗对中国古代文学、艺术的影响

禅宗思想中的"自性论"、"顿悟说"以及语言观，开拓了文学家的视野，升华了思想境界，并直接影响其思维方式和创作方法。唐宋时期，很多文学大家醉心于佛学，演绎佛化人生，他们的诗词均散发着空灵高远、隽永无穷的禅味。例如，被称为"一代诗佛"的王维"以禅语入诗，以禅趣入诗，以禅法入诗"，其作品"诗中有画，画中有诗"，颇具禅味。宋大学士苏东坡对禅宗情有独钟，禅宗对他影响深远，历久而弥坚。他的诗词智慧豪迈，处处凸显禅机、禅境，有些作品甚至被许多禅师视为悟后境界的作品，如"横看成岭侧成峰，远近高低各不同；不认庐山真面目，只缘身在此山中。"在这些读来使人兴味无穷的作品中，诗词创作的灵感显然来自于禅宗所说的"自性"与"顿悟"，其追求的只可意会而不可言传的最高审美境界，与禅宗所追求的直观直觉、纯然任运的最高解脱境界自有共通之处。正因如此，中国古代一直有"学诗浑如学参禅"①的说法。

中国的艺术也承禅宗思想的恩泽。禅的目标是明见自心佛性、究诸法实相之理，并将其融入日常生活和人格理想境界的建构之中。这不仅促成了书法家、画家形而上的哲思，更使他们的作品透脱着深深的禅味。中国的书法、绘画等艺术创作，具有幽深的韵味、宏大的气势和很强的感染力。就书法艺术而言，禅宗思想影响着士大夫文人的审美情趣，他们在书法上纷纷追求"禅的境界"，并视为最高的审美境界。讲究运禅于中，下笔恰到好处，怡然自适，物我两忘，心手合一，表现出一种生动的、不拘形式的风格。中国画的名家们也无不具禅家精神，其作品无不凸显着幽远的禅境。唐宋山水画的蓬勃兴盛，就与禅的思维密不可分。在山水画中，画家总是追求禅宗所强调的那种与山水浑然一体，赏之有味、百看不厌的意境，他们透过笔墨来表达哲思，禅的高远和洒脱在画中亦被表现得淋漓尽致，显示出一种"禅悟"的意境。在此，山水之物象已不再是山水，而成为秉承佛性"有意味"的美感。这种超越生命、升华生命的品质显然受禅理的启发。可以说，在中国绘画艺术中，画即是禅，禅即在画中。因而欣赏画，便有了参禅的意韵。没有禅的工夫，纵对名画，也无法了解，难以欣赏。所以，从中国绘画史来看，似有禅宗兴而绘道昌、禅宗衰落则画坛凋零的现象。

三、禅宗思想的当代价值

禅宗为中国文化带来了生机和活力，在当代，它依然有着十分重要的现实意义。

文化的反思。二十世纪以来，带着东方恬静达观精神的禅宗走向了西方世界。两次世界大战的浩劫，促使一批东西方文化精英对西方科技文明逐物不返、征服自然的弊端进行反思，在"西方文明已趋没落"的失望中，对注重精神生活、主张天人合一的东方文化深加赞赏。60年代后，这种文化反思在西方更加深入，在对崇拜科技而忽略情感意志生命的抗议声中，佛教尤禅宗更加受到西方人的关注。80年代后，随着对过度物质化、工业化的反省进一步深入到生态环境保护、终极关怀等层次，颇具人文主义精神的禅宗思想，尤受推崇。在英国伦敦大不列颠国家图书馆的广场上，矗立着世界十大思想家的塑像，其中就有代表东方思想的先哲孔子、老子和慧能，被称为"东方三圣人"。在全球性的认同宗教、回归宗教的潮流中，台湾、香港与中国大陆，先后汇入这股全球性的思潮，形成海峡两岸佛教复兴的大势。在未来多元文化竞争与中国文化复兴与重建的过程中，最能代表佛教特质的禅宗必将担当历史重任，引导人类文明走向，实现人与自然、人与社会、人与自身的高度和谐。

信仰回归。科技、经济的飞速发展，使人类的生活方式和思维方式发生了巨大的变革，社会急剧转型期的当代中国，信仰危机、价值失范、精神空虚、心理失衡已成为普遍存在的社会问题。经济的增长、物质的享受并不能最终安顿人的心灵，精神家园的荒

---

① 出自（北宋）吴可：《学诗诗》.

芜、人生航向的迷失，成为现代人充实忙碌背后的痛苦所在。在信仰回归、道德重建的渴望和呼声中，禅宗提供的是超越宗教的高度文明自觉、智慧的文化资源。近几十年来的"禅学热"，也说明国人对禅的需求不断增长。禅宗的根本宗旨在于明佛性了生死，虽为宗教追求，却昭示极深沉的终极关怀，呼唤着人类的本性自觉、精神回归。人们需要禅的智慧，确立安身立命之本，激活心灵深处的道德自律，张扬人的自主性和尊严性，增强人的生命价值感和神圣感。禅宗的立意高深悠远，指向人生的审美境界。人们需要禅的意境，以其卓越的智慧、无限的想象与美丽，超越现实而不离现实，使生命的变革富有旨趣而渐趋圆满。

心灵世界重建。长期畸重物质文明，荒废精神家园，失去足以安身立命的信仰，人的心灵自然退化、脆弱化、庸俗化。当今社会，在生活节奏越来越快、生存竞争越来越激烈的外在压力下，心理疾病、精神病态屡见不鲜。禅宗思想是研究心灵的智慧学说，对于现代人格的重塑、心灵世界的重建具有十分重要的价值。禅宗的智慧，可以促进对事物本性和自心的了知，帮助人找到久已失去的精神家园，理性地对待尘世的喧嚣和功利。还可以开发自性潜能，创造安乐祥和、洒脱自在、富有价值的人生。同时，禅的具体修习也为现代人提供了一种抚慰心灵、平复情绪的方法。通过禅修，人们可以消解尘俗的热心烦渴，品味禅的清凉甘露，还能从多方面锻炼心灵，摆脱痛苦、愤怒、沮丧、忌妒等负面情绪，改变易怒、暴躁、自卑等不好的品性，保持一个良好的心态来面对生活。并享受久已失去的宁静安详，掌握多种认识自心、调控自心、净化自心的技巧。在西方国家，不少哲学家和社会学家乐于用禅来引导人们顺归人性和自然，还有一些心理学家和精神病理学家，更把禅与西方心理治疗方法结合起来，将其作为调节心理和治疗精神疾病的有效方法。

禅化生活艺术。禅宗打破出世与入世之间的隔阂，为大众提供了简易圆顿、既世俗生活又超越世俗生活的方便法门。禅与生活的融合，赋予了生活别样的内涵。禅不离生活，是生活中的修习。高远的人生终极追求并不意味着抛弃世俗的伦理生活，相反，举凡生活中的行住坐卧，皆变成了修行与证悟，世间生活的当下就是转凡为圣的契机。禅是以如实知见的智慧为先导的，所谓"无智不禅"。所以，生活也离不开禅。有了无上智慧的生活，它的意义便截然不同。黄檗希运禅师说："但终日吃饭，未曾咬着一粒米。终日行，未曾踏着一片地。与么时，无人无我等相。终日不离一切事，不被诸境惑，方名自在人。"①可见，无念、无相、无住为前提的行住坐卧、穿衣吃饭，虽为平常人同样所做的事，却"过水而脚不湿"，历事而不沾滞，不为事所累。这样的生活，是有禅味的生活。这样行事的人，是真正自在的人。现实生活中，禅化的生活是佛法"化生活"和"生活化"的结合，在生活中品尝禅味，在禅悦中落实生活，使生命得以轻装前行，人生更加圆满自在。

---

① 出自（南宋）禅僧赜藏：《古尊宿语录》卷三.

第八章 中国传统法文化的发展演变及基本精神

法文化，是指一个民族在长期的共同生活过程中所认同的、相对稳定的、与法和法律现象有关的制度、意识和传统学说的总体，包括法律意识、法律制度、法律实践，是法的制度、法的实施、法律教育和法学研究等活动中所积累起来的经验、智慧和知识，是人们从事各种法律活动的行为模式、传统、习惯。中国传统法文化是中华民族宝贵的精神财富，许多方面表现了中华民族的先进性，是古代物质文明和精神文明高度发达的产物。蕴涵于其中的合理因素，譬如，重惜民命的民本主义法律观念；注重教化、综合为治的一贯传统；法、理、情相统一缔造和谐的法律环境；引礼入法，法律与道德相互支撑等等，都是可以跨越时空，具有强大的生命力的，可以为现代法治提供历史借鉴[①]。中国法文化可分为三个阶段：缘起、发展沿革及近代转型。

第一节 中国传统法文化的源起及早期发展

一、中国法文化的缘起

在有文字的历史以前，人类社会已存在和发展了漫长时期，当时人们通常以口耳相传的方法来传承历史。传说时代的材料，在长期流传过程中，因为传说者主观动机、是非审美标准、表达方式不同，对材料取舍存在差异，难免有误解纠纷和以讹传讹的情况，故人们最初口耳相传的信息传播方式原始，信息量小，准确性低；在文字发明后，后人在追记前人的历史时将口耳相传的材料转化为文字材料时，由于种种原因，特别是史家遵循详近略远的原则，使本来数量就较少的材料又丧失了一些，反映中国法文化起源的材料也是如此。

大约五千年前，中国的黄河流域开始进入父系氏族社会时期，相当于中国古史传说中的炎黄时期，是中国法律起源的时期。炎黄时期是中华民族形成的初期，是中国历史上英雄时代的开始，黄帝是中华民族英雄时代的代表人物，被尊奉为中华民族的共同祖先。当时的黄河流域分布了众多的氏族部落，部落之间相互冲突乃至于诉诸战争，结果是不同的氏族部落相互融合。

蚩尤部落是传说中最早有"法"的部落。蚩尤整肃社会秩序，制定新的行为规则，施及所辖地区内的各类部族，将各种坏的行为总括为五种类型，以此制约民众。蚩尤的嫡系苗民积极加以实施，但未能奏效，蚩尤便命令他们用刑法加以惩治，这种惩罚手段同上述五种坏行为相对应，于是产生了五种无情的刑罚，称为"法"。原先只运用杀戮

[①] 张晋藩. 中国传统法文化论纲. 人民日报, 2005-7-12.

这种手段，后恐诛及无辜，才增加了割鼻、割耳、宫、刺面四种刑罚①。

随着蚩尤部落的发展，人口规模不断扩大，结构复杂，公共事务增多，逐渐形成了公共行为标准规范，这就是公德。超出了公德底线的行为就要受到惩罚，即为刑法。涿鹿之战，蚩尤被杀，然而他所创造的法文化仍得到传播并被发扬光大。黄帝融合更多的氏族部落，结成部落联盟，法律更成为不可或缺的工具。

黄帝之后，唐尧和虞舜相继担任黄河流域部落联盟首领，法得到进一步发展，人们对法的认识有了深化，刑法种类增多。舜时曾"流共工于幽州，放欢头于崇山，窜三苗于三危"（《尚书·尧典》）。流放成了一种普遍的惩罚方式。这是一种最残酷而令人难以忍受的惩罚，将违反行为规范的人赶出宗族，宣布为不受欢迎、不受保护的恶人，死后也不得葬于祖先墓地。它成为虽不见刀光血影，却足以让人既忧其生又惧其死的惩罚。舜又吸收了传统法文化成果并加以改造，任皋陶为大法官，加强法制建设。皋陶发明了象刑，用"画衣冠异章服"②办法代替肉刑和死刑，是以侮辱、惩罚犯罪者的一种象征性的刑法制度。

在中国法文化的起源史上，广泛流行着法源于礼，礼源于祭祀习俗的观点。礼在甲骨文中是个会意字，像用器皿盛放食物的形状。古人在举行祭祀活动向鬼神致意祈福时，有一定的顺序规矩，最初只是一种习惯，人们完全凭内心的虔诚自觉遵守。但后来社会分化，在祭祀等礼仪活动中就有了"别贵贱，序尊卑"功能。因此，在进入等级社会过程中，统治者就加以改造，赋予新的内容，将其作为维持统治的重要手段，变成了一种强制性的规范。不同场合有不同的规范，并固定为一种制度，这就是礼制，已具有了后来法的性质③。

二、商周时期的神灵崇拜与道德教化

商代占统治地位的政治理念，或者说基本的宗教观念是上帝——祖先崇拜。早在原始社会末期，人们便产生了对自然和祖先的崇拜，但那时还是对于许多自然现象，如山川、日月、巨石、怪树等多神崇拜。到了商代，当王权出现时，众神也有了高低之分，出现了高居于众神之上的主神，或者说至上神，呼之为天，多神崇拜渐渐变为一神崇拜，即对主神即天的崇拜。主神有着至高无上的权威，主宰宇宙万物和人间的一切，《礼记·表记》云："殷人尊神，率民以事神。"商王是天的儿子，呼为天子。天子受命于天，代表上天在人间行使权力，王权被蒙上了神秘色彩。人间一切事物都要向上天请命，占卜就是沟通天地的桥梁，巫卜、贞人是通天地的使者，掌握最高祭祀权，也就是神权。商代是"神本位"时代，实质上是王本位的专制时代。

在商代宗教观念下，由于神的崇高，神性至上，就没有人性。人殉和人祭制度特别发达，表现在法律特别严苛。统治者宣称，人间的刑法刑罚也是主神意志的体现，是"天之罚"。司法实践具有浓厚的"天罚"、"神判"色彩，甲骨文中有大量的关于贞人占卜

---

① 武树臣. 中国传统法文化. 北京：北京大学出版社，1994.
② 出自《史记·孝文本纪》.
③ 出自（清）王国维：《观堂集林》卷六《释礼》.

裁判和定罪量刑的记录。商代的刑法称为"汤刑",残酷而繁密,据说有"刑三百"[①]。战国时期荀况还提出了"刑名从商"主张。从甲骨文来看,商代的刑法已成体系,存在墨、劓、刖、宫、大辟五种惩罚方式,处死的方式多样而残酷。殷纣王就曾"醢九侯""脯鄂侯""剖比干",并发明"炮烙之刑"(《史记·殷本纪》)。刑具和监狱成为重要的镇压手段,如枷锁就是经常使用的刑具。

周建立之初,基本上继承商代的统治思想,视上帝为至高无上的主宰者,而呼之为天,周王被称为天子,承受天命来统治万民,国王即周天子成为天下土地和劳动者的最高所有者,所谓"普天之下,莫非王土;率土之滨,莫非王臣"(《诗·小雅·北山》)。但是周取代了商,变革了"天命",使人感到"天命靡常"。于是周统治者在不动摇"天命"的前提下,强调民的重要性,提出"顺乎天而应乎人"(《易·革·彖辞》)的思想。还说"天视自我民视,天听自我民听","天惟时求民主"(《尚书·多方》)。统治者认识到不能过于迷信天命,更重要的是民心所向,因而既要"敬天"更要"保民"。统治者则要"明德",认识事理,克制自己,不为了追求淫乐生活而过分地压迫民。随着民的地位上升,神的地位下降,在法律方面强调"慎刑""明德慎罚"(《尚书·康诰》),表现了对民的尊敬。"敬天"、"保民"、"明德"、"慎刑"相互联系,成为西周统治阶级政治思想的主要内容。

西周统治者认识到必须将消极的惩罚和积极的引导结合起来,统治才更有效。因此重视宗法血缘关系,宗法制发达。西周初年在杰出的政治家周公领导下,开展了大规模的制礼作乐活动,对社会各个方面进行规范,发挥了重要的调节作用,《礼记·曲礼上》云:"道德仁义,非礼不成;教训正俗,非礼不备;分争辩讼,非礼不决;君臣上下、父子兄弟,非礼不定;宦学事师,非礼不亲"等,因此周礼具有国家政治法律规范的性质,成为调节社会各个方面关系的重要法律规范,并起到预防犯罪的作用。礼刑结合,互为表里,西周的法律制度颇成体系,力求宽宥慎罚、公正对待、特征鲜明:①对老弱愚违法犯罪可以赦免。《礼记》规定:"八十、九十曰耄,七年曰悼。悼与耄虽有罪,不加刑焉。"②对疑罪则从轻处罚甚至赦免。《尚书·吕刑》载:"五刑之疑有赦,五罚之疑有赦,其审克之。"③对故意惯犯从重处罚、过失偶犯从轻处罚,区别对待。《尚书·康诰》载:"人有小罪,非眚,乃惟终,自作不典,式尔,有厥罪小,乃不可不杀。乃有大罪,非终,乃惟眚灾,适尔,既道极厥辜,时乃不可杀。"凡属故意犯罪或惯犯,轻罪也要严惩;而过失犯罪或偶犯,即使重罪,也可宽宥减刑,从轻处治。④要求司法人员依法公平办案,严禁司法人员徇私枉法。《尚书·吕刑》载:"哀敬折狱,明启刑书胥占,咸庶中正。其刑其罚,其审克之。"审理案件要慎重,应依据刑书斟酌权衡,决狱量刑务必允当。又规定:"非佞折狱,惟良折狱,罔非在中。"重视司法人员的素质,禁止任用奸佞决狱断案。⑤西周的法律维护父权和夫权,表现出男尊女卑的特征,特别是在家庭生活和婚姻生活中。《礼记·郊特性》规定了"男帅女,女从男"的夫主妻从关系,妇女必须有"三从"之德:"妇人,从人者也;幼从父兄,嫁从夫,夫死从子。"在婚姻生活中,婚姻关系的成立必须有"父母之命,媒妁之言"。

---

① 出自《吕氏春秋·孝行》.

未经父母做主同意、未经媒妁从中传达，男女双方不得成婚。否则，其婚姻关系不合法。⑥西周的法律还维护贵族特权，表现出同罪异罚特征。贵族犯法可以从轻处罚甚至免去处罚，《周礼·秋官·小司寇》载有"以八辟丽邦法，附刑罚"。即亲、故、贤、能、功、贵、勤、宾八种特权人物犯罪，不按法律规定定罪量刑，因为身份特殊，一般宽宥赦免。

总之，西周时期由于特定的历史条件和特定的政治思想，使族权、神权和政权相结合，给当时法文化打上了特殊的烙印。

三、春秋战国时期改革变法的盛行

春秋时期是"礼乐征伐自天子出"向"礼乐征伐自诸侯出"转化的时代，王室衰微，诸侯强大。战国时期，各国任用法家，纷纷改革变法，成为法文化繁荣时代。

春秋战国时期，社会开始大变革，不同阶级阶层的政治家、思想家从各自的立场出发，发表见解，形成许多学说流派，儒、道、墨、法等学派纷呈，相互交锋，百家争鸣，在政治思想上有了新的时代精神。

（一）制定成文法成为潮流

由于一向受人敬畏的天受到了人们的怀疑和诅咒，已丧失了从前的权威，人间一切休咎祸福均自天降的传统观念受到前所未有的挑战。郑子产说得更透彻："天道远，人道迩，非所及也。"①主张天道与人道分开，力求摆脱天的羁绊，否定过去的"天罚"、"神判"的神秘传统。各国纷纷制定成文法并向社会公布。最早是楚国"作仆区之法"②惩治逃亡者。后晋、宋、郑各国也纷纷制定成文法，其中以郑、晋两国最为著名。郑国"铸刑书于鼎，以为国之常法"（《左传·昭公六年》）。晋国"铸刑鼎，著范宣子所为刑书"（《左传·昭公二十九年》）。为使民众知法守法，法家人物多次开展普法宣传活动，如商鞅千金移杆就很有轰动效应。商鞅指出："为法，必使之明白易知"、"行法令，明白易知"。战国时期各国都制定和颁布成文法，如楚《宪令》、赵《国律》、韩《刑符》、魏《魏宪》和《法经》、秦《秦律》等。成文法的制定和公布意义重大，将法律内容固定，保证了法律的稳定性和权威性；成文法的公布于世，打破了贵族专擅垄断法律的特权，结束了法律的秘密状态，在一定意义上促进了法律走向公平、公正、公开，是中国法制史上的一大进步。

（二）刑罚制度获得理论支持

儒家主张人性善，主张用礼来规范人的行为，推行"德治"、"仁政"。荀子承认人性的"恶"，需要以道德教化予以改造，使人们趋于善。韩非子认为人性已经没有"善"、"恶"之分，是人的本性，天经地义，并且不能改变。因此要用强权和刑罚来控制人的行为："凡治天下，必因人情。人情者有好恶，故赏罚可用。赏罚可用则禁令可立，而治道具矣"（《韩非子·八经》）。韩非的"法治"论建立在对于人的欲望肯定之上。

---

① 出自《左传·昭公十八年》.
② 出自《左传·昭公二十九年》.

在他看来，芸芸众生都是势利之徒，所以应该以"赏罚"而驾驭，"夫圣人之治国，不恃人之为吾善也，而用其不得为非也"（《韩非子·二柄》）。韩非子批判儒家的仁政学说，用通俗的例子说明治理国家不能靠仁义和德政，而应靠严酷的刑罚和权术威势。他说家规严厉就没有凶悍的奴仆，慈爱的母亲往往有败家的儿子，威势可以禁止暴虐。因此，国君不养恩爱之心而增威严之势，因为人的天性是恶的，国君只有用严刑峻法加权术和威势，才能纠正人性恶的一面，才能统治好国家。韩非子作为法家思想的集大成者，总结了先秦法家改革的实践和理论成就，并吸收了道家的宇宙本体论，完成了法家思想的理论综合。

（三）法文化理论日臻成熟

先秦法家，商鞅言"法"，申不害讲"术"，慎到重"势"。他们作为政治改革者，通过自身的实践抽象成了富有创见的概念及概念体系。韩非吸收了商鞅等的理论成果，又分析其不足，进而构建起法、术、势结合的理论体系。韩非主张法、术结合："君无术则弊于上，臣无法则乱于下，此不可一无，皆帝王之具也"（《韩非子·定法》）。如果没有统一的法令就不能治民防奸，如果只有法而君王不掌握驾驭臣下的术，大臣们就会发展个人势力，从而危及君王的权力、地位。"主用术则大臣不得擅断，近习不敢卖重。"君臣之间是"一日百战"的关系，君主要牢牢掌握大权，就必须严厉地控制臣民，对于百姓要用刑罚，对于大臣要有"御臣之术"。韩非进一步指出，法、术必须以权力、地位为前提，他把慎到"势"的概念综合进来。韩非认为，慎到所谓的"势"，国君实行起来之所以有治有乱，原因在于缺乏必要的"术"。"势"的运用一定要和"术"相结合。概而言之，为了推行统治阶级的政治改革，必须变法，实行法治；推行法治必须拿捏政治上的权势，因此统治者要有势；有法有势而无术，则会大权旁落，人君得不到利益，所以必须有术。法、术、势结合的思想体系成为后世统治者建立中央集权国家的工具。

（四）民主、平等理念跃跃欲出

突出地体现在墨家的思想中，墨家的代表人物墨子主张兼爱、非攻，人们之间互相爱护协助，共同取得利益，反对掠夺尤其是掠夺战争。墨子提出尚贤、尚同主张，认为管理国家的人由选举产生，要任人唯贤，反对任人唯亲："不党父兄，不偏富贵，不嬖颜色；贤者举而上之，富而贵之，以为官长；不肖者抑而废之，贫而贱之，以为徒役。"只要是贤能的人，"虽在农与工肆之人，有能则举之"，使"官无常贵，民无终贱"（《墨子·尚贤》）。反对贵族世袭特权，要求在法律面前人人平等，赏罚分明："赏当贤，罚当暴，不杀不辜，不失有罪。"法家也力主该原则，要求"君臣上下贵贱皆从法"（《管子·任法》）。对法的内涵有了精辟的认识。管子说："尺寸也，绳墨也，规矩也，衡石也，斗斛也，角量也，谓之法"（《管子·七法》）。法是具有客观性的规则，而不是因人而异或任人解释。商鞅也认为"刑无等级"，主张"自卿相、将军以至大夫、庶人，有不从王令、犯国禁、乱上制者，罪死不赦"（《商君书·赏刑》）。反对等级特权，提倡定罪量刑一视同仁。

第二节　中国传统法文化的发展及近代转型

一、秦汉时期：中国传统法文化的基本定型

公元前221年，秦始皇统一六国，建立秦朝，但实行严酷的法治暴政，二世而亡。秦朝是中国历史上唯一以法家思想作为政治理念的朝代，在中国古代法文化建设史上有重要地位，留下了丰富的经验和深刻教训。秦朝的法文化理应追溯到商鞅变法，从湖北云梦睡虎地秦墓竹简所反映的内容来看，秦朝的法律基本继承了商鞅变法时的内容，基本精神一致。

以法为本，法网密织。秦朝建立后，对社会生活的各个方面都制定了原则规范，《史记·秦始皇本纪》载"治道运行，诸产得宜，皆有法式"。后世有人形容"秦法繁于秋荼，而网密于凝脂"[①]。云梦睡虎地秦墓竹简所记载的法律名目也较为繁多，证明司马迁《史记》所记不虚。在法律实践中，不论什么地位身份的人，不论什么事务，皆以事实为根据，以法律为准绳，执法必严，对事不对人，均断于法。

严刑峻法，罪名繁多。法家主张用重刑来威慑犯罪，商鞅说："禁奸止过，莫若重刑。"《商君书·赏刑》。秦始皇接受了一套完整的法家理论，并在全国普遍应用。"以法为教"，"以吏为师"，实行重刑。使用的刑罚极其残酷，处死方式无所不用其极。

家庭平等，淡化亲情。商周以来，维护父权、夫权，男尊女卑，但秦朝反其道而行之，在父母子女关系方面，家长无权任意处置子女，夫妻关系上妻子有与丈夫相对平等的地位，丈夫侵害妻子的人身权利，必须承担法律责任。

律令课式，形式多样。秦朝的法律形式在前代的基础上有所发展，主要有律、令、课、廷行事、式等。律是秦朝法律的主体，具有稳定性、规范性和普遍适应性，如《盗律》《贼律》《田律》《仓律》等。令是皇帝对具体事务所下的命令，秦始皇规定其"命为'制'，令为'诏'，天子自称曰'朕'"。秦朝高度集权，"朕即国家"，"朕即法律"，皇帝有绝对的权威，其命令就是法律形式。

秦朝的历史虽然短暂，却给后世以诸多启发。法家理论在秦统一六国过程中，无疑起了积极作用。但在统一六国之后，仍然以法家政治理念为唯一的指导思想，加强对人民的严刑酷法统治和残酷的压迫剥削，激化了社会矛盾和阶级矛盾，加速其灭亡。

两汉时期的法律无论在指导思想、内容、形式、司法实践等方面都有了很大变化。在政治思想上，汉初尚黄老无为、轻徭薄赋、约法省禁。文帝下令以徒刑、笞刑和死刑代替肉刑，废除肉刑，减轻刑罚，但改肉刑为笞刑，往往将人打死，反而加重了惩罚。景帝时进一步改革，规范笞刑刑具形制和施刑部位，减少笞刑的次数等。文景改革，是具有划时代意义的进步，废弃肉刑，保全了犯法者的身体和劳动能力，是人性的觉醒，堪称美德。

至汉武帝时期，吸收儒家思想，以儒术装饰门面，外儒而内法，实质上效法秦始皇。

[①] 出自（西汉）桓宽：《盐铁论·刑德篇》.

昭宣之后，儒家思想才得以逐渐处于主导地位，并吸收法家、阴阳家、道家等思想成果，出现了"德主刑辅"局面，将儒家的道德教化与刑罚惩治结合起来，刚柔并济，较好地维护了社会统治，并对后世产生了巨大影响，成为中国封建社会的正统法律思想。由于儒家重视人伦亲情、贵和礼让，在处世方法上提倡变通，所以在汉代的法文化中，儒家影响处处可见。

提倡恤刑。汉代施行仁政，法律规定了承担刑事责任年龄的最低和最高年限，惠帝、宣帝、成帝时都有明确规定。如惠帝规定，"民年七十以上若不满十岁，有罪当刑者，皆完之。"表现了矜老恤幼的宽仁精神。汉景帝曾诏令："年八十以上，八岁以下，及孕者未乳，师、侏儒当鞠系者，颂系之。"《汉书·惠帝纪》。在司法审判活动中，建立了疑狱谳报和录囚制度。所谓疑狱谳报就是地方官自下而上将疑难案件逐级上报，直至最高司法机关，连廷尉都不能决断的疑难案件，则奏请皇上召集大臣集体议决；录囚就是上级司法机关自上而下地检查下级司法机关的在押囚犯有无冤屈，下级机关司法活动是否合法的制度。这都表现了慎刑的态度，有利于提高办案质量。

提倡亲亲。汉代法律允许"亲亲得相首匿"，即直系三代血亲之间和夫妻之间，除了犯谋反、大逆以外的罪行，有罪应相互包庇隐瞒，不得向官府告发，法律允许这种行为，不追究刑事责任。

提倡尊尊。有地位官职的贵族享有一定的特权。汉代司法制度中，有一种特别的制度，叫"上请"或"有罪先请"。一定范围内的贵族、官僚犯罪，不由一般的司法机关处理，而是有一套特别的程序或由特别的机关处理，甚至奏请皇帝直接裁决。

提倡变通。儒家在为人处世方面主张通权达变，这种"权变"思想对西汉时董仲舒为首的春秋公羊学派影响很大。他们予以继承并发挥这种思想，主张官吏不必汲汲于墨守一时成规，即可依据具体情况灵活地处理问题，提倡变通。董仲舒还指出，大臣奉使外出，是谨遵君命，还是专断，应以当时当地的客观形势而定取舍，"四者各有所处。得其处，则皆是也；失其处，则皆非也。……无遂事者，谓生平安宁也；专之可也者，谓除危求患也。"①法律条文中没有规定，司法官可以以儒家经义为判案根据，儒家经典《诗》、《书》、《易》、《礼》、《春秋》都可以援引判案。董仲舒等提倡以春秋大义为判案的指导思想，修正了法家仅以客观行为结果作为定罪依据，同时重视行为人的主观动机。东汉继承了这一传统并有所发展，用儒家的经义来注释法律，使法律更加儒学化，当然也影响了法律的稳定性和客观性。两汉的法律制度建设形成的许多成果，对后世影响甚为深远。

二、魏晋隋唐时期：中国传统法文化的成熟

（一）不同法文化的碰撞

魏晋南北朝时期是一个政权林立、更替频繁的时期，也是民族大融合时期，各种文化相互碰撞交融，法文化也是如此。少数民族入主中原非常注意学习汉族先进的立法技

---

① 出自（西汉）董仲舒：《春秋繁露·精华》.

术和法文化，摒弃本民族一些落后的野蛮习惯法，走向法律建设的文明道路。这一时期法律概念日趋明确，形式日趋规范，体系日趋完善。

法律理论及立法技术提高。立法技术上不断改进，曹魏明帝《新律》将《刑名》列为第一，突出了法典总则的性质和地位，在体例上成为一大创新。晋《泰始律》沿袭《新律》的《刑名》第一的体例，新增《法例》为第二，后《北齐律》将其合并为《名例律》，使中国古代法典规范化，开创了律疏注释的新体例。晋刑颁行后，因律文简约，易生歧义，立法者又对律条进行系统诠释，与正律条文具有同等的法律效率。法律概念更加明确，对各种罪名概念的内涵外延明确区别。这一时期还提出了"罪名法定"思想，成为法律理论的一大进步。

新五刑制度形成。魏晋南北朝时期继承并发展了汉朝刑制改革成果，以劳役刑与死刑为主体的五刑制度形成，曹魏《新律》首倡死、髡、完、作、赎、罚金、杂抵罪七种刑名，完刑、作刑合并于髡刑，五刑已具雏形，晋《泰始律》明确化；而北朝的北齐在北魏的基础上规定了杖、鞭、劳役、流、死刑，北周加以巩固，新五刑制度渐渐形成，隋朝以至唐、宋、明、清基本沿用。

儒学化倾向加深。魏晋南北朝时期，儒学的法制化、法律解释的经学化成为一种浪潮，儒家倡导的礼义、等级、伦理，"三纲五常"思想在立法、司法活动中都有明显体现。如晋《泰始律》确立了"峻礼教之防，准五服以制罪"的原则，根据血缘关系亲疏将亲属定为五等，称为"五服"，根据五服远近亲疏与尊卑定罪量刑，服制越近，对以尊犯卑者的处罚越轻，而对以卑犯尊者的处罚愈重。还确定了"重罪十条"，将危害君权、父权、夫权的行为，概括为十大罪名，作为最严重的犯罪予以严厉制裁，这些都是儒化表现。

贵族特权强化。魏晋南北朝时期法律制度中，规定了"八议"、"官当"、"九品中正"、"品官占田荫客"等制度，旨在维护官僚贵族的政治、经济特权，宽宥他们的犯罪。曹魏法律明确规定了"八议"，即亲、故、贤、能、功、贵、勤、宾八种人物犯罪，不按一般法律规定定罪量刑，需上报皇帝议决，一般都能宽宥赦免，享有司法特权，其后各代均有程度不同的保持。"官当"指官僚贵族犯罪后以官职和爵位抵罪折当刑罚，并作出明确的成文规定。"九品中正"和"品官占田荫客"制更具体规定了官僚贵族的政治经济特权。魏晋南北朝时期盛行刑讯逼供酷法，表现了司法制度的腐朽黑暗，是司法文明的倒退。

（二）隋唐时期中国传统法文化的兴盛

公元581年，北周大将杨坚夺取政权，建立隋朝，是为隋文帝。文帝开国之初，大力恢复汉文化，在法文化建设中，继承了德主刑辅的法律思想，施行仁政，废除了一些苛法，改重为轻，形成了《开皇律》。后炀帝继位，颁布酷刑，施行暴政，大征发，大巡游，大兴土木，因此二世而亡。

唐朝是中国封建社会最为兴盛的时期，其法文化同样也极其兴盛。唐朝建立之初，统治者以隋为鉴，重视法律的作用，在立法方面成果颇丰，著名的有《唐律疏议》《唐六典》等，其法文化的特点是：崇尚儒学，维护"三纲五常"，也强调宽仁慎刑；维护贵族特权，也重视公平合理；继承传统，也有创新。儒家思想可以说是唐朝法律的灵魂，唐朝完全以儒家的纲常礼教作为法律的指导思想，把危害君权、父权、夫权的行为归结到十种最大的犯罪之中，不予宽免，称为"十恶不赦"。在家庭生活中，法律确认男女不平等，男性有婚姻的决定权，夫妻相殴，加重妻子的惩罚。除了重大罪行外，对于一般的犯罪，唐代用刑"务在宽简"，唐律有疑罪从无的明文规定，比前代用刑慎重。在数罪并罚的刑罚适用原则上，采取"重罪吸收轻罪"做法，即一人犯数罪，同时被官府查知者，以重罪一罪处罚，数罪相等者，以一罪处罚等。

唐律为了维护贵族官僚的特权，采取议、请、减、赎、官当等手段，表现了法律面前的不平等；但也表现了比前代公平的地方，特别是唐太宗倡导"以天下为公，无私于物"、"人有所犯，一一于法"[①]。强调依法断罪量刑，对违法者，不分贵贱，一律惩处。唐律继承了传统法文化的许多成功之处，同时也有自己的独创，譬如在涉外案件的处理上，就表现了其合理的独创性。唐代的京城长安是当时的国际大都市，有大量的外国人，未免会发生涉外纠纷，在处理这类案件时区别对待，同一国家的人发生纠纷，以其国家的法律为准；不同国家的外国人发生纠纷，或外国人与中国人发生纠纷适用中国的法律，这种做法适应了当时长安国际大都市的需要。

三、宋元明清：中国传统法文化的继续发展

宋朝总的特征是"文治有余而武功不足"。所以文法制度在继承唐的基础上，结合宋特定的时代更加充实。总的特色是维护封建专政集权，立法繁苛，刑法严酷。宋统治者利用法律工具调整社会各方面的关系，突出的是加强中央集权，严厉镇压威胁其统治的行为。如将唐朝中期以来一直威胁中央集权的藩镇节度使所统领的州郡直属中央，使其成了无执掌的虚衔，而由朝廷直接派官管理；为了加强中央对州的进一步牵制，在州另设通判一职，牵制并监督知州的行动；将精锐兵力选拔归中央禁军，地方上只保留一些没有多少战斗力的厢军；中央禁军的高级将领以文臣充任，定期调换，使"兵无常帅，帅无常师"，避免高级将领拥兵自重等。宋朝在加强专制中央集权的立法思想指导下，对新出现的社会关系均及时作出反应，以法律形式规定调整，故宋代立法活动频繁，法律形式多样，法律条文繁杂，可谓法网严密，"摇手举足，辄有法禁"。"上下内外，一事之小，一罪之微，皆先有法以待之"[②]。对于危害其统治的行为，在适用刑罚上非常残酷，使用刺配、凌迟等酷刑。

另一方面，竭力维护统治者的特权。用法律的形式规定了世袭特权，这就是恩荫制度。宋代恩荫的机会多，官品越高，通过恩荫进入仕途的子孙越多，造成了严重的冗官冗费。宋代在司法制度上，也有一些新的成果，如鞫谳分司的审判制度、翻异别勘的复审制度、检查勘验制度等。鞫谳分司是宋朝审判制度的特色，从州到大理寺等司法机构都实行审判分离做法，譬如在州府，设司理院，由司理参军负责审讯人犯、传集证人、

---

① 出自（唐）吴兢：《贞观政要·公平》。
② 出自（南宋）叶适：《叶适集·水心别集》。

调查事实等审理事务；设司法参军，根据已经认定的事实，检索有关的法律条文，定罪量刑，在这些事务之后由知州决断，一定程度上保证了司法公正。翻异别勘就是犯人如提出申诉，案件必须重新审理，但不能由原审机关再审，应由同级另一个司法机关复审。官吏在别勘时发现冤屈会受到奖赏。检查勘验是指宋朝法律规定有些案件必须检验，依法组成检验人员，检验必须遵守规定的程序，必须作笔录等。因此在宋代出现了许多检验学方面的著作，最为著名的就是南宋宋慈的《洗冤集录》，是世界上第一部法医学专著，是中华民族对世界法文化的贡献。

元代是由蒙古贵族为主体联合汉及其他民族上层分子共同建立的政权。在蒙古原始法律基础上学习汉族等先进法文化，其基本立法指导思想就是"附会汉法"和"祖述变通"相结合。元朝法律保留了落后及野蛮性的特点：刑法体系严酷，笞刑杖刑比前代更重，徒刑附加杖刑，凌迟成为惩治严重犯罪的常刑，肉刑在元代大有恢复之势，实际司法活动中有劓鼻、割舌、断手足、剥皮、抽筋等；民族歧视、民族压迫严重，元朝法律将人分成四等：第一等蒙古人，第二等色目人，第三等汉人，第四等南人。由于四种人等级不同，法律地位也不同，在刑法适用上也不同，对不同的民族实行同罪异罚。元朝法律规定蒙古人打了汉人，汉人不能还手，如果汉人还手，则被严刑处罪；有些规定只适用于汉人，对蒙古人则没有约束，如汉人盗窃将被刺字，而蒙古人不在此列。宗教僧侣有法律特权，元以喇嘛教为国教，喇嘛僧侣享有各种特权，僧侣的一般犯罪不受法律制裁。元朝的司法制度具有多样化特点，体现了民族歧视和压迫性质，法律的平等性、权威性、稳定性在元代都受到了挑战。

明朝是中国封建社会后期专制主义统治的典型。明朝法律着力维护君权。明建立之初，鉴于复杂的环境，遵循"重典治国"的原则，加重对危害封建统治行为的惩罚力度，将"谋反"、"谋大逆"称为"罪大恶极"，用凌迟酷刑处死，并株连极广；对渎职和贪赃官吏以严刑制裁，对贪赃枉法予以打击。朱元璋创立了"剥皮实草"之刑，凡赃满六十两以上的官吏，都捉到所在的府、州、县、卫衙门左边专设的"皮场庙"剥皮，皮剥下后填牧草，然后摆在官府公堂旁边，使后继者有高度的警戒。明朝的刑法残酷，在法定的刑罚之外，还有挑筋、断脊、枭首等酷刑。

在司法制度方面，明朝有三司会审与圆审、朝审、大审、热审等制度，所谓三司会审与圆审是指重大疑难案件，均由刑部、大理寺和都察院的长官共同审理，最后由皇帝裁决。对于特别重大案件，或经反复审判而人犯仍然翻异不服的案件，则由皇帝、三法司长官会同除刑部以外的五部尚书和通政司等九卿会审，称为圆审。通过这些制度有利于皇帝对司法活动的监督，也有利于避免或纠正冤假错案。

明朝司法制度中还有一个特色，即厂卫干预司法。明朝设有东厂、西厂、内行厂等特务机关，专由太监组成；还有锦衣卫等皇帝亲军组织。这些组织本来不是司法机关，但在皇帝的直接操纵下，涉足司法活动的各个环节，实际上控制了最高司法权。厂卫从事侦缉、监视等活动，用特务手段、残酷方式任意处置，使明朝司法充满了黑暗，完全破坏了司法活动的正常进行。

清朝前期法律的基本指导思想是"参汉酌金"，即吸收明及其以前的以汉人法文化为主要内容的成果,并充分参考满族已有的传统情况和当时的社会实际,构架制定法律制度。因此,清朝建立了包括刑事、民事、行政、诉讼、狱政等内容在内的法律体系,针对清朝是一个多民族国家的实际情况,还制定了相应的专门法;司法制度上程序完备、审级严格,会审和死刑复核制度进一步规范。

清朝统治者充分地认识到法律的工具作用,重视用法律维护封建专制统治。清朝法律规定的十恶不赦之罪中,将"谋反""谋大逆"放在首位,同时严格控制人民的思想,把不利于清朝统治的思想及书籍视为异端并定为"妖言罪"大加伐戮,因此在清代掀起了多次"文字狱"。在号称清朝盛世的乾隆朝,"文字狱"也最为兴盛,深文周纳,锻炼成狱,一旦罪名成立,严加诛伐,把思想文化界搞得血雨腥风。清朝法律维护家长父权,在婚姻嫁娶中,主婚权属于尊长,《大清律例》规定:"嫁娶皆由祖父母、父母主婚。"在家庭中,清律确认丈夫对妻子的监护权,夫妻地位是不平等的,家长在家庭中拥有绝对的权威,享有对家庭财产的支配权和对子孙的监护惩罚权。

清朝的司法活动中,重视调解息讼。其中有一种民间调解,在乡里宗族之内发生的民事纠纷和轻微的刑事案件,由德高望重的宗族长或有威信的乡邻出面组织和解。在清代的司法活动中,还有一种突出的现象就是幕吏主导司法。通过科举考试选拔各级长官,由于以八股取士,所任官长缺乏实际才干,因此很多事务就由通晓法律的书吏或聘用通晓刑名律例的下级士人为顾问幕友具体处理,这些幕友书吏把持司法,上下其手作弊营私,导致司法腐败。

四、鸦片战争以后:中国传统法文化的近代转型

1840 年鸦片战争以后,中国社会向近代转型。西方各种文化纷至沓来,其政治法文化也涌进中国,开议院、定宪法、行三权分立为内容的宪政思想,自由、民主、人权、平等思想传入中国,使古老的中国出现了新的生机。在新的社会力量的推动下,政治法律观念制度均起了巨大变化,从而导致清末大规模的修律活动,建立了法律馆、翻译外国法律、派员出国考察,聘请外国专家为顾问,成为法制近代化的重要标志,从而对历史产生了深刻影响。其主要变化是:第一,法律精神的变化。采纳借鉴西方的法律原理和原则,如罪刑法定、法律面前人人平等、审判公开、辩护等,极大地冲击了封建法文化。第二,法律体例的变化。修律中制定了许多独立的法典和单行法规,改变了诸法合体、民刑不分、实体法与程序法不分的传统。第三,诉讼审判制度的变化。建立了公诉制度、陪审制度和律师制度[①]。

1911 年 10 月,辛亥革命推翻了清朝统治;1912 年元旦,中华民国成立到 1949 年中华人民共和国成立,其间政治纷扰、头绪繁多,大体上经历了南京临时政府、民国北京政府、南京国民政府时期。此时,中国资产阶级的民主法制在曲折中得到一定发展,法律文件得到一定完善,但资产阶级的民主法制没有很好地实施执行,相反封建专制主义的浊流暗涌。

---

① 武树臣. 中国传统法律文化. 北京:北京大学出版社,1994.

1912年南京临时政府时期,是中国民主法制的开端,但仅仅存在3个月,仅属观念上的。民国北京政府时期,进步与倒退进行了激烈的较量,民主法制蹒跚而行,修订了许多法律,从文字反映的内容来看,极具民主精神,如1913年的《天坛宪草》、1924年的《中华民国宪法》。《中华民国宪法》文字条文上是民国北京政府时期最民主的一部宪法,是在1913年的《天坛宪草》的基础上,经过法律专家十年的研讨和修订而成,相当成熟。但实际上被大小军阀所利用,成了他们实现各自利益的工具,所以虽有好法但不能执行,只是徒有其法,一纸空文而已。

1927年南京国民政府成立。从1928年到1937年,南京国民政府大体上实行近代化的六法体系,但1928年10月,国民党中央常务执行委员会制定了《训政纲领》,实行一党专政,连纸上的民主都不要了。另外中华民国时期,大小军阀利用军法审判干涉司法,也是一大特征。民国北京政府时期,大小军阀把持了从中央到地方的各级政府。南京国民政府时期,也广泛采用军法审判、特务司法,其中"军统"就是代表。而司法党化也是一个重要特征,要求司法机关以国民党的三民主义为指导思想,以三民主义的立法原则和法理作为论证依据,对重大案件以国民党指示形式操作司法,还要求司法人员全体加入国民党。所以司法中立、司法独立根本不可能实现,实际上成为国民党专制的工具。

在中华民国时期,中国共产党领导下的革命根据地的新民主主义法律制度则呈现了新气象。革命根据地的新民主主义的法律制度有着先进的成果,在立法思想上发扬新民主主义,如1931年11月的《中华苏维埃宪法大纲》第2条规定:"中华苏维埃所建立的,是工人和农民的民主专政国家。"1941年11月通过的《陕甘宁边区施政纲领》第1条规定发扬民主,团结边区内部各社会阶层、各抗日党派,发挥一切人力、物力、财力、智力,为保卫边区、保卫中国、驱逐日本帝国主义而战。因此,在各抗日根据地政权组织上实行"三三制",保障了一切抗日人民的人权。革命根据地各个时期均重视婚姻立法,各时期的婚姻立法都确认婚姻自由、男女平等、一夫一妻。在司法制度上创制了马锡五审判方式和人民调解制度。马锡五审判方式是马锡五在担任陕甘宁边区陇东专员兼边区高等法院陇东分庭庭长期间创立的一种审判方式,摒弃坐堂问案而采取巡回方式深入群众,照顾群众生活习惯,审判方法为座谈式,审理案件不敷衍拖延,这一方式后来在各抗日根据地得以推广,进一步推动了人民司法的民主化。另外,还创立了人民调解制度,调解方式有民间调解、群众团体调解、政府调解、司法调解等,人民调解成为司法审判的重要补充。

第三节 中国传统法文化的基本精神

一、中国传统法文化的主要特点

德主刑辅。西周统治者从殷"不敬其德,乃早坠其命"的结局中,制定了"克明德慎罚"的方略。至汉代这个观念趋于成熟,形成了"德主刑辅"的法制模式,之后得到历代统治者的高度认同。明德旨在将人们的犯罪意图消灭在萌芽状态，而慎罚则有助于发挥法律禁民为非的教化功能。荀子说："明礼义以化之，起法正以治之，重刑罚以禁之"①。德与刑的终极目的都是为了建设尚德明法的和谐社会，以维持国家的长治久安。

缘法断罪。中国古代很早就以明确语言表达了依法治国理念。缘法断罪，表现了统治者对于法律作为治世之具的重视，借以提高法律权威，严肃法官的责任，维护法律的秩序和社会的相对稳定。但其在专制主义体制下当然有很大的局限性，与近代体现民主与法治精神的罪刑法定在性质上是不同的。

无讼是求。中国古代在相当长的时期内以儒家思想作为政治指导思想，儒家提倡和为贵，因此把无讼视为理想的境界，为了减少诉讼，既提倡明德教化，又推行调处息争，特别是民事和轻微的刑事案件。中国古代宗法血缘关系的联结和地缘关系的相对稳定，使民间发生的诉讼，有可能经过调处达到和息的目的。另外，诉讼所造成的讼累也使民畏讼，而乐于调处息争。

诸法合体。中国从公元前5世纪一直沿袭诸法合体、民刑不分的法典编纂体例，在代表性的法典中，以刑法为主，涵盖了民事、行政、经济、司法等各个部门法。中华法系在其发展过程中，形成了独树一帜、特色鲜明的传统，而与世界其他法系相区别。这种特殊性，也正是中华法系的典型性②。

二、中国传统法文化的基本精神

中国的法文化特别是中国古代法文化，与世界其他法文化相比，具有独特的内容和范式，特征鲜明。可总结出如下几点。

引礼入法，法律道德化。礼在中国起源早，而且贯穿于古代社会，影响着社会生活的诸多领域，调整着人与人之间、人与社会之间、人与国家之间的关系。礼与法的相互渗透与结合，与中国古代宗法伦理的社会特性分不开，可以有效地推动国家机器运转，从而构成中华法系最本质的特征和特有的中华法制文明。荀子说："治之经，礼与刑"，清楚地表达了礼刑二柄在治国中的作用。西汉以前，礼更多是从正面规定了国家生活的许多方面，并使之制度化，而刑则是对侵犯礼的行为的一种救济。礼以"别"为本，以差等著称；刑以"齐"为本，以公平闻世。礼的差等式规范与刑的公平性衡量表面上相矛盾，但实质上礼与刑不仅同源，而且都以维护等级特权秩序为目的。所谓"天秩有礼，天讨有罪，故圣人因天秩而制五礼，因天讨而作五刑"③。正因为目的一致，才有可能引礼入法。西汉儒家通过说经解律，开辟了引礼入法的重要途径。至西晋确立"竣礼教之防，准五服以治罪"的定罪量刑原则，标志着引礼入法的重要阶段。此后，礼作为制度性建设的作用逐渐减弱，而作为精神性建设的作用得到发展，成为一种道德体系。至唐代，礼的基本规范取得了法的形式，构成了封建法律的重要内容，成为传统法文化的一大特色。引礼入法，使法律道德化，法由止恶而兼劝善；以法附礼，使道德法律化，违

---

① 出自《荀子·第二十三·性恶》.
② 张晋藩. 中国法制史. 北京：高等教育出版社，2003.
③ 出自《汉书·刑法志》.

反礼教亦需受到法律制裁，道德与法律相互支撑，正所谓"德礼为政教之本，刑罚为政教之用，犹昏晓阳秋相须而成者也。"[1]由此不难理解传统法何以持续4000年之久而基本未发生断裂。

家法、国法一体化。中国古代社会以家庭为本位。法律一贯维持家庭本位的社会结构，这不仅是国家稳定的基础，也是封建自然经济存在与发展的要求。在中国传统的法律体系中，调整家庭关系的伦理立法是重要的组成部分。除国家制定法以外，家法族规也起着调整伦理关系与族属成员权利义务关系的作用，二者具有一致性。家国一体的宗法社会形态对法文化的突出影响，就是法律义务与伦常义务的交融。在中国传统的乡土社会，基本单位是家，国是家的放大。家以宗法血缘为基础，国以政治伦理来强化。规范血缘关系的是家法（家族法），规范政治伦理的是国法。两者相通并行，凡属违反国法的行为必为家法所严禁，而违反家法的行为也必为国法所不容。家法同国法一样，承载着教化与处罚的双重功能，如果说国法侧重于治国平天下，家法则侧重于修身齐家。对家的伦常义务与对国的法律义务之间，缺乏一条明晰的界限。对家的义务，重在孝，所谓"亲亲父为首"，"百善孝为先"，这既是一般伦常义务，也是法律义务，子孙违反孝道，要处以很严重的刑罚。而对国的义务，则在忠，所谓"尊尊君为首"，"臣事君以忠"。在"朕即国家"的专制社会里，对国家的义务又转化为对国君的义务。法律制度与伦常纲纪都作为"治世之具"被君父运用着。这两者的相交融成为中国传统法文化与世界其他法文化最大的区别之一。

法、理、情相统一。中国传统法文化于博大之中还蕴涵着一种中庸和平之道，其表现就是法、理、情三者的统一，无论是立法还是司法过程中，均将这三者综合考量。理，主要是指以纲常为核心的政治伦理和体现世俗规则的事理。经过汉儒董仲舒的论证，又将纲常之理奉为天理。从此，国法也多循三纲之理而制定，并以维护三纲为使命，体现了中国古代独特的"天人合一"的观念。至于情，主要是指社会中人与人相处的规范，即所谓人情、世情、社情。孔子说："己欲立而立人，己欲达而达人"，"己所不欲，勿施于人"，成为后世处理人情最根本的准则。儒家不仅从社会政治学角度沟通了理、法、情三者的界限，还从天人感应出发，将天理、国法、人情三者联系起来，使三者协调统一，以确保社会有序，国家稳定。循理定法，法合于理，使法可信，增强了法的权威；法顺民情，又使法可行，还赋予法律某种亲和感，使法律贴近生活，凸显了古代法律"仁"的基调。在中国法制漫长的发展过程中，形成了执法、明理、原情的内在统一关系。法与情、理合，不仅加强了法的权威性，也加强了社会渗透力。因此历代圣君贤相都力求做到奉理、执法、原情，并将这三者的和谐统一视为强国之本、固国之源。它不仅成为中华法文化积淀中的重要传统，也对儒家文化圈内的东方各国有着重要的影响[2]。

---

[1] 出自（唐）长孙无忌：《唐律疏议·名例律》序疏.
[2] 张晋藩. 中国传统法文化论纲. 人民日报, 2005-7-12.

第九章　中国传统兵家思想的发展沿革及基本精神

在中华民族五千年文明史中，各种形态的战争连绵不断，有文字记载的战争就有2000余起。在这些战争中起主导作用的明君贤将以及社会有识之士，通过对战争实践与社会历史的考量与洞察，总结出一系列战争理论，由此形成了中国传统文化之有机组成部分的独特的兵家文化。

第一节　中国传统兵家思想的历史渊源

一、中国兵家文化的形成

中国兵家文化比较早熟，两千五百多年前写就的号称"百世谈兵之祖"的《孙子兵法》就以哲理深邃、思想丰赡而著称于世。中国兵家文化之所以早熟，主要归因于原始先民之间较为激烈的生存斗争，归因于夏商周三代之间的政权斗争以及在此过程中凝聚而成的文化精神。

新石器时期，各氏族、部落之间为争夺生活资料与生存空间，就开始了部落战争。随着私有财产的出现，贫富分化加剧，阶级应运而生，为争夺生存空间的原始部落战争逐渐演化为扩大控制区、征伐不顺者的战争。进入铜石并用时代，各联合体为保卫或扩展自己的切身利益而频繁发动战争，并发展为争夺控制区或争夺领导权，组织化的军事群体进行的有准备、有计划的战争，如黄帝与炎帝的阪泉之战、黄帝与蚩尤的涿鹿之战等。从整体上看，这一时期的战争尚处于自发、零星和本能状态，尚未完全脱离原始状态，对战争的认识也比较直观，尚未上升到理性高度，但其为中国兵家文化的形成提供了最初的经验材料。

到了夏、商、西周三代，不仅战争形式与作战手段日益丰富，而且战争理论也开始理性化、专门化和系统化。夏代军政合一、步战为主，商代开始步车分编、实施阵战，西周以车步合编、车战为主。从有关史料记载看，当时人们已初步认识到人心向背影响战争胜败，认识到争取外援、运用间谍以掌握敌情战况、侧重防御、慎重选择决战时机，加强军队组织纪律以保证行动协调一致，以及伪装恭顺以麻痹敌手的重要性。

进入春秋时期，中国社会开始进入大动荡、大变革时代，战争由大国争霸逐渐向兼并争地发展。春秋时期的作战形式以车战为主，同时出现了水战。而从当时的争霸战争看，齐桓公富国强兵之论、晋文公"谲而不正"之谋、楚庄王"止戈为武"之说，以及郑庄公灵活机动的作战思想，都对后世产生了难以磨灭的影响。

周克商后，对殷商以来的绝对天命观产生了怀疑，从而开始注意人本身的作用，注重德的因素，强调敬德保民。到了春秋战国时期，各诸侯国之间争战不休，周王朝疲敝，生灵涂炭，祸福无常，人们对所谓的天命神意更加怀疑，强烈地呼吁当政者实施德政德治，切实地保民利民。显而易见，经过殷周之际与春秋战国时期，中国文化形成了疑天唯人的人本精神、因革变易的因变精神、德刑相合的和合精神以及保民惠民的民本精神。具有如此丰富而积极内涵的文化传统，构成以《孙子兵法》为代表的兵家文化的思想渊源[①]。

二、《孙子兵法》的主要内涵

据《史记》记载，孙武生活于春秋末期，齐国人，略晚于老子，约与孔子为同时代人。孙武出生于兵学世家，为将门之后。孙武的直系祖先因避内乱亡奔齐国。孙武年轻时，又遭逢齐国内乱，避乱而奔吴，"以兵法见于吴王阖闾"，受到重用，并在以后的吴楚争霸过程中发挥了重大作用。"于是阖闾知孙子能用兵，卒以为将，西破强楚，入郢，北威齐晋，显名诸侯，孙子与有力焉。"[②]身处社会巨变的时代孙子，表现出非常发达的历史理性、忧患意识与战略眼光，自觉地继承和创新了夏商周三代以来的礼乐文化精神。这些文化精神，在《孙子兵法》[③]中有着全面而深刻的体现。

疑天唯人。孙子不相信天命鬼神，其所论之天不是统治之天、命运之天与道德之天，而是实实在在并能发生变化的天时、天地、天气，即自然之天。其将"天"作为影响战争胜负的自然条件与客观因素来看待，没有什么神秘意味与形上色彩。以此为前提，其特别重视人本身的作用，重视研究人为因素。其考察和筹划战争的"五事七计"，完全立足于人而提出，其政治上重"道"、战略上重"知"、战术上重"权"、管理上重"法"、心理上重"治"，凸显了人的积极有为能力、全面认知能力、灵活应变能力、组织管理能力及心理调适能力的巨大作用，强调了主观能动的重要性。这种"必取于人"的人本说，与中国文化的人本精神相一致。

审时度势。孙子没有就战论战，而是立足于"胜敌而益强"的社会现实，基于"兵者，国之大事"的整体思维，充满"亡国不可以复存"的忧患意识，秉持"主不可以怒而兴师，将不可以愠而致战"的慎重态度，保持"合于利而动，不合于利而止"及"杂于利害"的冷静头脑，确立起"不战而屈人之兵"及"必以全争于天下"的战略理想，将战争置于特定时势下，把战争与政治、经济、外交、心理、自然条件等因素有机关联加以综合考察。孙子这一审时度势的慎重态度与理性精神，是对《易经》中蕴涵的整体思维与忧患意识的创造性发挥。

因敌尚变。孙子置身于"兵无常（成）势"的战争领域，基于主客、虚实、奇正、

---

① 陈二林. 中国先秦时期的"哲学突破"及其文化精神. 合肥工业大学学报（社会科学版），2010，（4）：42-47.
② 出自《史记·孙武吴起列传》.
③ 为简便起见，文中引用《孙子兵法》原文，均不注明具体篇目. 所引原文，主要依据1997年中华书局出版的李零《吴孙子发微》，并2003年广西师范大学出版社出版的钮先钟所著《孙子三论》对《孙子兵法》的校释本.

攻守、胜负、利害等范畴的深刻洞察与辩证思考，借鉴前人诡诈战术，提出"兵者，诡道也"，"因敌而制胜"、"因敌变化而取胜"的因变观，强调"应形于无穷"的主观能动性，认为"战胜不复"，在战争目的、作战指导、作战方式、后勤保障及执行战场纪律方面，开始冲破三代以来的礼制束缚，实现了由"以礼为固"向"兵以诈立"的过渡①，充分体现了孙子战略战术的灵活机动。这一因敌尚变的因变精神，是对以《易经》为代表的阴阳变易精神的继承与深化。

德法结合。在孙子看来，君主将帅是战争的主导者，因而其非常看重君德与将德，主张"修道而保法"，告诫君主将帅要相互配合、慎战重战、爱民恤卒、严明赏罚。其对君主提出"有道"，即爱民富民教民、慎战而重战、"将能而不御"的政德要求；对将帅提出"智、信、仁、勇、严"五德兼备而不失之偏颇的道德素质要求，并发出将有"五危"、"六过"，即要防止性格与心理缺陷被人利用的警告。只有做到德法结合、宽猛相济、恩威并施，才能使得君民"同意"、"上下同欲"，才能"安国全军"。这一德法结合的治国治军思想，传承和发扬了西周以来德刑相合的和合精神。

保民爱民。按孙子之见，君主将帅德政法治的主要表现就是保民而王、练卒而胜。"唯民是保"，爱卒如子，即爱民而保民、练卒而保卒，是君主将帅治国治军必须始终坚持的重要原则。其强调"保民"，是因为只有考虑如何最大限度降低民众的生命财产损失，才能获得百姓民众的信赖和支持。其重视练卒，是因为只有练卒，才能形成"犯三军之众，若使一人"的强大战斗力与"威加于敌"的威慑力，以减少伤亡，保存实力，稳定军心，从而实现"不战而屈人之兵"、"自保而全胜"、"安国全军"之战略目标。这一保民练卒以求"全胜"、"全利"的思想，是军事功利主义与军事人道主义的体现，与西周以来保民惠民的民本精神有着不可割舍的内在关联。

概括而言，《孙子兵法》以道论政、以德论人、以利论兵、以变论战，建构起疑天而取人、审时而度势、因敌而尚变、重德而保民、保民而全胜的军事哲学思想体系，从军事这一独特领域系统而深入地传承和弘扬了三代以来尤其是周代以来变革突破，所形成的疑天惟人、因革变易、德刑相合、保民惠民的文化精神，其军事哲学思想深深烙上了中国传统文化的"精神基因"。基于此，孙子的思想理论才能超越特定时代与军事领域的局限，对后世产生广泛而深远的影响。②

三、《孙子兵法》对后世的深远影响

《孙子兵法》的军事功利主义与军事人道主义的精神价值取向非常突出，"既表现出功利层面的现实性与实用性，又表现出道德层面的理想性与超越性"，"把战争理想与战争理性、武力运用与武德要求完美地结合为一体"③，"将伦理道德与现实利益、整体命运紧密联系起来"④，对后世产生了积极而深远的影响。兵家孙子与原始儒家、道家有所

---

① 黄朴民. 从"以礼为固"到"兵以诈立"——对春秋时期战争观念与作战方式的考察. 学术月刊, 2003, (12): 82-90.
② 陈二林. 论孙子兵法哲学思想之渊源. 滨州学院学报, 2012, (5): 8-14.
③ 姚振文. 孙子兵法的精神特质及其对后世的影响. 滨州学院学报, 2012, (5): 71-76.
④ 陈二林. 论孙子兵法的"利本"思想. 济南大学学报, 2001, (6): 31-35.

不同，其没有否定战争，更没有回避战争，而是非常理性地正视和探究战争，将战争放在社会整体环境中加以认识把握，将战争作为专门对象加以分析研究。这就避免了无视战争的盲目，避免了排斥战争的偏激，也避免了只讲仁义而不知权变的迂阔。孙子的军事功利主义与军事人道主义，开启了先秦功利理性主义思潮，大大弥补了宋明以降"义利之辨"的理论缺陷，为后世儒将基于国家利益与民族大义合理追求事功提供了有力的理论支撑，在一定程度上避免了"平时袖手谈心性，临危一死报君王"的可悲结局，为中国历史增添了亮丽色彩，也为校正儒家重义轻利的理论缺陷作出了贡献。

孙子的兵学思想与理论主张对后来的儒、墨、道、法诸子百家也产生了有益影响，在很大程度上启发了各家基于社会现实与历史省思进行理论创建，弥补了各家理论上的不足，产生了积极的社会效应，正所谓"前孙子者，孙子不遗；后孙子者，不能遗孙子"[①]。而后世在事功与理论上有大建树者（如辛弃疾、岳飞、王阳明、戚继光等），也无不在自觉或不自觉地、或明或暗地运用和发挥着孙子的思想理论。从这一意义上说，孙子以降，中国从来就没有所谓的"无兵的文化"，可以说孙子所承续和弘扬的中国礼乐文化精神从来就没有失传和湮灭过。

总之，孙子在其理论中自觉贯彻了三代以来形成的礼乐文化精神，其理论深深烙上了中国文化的特征。孙子将礼乐文化精神熔铸其中，以道论政、以德论人，以利论兵、以变论战，从而使其理论显示出鲜明的"中国特色"。中国礼乐文化精神得以在军事领域里大放异彩，也因此有了更为丰富的理论表现形态。孙子的理论使中国礼乐文化精神找到了在现实中生长成熟的土壤和机会，使礼乐文化精神在解决现实问题中能够发挥巨大作用，并得到深化和发展。可以说，没有孙子的理论贡献，中国礼乐文化精神将缺失一个重要载体。即使在今天，孙子理论还被广泛用来指导政治、经济、军事、商业科教等活动，得到了国际社会的广泛认可，中国两千多年前即已形成的礼乐文化精神由此而释放出新的活力。

孙子所代表的兵家文化，其影响力不限于古代，也不限于单纯的军事领域，而具有广泛而深远的意义。其标举的"疑天而唯人"的人本精神，展示的审时而度势的理性精神，推崇的"因敌而制胜"的因变精神，倡导的"修道而保法"的和合精神，追求的"唯民是保"的民本精神，对中国思想文化的发展具有积极的引导作用，对当今的道德建设、思维创新、国际社会争端与矛盾的妥善解决，都具有极大的理论意义与现实意义。

《孙子兵法》不仅为我国历代军事家推崇备至，而且早在唐朝就传到了日本，后来又相继传到欧美国家。一千多年来，日本出版的有关孙子兵法的著作已达百余种。日本人称其为"伟大的战争哲学家"、"兵圣"、"兵家之祖"，将《孙子兵法》尊崇为"武经之冠冕"、"兵书之王位"、"兵学圣典"。《孙子兵法》传到欧美后，也受到军事家们的高度重视。时至今日，一些国家的军事院校还将《孙子兵法》作为必修的重要教材。在世界军事史上，《孙子兵法》与德国克劳塞维茨的名著《战争论》齐名，号称"世界兵学双璧"，但其成书年代却比《战争论》早了两千多年。

---

① 出自（明）茅元仪：《武备志》兵诀评序。

第二节　中国传统兵家思想的发展沿革

孙子以后，伴随着朝代的更替，经济社会的演变，阶级矛盾的激化和化解，战争形态与军事理论也在随之发生变革，中国兵学推陈出新，兵家人物江山代有，遂形成了中国文化史上一道独特的风景。

一、高度繁荣期——战国

进入战国时期，这是一个步战为主、车战为辅的时代，也是一个由分裂走向统一的时代。这一时期的军事思想呈现出蓬勃发展和高度繁荣的态势，军事名著纷纷问世，兵学理论建树颇丰。首先，人们开始有意识地将战争分为"义"与"不义"两类，并支持"义战"而反对"不义之战"。其次，对战争与政治的关系也有了新解，《司马法》即提出"正（政）不获意则权，权出于战"，强调政治对战争的决定作用，认识到"兵之胜败，皆在于政"[1]。再次，对战争与人民的关系有了更深刻的洞见，认为"士民不亲，则汤、武不能必胜"[2]，"使民扬臂争出农战，而天下无敌矣"[3]，无不强调民众在战争中的决定性作用。最后，在军队建设方面，一是出现精兵主义思想，《孙膑兵法·篡卒》提出"兵之胜在于篡卒"，《吴子·治兵》强调"不在众寡，以治为胜"；二是有了相当科学的教育思想，《吴子·治兵》主张"一人学战，教成十人"到"教成三军"；三是在赏罚制度上出现了"以诛大为威，以赏小为明"[4]的新思维，并强调赏罚要有度，认为"赏罚无度"则"国虽大，兵弱"[5]。此外，这一时期还提出以少击多、持久作战、打歼灭战等作战思想。

战国时期丰富的战争实践为军事家们提供了充足素材，他们积极总结经验教训，将其上升为理性认识，纷纷著书立说。择其要者，兹述如下。

《吴子兵法》。该书论述了战争性质问题，初步区分了正义战争与非正义战争，并从社会政治经济现象中探寻战争根源，归结为"争名""争利""积恶""内乱""饥荒"等，把战争分为"禁暴救乱"的"义兵"，"持众以伐"的"强兵"，"因怒兴师"的"刚兵"，"弃礼贪利"的"暴兵"以及"国乱人疲，举事动众"的"逆兵"；提出了"战胜易，守胜难"的重要命题，强调不仅要有强大的军事实力，还必须具有强大的政治影响力，要求政治与军事结合起来，"内修文德，外治武备"而"举顺天人"，提出"先和而造大事"，即强调政治和人为因素对战争的决定作用。

《孙膑兵法》。该书提出了"战胜而强立"的战争观，认为战争是维护国家生存、巩固统治秩序，并进而寻求发展、最终一统天下的手段；肯定战争的必要性与合理性，即

---

[1] 出自《文子·上义》。
[2] 出自《荀子·议兵》。
[3] 出自《尉缭子·制谈》。
[4] 出自《六韬·龙韬》。
[5] 出自《韩非子·饰邪》。

"战之有道",主张"王者之将"必须知"道","决胜败安危者,道也",也就是说按道义行事,掌握战争规律,是决定胜败安危的关键;反对穷兵黩武,发出"乐兵者亡,而制胜者辱"的告诫;强调不仅要重战慎战,还要积极备战,要"有委"、"有义",即要有充足的物资储备,有正当理由,否则,"守而无委,战而无义,天下无能以固且强者";注重战争中的人为因素,强调将德、士气的积极作用。

《尉缭子》。该书对战争的类型划分更为细化深入,明确区分了正义与非正义战争性质,认为"诛暴乱,禁不义"的战争是正义的,而"杀人之父兄"等战争是非正义的;论述了政治与战争的内在关系,认为"兵者,以武为植,以文为种,武为表,文为里","往世不可及,来世不可待,求己者也",重视内部团结与高昂士气的培育。

《六韬》。该书强调政治与人对战争的决定作用,认为"国之大务"、"爱民而已",指明"擅天下者则失天下"、"失其众则败"的道理;提出"利"而"服"之的义战观,彰显了"全胜不斗"、"大兵不创"的军事人道主义精神;提出"五材十过"的论将之道,"存劝示惩"的赏罚论。

此外,《墨子》以"非攻"为核心的义战观,《商君书》"农战"兴国、"以战去战"的战争观,《孟子》"吊民伐罪""仁人无敌于天下"的仁战说,《荀子》王霸合一、隆礼教战的战略思想,都是这一时期兵学理论的有机组成部分,具有很高的价值。

总之,战国时期对战争的认识逐步深化细化,以兵家为主的诸子百家提出了一系列战争指导思想和作战原则,形成了系统的军队建设理论,在《孙子兵法》的基础上进一步凸显传统军事理论以抽象思维与理论概括见长的特质。

二、充实提高期——秦汉至隋唐

从秦汉到隋唐五代,是中国封建社会的上升阶段,也是中国各民族迈向大融合的阶段。分裂与统一的格局一再反复,统一战争、民族战争频繁,中国传统兵学开始步入充实与提高期。该时期开创了统一王朝的国防战略,修建了体系完备的国防工程,建立了军权集中于中央,以及中央军、地方军和边防军三结合的军事体制。骑兵成为决定战争胜败的主要兵种,水军也有了很大发展。在战争指导上,谋略制胜思想有了较大的发展与提高,知识精英在战争中受到重用,斗智与斗力密切结合。重视战略谋划,诸葛亮的《隆中对》、羊祜的《请伐吴书》,都是深入研究当时社会实际与战略形势而作出战略计划的上乘之作。在作战指导上,因生活方式、民族地理不同,南方重水战,北方重骑战,山区重步战。在军队建设上,主张兵权集中,以法治军,赏罚并重,实行临战任将,强调选贤任能、破格求实。

这一时期的兵书主要有《吕氏春秋》、《淮南子·兵略训》、《黄石公三略》、《太白阴经》、《唐太宗李卫公问对》等。《吕氏春秋》虽不是军事专著,但作为一部总结性的杂家著作,提出了"先德后武"、"义兵为天下之良药"的可贵战争观。《淮南子·兵略训》为博采先秦各家兵书综合而成的一篇军事哲学著作,它指明物质利益分配不均是战争的根源,所谓"群居杂处,分不均,求不赡则争,争则强胁弱而勇侵怯",提出战争的目的是"禁暴讨乱",明确区分了"义战"与"不义战",强调胜败的关键在于政治之"道",

"顺道而动，天下为响"，"兵之胜败本在于政"。《黄石公三略》杂采儒家仁义礼，法家权术势，墨家之尚贤，道家之重柔，全面论述政治策略和手段，推崇"得干"、"收本"的安国之道，论述了"崇礼"、"重禄"的"用兵之要"。李筌的《太白阴经》对前代兵书典籍加以综合阐发，提出"存亡在德"与"贵和重人"的思想。《唐太宗李卫公问对》通过唐太宗与李靖的问答形式，阐明了以强大军事实力为后盾、以高明政治手段去争取的"威慑战略"，力争战场主动权的"奇正相变"思想，攻守对立统一的"变易主客"思想，以及恩威兼施、赏罚并用思想。另外，曹操的《孙子注》及其丰富的军事实践，兼宗儒法，反映了强兵足食、安国利民、和军恤士的军事思想。

三、求实创新期——宋辽夏金元

宋辽夏金元时期，国内民族矛盾尖锐，战争频繁，各个政权都很重视战争。以游牧民族为主的辽夏金元政权，都"以兵得国"，持有"神佑天立"和"战胜而强立"的战争观，强调先发制人。以农业定居为主的宋政权，采取"来则备御，去则勿追"的专守防御战略。该时期在战争指导上，强调"贵谋"、"先备"、"兵不在多，能以计取"[1]和"勇不足恃，用兵在先定谋"[2]。针对"将从中御"等思想造成宋政权的被动局面，一些明智之士提出了改革创新思想，认为"用兵之术，知变为大"[3]，主张用兵"不以法为守，而以法为用"[4]。在作战思想方面，由于辽夏金元都以骑兵为主，故而创造了"以聚攻散"闪电战、宽正面进攻战、连续突击包围等新战法。宋朝由于始终处于"内忧外患"之中，有志之士为了解救国家危机而努力攻读兵书，研究兵法，从而促使兵学趋于繁盛。宋神宗还将《孙子兵法》、《吴子》、《尉缭子》、《司马法》、《六韬》、《三略》和《唐太宗李卫公问对》七部兵书钦定为《武经七书》，作为武学科考教材。这一时期也出现了不少兵学著作，略述如下。

许洞撰有《虎钤经》，论述了战争谋略、攻守形势、战阵之法等，强调人在战争中的决定性作用，提出"人和"与天地人"三才"概念，所谓"上言人谋，中言地利，下言天时"，主张用人专长、扬长避短。提倡"用兵之要，先谋为本"和"先定必胜之术而后举"，指出利害胜败的矛盾可以相互转化。

北宋武学博士何去非所著《何博士备论》，认识到政治策略和民心向背的重要性；指出智谋胜过愚勇，认为"古之善战者，计必胜而后战"；主张根据主客观条件而灵活用兵，反对拘于成法而不知变通，提出"善用兵者，不以法为守，而以法为用"，故而，"兵有所用"亦"有所不用"。

《百战奇法》是一部充满辩证色彩的兵书。在对待战争的态度上，主张慎战而备战，认为"好战必亡""忘战必倾"，强调"内修文德，外严武备，怀柔远人，戒不虞也"；在战争指导上，强调"以计为首"，知而后战；在作战指导上，强调"凡与敌战，须务

---

[1] 出自《欧阳修全集·居士集》.
[2] 出自《宋史·岳飞传》.
[3] 出自（北宋）许洞：《虎钤经》卷一.
[4] 出自（北宋）何去非：《何博士备论·霍去病论》.

持重"和"兵家之法,要在应变",即要做到理性机变;在治军思想上,主张"凡欲兴师,必先教战",重视军队的训练有素。

辛弃疾所著《美芹十论》,是其力主抗金的奏疏,反映了主战派的军事思想。在战争观上,其强调民心向背决定胜败,认为"自古天下离合之势,常系乎民心";在作战指导思想上,其认为用兵之道在于"审势"。他还提出了集中兵力进行重点防守的思想。另外,南宋抗金英雄岳飞,以其崇高的武德人格和"冻死不拆屋,饿死不掳掠"的严明纪律,缔造了一支"撼山易,撼岳家军难"的"岳家军",对后世产生了积极影响。

四、新旧变革期——明清至五四运动

明代及清初除讲求实用外,更加重视军队建设和重视军事技术。首先,强调将领的作用和对将领的培养训练,要求将领德才兼备,所谓"练兵之要在先练将"[①]、"三军之势莫重于将"[②]。其次,强调士兵素质,重视军队编组,认为兵贵精不贵多。"自古国家巨弊,莫巨乎平时武备废弛,卒闻有警,招募而即使之战也。"[③]再次,强调练为实战,重视心理因素的作用,反对"习成虚套"[④],认为"练兵之法,莫先练心"[⑤]。

实用是明代兵书的一大特点。为了抗击倭寇,戚继光编写了《纪效新书》、《练兵实纪》等兵书,系统阐述了军队建设与武德教育思想,造就了赫赫有名的"戚家军"。何良臣撰写的《阵纪》,提出"治军先治将,治将先正德"的军队建设思想,以及"和以同义"、"选练至精"的练兵主张。茅元仪编辑的《武备志》重视军事理论的构建,提出"有文事者必有武备",并强调边防、海防、江防三者并重的观点,是中国古代一部"军事百科全书"。顾祖禹所辑注的《读史方舆纪要》提出具有朴素唯物辩证观点的军事地理思想,主张以军事据点构成纵深地带的边防战略思想,反对分兵把口而要进行重点防御,以及建立各种机动部队的防御作战思想。

清代林则徐提出了积极而全面地抵抗帝国主义侵略、了解敌情以夷制夷、实施积极的海岸防御以及发动民众使敌受困的思想。魏源则提出了富国强兵以抵抗殖民主义侵略、加强内部防守以及"师夷长技以制夷"的思想。另外,曾国藩、左宗棠、李鸿章等也提出了自己的军事思想。

19世纪90年代至20世纪20年代,是中国军事思想发生巨变的时代。以孙中山、蔡锷为代表的资产阶级革命派,借鉴西方近代先进的军事思想,实现了从重视军事技术的变革到重视军事制度的变革,再到重视军事技术的变革的转变,形成了资产阶级军事思想。在战争观上,孙中山认为帝国主义侵略是当代战争的根源,为了制止非正义战争,必须发动正义战争。蔡锷认为,应根据当前形势为自存而制订"国是",明确表达了战争是实现政治目的的手段,军队是战争工具的思想。在国防建设上,孙中山主张强固民国而要扩张军备,蔡锷则提出国力、武力、兵力三位一体的整体国防思想以及通过政治

---

① 出自《明史·戚继光传》.
② 出自(明)何守法:《投笔肤谈》下卷.
③ 出自(明)佚名:《草庐经略》卷一.
④ 出自(明)戚继光:《练兵实纪》卷八.
⑤ 出自(明)王鸣鹤:《登坛必究》卷十三.

改革以增强国防力量的主张。在战争指导上,孙中山和蔡锷都认为强大的武力是国家外交的后盾,战争是在外交达不到政略目的时而采取的办法。在军队建设上,孙中山主张征兵制,实行现役和预备役制度,以加强战斗力和国防后备力量。蔡锷认为国防军的编制原则应当是统一于中央,以实现"人与器合"、"兵与兵合"、"军与军合"、"军与国合",并建立野战军、守备军、补充军、国民军和特种军五位一体体制,强调军制与政体相一致、军队与地方相结合的重要性。[1]

第三节 中国传统兵家思想的基本精神

一、中国传统兵家思想的主要特色

(一)以道取胜

在终极意义上,军事是由政治派生并为政治服务的,战争胜负也最终取决于政治的明暗与策略的优劣即治国理政的状况。《孙子兵法》把战争作为关乎军民生死、国家存亡、社稷兴衰的大事加以认真研究,把"主孰有道"、"将孰有能"即政治与道义因素,置于决定战争胜负的"五事七计"之首位。《司马法》提出"兵之胜败,本在于政",也强调了政治对战争的决定作用。《尉缭子》则把军事和政治比作植物的茎和根,有时又比作植和种、末和本、表和里的关系,认为"武为表,文为里"[2],既摒弃了战争胜负取决于天意或偶然因素的宿命论观点,又批评了简单归结于将帅才能的英雄史观,从而凸显了政治决策所起的关键作用,反映了先哲在一定程度上认识到了政治因素对军事行为的制约作用,认识到以道取胜的重要性。传统兵学尤其强调"心战"即通过文韬武略以争取人心、激励士气的制胜之道。《孙子兵法·军争》所说的"三军可夺气,将军可夺心",《孙膑兵法》所论之"延气",《六韬》里的"文伐",都强调争取人心和激励士气的重要。三国时期诸葛亮接受马谡的建议,认可"用兵之道,攻心为上,攻城为下;心战为上,兵战为下",更是把心战胜于力战的思想发挥到了极致。

(二)重视治军

当然,政治道义不能取代军事,重视治国同时还须重视治军。要想克敌制胜,还须重视治军统兵,德法结合,恩威并施,宽猛相济,培养和造就一支纪律严明、协调一致、训练有素的队伍,这也是众多兵家之共识。《孙子兵法》就非常重视练兵,把"法令孰行?兵众孰强?士卒孰练?赏罚孰明?"作为影响战争胜负的重要因素来对待和探究。在孙子看来,平素就要注重军队管理,"令素行以教其民",即"亲附"士卒、关爱部下、"与众相得",同时又要用严明的、一以贯之的法令规约部从属下,以保持步调一致,从而避免由于"将弱不严"、"教道不明"而出现的"独进"、"独退",即不服从统一指挥而擅自行动的无组织无纪律现象,这样就能打造出一支"犯三军之众,若使一人"、"携手若使一人"的具有超强战斗力的"王霸之兵",产生"威加于敌"的巨大威慑力。孙

---

[1] "中国军事史"编写组. 中国历代军事思想. 北京:解放军出版社,2007.
[2] 出自《尉缭子·兵令上》.

武之外，不少兵家也很重视治军练兵。《吴子兵法》即强调战胜攻取"不在众寡"，"以治为胜"，故而对部队要"教戒为先"，主张"一人学战，教成十人"直至"教成三军"；《百战奇法》主张"凡欲兴师，必先教战"，重视军队的战前训练；《登坛必究》则强调"练兵之法，莫先练心"，注重军队心理的磨炼；《六韬》提出"存劝示惩"及"以诛大为威，以赏小为明"的赏罚论；《韩非子》凸显了赏罚有度的思想。也正是重视军队的管教训练，才造就了具有严明纪律的"冻死不拆屋，饿死不掳掠"从而让敌手发出"撼山易，撼岳家军难"之慨叹的"岳家军"；正是深刻认识到"练兵之要在先练将"，强调"和以同义"、"选练至精"，练为实战而反对"习成虚套"，才造就了令倭寇闻风丧胆的"戚家军"。

（三）推崇谋略

在传统兵学里，最能代表中国人的高超智慧，或体现中华文明特点的是谋略，即智谋与方略。在对先前战争实践与军事理论总结的基础上，《孙子兵法》明确提出"上兵伐谋"的观念，主张斗力、斗勇更要斗智，要求战争指导者在情报准确与信息全面的基础上，形成一种既深谋远虑又通权达变从而以机巧取胜的本领，把克敌制胜的谋略上升为具有普遍意义的方法原则。其后，重谋尚智日渐成为中国兵学的一大特色。整个中国兵学文化史，均十分重视这种战争理念。《黄石公三略》对此作了绝妙的概括，并被广泛认为是一个重要谋略。其曰："能柔能刚，其国弥光；能弱能强，其国弥彰；纯柔纯弱，其国必削；纯刚纯强，其势必亡"。

（四）精兵主义

兵不在多而在于精，是中国传统兵学的一贯主张。这既反映出中国兵家对军人素质教育的高度重视，又逐步演化成一种治军统兵的谋略。吴子是典型的精兵主义者。尉缭子、曹操、诸葛亮等也有类似主张。如何造就精兵？一是要严格挑选士卒，所谓"兵贵选锋"之意；二是要紧抓教育训练环节，"故用兵之法，教戒为先"[①]；三是要严明军纪，只有军吏畏惧将领，士兵畏惧军吏，才能无往而不胜[②]，否则，如果"将弱不严，教道不明"，"吏卒无常"，难逃败局。

（五）后发制人

中国兵家更倾向于后发制人。究其原因，一则，中国虽是一个兵学思想丰富的国家，但并不好战；二则，中国历史上发生的多数战争，参战各方，在开始时都不是特别强大，在实战中大都要经历一个强弱转化的过程；三则，老子的兵学见解对后世影响深远，其主张以静制动，"柔弱胜刚强"，后发制人。

二、中国传统兵家思想的精神价值取向

（一）力主仁义

以"仁义"为核心思想要素并在中国传统社会长期占据统治地位的儒家，对中国兵

---

① 出自《吴子兵法·治兵》。
② 出自《尉缭子·攻权》。

学文化产生了积极而重要的影响。从兵学角度诠释和践行"仁义",实际上是倡导战争的正义性。孔子曾言,"天下有道,礼乐征伐自天子出;天下无道,礼乐征伐自诸侯出"①,即关涉到战争的正义性问题。《孙子兵法》关于君主将帅有道有能的论述,无疑也是对战争道义原则的强调。《吴子兵法》、《尉缭子》都对正义战争与非正义战争作了初步区分,《孙膑兵法》倡言"义者,兵之首也",并强调战而"有义"②,《六韬》提出了"利"而"服"之的义战观。《管子》论兵更是把正义性放在首位,指出"善胜恶,有义胜无义","不礼不胜天下,不义不胜人",强调战争中的"礼"和"义"。另外,"仁义"思想也体现在将帅的个人修养及对士兵的管理与关爱上。

(二)崇尚和平

自古言兵非好战。战争与和平是一对矛盾,但认识到战争的最终目的是为了和平,慎重用兵、战而有度、尽量争取"不战"以达致整全的战略目标("兵不顿而利可全"),成为中国兵学的一大亮点。孙子即劝诫明君良将要综合考量战争,慎重对待战争,保持理性克制,而不能感情用事,鲁莽冲动,"主不可以怒而兴师,将不可以愠而致战";并正确认识到战争在国家中的战略作用,通过政治谋略、适度战争、灵活外交以争取和平,主张备战、能战、敢战以求"不战",在不得已情况下进行战争时,也要战而有度,适可而止,兵贵胜、不贵久,极力反对穷兵黩武,因为,"胜久则钝兵挫锐","久暴师则国用不足","兵久而国利者,未之有也"。

(三)彰显理性

置身于"胜敌而益强"、"战胜而强立"的社会现实,中国兵家主张根据"战道",也就是战争规律理性行事。即因"形"任"势",权衡利弊,文武兼备,慎战重战,反对感情用事,穷兵黩武。孙武认为,君主将帅"不尽知用兵之害者,则不能尽知用兵之利也",因而,不能只见"利"而无视"害",不能为了眼前之利甚至是蝇头微利而利令智昏;否则,将遭"覆军杀将"甚至人亡政息之祸。故而,明智者要善于"杂于利害",综合考量利害关系及其影响,因为,"杂于利而务可信(伸)也,杂于害而患可解也。"吴起强调"内修文德,外治武备",相反相济而不可偏废。修文德才能安和众人,有武备才能防范敌人,一表一里,互通互济。他针对有人以妨碍德政为由而宣扬非攻废武,指出文德和武功各有自己的适用范围,两者并行不悖。因而,有作为的君主,应始终把文治与武功结合在一起,达成民心畅顺,民富而国强,以武力作后盾,最终以道义取胜。③

(四)务求创新

传统兵学主张依据战况灵活用兵,出奇制胜,认为"战胜不复",不可"以一形之胜万形",反对拘守成命定法而不知变通,提出"君命有所不受",要"不以法为守,而以法为用",具有强烈的创新精神。而这种创新精神又是与其辩证的思维方式紧密相关的。很多兵学著作都具有强烈的思辨特色,把概念解析与实际操作有机地统一起来,具有哲

---

① 出自《论语·季氏》。
② 出自《孙膑兵法·将义》。
③ 出自《吴子兵法·图国》。

理性与实践性双重价值。尤其是《孙子兵法》提出的一系列概念与判断,在理论层次上更高也更深,而其他兵书在思辨能力运用上,也各有其闪光点。孙武论"形势"、"利害",吴起论"文武",孙膑论"奇正",《司马法》论"轻重"等,都体现了很高的抽象概括与思辨水平。在孙武"以正合,以奇胜"的论点上,孙膑对"奇"与"正"相互依存、相互对立的辩证关系,作了深入发挥和精当概括。在其看来,"奇"和"正"不应拘泥于某种具体的含义,而应被看做一种承认事物有相对性的思维范式。只要是与对方打法不同而又能置对方于死地,便可称奇。如把动看成正,静就是奇,佚为劳奇,饱为饥奇,治为乱奇,众为寡奇,"发而为正,未发者奇也","同不足以相胜也,故以异为奇"[①]。

总之,阐释并弘扬中国传统兵学精神,是研究中国兵家文化之根本。我们应通过对中国兵学文化思想及其基本精神的发掘,坚持价值理性和工具理性的统一,并实现由工具理性向价值理性的过渡与转化,凸显兵学文化对当代中国思想文化建设与社会管理改革创新的镜鉴作用。

---

① 出自《孙膑兵法·奇正》。

第十章　中国传统哲学思想的发展沿革及基本精神

第一节　中国哲学概述

一、两种"哲学"观念之争

"哲学"一词，是英文 Philosophy 的意译，由日本近代著名学者西周译介并定名，后经中国近代爱国诗人黄遵宪引入，并渐为国人所接受。英文 Philosophy 源于拉丁文 Philosophia，由 Philos 和 Sophia 两个词组成，前者意为热爱、追求，后者则指智慧、理性之光，合起来是热爱并追求智慧，亦即"爱智"之学。因此，从词源角度来看，哲学是西方文化中以追求智慧为中心的一门学问。

事实上，自古希腊、古罗马、中世纪直至近现代，西方文化中确实存在着这样一门内涵丰富且传承不绝的独立学科。西周在译介时，正是虑及其学科在西方文化中的重要性、独立性和一贯性，所以并未直接比附于汉文化中的"义理之学"。但另一方面，他又认为西方的哲学与汉文化中的"义理之学"有着相关性，以致最初一度将其译为"西洋之性理之学"，以显示二者之间的紧密联系。

如果哲学具有近似于科学的统一范畴体系，那么中国哲学史就是"在中国的哲学史"，即中国哲学与西方哲学的内涵相同；如果哲学不具有近似于科学的统一范畴体系，那么中国哲学史就是"中国哲学的史"，即中国哲学与西方哲学的内涵相异。事实上，关于哲学共性与个性的思考，就已经与中西方哲学有无共性的探讨发生了混淆。根本原因在于当时的特定历史情结，即救亡图强。

一派观点认为哲学具有统一范畴体系，倾向于移植西方哲学或变相移植。在其看来，哲学是西方文化的产物，中国文化中没有完全相应的内容。以胡适最具代表性，其《中国哲学史大纲》基本以西方哲学的标准来衡量中国哲学，以致金岳霖先生认为"我们看那本书的时候，难免一种奇怪的印象，有的时候简直觉得那本书的作者是一个研究中国思想的美国人"[①]。另一派观点认为哲学不具有统一范畴体系，他们倾向于在哲学的外壳下保留或复兴经学。在他们看来，哲学是文化的特产，经学才是经世致用的根本，西方哲学不适合中国。代表者有出版《中国哲学史讲义》的陈黻宸，及最早公开出版《中国哲学史》的谢无量，1923 年出版《周秦哲学史》的陆懋德和 1929 年出版《中国哲学史》的钟泰等。然而，总体上说，当时的趋势"是把欧洲的哲学问题当作普通的哲学问

[①] 金岳霖. 金岳霖文集.（第1卷）. 兰州：甘肃人民出版社，1995.

题……以欧洲的哲学问题为普通的哲学问题，当然有武断的地方，但是这种趋势不容易中止"①。即使是中国哲学史学科的集大成者，中间派的代表人物冯友兰先生也认为，"哲学本一西洋名词。今欲讲中国哲学史，其主要工作之一，即就中国历史上各种学问中，将其可以西洋所谓哲学名之者，选出而叙述之"②。

无论是中西哲学有无共性的探讨，还是文化继承与文化借鉴的优劣争论，都没有准确地揭示出中国哲学与西方哲学的内在联系与区别，因而，也就无法实现文化继承与文化借鉴，只能造成文化移植或文化排斥。只有回到哲学共性与个性问题的具体分析中，才能真正把握中国哲学的特质，并理解中西哲学融合发展的方向性。

二、哲学的内涵解读

关于哲学，学术界至今并未形成统一的定义。究其原因，除了不同时期的哲学主题或关注焦点不同，以及不同学派、不同学者之间的哲学观点差异外，不同文化背景下的哲学思维方式也有明显区别。哲学的首要目标功能就是探求并确定人类行为背后的价值判断依据。人们现实生活中采用的价值标准，大多由经验习得，具有明显的片断性与或然性。而具有理性的人，并不满于片断与或然的价值标准，总要追求全面、客观、必然的价值规律体系。对价值体系的追求，必须以对主客体经验的全面准确认知为前提。因此，价值问题就转换成认识问题，认识世界也成了哲学的重要目标功能。而对现实世界的完全把握是几乎不可能的。方法就是探寻现象之"根"，或者说探究宇宙统一性，就是将因果律的外在序列转换成内在序列，从现象与本质关系上探求普遍的因果律。这必然涉及认识工具与认识方式的合法性问题，即凭借什么认识工具与认识方式才能跨越经验而获得完全准确的认知呢？在此，认识问题又转换成认识的可能性与合法性问题，反思认知能力亦随之成为哲学目标功能之一。

总之，哲学是关于探求价值体系、认识现象世界并反思认知能力的一种特殊学科，哲学追求价值统一性、现象统一性与认知统一性。价值统一性是前提与基础。哲学还可以通过探求价值统一性的目标功能辐射影响到道德伦理、政治、社会等学科领域。因为追求价值统一性、确立指导行为的价值规律体系是人类共同的内在要求，不分种族和地域。所以中国哲学存在的合法性毋庸置疑，不管是否使用"哲学"名称，还是使用"义理之学"或其他称谓，只要文化中具有围绕该主题连续展开的思辨性内容就可以成立。

如果仅仅以西方哲学存在的模式来衡量不同文化中的哲学内容，往往会产生扼杀与误解的结果。也就是说，对于那些没有充分展开、尚未形成自身内在发展逻辑的哲学存在形式，必然导致抛弃独立探索而复制西方哲学；而对于那些已充分发展、有自身独特内在逻辑的哲学存在形式，必然导致被误读与误解，甚至是贬斥和篡改。然而，从西方哲学自身发展史看，经过 2500 年左右的探索，虽然认知与思辨越来越深入，但并未真正实现探求价值统一性的目标功能，甚至陷入绝境。因此，扼杀与误解的结果只能是将

---

① 金岳霖. 中国哲学史·审查报告二. 北京：三联书店，2009.
② 冯友兰. 中国哲学史. 北京：三联书店，2009.

整个人类推向价值探索的绝望之境。

第二节　中国传统哲学思想的发展过程

一、先秦子学

中国哲学发端于先秦，尤以春秋战国时期的思想流派为主，主要有儒家、道家、墨家、法家、名家、阴阳家等。

就先秦哲学而言，名实问题是探讨的核心。当时社会中出现的权力与阶层错位现象，引发了社会规则与统治秩序重建的思考，这是其现实原因。但在探讨过程中，已超出了政治治理的应用层面，逐渐成为一个哲学话题，即语言、语义与事实的关系问题。此时已触及自然认知结构的局限性问题，已尝试采用形象思维与直觉思维方式来把握事实。

天人关系是当时哲学上争论的核心问题。孔子怀疑鬼神，提出"敬鬼神而远之"，主张"尽人事"而"待天命"，尊重人的理性及能动作用。墨子既讲"天志"又讲"非命"，以经验论否定孔子的先验论。道家则用"道"指"天"，以"道"的"无为"来否定孔子的先验的"天命"和墨子的有意志的"天"。其后，儒家分裂，以子思、孟子为正统，着重发挥了孔子有关"中庸"及"仁"的思想。后期墨家克服了狭隘的经验论，着重研究认识与论辩原则。庄子发展了老子的"道"论，并把辩证法思想引向相对主义。荀子是先秦哲学的总结性人物，提出"天人相分"和"制天命而用之"的思想，否定"天命论"，以"学至于行"的知行观否定老子的"不行而知"论，以人有可知之性、物有可知之理否定庄子的不可知论，在认识论与逻辑学上达到了朴素唯物论和辩证法的统一。

二、两汉经学

汉代之初，崇尚黄老之学，汉武帝实行"罢黜百家，独尊儒术"政策，哲学流变由先秦诸子之学转入两汉经学。两汉经学是以先秦儒家思想为经典发展起来的经院体系，以宣扬天人感应、君权神授为特色。代表人物董仲舒认为，天人相互感应，根据是天人皆有阴阳，而阴阳消长的原因，在于五行的"相生"和"相胜"，五行生胜，导致宇宙间万事万物的生成变化，诸如自然界的四时代谢，社会上王者四政（庆赏刑罚）迭用，个人四气（喜怒哀乐）转换。在这种运动变化中，始终体现着天的意志和德行，阳是天恩德的体现，阴是天刑罚的体现，天"亲阳而疏阴，任德而不任刑"[①]。"天"对地上统治者经常用符瑞、灾异分别表示希望和谴责，用以指导其行动，从而为君权神授制造理论。董仲舒还将天道和人事牵强比附，企图论证"道之大原出于天，天不变，道亦不变"[②]，假借天意把封建统治秩序神圣化、绝对化。董仲舒以天人感应论为基础，对君臣、父子、夫妻之间的主从关系，进行全面系统的神学论证，提出了"仁义礼智信"五常之道，成为包括王者在内的所有人的修身正己的道德要求。与"三纲"、"五常"结合，形成一个

---

① 出自《春秋繁露·基义》。
② 出自《汉书·董仲舒传》。

完整的社会规范系统，对维护社会稳定、巩固封建统治有现实作用。

三、魏晋玄学

两汉时期，黄老之学与经学相继兴盛，中国封建社会承续近两千年的文化传统初步形成。但作为官学的黄老与经学仍以社会治理模式、政治体制、礼乐制度为研究主题，很少涉及形而上学问题。至东汉时，伴随着佛教传入及道教产生，思想文化领域有了新的变化。到魏晋时期，终于演变成了一场玄学运动。

玄学，作为一种学术思潮，很难将其归属于某个学派。事实上，它由不同学术背景的人共同推动而产生。既有倾向于儒道的何晏、王弼、郭象、向秀等，也有倾向于佛教的如六家七宗等。不管学术背景与观点如何不同，玄学的主题无疑为名实问题与有无问题。玄学探讨的名实问题，仍是以语言、语义与事实的关系为中心，但已有意识地与有无问题的探讨结合了起来。所谓有无问题，也就是现象与本质的关系问题。换言之，玄学探讨的核心问题是理性能否认识事实的问题。在此，较先秦诸子探讨得更具体、深入。

关于名实关系，玄学代表王弼的基本观点认为：名言是可以用来指称经验现象的，而且应该名实相当，以合适、实用为准。名言对于"道"是无法准确指称的，最多只是概略的指称。因此名实又是不符的，或者说名是无法指称实的。对于现象（有形）和事实（无形）可采用两种不同的认知方式，即有名（理性）与无名（直觉）。所谓校实定名，即是"有名（理性）"认知方式；所谓以观绝圣，即是"无名（直觉）"认知方式。前者以经验现象为对象，后者以"道"为对象。虽然玄学家们在此问题上的观点并不一致。但总的来说，王弼的观点非常典型，能展现那个时代的哲学主题与思维水平。

四、隋唐佛学

魏晋南北朝时期，社会战乱，抽象的形而上学发展相对沉寂。直至隋唐，随着社会政治经济的稳定与发展，特别是佛教的广泛传播，佛教经典的大量传译及义学探讨的不断深入，才出现了一个哲学探讨的高潮时期。

隋唐时期，特别是唐代，儒道虽仍为强势文化，但由于原有的哲学发展空间已挖掘殆尽，自身已失去探索形而上的热情。相反，佛教则处于义理全面展现与传播时期。因此，传译与探究的热情高涨，造就了佛教哲学一家兴盛的局面。

佛教宗派的成熟与发展成为义学探索与传播的重要条件。当时以唯识宗、禅宗与哲学发展密切相关，既关注实践方法的探索，也关注义理的研究。在义理方面，唯识与禅的主要区别并不是理论特质，而是侧重点的问题。唯识宗派集中分析了世界上各种物质和精神现象；认为一切现象都是"识"所变现出来的，所谓"万法唯识"。禅宗教义简易，没有繁琐的理论说教，更容易为中国普通老百姓接受。作为一种人生哲学，它强调个体精神内在的自觉转变，注重宗教的实践化和民众化，对中国封建社会后期的思想文化以及文学艺术都有很深影响。

事实上，义理探究不仅推动了隋唐佛教传播，也促进了传统哲学的发展。这主要表现在对经验现象与事实本质关系的诠释方面，从而为中国哲学特质的形成与发展奠定了坚实基础。

五、宋明理学

宋明理学以儒学为主干，建立了以理气论、心性论为中心的道德形而上学体系。它发端于北宋，创始人为周敦颐、邵雍、张载、程颢、程颐；成熟于南宋，朱熹为集大成者，建立起比较完备的理学体系；兴盛于明代，王守仁发展了陆九渊的学说，建立起心学体系，与程朱理学相抗衡。理学与心学，皆以复兴儒学为己任，只是在哲学构建思路与道德修养方式有所差异。

朱熹是宋代理学的集大成者，他的理、气、心、性的范畴，不仅继承了孔孟、周程的思想，而且吸收了佛道两家的思想内容。他将上述范畴熔铸为"天理"，将儒学的伦理规范、道德精神提升为宇宙本体，然后再通过理本气末、理一分殊论证世界万物的产生及其统一性，以"性即理"为中心命题从宇宙本体论中推衍出人性与物性，并以天地之性与气质之性论证人性中的善恶问题，最后再通过谨慎敬重的修养工夫达到人性的完善、人性与天理的统一。朱熹融理气论和心性论为一体，形成了一个比较完备的理论体系，适应了统治阶级重视纲常伦理，对后世政治、思想和文化产生了深远影响。

王守仁是宋明理学中"心学"的集大成者，其"心即理"、"知行合一"、"致良知"的学说，颇具特色。他断言"万事万物之理不外于吾心"、"心明便是天理"，否认心外有理、有事、有物，"心外无理"是说理在心中，而不能独立于主体之外，从而凸显了"心即理"的本体论。他从"知行本体"的概念揭示"知行合一"的内涵。所谓"知行的本体"是指知行的本来意义，即真知行。"知"中包含"行"，知而必能行。所以知行不可分为二，而是合一的。所谓"致良知"，即是扩充良知，一方面去除心中的自私念头和不正当欲望，保持善良心地；另一方面在现实生活中接受磨炼，习行践履，把心中的善意具体地表现出来。

宋明理学作为儒学发展的重要阶段，将中国哲学的思维水平提升到一个新高度，其理论意义值得肯定，但是理学在成为封建社会后期的官方哲学后，被统治阶级所利用，成为压制和扼杀人性以及维护封建专制主义的工具，给中国社会和中国人民带来一定负面影响。中国古代哲学经过几次大的发展，到宋明理学已经达到高峰。

第三节　中国传统哲学思想的基本精神

一、中国古代哲学的基本精神

（一）儒道互补

起源的互补性。儒道思想源于中国古代夏、商、周三代文化，均产生于发达的农业文明和成熟的理性智慧，其共同文化源头是《易经》。《周易》前一部分是《易经》，包括六十四卦的卦名和卦画，周文王的卦辞和周公的爻辞，后半部分是《易传》。《周易》是中国文化的源头，是揭示自然、社会和人的身心发展变化规律的一部经典。它以朴素的辩证思想揭示了包括时间、空间、物质三个范畴在内的日地关系同步运行的规律，囊括了包括时间（春夏秋冬年）、空间（东西南北中）、物质（金木水火土）在内的地球上诸多自然现象、社会现象和人的身心运行最普遍的变化规律。《周易》中所讲的"太极"，是指太阳系中恒星和行星的两极；所称的"两仪"是指乾坤，亦即日地；所说的"四象"是指四季——也就是"元亨利贞"四德，与春夏秋冬（年），木火金水土、仁义礼智（信）有着密切联系，这是依据天道讲人道的天人合一思想。"推天道以明人事"，既是道家的宇宙论、本体论，也是儒家的思维模式。儒家的落脚点在社会人事、政治、修齐治平，而道家落脚在个体的生命智慧上，其道、德、太极、有无等概念都来自《易经》。儒道都承认天道、地道和人道三才一贯之道，都认为宇宙的大天地与人身小天地息息相关。天有五行以生寒暑燥湿风，人有五脏化五气，以生喜怒思忧恐，说明五行与五脏相应，与人的五种情志相连。说明在孔子、老子之前就有一个人文传统。儒学以"仁"为核心，以"礼"为形式，以"中庸"为方法论的修、齐、治、平的经世之学，又是一种以制约本能、崇奉理性为主要特征的人性理论和人文思想体系。道家思想则是一种宇宙生存论哲学，它属于黄老系统[①]。

　　社会文化建设的共同需要。自汉武帝独尊儒术之后，和社会体制、政治体制结合在一起的主要就是儒家思想，儒家思想在社会上的影响是主导型的。道家自黄老之治让位于独尊儒术，基本上没有进入政治体制、社会体制，它通过批判牵制着这个社会。儒家虽说是官学，是两千多年中国社会的统治思想，但它缺少道家形而上学的思辨色彩，缺少宇宙生成论和本体论一套成熟的思维模式，还缺乏一种在民间传播和扎根的载体。而道家的思维模式"推天道以明人事"具有本体性特征，不仅建构了比较完整成熟的天道观和人道观，而且重视两者的关联。不仅由天道推出人道，又主张人道要复归于天道。正是这种由本体推衍现象、由天道推衍人道，同时又返现象归于本体、返人道归于天道的思维模式，深深影响了汉代经学、魏晋玄学和宋明儒学，成为这些理论体系的方法论基础。因此，儒道互补满足了中国社会和中国人的文化建设需要。

　　儒道互补成为中国古代哲学发展的一条主线。儒道互补是从其创始人孔子和老子开始的，"孔子问礼于老聃"其实就是儒道两家的第一次对话，也彰显了两大文化的差异。在历史长河中，儒道互补经历了两次高潮。第一次发生在战国中后期百家争鸣的学术环境中，这一时期，道家在伦理思想和政治主张上吸收了儒家的"仁人"学说和"礼治"文化，儒家的孟子、荀子在哲学上受到了道家的宇宙论、自然观和认识论的影响。第二次发生在宋明时期，儒学对道家思想进一步引进和吸取，对于重建儒学新体系具有重要作用。儒家核心价值观是仁义礼乐，道家核心价值观是自然无为。仁义礼乐是儒家根本价值信念，其实现则需主体具备自然无为的境界，即要求价值主体无私欲、不造作、不妄为；自然无为是道家根本价值信念，其建立不是基于对社会的冷漠遗弃，而是出于对社会的特殊关切；儒道价值取向的互补还表现为阳刚与阴柔、进取与退守、守常与尚变、重群体与重个体、强调等级与崇尚平等、肯定现实与超越现实、兼济天下与独善其身之

[①] 邵龙宝. 儒道互补及其对中国社会之影响. 河南社会科学，2008，（5）：1-3.

间的相异与互补。儒道之间这种既相异又互补的关系构成了中国传统价值取向的基本格局。以道补儒的历史表明，儒家和道家虽然始终是中国两大传统思想流派，但地位和作用并不完全相同，儒学思想居于主导地位，中国古代社会政治、经济和文化更多地受到儒家思想的支配和影响。中国古人特别是知识分子的价值观念和人生道路，也更多由儒家思想塑造和决定。

儒道互补构成中国哲学的主干。道家和儒家自春秋末期创立以来，一直没有中断。魏晋以后，道家以道教的形态顽强地生存发展下去。儒道并列而互补，构成了中国哲学发展的主线。以大树比喻中国哲学，其主干是儒道互补，具有鲜明的中国哲学之树的特征，而树根则是道家哲学。因为道家哲学为中国哲学提供了本原本体论、辩证思维方式，以及道、德、太极、有无等一系列基本范畴。儒、墨、名、法、阴阳各家，则在这本原本体论的基础上，运用辩证的思维方式，以道、德等基本范畴为构件，结合本派学说的特定内涵，建构了各自的哲学体系，并在历史发展中不断反作用于道家哲学，共同推动中国传统哲学深入发展。从中国传统哲学的具体结构来说，儒道两家各有所重，分别在不同领域构成中国哲学的主流。儒家重在伦理道德哲学和社会政治哲学，道家重在自然宇宙哲学和生命主体哲学。换言之，儒家在伦理道德哲学和社会政治哲学方面构成中国传统哲学的主流，而道家则在自然宇宙哲学和生命主体哲学方面构成了中国传统哲学的主流。

总之，儒家和道家的互补是以两家学说在多方面存在着广泛而又明显的差异为前提的。但这些差异并非互不相融、截然对立的。儒道互补成为中国传统思想文化的主要内容，从当今全球化的眼光来看，中国式的儒道互补文化格局还将长期存在下去。

（二）人生哲学

中国哲学具有浓厚的人学特质，缺乏西方哲学所具有的纯宇宙论与认识论特质。中国古代哲学的核心问题是"人生的意义"以及由此演绎出的"如何做人"的问题。中国传统文化的基本特点，就是哲学、政治、伦理的相互结合，较少有脱离政治、伦理的单纯哲学。即便是哲学家们所构建的宇宙理论，也并非是对自然知识追求的结果，而是出自人生需要。可以说整个中国古代的宇宙论，都并非出自对自然知识的追求，而是基于人生现实需要。

孔子从社会中发现了人，便在社会秩序和道德伦理秩序的论证和重建中为人类找到安顿之处。孔子的核心思想"礼"与"仁"，全是关涉人类自身的学说。孟子发展了孔子仁学思想，提出"性善说"主张，认为仁、义、礼、智这些善端来自天，是天赋予人的本性。性善说为孟子推崇的统治者能够行王道，社会上的人都可以修成圣人的观点提供了哲学依据。荀子的"天人相分"论，强调天是自然之天，既无神性，又无灵性，也无道德库存可施予人类。而人却是伟大的，有灵性，有智慧，能制天、用天、胜天，高扬人的主体意识，并从人的自然性角度论证人性恶，否定了天赋道德论，强调后天教化、习染、改造对人的品德、品位提高的作用。后世儒家哲学中所提倡的心、性、情、气、意、良知等，都表示对人生、人性以及人的生命的一种认识。

老子预设了一个"道"作为宇宙的最后根源,然后逻辑地认定这个宇宙之源同样也是人类制度之源、行为准则之源。道家从另一个角度给予人生以极大关注,理想的人生境界是精神的逍遥与解脱,成为其矢志不渝的追求,那种飘逸洒脱、高洁绝尘的风骨神韵,历来是道家所向往的人生境界。

佛教则追求净化超升,从而达到"涅槃"境界,作为人生的终极目标。中国佛教的人生哲学模式渗透了儒家乐天知命、安贫乐道、顺应时势以及道家无为不争、安时处顺的人生理想,只是这种人生哲学更加消极。佛教理想的人格是超尘脱俗,泯灭七情六欲的"超人",这种人对尘世的一切荣辱沉浮、喜怒哀乐,都可以无动于衷,可谓"心如古井""形如枯木",一切要顺其自然,与世无争。佛教的这种人生哲学模式给后世的中国社会心理产生了深远影响[①]。

总之,把儒家的真性、道家的飘逸、佛教的超脱融合起来,就可以体会出中国古代人生哲学的深远意境。

(三)偏重实践

中国古代哲学从本质上讲是一种道德哲学。无论是儒家的三纲领(明明德、亲民、止于至善)八条目(格物、致知、正心、诚意、修身、齐家、治国、平天下),还是道家的修道积德,无不以道德实践为第一要义。通过道德实践,借以提高人的道德修养,从而达到社会整体关系的良性互动:君仁臣忠、父慈子孝、夫敬妇从、兄友弟恭、朋友有信。知行关系始终成为中国古代哲学家特别关注的问题,中国传统思想史中的"知行"之辨,是农业文明条件下中国传统文化注重实际、轻视理论这一特点的深刻反映。中国古代哲学家更偏重于践行尽性、履行实践。

在中国古人特别是儒家学说那里,"知"虽然包括一切知识,但重点特指具有道德意味的"良知"。"行"虽然也包括人的一切行动、行为,但其中心则在于对良知的"践履""躬行"。所以,知行问题不仅涉及认识论,还重点关注、思考人的道德伦理和国家管理方法。具体在"知"与"行"的关系上,孔子提出"知之者不如好之者,好之者不如乐之者",所谓"乐之",就是依其所知之实践,而获得一种乐趣。但实际上自孔子开始,虽然提倡知行兼顾"言顾行、行顾言",但实际上一直存在轻言重行的倾向。孔子曾说过:"听其言而观其行"、"言之必可行也"等。

宋代以后,知行之辨问题的探讨进入了一个新的发展阶段。理学家朱熹建构了较为完整的知行关系学说。他认为:"论先后,知为先;论轻重,行为重。""知之愈明,则行之愈笃;行之愈笃,则知之益明"[②]。实际上,此时"知"与"行"的关系有了新变化,开始注重"知"对"行"的指导作用。无论是朱熹的"理在事先",故人须先"穷理",还是陆九渊的"心即理",故人须"一悟本心",都抛开了实践层面,而是回归个人内心的修养。理学注重思辨的特色成就了中国文化的黄金时代,但也凸显理学走入内心的无可奈何的衰落!

明代以后,王守仁针对理学偏离"现实"倾向,提出过"知行合一"。但这里的"知"

[①] 于铭松. 论中国古代哲学的流变与基本特征. 广东社会主义学院学报, 2007, (2): 91-96.
[②] 出自(南宋)朱熹:《朱子语类》卷十四.

与"行"与原有的概念含义不同,甚至有混淆"知"、"行"的趋向,企图把"知"提到与"行"并列的高度,他强调的是道德意识与道德实践的合一,"一念发动处即是行"。"一念"即道德意识,"行"即道德实践,是一种道德哲学。

明清之际的王夫之在总结前人知行之辨的基础上,将中国古代哲学知行观提升到最高水准。首先,他明确提出了"行先知后"这一著名命题,认为"君子之学,未尝离行以为知也必矣。"①其次,他提出了"行可兼知,而知不可兼行"思想,断定"知有不统行,而行必统知"。最后,他对知行的辩证关系进行了科学阐释,认为知和行"始终不相离",既相区别,又相资互用,"并进而有功"。

中国古代哲学家的兴趣不在于建构理论体系,不只是把思想与观念表达出来就达到目的,而在于言行一致、知行统一,自己所讲的与自家身心的修炼必相符合。其践履并非人类的生产实践,而是偏重于个人的修德重行。重视道德践履的传统,无疑成为中国哲学中知识论和宗教不发达的内在原因。

鉴于中国传统文化中存在着"重行轻知"的特点,革命先行者孙中山先生提出"知难行易"命题,对"知"作出了高于"行"的新论断。其目的在于:强调革命者"先知先觉"的领导作用,在当时的历史条件下,对于统一革命党内部的认识,加强革命团体的凝聚力,起到了重大作用。

进入新民主主义革命以后,中共对马克思主义理论指导地位的强调,在某种意义上与孙中山的"重知"具有相同意义。毛泽东以马克思主义认识论的基本原理为指导,结合中国传统认识论的精华,实现了马克思主义认识论中国化的历史性飞跃。其理论成果主要表现在三个方面:一是全面而深刻地揭示了人类认识的来源。指出"人的正确思想,只能从社会实践中来,只能从社会的生产斗争、阶级斗争和科学实验这三项实践中来"②。二是全面而深刻地揭示了人类认识运动的规律。指出"实践、认识、再实践、再认识,这种形式,循环往复以至无穷,而实践和认识每一循环的内容,都比较地进到了高一级的程度,这就是辩证唯物论的全部认识论,这就是辩证唯物论的知行统一观"③。三是全面而深刻地揭示了真理发展的规律和检验的标准。毛泽东明确强调:社会实践是检验真理的唯一标准。

(四)整体思维

中国哲学依重非逻辑化的形象思维,而不是以观念为基础的逻辑化理性思维。中国古代哲学不重视形式上的精密论证,也没有形式上的条理系统,而只注重生活的实证或主体的直觉体验,体验久了,有所感悟,以前的种种疑惑豁然开朗,日常的经验得到贯通,这样也就有所得,所得所悟的记录就是现在还可以看到的哲学著作。由于是所得所悟的记录,因此中国哲学著作就少有西方哲学那样的严密论证和逻辑结构,而多是一些经验体悟。

无论是影响深远的"天人合一"、"道",还是孟子的尽心、知性、知天,养"浩然之

---

① 出自(清)王夫之:《尚书引义》.
② 毛泽东文集. 第8卷. 北京:人民出版社,1999.
③ 毛泽东选集. 第1卷. 北京:人民出版社,1991.

气"，还是庄子讲的"天地与我并生，万物与我为一"、"心斋"、"坐弛"、"坐忘"，以及魏晋玄学家的"言不尽意""得意忘象"，都是一种无法由语言概念来确指、表现的，而只能靠主体依其价值取向在经验范围内体悟。而佛教对自然认知结构局限性的剖析更为深刻，对直觉思维积极作用的论证也更为广泛全面，中国禅宗更是把中国哲学重直觉的特点发挥得淋漓尽致，所谓明心见性、立地成佛，全靠直觉与顿悟。

中国古代哲学的整体性思维。中国哲学发展早期，以宇宙统一性为认知主题。当然，此主题的确立就是以价值统一性的追求为原动力。对价值判断的高度关注，成为中国哲学的显著特点，直接源于独特的宇宙统一性认知模式，即天地人统一、物我统一。关于世界统一性，中国古代哲学并不是从现实对立中寻找统一，而是通过对自然认知结构局限性的深刻反思来寻找解决方式。中国哲学在追求世界统一性时，就不再关注认知方式的合法性问题，而只关注可能性问题。即承认世界本质上是统一的，只是在自然认知结构中看似对立的，追求世界统一性的关键是选用正确的认知方式。有了正确的认知方式，就能探求世界统一性，进而把握价值统一性。因此，中国哲学内部各流派间的主要区别，也仅仅体现在对自然认知结构局限性的剖析，以及理想认知方式的选择上。

中国古代哲学的互动性思维。中国古代有一个让全世界都服膺的图，那就是太极图。在一个圆圈内首尾相衔的阴阳两条鱼，表达了古人对宇宙世界最本质的认识。图中的阴阳，是表示事物相反相成的两个方面。它们共同存在于这个圈子内，并进行着此消彼长的互动。整体是存在的条件，互动是存在的方式。中国古代哲学的思维方式，最基本的就是由这个太极图表示的整体互动的辩证思维模式。《周易》无疑是这种思维模式的最早体现者。在把世界高度抽象为阴阳的基础上，把阴阳对立统一看成是自然界和人类社会生成发展的基础和规律，即所谓"一阴一阳之谓道"、"刚柔相推生变化"，从阴阳对立和消长显示事物的发展变化，来阐明人类政治、伦理等行为的相应原则。这种思维模式对中国哲学产生了深远影响。老子将整体互动上升为"道"的运动规律，提出"反者道之动"命题。在此认识基础上，老子以常胜不败为追求，提出处柔、守弱、居下等政治人生策略。孔子认识到矛盾的对立和转化，以平衡、和谐为追求，并以"中和"、"中庸"为最高原则，建构其政治论和道德论[①]。

重和谐是中国古代哲学的一贯传统。《易传》讲"乾道变化，各正性命，保合太和，乃利贞"。所谓"太和"，就是至高无上的和谐，最好的和谐状态，即太和便是道，是最高的理想追求，即最佳的整体和谐论，但这种和谐包含着浮沉、升降、动静等矛盾和差别，因此成为整体和动态的和谐，是一种更高意义上的和谐。与追求人与自然的和谐相一致，中国传统哲学也十分重视人与人之间的和谐，所谓"天时不如地利，地利不如人和"[②]，强调的就是要以和谐为最高准则来处理包括君臣、父子、夫妇，乃至国家和民族的关系，从而达到"人和"的境界。儒家在此基础上进一步阐述了要实现"和"的理想，最根本的途径是"持中"，并通过对持中原则的体认和践履，去实现人与自然、人与人、

[①] 覃遵祥. 中国古代哲学的整体特征及影响. 江西社会科学, 1999, (12): 27-30.
[②] 出自《孟子·公孙丑下》.

人与社会、人与天道之间的和谐与平衡,这就是"极高明而道中庸"。因此中庸之道就成为中国古代哲学的基本精神之一。

偏重直觉而忽视了逻辑推理和概念分析的特性,成为中国哲学知识论贫乏和道德哲学发达的内在动因。

二、中国古代哲学的文化意蕴

(一)长于生命本性的思考

哲学属于人的自我反思性活动,目的就是以人自身的思考,提供关于人存在意义的理解以及价值判断与选择的根据。明确地说,哲学就是为人提供某种由人自我反思得来的思想观念。从哲学形态的特殊性来说,自我反思以问题为逻辑指向。从人与哲学内在的历史性统一关系看,"价值问题"当属哲学研究的主题,以往哲学形态或哲学观点都凝结着哲学家对"价值问题"的个性化的生存体悟和求解方式,都蕴涵着对人的"价值问题"的具体理解与根本旨趣。如果我们真正理解人与哲学的内在循环关系,以"人类性思维"来发掘哲学之为哲学的"价值问题",那么,我们应该承认中国不但有哲学,而且中国哲学的始源处体现的就是关于人及其世界关系的价值性学问。虽然可以说中国从古代直至 20 世纪中叶,没有如西方哲学那样系统性的价值理论,但并不说明中国没有自己的"价值性"的思想和观念。我们判断和评价一个民族有哲学或没有哲学,有价值理论或没有价值理论,不能只依据其理论形式如何去认定,而应主要看人的问题在何种程度与何种意义上被思考和解决,以及人的觉醒所达到的境界。

在中国古代的哲学思想中,确实没有西方哲学形式的本体论、认识论、价值论,但中国人的本体观念、认识思想和价值追求,是以自己的方式、内容和形式体现在关于人本身的思想个性中。中国古代思想家以"心性觉解"方式求索人之为人的性命之道,完善人的生命本性。儒家、道家、佛家的思想深刻而充分地凸显了中国古代哲学的价值精神。具体说来,"爱智慧"是哲学共有的品格,"闻道"则是中国思想的特色。儒家的道德价值内涵被孔子确立为"朝闻道,夕死可矣"[①],"闻道"被视为人生最高的追求。这里的"道"虽包含宇宙的客观法则,但主要指治世之道和为人之道。"道"的本质是"性","性"的来源是"天"。孟子和孔子的思路基本一致,但他从人的内在的"心性"出发,认为"知性知天"、"养性事天"是人追求的最高价值。他所谓的性、天,其内涵仍是儒家的仁、义、礼、智、信的人伦道德,强调通过"格物致知",最终达到"明德"、"亲民"、"至善"、"达仁"的价值理想。

道家的"道"是宇宙之体、普遍规律和崇高理想的统一。道的价值意蕴,在道家哲学中包括诸多内涵,而核心乃是"自然"。在道家看来,自然宇宙或世界不是与人对立或二分的,认识"道"以获得客观真理和践行"道"以实现生命价值是一致的。从"道""德"两字的含义及其意义的关联,我们可以看到,"道"具有宇宙本体论之意,识道

---

① 出自《论语·里仁第四》.

（求真）是为了得道（求善），得道乃"德"。"德"是"道"的实现，也是"道"的主体化和意义化。

从哲学意义上说，佛学是关于人的生命的学问，也是一种"生命之道"。佛家所要寻求的是在无常人生表象背后的永恒生命状态，这种状态在佛家思想里被表述为涅槃，涅槃是超越生死、寂静不动的永恒生命状态。中国佛教发展到禅宗时期，逐渐形成了"人人皆有佛性"和"顿悟成佛"观念。"禅宗"顿悟思想认为各种现象都是虚幻的，所以身、心、性皆无、皆空，此所谓"本来无一物，何处惹尘埃"[①]。摆脱了物相的观念，就会达到无我、无物的境界。无我、无物其实是真我真物、物我同在、物我一体。佛学适应了人们追求生命永恒的要求，善恶因果报应思想也对人们端正行为、行善积德具有指导意义，更充分凸显佛学以其独有的悟觉方式对于人的"价值问题"的关注。

由此可见，儒、道、佛都不是把自我认识、自我实现的目标确立在单纯的知识追求和真理把握上，而是赋予认识人、世界及其关系以深厚的价值意蕴。此种意蕴体现于人的思想、行为和面对的具体事物"悟道"之中，对这种意蕴的把握必须在人的身体力行中去领悟、体认和觉解。中国哲学所承载的人文传统，即对人的价值问题的关注、对人与自然和谐关系的探求、对社会伦理问题的重视，明显不同于西方古典哲学那种为知识而知识、为真理而真理的对象化的致思取向。

（二）天人合一，返归自然

百家争鸣时期，孔子发现了人，建立了人本主义传统。老子发现了自然，建立了自然主义传统。后分别经孟子和庄子的阐发，形成了各自的体系。孔孟老庄所奠定的中国哲学的两种传统走向，至战国后期进一步发展，并相互影响。各家把二者结合起来观察人事和天道，形成了人本主义和自然主义的链接。中国古代哲学实现的人本主义和自然主义的结合，形成了天人合一的基本世界观，具有三种含义：讲究人道不能脱离天道，天道与人道之间有内在联系；就理论思维的内容而言，要求以自然主义和人本主义相结合考察人生和自然，在人与自然之间不作主客二分，不单独为人生和自然设置主宰，各自从这种相互关系中获得动力乃至价值；这种相互结合中，人本主义思想为主要内容，人具有对自然的超越性内在价值，但这种超越绝不是对自然的背叛，而是与自然的统一，一种从自然的不可违背的道出发，在人的体悟中达到天人合一。

中国哲学家一直将儒家人本主义和道家自然主义传统融合起来，形成较为完善的传统哲学的世界观，但对科学的产生和发展产生了不利的甚至是致命的影响。首先，以人本主义为出发点和归宿，寻求天人合一，侧重于人生哲学和人伦道德哲学，引导人们如何生活于社会之中。占主导地位的儒家哲学因重天人合一，又把封建道德原则的义理之天与天人合一紧密结合在一起，造成了中国传统哲学长期以"天理"压人欲的特征。过分强调自然和人与自然的消极被动的统一性，实则失去了追求统一性的意义，因为失去了斗争性的统一体，将无法发展和进步。加之中国古代思维和行动趋于保守和尚古，政治、军事、经济发展表现为退忍、闭封和被动。对自然消极被动的统一，表现为不主动

[①] 出自（唐）慧能述，法海集，元代宗宝编：《六祖坛经》.

求知与消极实践，二者对科学技术的发展都是不利的。其次，中国古代哲学强调自然无为、无目的、无价值、无主宰。不提倡人类与自然界的对立，从而制约了中国古代自然科学的探究。因为不把自然作为对象予以关注，只是把人看作一个更大整体的一部分对待，形成了对人和自然的整体关照的方法论，就进一步导致人们把智慧和能力的发挥集中于人与人的关系上，而忽视对自然界和人与自然关系的研究，更不利于自然科学的发展，因此，中国发达的人本主义文化和社会成就，并没有促进自然科学的显著进步[①]。此外，中国古代哲学的天人之学，不分主体、客体，较少关注认识论问题，不能促进和引导人们对自然界和人类进行单独而深入的研究，因而对世界统一性原理和人与自然和谐的论证往往缺乏实证，只在思辨和体悟中掌握，从而阻碍了这一原理通向具体实践的道路，从而在指导具体人生、实践中产生主体间较大偏差，以至于对具体科学技术的发展加以指责，因为那些不是自然而是人为的，不是整体的体悟和超越而是局部的外向求知。

（三）重人文教化，轻科学建构

作为五千年文明古国，中国在应用技术方面取得诸多成就，但在科学体系建构上的成就则寥寥无几，这曾经成为世界科学史上的一个难题。较为合理的解释是中国哲学与文化不同于西方的传统。

不关注自然与科学的倾向成为中国哲学与文化的一种传统。古希腊的哲学家同时也是科学家，但他们对于自然知识与原理的追求给人以深刻印象。孔孟老庄等我国最早的哲学家，无论思想何其贤明睿智，但都缺乏注重科学的倾向，真正关心的是如何做人，科学问题在他们的思考之外。后世士大夫，只有一个人生目标和价值取向，就是内圣外王，研究科学是雕虫小技，为智者所不屑。由于缺乏科学的价值取向，即使仕途失意者和愤世嫉俗者，或退隐山林，或归之田园，也没有走向科学研究之路。中国古代的著作典籍浩如烟海，数量堪称世界第一，科学著作却屈指可数。中国古代的典籍多为"资治"而作，起经邦济世、御民教化的作用。中西两种不同文化对科学的不同态度表现出了完全不同的结果。这不是科研能力和方法的差距，而是一种人文思想的差别，是一种求真求知的文化传统和一种仕途经济的文化传统的差别[②]。

虽然中国古代哲学没有像西方哲学那样孕育出近现代科学，但不等于说中国哲学和中国文化与近现代科学无法相融，要彻底抛弃，甚至全盘西化。实际上，中国传统哲学、文化以其兼收并蓄，在对"人道"追求中重新获得生气和动力，在经历了一个时期的西方文化冲击、自我批判的洗礼之后，在吸收、改造和发展西方思想、价值观念、科学理论和技术成就，从而促进中国实现工业化方面异常成功。在抛弃其思想、方法、观念中反科学成分之后，儒道思想体系对科学技术的发展和国家现代化并不构成永久性障碍。从 20 世纪末西方哲学和科学思潮的发展趋势看，西方思想界的有识之士正在重新发现和汲取中国古代哲学的合理成分，借以解决西方现代社会发展所面临的诸多问题，这理

[①] 曹胜斌. 从中国古代哲学的特征看中国古代科学技术的终结. 长安大学学报（社会科学版），2002，（3）：7-11.
[②] 高文新. 论中国传统哲学与文化的世俗性. 吉林大学学报，2002，（5）：19-23.

当引起我们的高度关注,从而将中国传统哲学推陈出新、发扬光大。

(四)世俗取向,非宗教化

美国学者亨廷顿曾把世界文化划分为若干种,如基督教文化、伊斯兰教文化、佛教文化、印度教文化、儒教文化等。在所有这些文化形态中,只有一种文化是非宗教的,即儒家文化。早期来中国的学者,最惊诧的莫过于中国文化的非宗教性,以及中国宗教的多元性。在世界各主要文化形态中,只有中国文化的核心观念不是宗教,而是伦理哲学,这成为中国哲学与文化区别于其他民族的最鲜明的特性。

宗教在任何民族都是重要的人文思想。在西方宗教文化的背景下,人们做人的基本观念,来自一个世界之外、绝对真实、全能的神,被称作外向求真型文化。在中国,没有这样一个人心之外的绝对的神,被称作内向求善型文化。

中国文化中,人和自然是非对抗性的,在古代人类活动能力十分有限的条件下,便自觉顺应自然规律的要求,达成人与自然的和谐,受自然的庇护(天佑),因而无需超自然的神的护佑(神佑)。中国古代没有发达的西方式的宗教体系,人们无法通过宗教来获得文化心理的认同,即缘于古代哲学一直承担着宗教的使命,真正具有全民族心理认同功能的是儒家伦理,人们一直难以分清儒家和儒教,可以说是哲学宗教不分的。

中国文化的非宗教性是其世俗性的一个体现。中国从未出现过欧洲那种教权高于王权的情况,也未出现过伊斯兰教最高领袖集政权与神权于一身的情况。尤其是人性没有像西方中世纪那样受到神性的压抑和扭曲,而是得到了适度的张扬和发挥,使人本主义文化取得世界顶级成就,并在实用技术和社会生产方面长期处于世界领先地位。

第十一章　中国传统史学思想的发展脉络及基本精神

中国史学源远流长，丰厚而博大。在长期的历史发展过程中，史家如云，史籍如林，史观多样，史体完备，连绵数千年而不衰，在世界历史文化园林中堪称一朵辉煌而璀璨的奇葩。梁启超曾评价说："中国于各种学问中唯史学为最发达，史学在世界各国中唯中国为最发达。"[①]总体而言，中国史学文化包括史学思想、史学方法、史料运用及史学编纂制度等内容。本章将中国史学文化分成形成发展和繁荣延续两个阶段，予以概略阐释。

第一节　中国传统史学思想的形成发展期

传说黄帝时就有著名的史官仓颉，并有仓颉造字的说法。在中国远古时代，有许多关于英雄神的传说，在文字尚未发明以前，人们通常以口耳相传的方法来传承历史，因此称为传说时代。中国神话材料极其丰富，在较早的文献中有相当多，如《尚书》、《逸周书》、《竹书纪年》、《诗经》、《春秋》、《左传》、《国语》、《战国策》、《穆天子传》、《世本》和《山海经》等。尤其是《穆天子传》和《山海经》是两部专门的神话书籍。这些英雄神基本上都是氏族首领，如轩辕氏（黄帝）、烈山氏（炎帝）、陶唐氏（尧）、有虞氏（舜）、夏后氏（禹）、女娲氏、有穷氏（后羿）以及后来的契与稷等。他（她）们是原始社会末期在人类迈进文明的门槛时期出现的英雄，称为"英雄时代"。其形象在人们心目中得到放大，成为高大全式的人物，所谓"众善所归"。当然还有一部分危害社会的人物，成为反面典型，人们在传播其事情时，根据当时的道德进行评判，予以舆论谴责，其恶行也被越来越放大，最后是"众恶所归"。这可以看作史学行为的萌芽，但已表现出史学的褒贬功能，凸显抑恶扬善的作用。

一、商周时期

中国真正有文字的历史从殷墟甲骨文开始，从此进入信史时代。1977年在陕西周原地区周人宫殿遗址，发现镌刻着同样文字的甲骨一万七千多片。从甲骨文反映的情况看，商代已有"史"的名称了，但职能还没有专门化，主要从事宗教神学活动，成为神学的附庸，表明史学已经萌芽。西周建立后，史学已经从神学的附庸中独立出来，史官系统得到发展，出现了许多带有"史"字的官员，如"左史"、"右史"、"太史"、"内史"、"外

[①] 出自（清）梁启超：《中国历史研究法》。

史"和"小史"等。史官的任务就是"掌官书以赞治"①。在统治者身边记录与评价历史事件、保管文件，帮助统治者治理国家，史学从此进入正式发展的初期。

西周给后世留下了弥足珍贵的历史记载。考古发掘的西周青铜器很多都有铭文，又称为金文，大多有具体的时间、人物、地点等记录，后世所谓记叙文的要素已基本具备。这些记载虽不完全出于史官之手，但可以视为历史记载的起始。内容主要是王臣颂扬功业庆赏之作，记载了封赐、祭祀、宴享、征伐、俘获、诉讼等事实。反映西周历史的传世材料也很丰富，主要有《尚书》、《逸周书》、《诗经》等。《尚书》是中国现存的最早的文献材料汇编，保存至今的《今文尚书》28篇，大多是当时史官所记录并加以收藏的文件，记载了武王伐纣、周公东征、营建东都、册封诸侯等重大历史事件。

《诗经》是我国最早的一部诗歌总集。分为风、雅、颂三类，其中雅又分为大、小雅。风，又称国风，是各地的民歌；雅是宫廷乐歌；颂是"庙堂之音"，是王室和诸侯祭祀宗庙的乐歌。国风的价值在于文学，同时也是社会文化史的第一手资料，是各地无名歌手倾吐的心声，风格委婉，表现了劳动人民早期文艺创作的热情，是人民生活、思想、情感的真实体现。雅、颂的价值在于史料，反映了周人创业到西周建立等历史，堪称"史诗"。

二、春秋战国时期

春秋战国时期，是一个思想活跃的时期，也是史学意识自觉的时代，人们已经有意识地用文字来记载历史，各国都设立了专门史官，地位有所提高，国君的言论、行动都有专门史官记录，所谓"君举必书"②。史官不畏权贵，秉笔直书的风骨为后人所称道。知名的史学家有老子、孔子、左丘明和公羊高、穀梁赤等。史著的体例几乎囊括了后来历史编纂学所提出的编年、纪传（世家）、纪事本末、典志、记言、方志、表谱、图像和地图等所有方法，且兼有通史与断代史的形式，史学思想比以前更为丰富。

《春秋》和《左传》。《春秋》是中国第一部有著者署名的作品，相传为孔丘编著。记史的基本特征是"据鲁，亲周，故殷"，即以鲁国纪年为线索，旁及东周王室与各诸侯国的交往，接受殷商的政治传统。记事方法是在每年下分列春、夏、秋、冬四季，每季下再系月份与日期，然后简要地记上一条历史事件，成为一本精简的编年体史书。分述了242年的史事，事件的原委没有具体叙述，仅属大纲性质。但是通过用字遣词的感情色彩体现了明确的褒贬和爱憎分明的政治立场，所谓"微言大义"，体现了西周王朝礼乐制度的正统精神，反映了作者的道德标准和政治理想。《左传》是《春秋左氏传》的简称，相传为左丘明所作，基本上是《春秋》的配套注释。《左传》不仅记载鲁国历史，还涉及当时几个主要诸侯国的历史，并且保存了一些春秋时代以前的史事和传说。《左传》记史的体例突破了"编年"的基本框架，具有纪事本末性质。兼有历史智慧与文学风采，强调人对历史发展的作用，民心向背决定战争胜负和国家兴衰；颂扬史官秉笔直书的精神，开创了"君子曰"正面论史的形式；在描写复杂多变的战争风云和折冲

---

① 出自《周礼·天官·宰夫》。
② 出自《左传·庄公二十二年》。

樽俎的外交辞令上，表现出刻画人物个性和描摹行为细节的艺术天才。

《国语》和《战国策》。《国语》是中国现存已知的第一部国别史，有《周语》、《鲁语》、《齐语》、《晋语》、《郑语》、《楚语》、《吴语》和《越语》共 21 卷，以记载各国政治活动中的言论为主。出自左丘明之手，其分工是《左传》记事，《国语》记言。《战国策》是战国时期游说之士策谋和言论的汇编，为国别史。文字精彩，竭尽纵横捭阖、锋发韵流之能事。1973 年 12 月，长沙马王堆 3 号汉墓出土大量帛书，整理出一批与《战国策》同时代的史料。有 11 章见于《战国策》和《史记》；另有 16 章的内容是久已失传的新史料，不但可以补充传世资料的不足，还能够修正原有的讹误。1976 年已由文物出版社定名为《战国纵横家书》面世。

《山海经》和《天问》。《山海经》是中国第一部地理学著作，对中国古代某些山川、道里、民族、物产、药物、巫医乃至祭祀等，都有所涉及。对研究古代历史、地理、交通、文化、矿产以及神话，保存有丰富的资料。《天问》是屈原所作的一首史诗。该文反映了以屈原为代表的战国时代的士人，对社会和自然的思考，其眼界和深度同西方古代世界一些对物质世界有较早探索的"先知"们旗鼓相当。《山海经》和《天问》一向被视为奇书奇文，近于荒诞，实际上是那个时代的思想先驱们在研究现实的同时，大胆地驰骋遐想之作，成为该时代文化内涵丰富的标志。

春秋战国时期，涌现了许多政治思想家，他们对历史发展的规律、趋势提出了见解，表达了自己的历史观。首先是孟子，他的历史发展观有循环论色彩，所谓"五百年必有王者兴"，这种庸俗的带有英雄史观的历史循环论，受到孔子保守主义思想的影响。但他的"民为贵，社稷次之，君为轻"（《孟子·尽心章句下》）的观点却一直获得普遍赞扬。其次是荀子，明确地提出了"明于天人之分，则可谓至人矣"（《荀子·天论》）。他认为，天只是一个独立的自然实体，按其自身规律发展变化，不会随人的主观愿望任意改变，也不能随意改变人事；人还可以"制天命而用之"，在治乱、丰歉、灾祥和祸福等面前，人的努力可以胜天。从而很早地就把科学的、朴素的自然观与社会观引进早期的思维领域。还有韩非子，是法家思想的集大成者。他提出历史进化论的观点，所谓"世异则事异，事异则备变"（《韩非子·五蠹》）；但他所理解的进化内容，有着形而上学的局限。

三、秦汉时期

秦朝因为暴政，短命而亡，但其史官制度，基本延续未断。两汉书禁大开，史学局面开始活跃，论史、撰史、整理前代史料，成果可观。主要史家有司马迁、陆贾、贾谊、刘向、刘歆、班固等，史著有《楚汉春秋》、《史记》、《汉书》等。陆贾和贾谊的史论从前代的"附论"走上"专论"的道路，都以秦国灭亡为论据，提出在怎样吸取前朝失败的教训、设计成功的治国方略。后来每一个新的王朝初建，都认真地为前朝修史，即由此发轫。司马迁写出了《史记》，班固因在家修史受到检举，不料所用史笔的封建正统性质，受到明帝的赏识，因此飞黄腾达，统治阶级所盼望的一种封建正史的框架，也从此树立起来。《史记》、《汉书》都出自具备高度文学素养的作者之手，前者曾被鲁迅誉为"史家之绝唱,无韵之离骚";苏轼则七次手抄《汉书》,以接受其典雅风格的熏陶。

《史记》。西汉司马迁撰,全书130篇,其中本纪12篇,记载从黄帝到汉武帝时的历史,是全书的纲。"世家"记王侯卿相;"列传"记社会上一般的重要人物;"表"记述关键人物和事件的变迁;"书"记载社会主要领域的制度和情况;最后用"太史公曰"进行史料补充或评论。全书采取纵横交叉、点线面结合的方法,连接成一段段立体的历史网络,形象而生动地记叙了约3000年的历史。《史记》是中国史学中第一部体例完整的纪传体通史。作为全书后跋的《太史公自序》,揭示了作者撰写此书的动机、目标和理想:"究天人之际,通古今之变,成一家之言。"他成功地论载了一批明主贤君、忠臣死义之士,塑造了一批激荡时代风云的英雄豪杰和慷慨悲歌的市井奇人。后人称其"有良史之材,服其善叙事理,辩而不华,质而不俚,其文直,其事核,不虚美,不隐恶,故谓之实录"[①]。在史学观念上,他显得开放、求实,为项羽立本纪,列孔子、陈涉入世家;直斥汉武帝的奢侈迷信和酷吏政策,非一般人所敢为。

《汉书》。东汉班彪、班固、班昭和马续等先后合著,班固为主要著者。《汉书》是中国第一部规范的纪传体断代史。在体例上继承改造了司马迁的《史记》,人物传保留"本纪"与"列传",放弃了有"封邦建国"时代特点的"世家";把作为社会史的"书"改为"志",内容调整,特别是《食货志》完善了王朝经济史的记录,《地理志》、《刑法志》和《艺文志》开创了对国家行政区划、法制措施和文化传播状况记录的先例。《汉书》十志最大的特色,就是有时突破西汉时间的上限,兼容了不少前代有关史料。在"表"的设置上也增加了《百官公卿表》和《古今人表》。最重要的就是将"通史"改为"断代史",这不只是一种形式上的变化。班固认为,把一个伟大王朝的开国帝王,与前代亡国暴君排列在一起,是大逆不道的。事实上,每一个王朝的历史,如果独立起来,它的开国帝王自然就会高居首位。这种断代写史的方法无论从政治需要的角度,还是从合理结构的角度,都为后来历代修史者承继,奠定了《汉书》在中国历代官修断代史领域内的创始地位。但《汉书》宣扬天人感应、君权神授,强调等级制度不可逾越,为其不足之处。

四、魏晋南北朝时期

魏晋南北朝是大分裂时代,但史学却获得很大发展。其一,五六个边疆民族进入中原,各霸一方,王旗变幻,互争正统;汉族势力,整体南移,军阀争强,胜者为帝。全国上下先后多达30多个政权。每一个政权都要谋求现实的政治地位,以"正统"自居,扩大历史影响,就要给自己写书立传。其二,中央政权瓦解,官修国史制度瘫痪,有写史能力的人,出于各种需求,纷纷执笔,私修史书频频出现。其三,传统的权威学术失去独占地位,社会开放,个性解放。史学领域,史籍著述宏富、类型多样、地位日益提高。史学名著主要有《古史考》、《三国志》、《华阳国志》、《后汉纪》、《三国志注》、《后汉书》、《十六国春秋》、《魏书》、《宋书》、《南齐书》、《水经注》、《文心雕龙·史传》等。

---

① 出自(西汉)班固:《汉书·司马迁传》。

《古史考》。三国蜀谯周撰，属考辨性史学著作。作者认为司马迁的《史记》中写周、秦以上的历史采有俗语百家之言，其文不雅驯，于是根据儒家经典里的一些古史事实进行考辨。该书完全站在经学家的立场说理，局限性较大。但开创了中国史学著作中的考辨体例。

《三国志》和《三国志注》。《三国志》，西晋陈寿撰。陈寿原在蜀国担任观阁令史，入晋后官至治书侍御史。该书采用纪传断代体例，框架为国别史，因尊魏为正统，所以《魏书》用"本纪"，蜀主与吴主都用"主"、"传"，但其结构仍与"本纪"同。时人赞扬作者善于叙事，有良史之才。但留下两大缺点：出于撰者复杂的主客观原因，《蜀书》材料显得单薄；《魏书》后部涉及司马氏家族事件，多有"回护"不实之词。南朝宋文帝建议裴松之为《三国志》作注，裴松之突破传统注解，仅仅训释字句的范围，做了大量史实的补缺、备异、惩妄和论辩工作，篇幅达到原书的3倍，发展了"史注"新例。

《华阳国志》。东晋常璩撰，方志体通史。记述当时梁、益、宁三州地区历史，相当于现在四川、陕西、汉中及云南一部分。《禹贡》曾有"华阳黑水惟梁州"一语，这一带在华山之南，所以取名"华阳"。记事上起传说时代，下迄东晋年间。其中尤以对诸葛亮征南中、李冰父子建都江堰与中国西南地区地理沿革、民族分布和社会经济文化等史料记载较详。

《后汉书》。南朝宋范晔撰。与《史记》、《汉书》、《三国志》并称"廿四史"的"前四史"，且史笔与文笔兼长。该书记事上起新朝王莽地皇四年，下至东汉献帝刘协延康元年，为纪传体断代史。原计划写10纪、10志、80列传；后因被杀，10志未能完成。

《水经注》。北魏郦道元注，是一部以记述水道为主要线索的历史地理专著。三国时代流传《水经》一书，记载河道137条，内容简略。郦道元以该书为基础，通过实地考察与旁征博引，将河道增加到1252条，并联系其两岸的建制沿革、土地物产、聚落兴衰、文物遗迹和有关遗闻逸事，以20倍的篇幅，加以充实，成为一部史料价值极高的著作。该书叙述流畅、文采斐然，也是文学史上著名的散文作品。

《文心雕龙·史传》。南朝齐梁时代刘勰撰。该书为中国第一部文学理论与批评专著。当时文史尚未分途，所以书内列入史著专章，是中国古代第一篇兼具史学史和史学评论的专论。该文议论上起《尚书》、《春秋》，下迄东晋，线索清楚，观点明确。主张秉笔直书，垂鉴后世；提倡拟定条例，讲究兼容。用骈俪文写成，在开辟系统论史的体例方面，可以视为唐代《史通》的先驱。

第二节　中国传统史学思想的繁荣延续期

一、隋唐五代时期

唐代隋政，英明智慧、深谙历史经验与现实政治密切关系的李世民，特别重视吸取前代兴亡成败的教训，大规模组织最优秀的人才进入史馆，厘定制度，明确责任，提高史官地位，改善待遇，乃至亲自动笔为《晋书》写"纪赞"与"传论"。一时重臣长孙无忌、魏征和李延寿等，都进入修史行列，先后修成《梁书》、《陈书》、《北齐书》、《周书》、《隋书》、《晋书》等六部纪传体正史；《南史》与《北史》完成于后来的高宗时，以后又继续编修了大量的"起居注"、"实录"和"国史"。唐代开史书体例新局者，首称史学理论与史学批评，其代表作为刘知几的《史通》，其次是中唐时期杜佑首创的"典志体"史书《通典》，再次是晚唐的"会典"、"会要"、"本朝编年"、"民族史"与"历史笔记"等。

唐代，史学家们对史学作品社会作用的理解以及自身的责任感都在迅速提高。唐太宗李世民很早就大声疾呼："大矣哉，盖史籍之为用也！"《通典》作者杜佑直接在《自序》中宣言："所纂《通典》，实采群言，征诸人事，将施有政。"明确地亮出了"经世致用"的观点。

《史通》。刘知几撰，中国第一部系列研究历史编纂理论的专著。《内篇》论述史籍的源流、体例和编撰方法；《外篇》论述史官建制的沿革和史籍编写的得失。文体使用骈俪，显然是作者有意识地寻求对《文心雕龙·史论》的发展与提高。他给"良史"设立的标准有二：一是以"实录直书"为贵，以"简要"为主；二是具备"三长"，即史才、史学、史识。《史通》不愧是中国史学史上的一座承前启后的里程碑。

《通典》。杜佑撰，中国第一部专记历代典章制度沿革的通史。全书200卷，分列9门。在9大"门类"中将"食货"列为第一，在"食货"中又将"田制"列为第一，可见其对经济的重视，对国计民生有热切的关怀，这也与他长期担任理财高官的经历有关。该书取材宏富，上起传说中的黄帝、尧舜，下迄唐玄宗天宝末年，并在"附注"中涉及肃宗、代宗和德宗时的改革制度；收载的范围宽广，从群经、诸子、正史到杂书，有关制度的记载搜罗殆尽。它用功之勤、用心之深，有很高的史料价值和体例价值。

《大唐创业起居注》和《贞观政要》。《大唐创业起居注》，温大雅撰，是中国史籍中现存的第一部"起居注"。作者为李渊的记室参军，参预机要，掌管文书，所记史料真实、完备，更为可信。《贞观政要》是一部政论性的历史文献，其体例上承《尚书》和《国语》的"记言"特色，下启"纪事本末"史书。分类编辑唐太宗贞观年间与名臣魏征、房玄龄和马周等的问答、大臣的诤议、劝谏的奏疏和政治上的一些重大措施，是研究唐代政治的重要材料。

二、宋元时期

两宋是中国史学发展的繁荣时期。这个政权的史学发展机遇有几个特点：一是继承了唐朝成熟的官方修史制度和可观的史学遗产；二是统治者轻武重文，科举兴盛，知识分子社会地位较高，思维与写作能力特别活跃；三是中原边境少数民族频繁崛起，并始终与宋朝长期对峙，甚至隔淮水相望长达150多年，民族危机的威胁与压抑促使全社会进行更多的历史思考；四是政权本身的种种内在矛盾，也不断引起留意社会问题的政治家和思想家，从历史中去寻求各种经验和智慧；五是活字印刷术的发明与使用，给史籍的传播与保存提供了空前优越的条件。两宋时，在官修史籍加快发展的同时，私修风气也逐渐冲破官方的藩篱而盛行。史家队伍阵容强大，史著数量大增，著作体例多样、质量突出，形成空前的鼎盛局面。一流史家有欧阳修、司马光、宋祁、范祖禹、刘恕、朱熹、马端临和胡三省等，他们继承、发展了纪传体断代史的多种内涵、编年体通史的崭新形式、纪事本末体的通史与断代史全新体例，以及"纲目"、"通考"、"长编"、"要录"、"略"、"人物传记"、"杂记"、"考异"、"纠谬"之类丰富多彩的样式。知名史著有《旧五代史》、《资治通鉴》、《新唐书》、《新五代史》、《续资治通鉴长编》、《通志》、《通鉴纪事本末》、《资治通鉴纲目》、《文献通考》和《东京梦华录》等。其史学思想以"会"、"通"、"变"、"断"为主流，研究领域突破传统，较多地扩展到学术史、民族史、外国史、社会史、科技史乃至目录学、金石考古学等。

元朝进入中原之前，曾用蒙文写成《脱必赤颜》一书，其中记载着成吉思汗祖先的谱系、蒙古各氏族部落的源流、铁木真的生平事迹等，由察罕译成汉文，名《圣武开天记》；后又陆续出现《元朝秘史》、《元秘史》和《蒙古秘史》等名称，是了解蒙古族早期历史的珍贵史料。元世祖忽必烈对吸收汉族文化充满政治热情，即位初始，就建立起国史院等一整套编修历史的机构，先后修成《辽史》、《金史》和《宋史》。

《新唐书》。北宋欧阳修撰，前书为奉诏主修，分工"本纪"、"志"、"表"，宋祁参修"列传"；后书出于私撰，死后由朝廷批准刊行。编纂特点在于：其一，事增于前，文省于旧。对此，点评价论者一直一分为二：欧阳修以文笔简练著称，文章缜密博赡，很受好评；但作为有特殊价值的史料，不应贸然删除，更不能意气用事。如将《旧唐书·方伎传》中的孙思邈、僧一行、唐玄奘、神秀和慧能等删去，满足个人反佛的宗教偏见，非常不理智。其二，新创"表"、"志"，内容充实。《宰相表》和《方镇表》紧扣社会实际，反映政治势力的消长；《选举志》和《兵志》详述选官制度和军事制度的沿革变化，有独到之处。

《资治通鉴》、《续资治通鉴长编》、《通鉴记事本末》、《通鉴纲目》。"鉴于往事，有资于治道"是宋神宗看完司马光所著《历代君臣事迹》后的赞语，并赐予该书《资治通鉴》的正式名称。《通鉴》是中国第一部编年体通史，与一千多年前的纪传体通史《史记》遥遥相对，形成中国史学史上的两座顶峰。记事上起公元前403年，下迄公元959年，长达1362年。全书294卷，又《目录》与《考异》各30卷。作为责任主编，司马光制定了严密的编修程序：首先编写"丛目"，然后扩大为"长编"，最后斟酌定稿，亲自把关，保证了全书虽经数人之手，而义例一贯、文风统一、醇深渊博的底蕴。书中又以"臣光曰"形式，撰写"史论"118篇，阐述了主编的政治立场与原则，从封建正统角度严肃评判一些关键性历史事件的是非，与《史记》中的"太史公曰"有异曲同工之妙。在该书编撰前后，司马光还主持编写了《稽古录》、《资治通鉴目录》、《资治通鉴考异》和《通鉴举要历》等著作，作为研读《通鉴》的辅助读物。司马光编写《通鉴》虽然很谨慎，未敢涉足当代，但却引导与刺激了一批南宋史学家步其后尘，用编年、长编、本末和纲目等体例续写或诠释《通鉴》。如李焘竭40年之精力，编成《续资治通鉴长编》，记载北宋九朝168年历史。史学家袁枢采用"因事命篇，不为常格"方法，彻底改编了司马光的《通鉴》，创造了《通鉴纪事本末》的"纪事本末"体例。全书一事一篇，上起《三家分晋》，下迄《周世宗征淮南》。此例一开，中国史籍遂从以时为纲的"编年"，到以人为纲的"纪传"，再到以制度为纲的"典志"，最后出现以事为纲的"本末"，使历史基本的表述方法达到完备。袁枢此书的篇目设计，使用了《春秋》微言大义、一字褒贬的义法，如《光武平赤眉》、《孙权据江东》、《王莽篡汉》、《祖逖北伐》和《宦官弑逆》等中的"平"、"据"、"篡"、"伐"与"弑"等，无不体现鲜明的感情色彩。南宋大理学家朱熹也编写了《通鉴纲目》，直追《春秋》"经"与"传"相配的形式，以纲带目，为编年体例设计出一种新的形式。用大字顶格书写"纲"，用小字低格书写"目"；"表岁以首先，而因年以著统；大书以提要，而分注以备言"。不只在形式上模仿"经""传"关系，在思想上也追求正统的儒学体系。如对魏、蜀、吴的三国关系，则改称蜀为正统；竭力表彰忠臣义士，严厉谴责乱臣贼子，强调划分夷夏之防，以达到政治伦理教育功用。

《通志》。"百川异趋，必会于海，然后九州无浸淫之患；万国殊途，必通诸夏，然后八荒无壅滞之忧；会通之义大矣哉！"南宋史学家郑樵在《通志·总序》中，开宗明义地提出了理解历史真实面貌、构建历史研究框架的重要原则。他以一介寒儒，付出一生的努力，广游名山大川，搜奇仿古，遍历诗书之家，问学求读，最后撰成《通志》200卷，实现了自己崇尚实学、会通求变的治史主张。《通志》是《史记》之后的一部大型纪传体通史。

《宋史》。元中书右丞相脱脱等修，纪传体断代史。两宋史事，一书包容，篇幅为廿四史之冠。该书两大缺点：其一，两宋篇幅悬殊，如《文苑传》中记北宋文人81家，南宋仅有11家，与史实严重不符；其二，编次上的技术性错误，可谓俯拾即是。所幸编修们在使用资料上能充分吸取前人经验，使全书可供后人参照的内容不少，如《食货志》对两宋经济发展状况有较为完备的叙述，反映了真实历史，是其可取之处。

《金史》。元中书右丞相脱脱等修，纪传体断代史。叙事文笔较好，在体例上有所创新："本纪"最后增加了一卷"世纪补"，记载了3个身份仅仅是大臣的皇帝父亲的历史，语气不卑不亢，安排恰当，为后世王朝所沿用；另列有"交聘表"，用表格形式记载了金与宋、西夏、高丽等国和、战、庆、吊往来诸事，条理清晰，阅读甚便。

《文献通考》。宋元之间马端临撰，典志体通史。内容并列24考，有田赋、钱币、户口、职役、征榷、市籴、土贡、国用、选举、学校、职官、郊社、宗庙、王礼、乐、兵、刑、舆地、四裔、经籍、帝系、封建、象纬和物异等；前19考基本承袭《通典》等书的传统名目，后5考则为首创。编排也独出心裁，顶格列叙事之"文"，低一格列论事之"献"，低两格载诸儒之议论，父亲马廷鸾的言论冠以"先公曰"，自己的意见则加一个"按"字，眉目清楚，条理分明。此书密切结合社会实际，记载门类愈益完备，注重经济发展，反对迷信，以"物异"取代"灾祥"。其经世致用之意，治国安民之想，20多年努力如一日，其思想、热情和毅力，值得称道。

《梦溪笔谈》。北宋沈括著，26卷，另附"补笔谈"3卷、"续笔谈"1卷。体例属科技、艺术等杂史笔记，内容包括故事、辩证、乐律、象数、人事、官政、权智、艺文、书画、技艺、器用、神奇、异事、谬误、讥谑、杂志和乐议等 17 项。作者记录了多年研究各种自然和社会科学的成果，涉及面广，叙述详尽，价值极高。

三、明清时期

明太祖朱元璋立国伊始，即令攻进元大都的前线统帅把元官历史档案运回南京，组织修史。于是大明官修的《元史》就此开编。但编修用时不足一年，是廿四史中编写最草率的一部；列朝《实录》"止书美而不书刺，书利而不书弊，书朝而不书野，书显而不书微"，形成"实录不实"的窘状①。明成祖朱棣即位，敕宠臣解缙开始编著《永乐大典》，该书规模宏大，五年成书；辑入图书七八千种，约 3.7 亿字，装订 10095 册，是当时世界上卷帙最多的"百科全书"。英宗正统以后，外有侵略威胁，内有党派斗争，政权控制力削弱，私人修史渐成风气，形成了"明季野史，不下千家"的兴盛局面②。包括典章制度、人物纪传、编年、纪事本末、各种社会杂史和史考、史论等。明朝后期私人撰史有三大弊端：挟隙而多诬，轻听而多舛，好怪而多诞。潮流汹涌，难免泥沙俱下，但这一私人撰史高潮，正是历史发展的必然。

明清之际，城市商品经济发展，西学东渐，民主精神渗入到历史批判、学术研究和谋求社会革新等领域，其代表人物顾炎武、黄宗羲和王夫之成为思想界的先驱。顾炎武学识渊博，著作等身，力行不倦；通过经学、史学、金石学和地理学的钻研，寻求治国安邦、经世致用之术。黄宗羲著述丰富，着力于学术史研究和对封建制度的批判。王夫之研究领域更加广阔，天文、地理、历法、数学，都有涉及，其在史论方面对汉族政权演变史的系统检讨与论述，发人深省。这三位思想家有两大共同特点：精研学术，在自己涉足的领域里都有空前、独特的创著；都能身体力行，积极投身政治和军事活动，都曾参加武装反清，表现了严正的民族气节。

清承明制，定都伊始，立即设馆编修《明史》，三次断续编写累计时间达 74 年之久，在廿四史中编修时间最长，质量也较高。但清统治者钳制汉族知识分子的思想文化自由，思想敏感，大兴文字狱；组织千军万马，大肆编书。动机是把几千年的中华文化来一个彻底的检查，毁其不满，编其可存。除系统的《实录》和《清史列传》等例行史籍外，《古今图书集成》、《四库全书》、《廿四史》、《六通》、《会典》以及 20 多种宣示朝廷武功的《方略》，先后编成。在这种大规模编书潮流推动下，同时在"文字狱"高压下，一个专门以考据古籍——注释、校勘、考订、辨伪、补正、辑佚、改作为事的学术活动，迅速展开于乾隆、嘉庆时代，被称为"乾嘉学派"。其中的史籍考据，称为"乾嘉史学"，涌现了王鸣盛、赵翼和钱大昕等才智之士。更有时代骄子、一位自诩"吾于史学，盖有天授，自信发凡起例，多为后世开山"③的文史理论大家、《文史通义》的作者章学诚破壁而出。他批判"宋学"（理学）的空疏和"汉学"（考据）的无益，强调"经世致用"、"六经皆史"，创"史意"，倡"史德"，探索"新史体"，策划"方志学"，成为中国古

---

① 出自（明）李建泰：《名山藏序》.
② 出自谢国桢：《增订晚明史籍考·自序》.
③ 出自（清）章学诚：《文史通义·家书二》.

代史学队伍的最后一员健将,近代史学的第一位"拓荒者"。

《元史》。明宋濂等撰,纪传体断代史。该书"本纪"资料主要来自元代13朝"实录",而"志"书的资料收集范围广阔,如《天文志》和《历志》都吸取了元代杰出天文学家郭守敬和历算学家李谦的研究成果;《地理志》则有《大元大一统志》做蓝本;《河渠志》是编撰者多方收集资料精心写成,对各条大小河道和主要海塘、堤堰及其水利设施,做了明确交代。

《明史》。清张廷玉等撰,纪传体断代史。该书断续编写三次,先后有两三百人参加撰修,实际编撰时间达 74 年。该书史料丰富,取舍慎重,凡难下结论的则存疑,来自明代的原始资料有回护不实的地方则据实修改,恢复应有原貌。缺陷在于对资本主义萌芽的社会经济发展状况记载很少。

《藏书》和《续藏书》。明李贽撰,同属"纪传体"史书。前者论载了从战国到元末的 800 位历史人物;后者论载了从明太祖到神宗时期的 400 位人物。撰者大胆发挥了自己的独特见解。"富国名臣"一类,提高了对发展社会经济有卓越贡献的人物的历史地位;高度评价"知兵之将"对国家安危的重要性,鄙视空谈误国的文臣。竭力抨击理学,歌颂"靖难之役"中名臣方孝孺忠贞不屈,表彰领导"北京保卫战"最后死于统治者夺权斗争中的于谦为"经济名臣"。其思想方法初步迈进历史唯物主义范畴。

《国榷》。明末清初谈迁撰,编年体明史。谈迁原名以训,明亡后,改名"迁",以识亡国之悲,该书有两大特点。第一,明代中后期陆续出现诸家编年明史,有不少讹陋冗肤;官方"实录",也多忌讳失实。谈迁多方收集明代史籍达 100 多种,以对国家民族高度负责的热情,修正了很多书的失误之处。第二,此书脱稿后一直未能付印。1950年,古籍出版社曾用两个抄本互相校补,于 1958 年出版。书中所载万历以后,明与后金的很多交往经过,在清朝大肆"编书"时幸免篡改之难,其史料价值为他书不及。

《天下郡国利病书》。明末清初顾炎武撰,以研究社会经济、政治为主的地理学著作。其资料杂取"廿一史"、全国府、州、县志、历朝奏疏文集和明代"实录",然后分类辑录有关民生利害部分,详细论述各地地理形势、水利、粮额、盐政、屯田、设官、边防、关隘乃至农民起义、少数民族及海外各国情况等,着重介绍了经济和军事概况。此书是明末清初推动学术经世致用、为反清复明服务的代表性名著之一。

《明儒学案》。明末清初黄宗羲撰,是中国学术思想史的开山之作。该书将明代学者 200 余人,按学术渊源概括为 19 个学案、3 个时期和 4 个部分。初期以程朱之学为主,陆象山派次之;中期专述王(守仁)学;末期立东林、蕺山两学案,东林以顾宪成、高攀龙为首,蕺山派仅刘宗周一人。中期与末期之间另立一诸儒学案,以收各学派之外的学者。在每一学派之前,写一"小序"和各个学者的小传,扼要介绍学者的生平经历、著作思想及学术传授,然后列出其学术著作和语录选辑,间附作者的评说。其体例和结构为后世同类著作提供了参考。

《读通鉴论》和《宋论》。明末清初王夫之撰,评论史事的专著,其体例和方法都有创始意义。《读通鉴论》按《资治通鉴》上、下年限的帝王系列划分"卷"、"篇"。"篇"下选择该帝王统治时期所发生的若干重大事件加以评论,这些事件基本上都有一定的现实意义，经过分析和褒贬，有助于联系当前实际，从中吸取经验教训。他希望通过探求历史的成败得失，以之作为认识和改造现实的借鉴，经世致用。他反对"正统论"，认为天下不是一家私有，天下人的事要由天下人来公议，体现了强烈的民主主义思想。《宋论》专评宋代史事，其方式、宗旨和标准同于前书，如指出奸臣秦桧得势并残害岳飞的根源，是宋室君臣严防武将篡位的恶果，崇祯听谗冤杀袁崇焕如出一辙。许多评论都切中时弊，发人深省。

《廿二史考异》、《十七史商榷》和《廿二史札记》均是出现在"乾嘉史学"活跃时期的"三大考史名著"，但其研究角度和趋向又有别于"乾嘉"精神。《廿二史考异》，清钱大昕撰，仿司马光《资治通鉴考异》体例。该书所考"廿二史"，是指《廿四史》中除《旧五代史》和《明史》以外的部分。作者在考订过程中，着重于文字校勘和名物训诂，并指出史书记载的前后矛盾以及与他书的抵牾之处；不但能以史证史，而且能以经证史，以金石铭文等考古材料订正史书的讹错，超越了"乾嘉考据"的狭隘范畴。《十七史商榷》，清王鸣盛撰，考史名著。作者穷毕生之力，对《史记》、《汉书》、《后汉书》、《三国志》等17部史籍不仅校勘文字，考订典章制度，而且评论史书体例的得失、作者的品格和才能以及若干历史人物和事件，其论点往往有独特之处，史学研究价值很高，非一般考据所能比拟。《廿二史札记》，清赵翼撰，基本上是一部史论著作。其评论范围涉及史书的体例特点、编纂方法、史料来源、内外矛盾、人物善恶、事件是非，乃至编修者的品格倾向、文笔风采，经常采用分类归纳和前后比较方式，深入浅出，排乱解纷，引导读者难中见易，小中见大，既科学又有趣，具备一部高水平的"史学入门"著作的标准。

第三节 中国传统史学思想的基本精神

中华民族是一个酷爱历史的民族，史学传统则是构成中华民族精神心理结构的核心要素，史学文化也成为中华民族之道德、文化及国运、族脉所托命之本。总体而论，中国传统史学具有以下突出特征。

第一，人文主义传统。孔子认为历史发展是由"天"与人双重动力促成的，天命隐藏在人事之中。中国传统史学虽然没有弃绝天命神意，也没有过分强调弃绝天命或漠视人事，而是维持天人合一，但人的历史主体性则始终得到认同，撰述的核心是世俗人事，神意往往是社会公意的昭示。中国史学中存在着一以贯之的人文主义传统，司马迁对人死重于泰山或轻于鸿毛的探讨，龚自珍良史之忧的质疑，都是传统史学人文精神的自然流露。刘知几认为历史是进化的，史家应该"考时俗之不同，察古今之有异"；他敢于对过去的权威典籍提出怀疑和批判，主张"夫论成败者，固当以人事为主，必推命而言，则其理悖矣"[1]，表现出对传统"天命论"的排斥。他进一步发挥了历史编纂的"垂鉴"理论，强调"史之为务，申以劝诫，树之风声"[2]，旨在"劝善惩恶""激扬名教"。《二

---

[1] 出自（唐）刘知几：《史通》卷十六《杂说》上。
[2] 出自（唐）刘知几：《史通·直书》。

十四史》宏幅巨制的主干以描述人事为主,其他内容也围绕人事展开。中国以人事为中心的纪传体则保持着连续发展的态势,就连对中国历史抱有一定偏见的黑格尔也不得不承认:"中国历史作家层出不穷,连续不断,实在是任何民族所比不上的。"①

第二,经世致用传统。中国古代认为历史可以惩恶劝善,即善可为师,恶可为戒;认为历史可以鉴往知来,即不知来则视诸往,所谓前事不忘后事之师。统治者最为看重的是历史鉴往知来的政治垂鉴功能。表现在历史编纂上就是"着眼当代,详今略古"传统。经世不仅是史学研究的目的,也体现了一种关注时代需要的精神。史学思想中的借鉴意识、述往思来的意识和忧患意识即为其体现。很多史家都明确阐述过以史经世的主张。杜佑在《通典》自序中明确表达自己的撰史宗旨:"征诸人事,将施有政。"南宋郑樵的史学理论,有两点值得推崇:一是认为历史不能空谈义理,专务辞章。他比喻说:史家如果专事褒贬,那就"犹当家之妇,不事饔飧,专鼓唇舌,纵然得胜,岂能肥家"(《通志·总序》)!二是记史务去"欺天之学"。他严厉批判历史记载中的各种神学附会之词,极力主张"国不可以灾祥论兴衰"、"家不可以变怪论休咎"(《灾祥略》),反映其朴素唯物主义思想。这种传统在明清之际得到更大的发展。中国传统史学的功能突出表现在"资治"上,司马光著史"专取关国家盛衰,系民生休戚,善可为法,恶可为诫者以为是书"②,以实现"穷探治乱之迹,上助圣明之鉴"③目的。史家以道自任,"史以载道"、"激扬名教"的伦理主义史学旨趣是其实用理性的自觉显现。这种政治伦理倾向决定了史学积极的干预现实和参与政治的品格,也决定了直笔书史不仅是事实之真,而且更重要的是政治道德之真。其弊端在于容易使历史学沦为政治运作的手段或工具,从而失去作为独立学科赖以存在的求真基础,甚至使史家的角色行为走入误区。

第三,秉笔求真传统。坚持实事求是,如实地揭示历史事实的真相,是历史学研究的基本原则。直书实录精神能否实行,直接关涉史学功能的能否贯彻。因为历史是用来惩恶劝善、鉴往知来的;如果记载上的历史不真实,无法使人相信,那么,历史就失去惩恶劝善、鉴往知来的功能,史学就失去了存在的价值。为此,必须保证史官的记载活动不受干扰,使之能如实记载历史,使行世者必为信史。因此,首先必须给予史官以独立的地位,使之可以自行执掌史职,不受任何权势干涉。但这只是理论上的设定,在现实中史官究竟能否忠实履行史职,做到直书实录史事,在很大程度上取决于史官自身的人格品德高下④。历史上优秀的历史著作,常被人称为"实录"。求真的思想体现在历史编纂上就是直笔传统,体现了史家对历史记载真实性的责任感,实录精神则是人们对史家的崇高评价。司马迁就是史家实录的楷模,"自刘向、扬雄博极群书,皆称迁有良史之材,服其善序事理,辨而不华,质而不俚,其文直,其事核,不虚美,不隐恶,故谓之实录"⑤。对于史笔的褒贬标准,宪宗时任史馆修撰的李翱认为,史家必须"取天下公

---

① 出自(德)黑格尔. 历史哲学. 北京:三联书店,1956.
② 出自(北宋)司马光:《进书表》.
③ 出自(北宋)司马光:《谢赐资治通鉴序表》,《温国文正公集》卷57.
④ 葛志毅. 中国古代史学的精神文化传统. 学灯. 11.
⑤ 出自《汉书·司马迁传》.

是公非以为本"。唐朝不愧一个宽宏博大的时代，史学风气同样激昂慷慨。

第四，视修史为不朽之业的传统。我国的历史记载之所以能持续不断，主要原因就是史家把史学看作"名山"事业的优良传统。司马迁称自己写史是"藏之名山，传之其人，通邑大都，则仆偿前辱之责，虽万被戮，岂有悔哉！"①其意是把作史当作不朽之业，为此甚至能以生命为代价。正是这种深刻的历史意识、自觉的史学意识和对历史撰述的责任感，促成了我国修史传统的形成，而那些丰富生动的史籍就成为保存民族文化的重要载体。这种著述传统不再是个人不朽的事业，而是对我们民族繁衍发展历程的自觉记述。中国史学一开始就带有寻根溯源的深厚历史感，《春秋》记载242年的历史，《史记》叙述了3000年的历史，《资治通鉴》时间跨度达1362年。历史眼光的深邃，彰显了史家对现实认识的深刻，如司马迁倡导的"通古今之变"，能超越时代局限，批判地考察现存事物。

第五，德才学识有机结合的传统。这是中国史学理论中关于史家修养的几个重要范畴，从刘知几到章学诚基本上建构了我国古代史家修养的理论。唐代史学家刘知几在《史通》中，首倡治史要具备三种能力：才、学、识。①才，即搜集、鉴别、组织、驾驭史料，并用优美的文笔阐释历史事实的能力。对史著文字审美要求传统的认识，集中在《左传》、《史记》、《汉书》、《资治通鉴》等名著中。特别是《史记》，把历史学和艺术性的表述巧妙地结合起来，开创了纪传体史学和传记文学。②学，即积累和掌握丰富的史料和各种历史知识的能力，史家对史料的搜集和考信，既注重博览群书、引经据典，也注重社会实践。史家不仅注重对史事、史料的鉴别取舍，更要注重对历史与现实问题的观察和思考。③识，即指分析和论断要有新意，并且用尊重历史的态度博览群书、博古通今，在撰述能力上，讲究对材料的组织编排和文字表达艺术。④德，章学诚在《文史通义·史德》篇中首倡"史德"，即"著书者之心术也"，强调史家不以个人好恶影响对历史客观性的反映。既要唯义是求，体现在"取鉴资治"、"彰善瘅恶"、"藏往知来"等方面，又要锲而不舍，以强烈的使命感、事业心，将史学与国家、民族的命运相联系，提出深刻的见解②。

---

① 出自（西汉）司马迁：《报任少卿书》.
② 张桂萍. 近50年来国内关于史学传统的研究. 史学月刊，2003，（8）：113-119.

第十二章 中国古代文学的主要成就及基本精神

中国古代文学是中国文化体系中灿烂、有活力的一部分，是历久弥丽、咀嚼不尽的精华。如果从《诗经》算起，它已经历了三千年的岁月而没有中断。其内容和形式，都生动地体现了中国文化的基本精神，体现了中华民族的美学追求。中国文学不但在思想和形式的密切融汇中，彰显自身独特的个性和精神风貌，而且以连绵不断和高潮迭起著称于世。在三千余年的历史长河里，由瑰丽奇特的上古神话开其端，接连《诗经》、《楚辞》、诸子散文，而后汉赋、魏晋诗文、唐诗、宋词、元曲、明清小说，堪称彼伏此起，彼隐此显，不断创造与时代风貌相契合的文学奇观。

第一节 中国古代文学的发展历程

一、先秦文学

先秦文学指秦朝统一之前的全部文学，其主体为春秋战国时期的文学。先秦文学是中国文学的光辉起点和重要奠基阶段，在中国文学史上占有重要地位。

文字产生之前，原始社会先民在从事体力劳动的同时已开始尝试文学艺术创作。这时的文学形式主要是口耳相传的歌谣和神话传说，《吴越春秋》记载的《弹歌》就是一首原始的猎歌。"女娲补天"、"羿射九日"、"大禹治水"、"精卫填海"等故事，就是从远古时期代代相传下来的神话。

随着西周的灭亡，华夏民族便进入春秋、战国时代，此时社会政治经济发生了显著变化，尤其是在七雄争霸的战国时期，农业、手工业、商业获得空前发展，各国竞相变法，试图增强自己的实力，实现对外扩张。顺应时代的需要，当时涌现出了一大批杰出人物，形成"九流十家"。各诸侯国养士之风盛极一时，士阶层为了宣传推行自己的政治主张，纷纷投靠各国君主，献计献策，游说诡辩，著书立说，致使当时思想学术气氛异常活跃，出现了中国历史上有名的"百家争鸣"局面，产生了《老子》、《论语》、《墨子》、《孟子》、《荀子》、《孙子》、《庄子》等诸子散文。历史散文也得到了长足发展，出现了《春秋》、《国语》、《左传》、《战国策》等史学著作，它们除了具有重要的史学价值之外，也极具文学色彩，成为后世历史散文创作的典范。

《诗经》是中国最早的一部诗歌总集，反映了从西周初年到春秋中期的社会生活和民风民俗，是一部思想性和艺术性都很高的古代名著，为后世的诗歌创作奠定了基础，成为中国诗歌的光辉起点。随后问世的楚辞对《诗经》既有继承又有发展，与《诗经》

双峰对峙，成为中国浪漫主义文学的源头，对中国的文学发展也产生了深远影响。

二、秦汉魏晋南北朝文学

历经短暂统一的秦王朝，中国历史进入了长达 400 年之久的汉王朝统治，是中国文学史上的拓展期。

秦王朝统治残暴，文化上又焚书坑儒，因而文学创作衰落，惟有李斯《谏逐客书》及一些铭文、刻石留下了该时期的文学影像。两汉王朝统治者总结了秦亡的教训，无论是经济还是文化上都采取了一些措施，文学呈现蓬勃发展的态势。随着南北文化的合流和儒学主导地位的确立，融诗、骚、文于一体的汉赋异军突起，成为汉代最具代表性的文体，重要的大赋作家有司马相如、扬雄、班固、张衡等。汉代散文丰富，形式多样。以贾谊为代表的政治散文在思想和艺术上都有很高成就，刘向的记事散文包含丰富的儒家治国思想。《史记》和《汉书》两部史书，同时也是史传散文杰作，《吴越春秋》开历史演义小说的滥觞。汉乐府民歌艺术成就高，尤以《陌上桑》、《孔雀东南飞》为佳。在乐府民歌的影响下，东汉文人开拓出完整的五言诗，《古诗十九首》是文人诗的代表。

魏晋南北朝时期，中国社会长期处于分裂状态，战乱频繁，动荡不安。两汉时独尊儒术的政策已经失去约束力，文人名士或崇老庄，或信仰佛学。文学也从儒学的束缚中解放出来，日益走向独立。这一时期，人们开始关注文学的自身价值，出现了多部有影响的文学理论和文学批评著作，如曹丕的《典论·论文》、陆机的《文赋》、刘勰的《文心雕龙》、钟嵘的《诗品》等，以及多部文学总集，如萧统的《文选》、徐陵的《玉台新咏》等。这一时期，文苑出现了各种文体争新斗妍的景象。五言古诗在汉乐府和"古诗十九首"的滋养下，经过"建安七子"曹植、阮籍、左思、陶渊明、谢灵运等的辛苦浇灌，绽放出最为美丽的花朵，七言诗也成长起来，以曹丕和鲍照的贡献为大。齐梁时期产生的"永明体"，重视文采，讲求声韵，经过庾信等的大力开拓，为唐人律诗的兴盛指明了方向。这时出现的骈文是一种散文的变体，在魏晋时期兴起，迅速取代散文，占据文坛统治地位。与此同时，铺张扬厉的汉大赋演变成优美动人的小赋，小说也有了发展，《搜神记》和《世说新语》代表了异怪小说与志人小说的最高成就，并对后世小说发展产生了深远影响。

三、隋唐五代文学

隋王朝的建立虽然结束了南北长期对峙的局面，但这个短短 38 年的王朝没来得及留下什么文学痕迹，一个历史上强大的唐王朝拔地而起，中国文学也迎来了全面繁荣的恢弘气象。唐文学以诗歌为主导，以及各种多样的文体繁荣而登上中国文学的最高峰。唐王朝建立之后，采取了许多富国强兵的政策，国力强盛。经济的发展增强了民族自豪感，文人学士群情激奋，南北相向的文化交流为文学提供素养，统治者的爱好为文学发展提供了支持，共同促进了唐代文学的全面繁荣。

诗歌是唐代文学中的胜景，统计下来的唐诗有 5 万首，知名诗人不下千位。初唐四杰首破宫体诗风，对律诗的定型起了很大作用。盛唐诗人中李白、杜甫最为著名，双峰对峙，田园诗，边塞诗也独领风骚，出现了孟浩然、王维、高适、岑参等著名诗人。中唐诗人最多，出现了元稹、白居易为代表的元白诗派及韩愈、孟郊为代表的韩孟诗派等众多流派，晚唐时期社会处在风雨飘摇之中，诗人们在忧时悯知己中流露感伤，诗风转向华靡绚丽，以李商隐、杜牧的创作为代表。

唐代的散文成就仅次于诗歌，韩愈、柳宗元所倡导的古文运动影响深远。唐代传奇标志着中国文言文发展到了成熟阶段，唐代散文对后世通俗小说产生了很大影响，而配乐演唱的词也孕育萌生。

五代的文学样式主要是词的创作，有两个中心，一个是西蜀，一个是南唐。西蜀词人奉温庭筠为鼻祖，赵崇祚所编的《花间集》是该派的结集，有浓烈的宫体气息，其中韦庄注重心灵抒发。南唐词大多情致缠绵，主要词家有冯延巳、李璟、李煜。

四、宋元文学

诗歌走过唐代这一极盛期后，在宋代面临着继承与创新的双重任务。北宋诗坛形成了风格多样化景象，形成以思理筋骨见长的艺术特征。经过欧阳修等的诗文革新运动后，形成了诗歌散文化、议论化的艺术风貌。随后，王安石、苏轼、黄庭坚进一步丰富了宋诗的题材和风格，至南宋时期由于金兵南犯，国土沦丧，涌现了以陆游为代表的爱国诗人及爱国诗作。

宋代文学最为繁盛的当属词这种文学样式，宋词之所以繁荣，是因为宋朝代后周而起，在三百余年时间里，是继汉、唐之后的又一个建立长期统治的中央集权国家。统治者吸取唐王朝的历史教训，集军权、财权、政权于一身，重文轻武。建立了较为完备的文官制度，这些促成了宋词的发展。宋词在晚唐五代词的基础上创新，题材多样，境界大开，突破了晚唐五代的言情范围，形成了豪放派与婉约派为代表的主要流派，佳作如林，蔚为壮观。

宋代的散文创作也有很大的成就，涌现了"唐宋八大散文家"中的欧阳修、苏轼、曾巩、王安石等。平易畅达是其共同特色，像欧阳修的《醉翁亭记》，苏轼的《前赤壁赋》，王安石的《游褒禅山记》都是流传千古的名篇。

元代文学一个新气象是"俗文学"大放异彩，过去受到轻视的戏剧、散曲、小说等"俗文学"受到各阶层人的喜爱，勃篷发展。元曲是元代文学的主流，包括杂剧和散曲。杂剧代表着元代文学的最高成就，是一种综合性舞台艺术，以金院本和诸宫调为基础，广泛吸收各种词曲的优点，并融合了音乐、舞蹈、说唱等艺术形式。出现了关汉卿、王实甫、马致远等名家，涌现了《窦娥冤》、《救风尘》、《西厢记》、《汉宫秋》等一系列作品。元杂剧深刻反映了当时的社会现实，在戏剧艺术与文学成就方面有很大突破。

散曲是一种配乐歌唱的新诗体，金元时期兴起于中国北方。诗体自由、语言质朴、曲意生动。总体创作分为三个时期，初期作品尽显雄豪奔放的特色，重要作家有元好问、关汉卿、白朴、马致远等；中期作品于豪放外平添清爽雅致，重要作家有郑光祖、乔吉等；晚期作品雅致清爽，重要作家有张可久、徐再思等。元代中后期，南戏兴盛。但这个时代，作为正统文学的诗文，成就不如杂剧和散曲。

五、明清文学

明清两代文学上的最大特征是小说的繁荣。明代文学在小说和戏剧创作上是辉煌的。《三国演义》、《水浒传》的刊刻流行，《西游记》、《金梅瓶》的成书问世，掀起了章回体通俗小说的巨澜。戏曲上继元杂剧后再度出现高峰，从三大传奇剧《宝剑记》、《浣纱记》、《鸣凤记》到汤显祖的"临川四梦"，充分展示了明代戏曲创作的成就。

中国古代文学发展到清代，便进入其最后一个重要阶段。这一时期，多种样式的文学都出现繁荣景象，整体上已显现中国古代文学之集大成景观。清代诗词流源众多，风格迥异。诗歌创作数量居历史新高，词的创作数量与质量远远超过元、明，直追唐宋，散文创作和骈文创作都有很大成就，骈文出现了继六朝之后又一个繁荣时期，一度出现与桐城古文相对抗的局面。清代戏曲创作上，康熙年间先后出现的洪昇的《长生殿》和孔尚任的《桃花扇》是该领域的杰作。清代文学中小说成就最高，《聊斋志异》代表着清代文言短篇小说最高成就，《儒林外史》、《红楼梦》两部长篇白话小说犹如璀璨明珠，光耀文苑。

第二节 中国古代文学的辉煌成就

一、诗词

中国诗歌产生于文字发明之前，已有三千多年的历史。《诗经》大约在公元前6世纪左右编订成书，相传孔子对《诗经》做过删节和整理，成为中国诗歌的第一个创作起点，是我国传统文学现实主义的开端，也是我国第一部诗歌总集。《诗经》共收入西周初年至春秋中期大约500年间的诗歌305篇，根据乐曲的不同，分为风、雅、颂三部分。"风"乃风土之音，即各地民歌，其有十五"国风"，共160篇。"雅"即"正"，是指正统的朝廷音乐，分为《大雅》和《小雅》，共105篇。《颂》主要是宗庙祭祀祖先时演唱的祭歌，它还叙述了部族产生和发展的历史，如《生民》、《公刘》、《绵》、《皇矣》、《大明》五篇作品赞颂了后稷、公刘等圣公先王的德业，反映了西周的开国史。《诗经》的内容广博，反映劳动与爱情、战争与徭役、祭祖与宴会，还包括天象、地貌、动物、植物等方方面面，成为周代社会生活的一面镜子，对研究中国历史、民族心理、宗教理念、生活习俗均有极大价值。《诗经》艺术表现手法主要为赋、比、兴三类："赋"指铺陈直叙，"比"就是比喻，"兴"即起兴，都对后代文学产生很大影响。

楚辞是中国诗歌的另一个创作源头，是战国时期楚地兴起的一种独特的诗歌艺术形式。楚辞的代表诗人屈原，是我国文学史上第一个伟大的诗人，开创了从集体创作到个人创作的纪元。屈原的作品共有25篇，即《离骚》1篇，《天问》1篇，《九歌》11篇，《九章》9篇，《远游》、《卜居》、《渔父》各1篇。《离骚》是屈原的代表作，全诗长达373行、共有2490字。它是一部以诉忠怨之情为主题、回肠荡气的感叹曲。离骚写的是屈原的遭遇忧患，彰显了"九死而犹未悔"的爱国情操。《离骚》是我国古典文学中最长的抒情诗，也是一篇光耀千古的浪漫主义杰作。诗歌创作一直是中国文学的主基调，《诗经》是现实主义的源头，而《离骚》则被视为浪漫主义的先河，二者被后世文人合称为"风骚"。

汉魏六朝时期是中国诗歌史上的发展期，诗歌创作进入以文人为主、自觉和个性化的时代，诗人之多，诗作之富，诗风之多样，表现社会生活与人们内心世界上的开拓与深入，以及诗歌自身形式上的变化和创新，出现了空前的壮观局面。其中文人五言诗《古诗十九首》的成就最高，被称为是"千古五言之祖"[1]。汉乐府民歌《孔雀东南飞》是我国文学史上第一部长篇叙事诗，也是我国古代史上最长的一部叙事诗，我国古代民间文学中的光辉诗篇之一。《孔雀东南飞》与南北朝的《木兰诗》并称"乐府双璧"及"叙事诗双璧"。后世又把《孔雀东南飞》、《木兰诗》与唐代韦庄的《秦妇吟》并称为"乐府三绝"。

魏晋著名诗人有"三曹"、"七子"，他们继承汉乐府民歌的现实主义传统，普遍采用五言形式，第一次掀起了文人诗歌的高潮。诗作表现了时代精神，具有慷慨悲凉的阳刚气派，形成"建安风骨"的独特风格，重要的作家有"三曹"、"七子"和女诗人蔡琰。"三曹"指曹操、曹丕、曹植；"七子"指孔融、陈琳、王粲、徐干、阮瑀、应玚、刘桢七人，成就最高的是王粲。曹操在逐个消灭各个割据势力，消除战乱，实施一系列富国强兵措施的同时，身体力行，积极领导发展文学事业，"御军三十余年，手不舍书，昼则讲武策，夜则思经传，登高必赋，及造新诗，被之管弦，皆成乐章"[2]。他的儿子曹丕、曹植以及追随他们的建安七子及二十余位文人学士亦仿照曹操积极创作。建安时期，无论是诗歌、辞赋，文章等形成了中国文学史上第一次文人诗的创作高潮，汉乐府诗完全成熟，五言诗体得以发展，七言诗体从此开创。曹操又率先冲破儒学的禁锢，打破当时盛行的骈体文格式，采用通脱的文体作文章，追随他的文人学士亦积极响应。在北方，不仅出现了一个文学繁荣的局面，更使一代文风得以转变。建安文人开阔博大的胸襟、追求理想的远大抱负、积极通脱的人生态度，直抒胸臆、质朴刚健的抒情风格，形成了建安诗歌特有的由慷慨悲凉的风貌。为中国诗歌开创了一个新的局面，并确立了"建安风骨"这一诗歌美学风范。为推动中华民族的政治、经济、文化的发展做出了重大贡献，尤其是对后来的文化发展产生了深远影响。

六朝时期成就最高的诗人是陶渊明和谢灵运，分别为田园诗的开创者和山水诗派的奠基者。陶渊明的田园诗以纯朴自然的语言、高远脱俗的意境，开辟了中国诗坛的新天地，其作品，感情率真自然，语言明白简洁，风格平易淡远，意境含蓄优美，直接影响到唐代田园诗派，对后代诗人的创作产生很大影响。代表作有《归去来兮辞》，分"序"和"辞"两节，"序"说明自己所以出仕和自免去职的原因。"辞"则书写归田的决心，归田时的愉快心情和归田后的乐趣。通过田园生活的赞美和劳动生活的歌颂，表明对当时现实政治，尤其是仕宦生活的不满和否定，反映其蔑视功名利实录的情操。谢灵运的

---

[1] 出自（明）王世贞《艺苑卮言》。
[2] 出自裴注《三国志魏书武帝纪》注引王沈《魏书》。

山水诗把情和景、理和景自然结合，丰富和开拓了诗的境界，使山水的描写从玄言诗中独立出来，影响后代山水诗歌的创作。

唐代迎来了中国诗歌的黄金时代。初唐有"初唐四杰"，王勃、杨炯、卢照邻、骆宾王，从宫廷走向人生，题材广泛、风格清俊。被称为"吴中四士"之一的张若虚以其《春江花月夜》而享誉诗坛。这是一首脍炙人口的长篇抒情七言古诗，诗作细致地描绘了江南春江花月夜清幽宁静的自然美景，抒写人间缠绵悱恻的离情别绪。诗中对人生哲理与宇宙奥秘进行了探索，情景水乳交融，意境悠远，有独特的艺术感染力。全诗情景交融，将生命意识融入诗中，为盛唐诗歌的繁荣打下基础。盛唐主要有两个流派：一是王维、孟浩然田园山水诗派，把山水之美更多地融入闲适的隐逸意趣，表现出情景交融的和一之美；另一派是边塞诗人高适和岑参等，写出了边塞奇异的风光，凸显诗人为国立功的宏愿。

唐代李白和杜甫，是我国古典诗歌发展的高峰，一位为浪漫主义的高峰，一位为现实主义的最高峰，被称为中国诗歌史上的"诗仙"、"诗圣"，成为盛唐时代诗歌繁荣鼎盛的标志。李白的诗富有奇特的想象力，个性鲜明、豪放大气，代表作有《蜀道难》、《梦游天姥吟留别》、《将进酒》、《望庐山瀑布》等。古代蜀道以艰险著称，常常被诗人形诸吟咏，《蜀道难》也就成为乐府诗中的题目，融现实景物和历史故事、神话传说为一体，运用想象、夸张的艺术手法，淋漓尽致地刻画出蜀道的崎岖艰险，使人读后感受一种崇高雄伟之美。杜甫亲历了"安史之乱"，其诗多涉及社会动荡、人民疾苦，代表作有"三吏"、"三别"、《丽人行》、《春望》等。其诗歌创作，始终反映忧国忧民的主题，深刻描绘了安史之乱前后政治时事和广阔的社会生活画面，在内容和形式上都把现实主义诗歌传统推到一个新的高峰。中唐诗坛有两大主要流派。以白居易为首的"新乐府"诗派，表现出正视现实、语言通俗流畅、平易近人，代表作是叙事长诗《长恨歌》、《琵琶行》；另一流派以韩愈为首包括贾岛、孟郊、柳宗元、李贺等，诗作刻意求新、风格各异、独辟蹊径。晚唐诗人主要有杜牧、李商隐。杜牧的诗清新俊逸；李商隐的诗典丽精工，并创作了大量《无题》诗。李商隐是唐代后期最杰出的诗人，以艺术风格鲜明独特而享誉文坛。其所开创的风格和境界，是在晚唐诗歌发展潮流中，总结吸取前代艺术经验并加以创新的结果。他继承了杜诗的沉郁特色，又融合了齐梁诗的浓艳色彩。李贺诗的幻想象征手法，形成了凄艳浑融的独特风貌，成为晚唐艺术成就最高的作家，他的诗歌特别是爱情诗，对后代的词、曲、戏剧有深远影响。晚唐出现了特殊的诗体——词，代表人物有花间词派温庭筠和韦庄，还有南唐后主李煜、冯延巳的南唐词派，大多表现个人的境遇和思想，情景交融，有一定的感染力。

宋代文学最为繁盛的当属词这种文学样式，可谓词的黄金时代，上至皇帝，下至平民百姓都以填词唱曲为乐，让宋词成为与楚骚、汉赋、六朝骈语、唐诗、元曲相媲美的文学瑰宝，涌现了晏殊、欧阳修、柳永、苏轼、秦观、周邦彦、李清照、辛弃疾等大家。出现了百花争艳、千峰竞秀的盛况，显示出强烈的艺术魅力，与唐诗相映生辉。总体而言，宋词的特征是：题材注重个人生活而不是社会现实，表现功能长于抒情而短于叙事，风格倾向阴柔和婉而非阳刚雄豪。收录在《全宋词》中的词人共1300多位，词作共19900

余首。宋词分为婉约派和豪放派，婉约派以柳永、秦观、晏几道、李清照等为代表。柳永是宋代第一位专业词人，宋词到了他的手中，呈现全新的面貌，他创作大量慢词，提高了词的容量和表现力。其词长于白描，善作铺陈，以至当时"凡有井水饮处，即能歌柳词。"[1] 他是婉约词派中的大家，《雨霖铃·寒蝉凄切》是公认的经典之作，全词情景交融，虚实相生，显示其铺叙委婉精细的艺术才能。李清照是两宋之交的重要女词人，由于特殊的生活经历，词风前后变化很大：前期风格清丽秀雅，如《如梦令》；后期抒发个人与时代的不幸，如《声声慢》。豪放派以苏轼、辛弃疾等为代表。《念奴娇·赤壁怀古》被认为是苏轼豪放词的代表之作，这首词是苏轼被贬黄州，缅怀赤壁之战，心忧边疆，他借历史的英雄人物周瑜透露自己有志报国，壮怀难酬的感慨。强烈的爱国热情、豪迈的英雄气概，确立了辛词的基调，恢宏的气势以及议论风生的散文化笔法，使辛词在南宋词坛上独树一帜，把豪放词推到一个新高峰。

二、散文

这里所称的散文是同诗歌、小说、戏剧等文学样式并列的一种文学体裁。殷商就有记史的散文，周朝各诸侯国的史官记录了列国间的史实。春秋战国是我国散文发展的重要时期，主要包括历史散文和诸子散文。

（一）诸子散文

春秋末期和战国初期，代表著作有《论语》、《老子》、《墨子》。《论语》是一部语录体的散文著作，共有20章，主要记录孔子及其弟子的言行，包括孔子政治、伦理、文艺、教育思想等内容。《论语》中篇章多属简短的谈话和问答，言简意赅，生动传神，且意味深长。《老子》篇幅不大，总计才5000余字，内容复杂。其中有不少格言是关于政治谋略和人生态度的。老子认为，天地间万事万物都按自己特有的规律在运行，其相对性思想有重要意义。如"将欲败之，必始辅之；将欲取之，必姑与之。""民不畏死，奈何以死惧之？"[2]。

战国中期，语录体仍旧通行，但已不像《论语》那样仅为后学的追录，而是一个学派师徒们的集体著作；所记录的也不限于单人的话语，而普遍采用对话形式，代表著作有《孟子》、《庄子》等。辞藻丰富、说理畅达，多有寓言和比喻。《孟子》以对话为主，富于雄辩、议论酣畅。庄子生活在战国末期，当时社会动荡，诸侯纷争，各种思潮风起云涌，形成"百家争鸣"局面。庄子涉猎各家学说，但情钟于老子，最终继承了老子的衣钵，成为战国时期道家思想的代表人物和集大成者。《庄子》一书体现其主要思想观点说理论证，文笔纵横恣肆，想象丰富奇特，大量运用寓言，具有浪漫主义色彩。《秋水》和《逍遥游》为庄子代表作。如果说《老子》的核心是阐述无为的政治哲理，那么《庄子》则是探索在欲望膨胀的动荡时代如何去实现人性的拯救和精神的飞升，他提倡一种"无所用天下为"[3]的"出世态度"。庄子认为理想的社会不是儒家所奉行的"仁政"

---

[1] 出自薛瑞生：《乐章集校注前言》.
[2] 出自《老子》第七十四章.
[3] 出自《庄子·逍遥游》.

社会，而是上古的混沌状态，一切人为的制度和文化建树都是违背人性的。他主张让社会顺其自然，让人顺应天命。然而，在内心深处，庄子仍心系百姓，关注黎民的苦难，对社会现实亦有深刻认识和尖锐批判，他指出："窃钩者诛，窃国者为诸侯；诸侯之门而仁义存焉。"①强调"全性保真"，舍弃任何世俗的名誉和地位，"道"化为一体，从而达到完美的精神自由。战国诸子中以庄子给后世文学影响最大。

战国后期，诸子散文完全摆脱了语录体，成为专题论著，不再是一个学派的集体著述，而是学者个人的论文集，以正面论说而不是以驳论为主。代表著作有《荀子》、《韩非子》、《吕氏春秋》等。《荀子》条分缕析，反复设喻，反复论证，务求理尽义达。《韩非子》行文犀利峻拔，剖析入微，善于运用浅近的寓言说明抽象的道理，具有较强的论辩性。这些对汉魏以后的哲理散文都产生过深远影响。

（二）后世散文发展

赋是中国特有的一种文学样式，是一种有韵的散文，兼有散文和韵文的性质，特点在于铺陈写物、散韵结合、不歌而诵，以汉赋为盛。汉赋按题材取向分为两类：一为抒情述志的短赋，如《鵩鸟赋》、《吊屈原赋》；另一类是铺陈排比为主的"体物大赋"，为汉赋的主流，主要作品有司马相如《子虚赋》，《上林赋》，扬雄《长杨赋》、《羽猎赋》，班固《两都赋》，张衡《东京赋》、《西京赋》等。整体富丽堂皇，气势磅礴，反映了统一的汉帝国的声威和上升时期的国家风貌。司马相如是汉代大赋的奠基者和成就最高者。《子虚》、《上林》是其代表作，在汉赋发展史上有极重要的地位。它们以华丽的辞藻、夸饰的手法、韵散结合的语言和设为问答的形式，大肆铺陈宫苑的壮丽和帝王生活的豪华，充分凸显汉大赋的典型特点，从而确定了一种铺张扬厉的大赋体制和所谓"劝百讽一"的传统。而司马迁的《史记》可称为汉代散文创作的又一高峰。《史记》既有很强的故事性、戏剧性，又通过这些故事来塑造人物形象。鲁迅先生评价《史记》为"史家之绝唱，无韵之离骚"，无论从史学还是文学价值，《史记》都达到了惊人的地步，成为中国古代散文史上的一座丰碑。

唐宋时期名家辈出、各领风骚，出现了一个以"唐宋八大家"为代表的古代散文创作高峰。成就突出者为韩愈、柳宗元。韩愈对古文的基本主张是文道合一。道是内容，文是形式，文与道，或文统与道统有机结合，文章才具有充实的内容和现实意义。柳宗元也同样倡导"文者以明道"。韩愈和柳宗元的古文创作取得了很高的艺术成就，为散文创作打开了新局面，使之呈现出旺盛的艺术生命力。

明代散文出现的众多文学派别，大多以"文以载道"、"温柔敦厚"等传统观点为突破口，把表现作者的真情实感作为第一要义，而不是代圣贤立言。李贽的"童心说"，公安派的"性灵说"都传达了这种文学精神，成为我国散文史上的重要发展。明代散文恢复并振兴了古文传统，使古老的文体焕发新的生机及气象。

清代散文以"桐城派"地位尤为显赫。代表人物有方苞、刘大櫆和姚鼐，主张文章

---

① 出自《庄子·胠箧》.

形式应该服从内容，道德和文章和谐统一。他们的作品取材自由灵活，透射出质朴的生存意识和生命状态，映照出作家丰富独特的心灵感受，彰显散文的审美价值。

三、小说

中国小说的源头，可推至上古神话传说和先秦散文中的叙事片断以及汉史传作品，但真正的文学创作则始于魏晋小说。有志怪小说如《搜神记》，轶事小说如《世说新语》。《搜神记》以辑录神仙鬼怪故事为主，书中的宋定伯买鬼、干将莫邪、嫦娥奔月、仙女下嫁董永（天仙配）等，均为后世流传的优秀神话传说。魏晋六朝小说分为志怪和志人两类，是以当时的两种创作倾向为基础的，志怪多以"怪"、"异"为书名；志人多以"说"、"语"为书名，又被称为"世说体"。六朝小说是中国文言小说的正式开创期。

唐传奇的出现标志着文言小说的成熟。六朝小说以若干条目合成一个集子，唐传奇则每篇都有一个题目，以"传"或"记"名之，不会与其他杂记性片断混淆。不仅提供了故事本身的信息，还经常公开叙述者身份，交代故事的来源、创作动机，插入对人物事件的看法等。因此，唐传奇在中国文学史上第一次造就了与众不同、小说化的读者，主要作品有陈玄佑《离魂记》、白行简《李娃传》、元稹《莺莺传》等。

宋代话本小说的兴盛标志着叙事文学进入一个新阶段。随着城市商品经济的发展，兴起的市民阶层对于文化娱乐的要求提高，两宋京城涌现出许多市民技艺表演的活动场所，即"瓦舍勾栏"，各色艺人在此以演艺为生，其中就有以"说话"，即讲演故事为职业的小说家。"话本"就是民间艺人"说话"讲故事所用的底本。一些文人参与其中，专门为艺人编写话本，话本小说由此产生，并且成为宋元时期颇为盛行的文学形式。大致分"小说"、"讲史"、"说经"、"合生"四类。其中的"小说"一般为白话短篇，多为爱情和公案，分短篇小说和长篇讲史两种。前者多以城市平民为正面主人公，反映其生活万象；后者大多讲说历史兴废，细致地刻画人物，情节全面展开，安排结构讲唱结合。这突破了六朝小说和唐代传奇描写社会上层或非现实情节的局限，在小说史上占有重要地位，成为古代文化的典型，代表作如《京本通俗小说》、《清平山堂话本》、《李师师外传》、《五代史平话》、《大宋宣和遗事》等。

明代最流行的话本是"三言"、"二拍"，为明代人辑录的宋代话本及拟话本集的总称。"三言"即《喻世明言》、《警世通言》、《醒世恒言》，为明代冯梦龙编辑，共收话本120篇。"二拍"为《初刻拍案惊奇》和《二刻拍案惊奇》，为明末凌濛初编著，共80篇。内容包括揭露社会黑暗现象、反映宗法家族中的矛盾斗争、爱情婚姻主题，再现明代商业活动、神仙怪异题材等。

中国小说到明清两代臻于极盛，最著名的是被称之为明代"四大奇书"的《三国演义》、《水浒传》、《西游记》、《金瓶梅词话》。《三国演义》开创了历史演义小说的先河，这种独特的历史样式因重视历史传统的正统观念而受到中国人民的喜爱。其问世后，对明清社会都产生许多影响，价值不凡。作品在描绘人物时采取类型化写法。即从人物复杂的个性中，舍弃次要方面，而将笔墨集中突出地渲染某一点，并将其发展到极端。小说着重描写的是半个多世纪的魏、蜀、吴三国之间的纷争和兴衰过程。在思想内容上，既包含着对大量关于三国时期的传统认识与判断的承接，如尊刘抑曹的正统观念，也深深烙下了小说家个人感悟与反思的痕迹，如对三国时期各路豪杰彼消我长过程的着意描写与分析，就是作家个人政治抱负的体现。清代毛宗岗评道："古史甚多，而人独贪看《三国志》者，以古今人才之聚未有胜于三国者也。"①

清代文学中小说成就最高。《聊斋志异》代表着清代文言短篇小说最高成就。《儒林外史》、《红楼梦》两部长篇白话小说犹如璀璨的明珠，光耀文苑。《红楼梦》以封建贵族青年贾宝玉、林黛玉、薛宝钗之间的恋爱和婚姻悲剧为中心线索。写出了当时具有代表性的贾、王、史、薛四大家族的兴衰史，深刻反映了 18 世纪中叶广阔的社会现实。鲁迅表示："自有《红楼梦》的出来以后，传统的思想和写法都打破了。"王国维《红楼梦评论》中说："《红楼梦》是惟一的一部饱含悲剧精神的辉煌巨著。"何其芳《论〈红楼梦〉》中指出："是我国小说艺术成就的最高峰，是我们至今还不曾充分认识的小说艺术的宝库。我们今天的作家要克服许多艺术的弱点，都可以从它取得有力的辅助。"

由于受儒家入世观念的影响，中国古代小说多关注现实人生，表现民众的思想愿望，凸显社会功能和经世致用价值，成为其重要特点。

四、戏曲

我国古代戏曲起源于原始社会的歌舞，经过汉、唐到宋、金才形成比较完整的戏曲艺术。它主要由三种不同艺术形式综合而成：民间歌舞、说唱和滑稽戏。我国古代戏曲以富于艺术魅力的表演形式，为民众所乐见，在世界剧坛上占有独特位置，与古希腊悲喜剧、印度梵剧并称为世界三大古剧。其发展形式主要四种：宋元南戏、元代杂剧、明清传奇、清代花部。

宋元南戏。又称南戏，因其发祥地在浙江温州（又称永嘉）一带，故又称"温州杂剧"或"永嘉杂剧"。南戏产生于北宋末年，开创时仅为民间歌舞小戏，在农村演出，后逐渐发展并进入城市。表演形式上，将歌舞戏、滑稽戏、说唱表演融为一体，形成以唱为主，唱、念、做、舞并用的单一戏曲体制。现存最早的南戏剧本，是存于《永乐大典》中的《小孙屠》、《张协状元》和《宦门子弟错立身》。高明《琵琶记》的出现将其推到一个新阶段，从此，南戏创作进入文人的视野，创作队伍繁兴，被称为"南戏之祖"。《琵琶记》采用了两条线索，一条为蔡伯喈进京求试，并一步步陷入荣华富贵的罗网；一条以赵五娘留守家乡在天灾人祸中苦苦挣扎。作者将对立的社会现象进行反复对比，人物形象鲜明，语言性格化，标志着南戏已发展到高峰。

元代杂剧。也称北曲杂剧，有别于南曲戏文。既是历史上各种表演艺术发展的结果，也是时代的产物。金灭北宋、元灭金的过程，同时也是北方人民反抗女真贵族、蒙古贵族的过程。元杂剧就在金院本和说唱诸宫调的基础上，扩大了题材和内容，掀开了我国

---

① 出自（清）毛宗纲《读三国志法》。

戏曲史上辉煌一页。元杂剧有机结合歌曲、宾白、舞蹈、表演，形成独特民族风格的戏曲艺术形式，并且产生韵文和散文结合的结构完整的文学剧本。在结构上多数为一本四折演一完整故事，个别为一本五折、六折，如《赵氏孤儿》、《秋千记》，或多本连演如《西厢记》。折是音乐组织的单元，也是故事情节发展的自然段落，每折包括较多场次，为演员的活动留下了空间，也给观众提供了想象的余地。目前记载的剧目有700多部，作家200多人。如"元曲四大家"关汉卿、马致远、白朴、郑光祖和以一部《西厢记》享誉文坛的王实甫。《西厢记》是中国戏剧文学史中最优秀的作品之一，参考唐代元稹《莺莺传》和金代董解元《西厢记诸宫调》改编创造而成。全剧围绕张生、莺莺真挚的爱情以及与家长的矛盾展开。然而，阻力越大，两人体现出的则是对爱情的更加坚贞。在爱情力量的感召下，闯过道道难关，一对有情人终成眷属。总体而言，元杂剧标志着我国戏曲的成熟。

明清传奇。传奇是南戏系统各剧种剧本的总称。最早特指唐代的短篇文言小说，但元末明初人们将元杂剧称为"传奇"。概因唐代很多传奇都被改编成剧本，而大部分杂剧都带有浓郁的传奇色彩，因此便成为明清中长篇戏剧的总称。传奇在声调上采用北杂剧的若干曲调，出现"南北合套"的形式，音乐和唱腔表现力日趋完善和成熟。明代中后期，传奇出现很多流派和唱腔。其一，魏良辅改革昆山腔，并经梁辰鱼作《浣纱记》搬上戏剧舞台，这是以吴越战争为题材的大型传奇作品，与李开先《宝剑记》、王世贞《鸣凤记》共同成为传奇繁兴的三部著名政治戏，打破才子佳人的俗套。其二，万历年间形成以汤显祖"临川四梦"为标志的传奇创作高潮。"临川四梦"为《紫钗记》、《牡丹亭》、《南柯记》、《邯郸记》四剧合称，《牡丹亭》是其杰出代表，通过杜丽娘与柳梦梅生死离合的爱情故事，歌颂了女主人杜丽娘为"情"而死，死而复生的至真至情，以及她反抗封建礼教，追求自由爱情和个性解放的斗争精神。在中国戏曲史上，《牡丹亭》是浪漫主义杰作，汤显祖曾这样评价自己的戏剧说："一生四梦，得意处惟在牡丹。"的确，其问世不久，在当时引起很大轰动，甚至让流传许久的《西厢记》身价为之一减。人们被《牡丹亭》深深感慨的是剧中人物对爱情的渴望和执著追求。其三，明末清初以李玉为首的苏州派作家，熟悉市民生活，了解民间疾苦，作品具有强烈的反封建和爱国意识，以李玉《清忠谱》、《占花魁》为代表。不仅具有积极的思想内容，还具有较高艺术性。清中叶以后，传奇逐渐衰落，虽出现了以"南洪（洪昇）北孔（孔尚任）"为标志的最后一个创作高峰，但终究挽回不了传奇创作衰落的命运，终为新兴的花部诸腔戏所代替。

清代花部。明末清初，除南北曲传奇体制的昆腔与弋阳等各路高腔外，又有一批新的地方戏曲大量涌现。乾隆年间，戏曲艺术有"雅"、"俗"之分，分别称作"雅部"与"花部"。雅部指由社会上层所推出的昆腔，格律谨严，文辞典雅，不为一般人所易懂。花部指昆腔以外的各种声腔、剧种，"其词直质，虽妇孺亦能解；其音慷慨，血气为之动荡"①。花部兴起是戏曲史上的革命，成为戏曲在民间普及并走向近代的标志。

---

① 出自（清）焦循《花部农谭》。

第三节 中国古代文学的基本精神

一、中国古代文学的基本精神

（一）经邦纬世、儒道互补的政教伦理观

在中国这块古老而文明的土地上，漫长的封建宗法制度的统治，造就了典型的政治伦理型文化。以修身、齐家、治国、平天下为内涵的政治道德精神，成为涵盖着一切艺术思想价值的主导精神，以"求善"为目标的道德伦理取向和以"求治"为目标的政治取向，在古代文学中形成的思想合力，强有力地占据了文学观念的主体地位，展示出中国文学鲜明的政教伦理型文化特质。这一观念系统是与政治、伦理、哲学等社会意识关系最紧密、直接的文学观念，因而在其理论蕴含中，也最能体现中国古代文学理论的主体价值取向，即浓郁的政治教化属性和鲜明的道德训诫色彩。中国古代的文学价值理论，之所以从总体上显现出如此鲜明的政治伦理型文化特征，原因并不仅仅在文学的"经邦纬世"、"道德风教"等价值学说历来被人们论述得最多、强调得最为充分，更在于古人在阐说文学的功用和价值理论时，其最终的价值取向，也都不同程度地指向政治伦理，从而使政治伦理精神深入到各种文学价值观念之中，成为贯穿各个历史时期不同价值主张的共通性特点，给古代文学理论罩上了浓厚的政治伦理化光环。

以教化为功用的中国文学，在内容上往往偏重于政治和伦理道德主题。民生苦乐、宦海浮沉、国家兴亡、人生聚散、纲常序乱等，一直是中国文学的主旋律，不管是诗歌、散文、小说还是戏曲，概莫能外。儒家的入世哲学和教化观念，给中国文学带来了政治热情、进取精神和社会使命感，但也抑制了自我情欲的释放，自由个性的迸发和自我意识的开掘，尤其是"存天理，灭人欲"的理学观念，使文学蒙上了理性主义的烟霭。中国文学讲求中和之美，"乐而不淫，哀而不伤"，一般不过分热烈地表达情感。中国旧体诗大都感情节制、思想含蓄，言有尽而意无穷，同样凸显浓厚的理性主义色彩。

在中国思想体系上，儒、道两家的思想体系互为补充，儒、道、释也常常合流。所谓"达则兼济天下，穷则独善其身"的思想，概因儒家倡导内圣外王、传承兼济思想，道家则秉承"无为"之旨，力守独善精神。在中国文人身上，积极入世和消极避世理念往往交织、彼此消长。慷慨悲歌与愤世嫉俗，则成为古代知识分子常有的心理状态和艺术意念。虽然儒家思想对中国文学总体风格的影响占主导地位，但老庄哲学对中国文学艺术的影响也是巨大的。主要有两个方面：其一，"大音希声，大象无形"的主张，揭示了艺术中虚和实、无和有的辩证法。对于形成中国文学含蓄精练的艺术表现形态有重要作用。中国文学强调以虚写实、以静写动的表现方法，文人不喜欢纤毫毕现地直接描述，而把艺术感觉、艺术想象的空间留给读者自己去品味、揣摩和思寻，追求不可言传的大音、大象，即美的极致，创造出无声胜有声的艺术境界。其二，"大制不割"、"道法自然"，强调一种自然的完整性，自然的纯朴、素朴、浑朴。然而，至高无上、形而

上的道，要求"法"形而下的自然，强调自然的美。因而，中国文学艺术家向来把刻苦的技巧训练与不露刀斧凿痕的无技巧境界结合起来，成为毕生孜孜以求的艺术境界。由于上述两方面的影响，中西文学相比，西方文学显得直截了当、率性任真，中国文学则委婉曲折、含蓄深沉；西方文学锋芒毕露、深刻博大，中国文学则绵里藏针、机智微妙；西方文学崇尚一泻千里的铺张，中国文学独守尺幅万里的浓缩。

（二）情境交融、融洽亲和的审美意蕴

中国文学审美中常产生的活动形式有：一是触景生情。在自然美的欣赏或以自然景物为反映对象的文学创作中，触景生情是最普通、最常见的审美情感活动。审美主体由于感受到不同的、变化着的自然景色，从而产生变动的、内容相异的情绪和情感活动。二是同情共鸣，当我们欣赏古典文学作品时，常常会与作品中的人物产生共鸣。在共鸣中，读者的感情和作品中的人物及作者的感情相互交流、融成一片，爱作者之所爱，憎作者之所憎，甚至化身为作品中的一个人物，扮演一个角色。三是移情感受。移情感受是我们在读作品时，因情感的能动作用，而由自然事物的特征与人的情感、活动的相似而形成的类似联想。在此，自然事物的形象特征与人的感情活动融为一体，使人感觉到自然事物本身也有感情和活动。

中国文学在创作方法上不重写实而重写意。如古典诗歌中游历山川、探览名胜、凭吊古迹的题材，可以处理成叙事性或描述性的作品，但在众多的诗歌中，却往往代之以象征、暗示、隐喻、抒情等艺术手段，而虚化了即目所见的景象。如唐朝诗人陈子昂的《登幽州台歌》："前不见古人，后不见来者，念天地之悠悠，独怆然而涕下，"完全是人生的感喟、心灵的外射和意念的迸发。古诗常提倡情景交融，其实也是借景抒情，着眼点在于内心郁积情感的宣泄与抒发。

融洽亲和是中国古代文学审美意识的集中表现。这种人与自然的亲和倾向，在《诗经》和唐诗宋词中都得到充分体现。如《诗经》开篇的《周南·关雎》，以水鸟和鸣起兴，吟咏男女之间的恋情，给人一种温暖和谐、人与自然无限亲近的感觉。在先秦诸子文章中常言"和"，或言自然事物之和，或言审美心理之和，或进入社会伦理层面而言和。特别是从孔子提倡"中和"起就包含着对人伦亲情之和的重视。他提出的"乐而不淫，哀而不伤"命题，为后世文学审美奠定了基本原则和标准。唐诗中有多种类型的诗，诸如田园农事、爱情婚姻、征战宴饮等，无不凸显了人与自然的融洽亲和，把人的思想渗透到自然之中，达到主客交融、物我合一。"蒹葭苍苍，白露为霜，所谓伊人，在水一方"；"采菊东篱下，悠然见南山"；"大漠孤烟直，长河落日圆"等著名诗句，无不成其典范。王国维称之为"无我之境，以物观物，故不知何者为我，何者为物"。

（三）关注人生、忧国思患的济世精神

中国文化的最大特点是经世致用，注定了中国的思想家多作现世之谋略，而少幽玄之沉思，但并不等于说中国文化不关注人生。中国文学作品，有对人生苦短的生命悲叹，对无限永恒境界的向往，对现实功名的留恋珍视，对繁华如烟的无可奈何，对人之为人的本体思考，对宇宙存在的形上追问，对苦难、悲伤的根源寻求，对超越世事的热切渴

望,等等。虽然其内涵不免沉重而忧伤,但"月有阴晴圆缺,人有悲欢离合,此事古难全,但愿人长久,千里共婵娟";"多情应笑我,早生华发,一尊还酹江月"表露出的高蹈旷达的人生基调,"人生得意须尽欢,莫使金樽空对月,天生我材必有用,千金散尽还复来",表现出的理想主义的情怀,无不彰显舒襟展怀的人生之思。

中国古代文学作品中的忧患意识具体体现在:一是孟子《尽心》篇所称"民之大命在温与饱"、"老吾老以及人之老,幼吾幼以及人之幼"的民众最基本的生存需要,反抗剥削压迫、横征暴敛的"庶民"忧患;二是"孤臣孽子"式的忧患,远可追溯到周人"敬天保民"思想和居安思危、朝乾夕惕的危机意识,近则是处于衰世、乱世的士子们对即将崩溃的国家政治危机和艰难人生的深刻体验。但二者都非系于个人,而与民族、国家命运、民生的疾苦紧紧相连。孟子的"生于忧患,死于安乐",范仲淹的"先天下之忧而忧,后天下之乐而乐",欧阳修的"忧劳可以兴国,逸豫可以亡身"等佳句,既是作者居安思危的醒世名言,更是其忧国忧民使命感的真实写照。

感悟人生与忧患意识的高度结合,体现了中国古代文学作品表达的崇高、悲壮、优美、沉郁的意境,孕育强烈的美感力量。

(四)引譬连类、针砭时弊的批判精神

"比兴"是中国古代文学作品的重要特征。它并非仅是一种修辞手法,更重要的是关系作家基本的人生观和人生态度,如触物生情、托物寓情、感物吟志、情景交融中都通过"比兴"表现出强烈的美的特征。如《诗经》的"比兴"中就含有"引譬连类"的思维特色,这对后世文学作品产生重要影响。"引譬连类"最初代表的是一种思维方式,可追溯到远古的宗教神话,后随先秦理性思潮兴起而演化为一种流行的思维方式,如《周易》立象尽意取譬明理的思维特征,墨子的"类"、"故"、"理"的思维法则等,均为其体现。孔子的"诗,可以兴"命题,即包含对这种比喻方法和思维方式的认同。比兴所内含的"引譬连类"的思维法则,对后世文学与美学发展具有重要影响。而《诗经》、《楚辞》等文学作品中以比兴而提倡艺术的寄寓深永、含蓄而富有韵味、意境,对中国文学作品中的"美"产生了不可忽视的影响。

"美刺"是中国古代文学的又一个重要概念范畴。《诗经》中的"美刺"就寄寓着以诗为谏、以诗为刺的批判意识和政治关怀,也正是后世文人提倡美刺精神的意蕴所在,并引导着中国古代文学走向与国计民生及个人的政治理想息息相关的创作道路,去完成文学的"裨补时政"、"劝善惩恶"等政治伦理意义上的社会使命。《礼记》中的《苛政猛于虎》,以虎患与苛虐的暴政相比,暴露了统治阶级残酷剥削和压迫人民的罪恶。不朽巨著《史记》就以不虚美、不隐恶的实录精神,对统治阶级乃至最高统治者进行了大胆揭露和讽谏。汉高祖的狡诈残忍、吕后的凶狠毒辣,都在司马迁的笔下入木三分。更为可贵的是,他把批判的锋芒直指当朝皇帝汉武帝,将其迷信方士、穷兵黩武、侈靡挥霍等丑行暴露得淋漓尽致。其直率而深入的战斗性、批判性,堪称史无前例。而杜诗对"朱门酒肉臭,路有冻死骨"的黑暗现实进行了入木三分的揭露;柳宗元的《捕蛇者说》反映了沉重赋敛下农民的悲惨命运,揭示了赋敛之毒甚于毒蛇的残酷性;方苞的《狱中

杂记》则揭露了清代司法制度的残酷与腐朽，充满着忧国忧民的忧患意识和热爱天地万物的仁爱精神，是传统思想核心精神的艺术表现，也是中华民族文化性格的形象凸显。

（五）形象鲜明、委婉曲折的艺术特色

中国古代文学种类繁多、风格各异，但无论何种体裁和题材的作品，除了透露作者强烈的投入参与意识，寄托着自己的理想愿望、爱憎褒贬外，都十分讲究形式的完美，将丰富的思想蕴含于美丽多趣的文字里，驱遣着丰富的想象、生动的比喻和活泼而有情致的文辞。《论语·雍也》提出"文质彬彬"，就是在重视"质"、质朴自然的内容表达方式的同时，也看重"文"，即华美有文采的形式。我国古代诸种文体都因其各具特色的节奏、旋律、韵调、藻饰、意境、趣味等，而表现出独特的美感特征。萧统《文选序》提倡文学作品要成为"入耳之娱"、"悦目之玩"，文学创作要"踵其事而增华，变其本而加厉"，而他确立的选文标准就是"综辑辞采"、"错比文华"。萧统文论代表了我国古代文艺思想中"骋辞尚丽"的一端，十分鲜明地表达了我国古代文学对于美感效应的注重与追求。这正是古代文学既反映生活、革故鼎新、彰善嫉恶，又彰显其艺术审美价值的生动体现。

在中国古代文学众多的艺术特色中，形象鲜明生动、行文委婉曲折是各种散文题材共同的、最突出的特色。鲜明的形象性，首先表现在以写景状物、塑造人物形象为主的叙事抒情类作品中。其次，古代议论说理散文形式也十分善于托物言志、借古喻今、形象说理。如先秦诸子散文虽旨在论理，但绝不枯燥议论和抽象说教，而是采用大量比喻手法和寓言故事，形象而透辟地阐明事理。如墨子、荀子善于用琐碎小事来比喻说理，微言大义；孟子、庄子和韩非子则长于用寓言故事和历史故事形象说理，托物言志，借古喻今，借寓言故事说明深刻道理的表现手法，不仅增强说理的形象性，而且形成古代散文委婉曲折的艺术特色[①]。

二、中国古代文学的特有地位

中国古代文学研究对于揭示民族文化的特性，弘扬民族文化，将其推向世界，参与世界文化建构，具有十分重要的意义。中国古代文学是后代作家永久性的艺术典范，是传统文化中最容易为现代人理解、接受的文化形态，是沟通现代人与传统文化最直接的桥梁，也是处于世界其他文化背景中的人们了解中国文化的最佳窗口。

（一）中国古代文学的内在特色

杰出的文学作品都具有永久的魅力。中国古代文学由于存在着"一代有一代之所胜"的特殊情况，当某种样式在特定时代达到顶峰后，其艺术成就很难被后人所超越，从而成为后代作家永久性的艺术典范，以及后代读者永久性的审美对象。诸如唐诗宋词中的名篇警句至今脍炙人口，元杂剧、明清小说中的故事、人物至今家喻户晓。

中国文学发展呈现波浪起伏的发展轨迹。春秋战国是第一个高峰，诸子百家如群星

---

① 金元浦等. 中国文化概论. 北京：首都师范大学出版社，2008.

璀璨、光耀四海。秦汉时期，中国文坛十分沉寂，文学家少之又少。魏晋南北朝时期，虽社会动荡，但出现了文学史上的另一个高峰。到了唐代，文学事业发展一路高攀、升至顶峰，李白、杜甫等一大批诗人吟诵出一篇篇千古绝唱，世界为之瞩目。宋朝继续延续唐代势头，范仲淹、苏轼等大批词人继续引领中国的文学发展潮头。元朝，中国文学发展再陷低谷，虽然戏曲有所发展，但是戏曲家们的日子并不好过。明代，中国文学发展重新回升，虽有前七子、后七子等一大批文学家，但已不如唐宋辉煌。到了清朝，虽有大批文学家出现，但是文学发展相比唐宋，属于平稳发展状态。

政治氛围对于文学发展影响巨大。文学创作离不开自由的氛围，需在政治宽松环境下才得以发展。综观中国文学史，文学在两种政治环境下才能得以生存，一种是小国林立时代，一种是江山一统但政治开明时期。春秋战国和魏晋南北朝时期，诸侯割据、小国林立、战乱不休、社会动荡、社会控制相对减少。文人学士借以纵横捭阖，在政治的夹缝中自由生存，出现了百家争鸣、魏晋风骨的局面。唐朝是中国古代政治最为开明的时代，政治、经济、文化相互协调、相互促进，给社会各个领域的发展带来无限生机，自然也包括文学领域。两汉时期因董仲舒提出"罢黜百家，独尊儒术"，导致文学事业的万马齐喑。明朝中后期，宦官弄权，文人常受迫害，文学发展介于唐宋与秦隋之间。元朝、清朝是外族统治时期，汉族文人对其有所抵制，统治者则采取高压政策，甚至出现文字狱，在一定程度上限制了文学的发展。

经济对于文学发展的影响同样不可低估。文学家的产生需要良好的教育，需要充裕的生存条件，这些都离不开经济基础。历史上许多朝代都在建制初期奋发向上，经济从战祸中恢复起来，稳定的社会环境为文学发展创造了良好的物质条件。进入中期，贪腐现象丛生，经济开始衰退。及至晚期，政治没落，经济崩溃，走向灭亡，文学的兴衰与之一致。例如，唐代初期的文学发展优于中期，中期又优于晚期，宋朝则北宋优于南宋。当然，经济对文学的影响力终究不如政治强大，很多文学家的最大成就甚至在生活贫困潦倒时产生。元、明、清等朝代初期经济发展也很繁荣，但是文学的发展却始终没有跟上。

中国古代文学跨时漫长、覆盖极广、传统深厚，往往将"风"、"骚"并称，后世文人，或受《诗经》影响，或受楚辞影响，由此形成两种不同的优良传统："风"诗传统即现实主义精神，"骚"诗传统即积极浪漫主义精神，也就是现实主义风格和浪漫主义风格。前者主要特征是正视现实、揭露现实、批判现实，由此出现了两汉乐府民歌、建安风骨、唐代新乐府运动以及宋代王禹偁、金元之际元好问、元代关汉卿、清代曹雪芹等文学现象和杰出作家；后者主要特征是充满激情和幻想的浪漫主义，并由此出现了汉代贾谊，魏晋的曹植，两晋南北朝的左思、鲍照，唐代李白、李贺，宋代苏东坡、辛弃疾，明代吴承恩，清代蒲松龄等优秀作家。现实主义与浪漫主义类似于"儒道互补"命题，以致雅俗之辨成为中国古典文学思想史的重要命题。

（二）中国古代文学与其他文化要素的关系

中国古代文学在中国传统文化中不仅是一门独立的学科，而且渗透到其他文化要素之中，彼此存在不可分割的关系。中国古代文学是数千年民族文化的渊薮，中华民族的生存与繁衍，民族的生活习俗、思维方式、情感状态以及审美风尚，无不鲜活而又丰富地体现于古代文学之中。中国古代文学对民族文化心理与基本精神的反映最为具体形象，最易为人们所接受和理解。瑰丽多姿的古代文学作品，在中国传统文化中最有风采。在中国传统文化的主要载体——古代典籍中，文学作品所占的比重首屈一指。按中国古代图书的分类方法，文学作品一般归为集部。从数量看，集部的图书最多，远超经部、史部和子部，显示出中国古代文学在中国传统文化中的重要地位。

中国古代文学与政治关系密切。文学常被视为文人必备的修养与技能，历史上有文化的人几乎都爱好文学创作，从帝王将相到普通百姓，都喜好附庸风雅，以能诗会文为荣。古往今来的文学家，无不把文学作为表现社会人生、抒发情志、以求作用于社会的重要途径。各朝各代的民间文学作品，如汉乐府民歌、南北朝民歌、民间传说等，都成为民众抒发疾苦哀乐、进行社会交流的重要形式，与文人文学相辅相成，使中国古代文学具有其他文化要素所不可替代的独特魅力。早在春秋时期，诸侯贵族在进行外交和国事礼仪活动时，就将"赋诗"作为重要的政治手段。在贵族子弟教育中，"不学诗，无以言"①，自孔子提出"诗教"说之后，两千多年的传统社会都特别强调诗文的政治教化功能，文学被当作"经夫妇，成孝敬，厚人伦，美教化，移风俗"②的政教工具。

中国古代文学与中国古代哲学、史学往往融为一体。中国古代哲学多借助文学形式来表述其基本观点，先秦诸子散文大多既是哲学著作又是文学经典，如《庄子》《孟子》，这些哲学著作说理畅达，文辞富赡，形象生动，波澜起伏，文学色彩浓郁。中国学界一向有"文史不分家"之说，文学与历史的关系可见一斑。研究文学者，势必要对历史了如指掌，才能在历史的脉络里找出文学演变的轨迹；研究历史者，也必须具备一定的文学底蕴，才能透过文学技巧，把历史栩栩如生地呈现出来。如西汉司马迁的《史记》就以其精彩的文学表现，被后世赞为"史家之绝唱，无韵之离骚"。

中国古代文学对中国古代其他门类艺术的作用与影响更为深远，广泛深刻地反映着传统文化其他部分的内容。如唐诗对唐代书画、舞蹈艺术的描绘和宋诗对禅宗思想的表述都极为成功。综观历史，中国古代许多著名的文学家同时又是著名的画家、书法家或音乐家。他们或身体力行，或以深厚的理论修养著书立说，引导着中国古代艺术不断向前发展。

（三）中国古代文学的世界地位

中国古代文学不仅在中国文化中彰显重要地位，而且以其鲜明个性、独特风格以及辉煌成就卓然屹立于世界文学之林，在世界传统文化中享有重要地位。

中国古代文学与世界文化的交流。自古以来，中国文学就受到世界人民的关注。远在唐代，中国诗歌就已风靡东亚各国。在日本，白居易的《长恨歌》《琵琶行》广受民众喜爱，被誉为日本"古典文学高峰"的长篇小说《源氏物语》就深受《长恨歌》的影响，小说中还大量引用《战国策》《史记》《汉书》中的史实和典故。我国元代的杂剧

---

① 出自《论语·季氏》。
② 出自《诗经·毛诗序》。

《赵氏孤儿》早在18世纪就传入了欧洲，受到伏尔泰、歌德等的好评，被译成英、法、德等多国语言。中国古代的小说，曾经对世界文学，特别是对东亚国家的小说，产生过直接而巨大的影响。中国的《太平广记》、《剪灯新话》等文言小说，对朝鲜半岛小说的发展起着明显作用。《三国演义》、《水浒传》等通俗小说在中国流行之后，很快就传播到日本、越南与朝鲜半岛等周边国家。在西方，中国古代小说的影响相对较晚也较弱，但也产生了积极作用。如德国大诗人歌德读了《好逑传》、《花笺记》、《玉娇梨》等清代小说之后，大受启发，认为人类感情的相同之点超过了异国之情，乃提出"世界文学"的概念。及至近代，学习中国语言、介绍和翻译中国古代文学作品的人更多。中国古代文学遗产已经成为全人类共有的精神财富。

中国古代文学与西方文学有着显著差异。首先，在主客体关系上，中国文化罕见独立的个体人格，古代文学中的抒情、叙事主人公也要"正得利用厚生"，也要"修身以安百姓"，以"修身、治国、平天下"为人生理想、审美理想，这成为中国古代文学没有真正意义的神的文学，而只有重现实、颂美德的人的文学传统形成的主因；西方文学主客体二分，彼此对立，无论处理人事还是置身自然，都有一个坚固的人格矗立着，苏格拉底"认识你自己"的名言，已渗入人的心灵的各个角落，独立的个体人格，对自然不懈地开发与征服，在社会上，有强烈的意识去获取个人权利，而且神都具有人格，具有人的七情六欲和权利。其次，在心灵表现形态上，中国古代文学把道德与文化相连，注重个人职责义务，关注人际和谐，所谓"文以载道"就是其外在表现；西方文学注重科学与文化的结合，表现以个人为本位，注重个人自由权利的发挥。第三，在文化观照方式上，中国古代文学重视作家的内心体验、直觉感受，强调"意会"；西方文学则体现了作家重理智，重客观分析理性的总体特征，强调客观。第四，在文学意境上，中国古代文学追求淡远典雅，儒家认为中和是最高境界，道家则推崇淡泊，情感抒发也要"乐而不淫，哀而不伤"，对罪恶与灾难的感悟认识不如西方人深切，对美、善、光明的追求不如欧洲人顽强执著。所以，中国文学悲情不深，寂寞感不强，常以"大团圆"结局，诗歌乐章很少能突破平衡、悲喜双用的格局。中西方文学的异同凸显中西文化的差异，中国古代文学不仅成为世界各国了解和学习中国文化的最佳窗口，更为世界文化的建设与融合作出巨大的贡献。

（四）中国古代文学的当代价值

立足于当代文化建设。研究中国古代文学，重在寻找民族之魂。中国古代文学研究本来就是当代生成文化的部分，立足当代文化的建设，应是题中之意。但当前的古代文学研究，有一种埋头清理遗产、不问研究目的的倾向，似乎清理就是目的。清理古代文学遗产，旨在推进当代文化建设，否则清理本身就失去了意义。研究中国古代文学，要在清理文学遗产时，辨清哪些是中华民族文化的精髓、骨干和灵魂。民族之魂应历千古而不灭，随时代而新生。现代化建设不是传统文化的断裂，而是传统文化的现代化，即在延续优秀传统文化基础上的当代文化创造。研究中国古代文学，旨在抓住传统文化中的灵魂，并阐释它在当代文化建设中的意义。如蕴含在中国古代文学中的土人对理想社会的追求以及表现出的社会责任感和历史使命感，就是中华民族不断创新、社会不断发展与进步的不竭动力。

中国古代文学的激励效应。爱国主义情操是贯穿中国古代文学作品的主线。儒家文化培养的忧患意识，是一种社会责任感、民族自信心以及爱国热情的反映，体现了乐观进取、奋斗开拓的精神，始终凸显于古代优秀的文学作品中，成为文学作品的灵魂，体现了民族的爱国热情及其献身精神，对社会现实和政治的批判精神与刚健有为、自强不息的奋斗精神。屈原"亦余心之所善兮，虽九死其犹未悔"；范仲淹"居庙堂之高则忧其民；处江湖之远则忧其君；是进亦忧，退亦忧，然则何时而乐耶？其必曰：先天下之忧而忧，后天下之乐而乐乎"；陆游"位卑未敢忘忧国，事定犹须待阖棺"；文天祥"人生自古谁无死，留取丹心照汗青"等著名诗句，千百年来激励着仁人志士在家国危难之际挺身而出、舍生取义。李白、杜甫、韩愈、柳宗元、王安石等一大批有志之士虽屡经磨难，却丝毫未减对国家、民族、大众的关心热爱，只要有机会，仍千方百计为国效力。另一方面，大自然的雄奇壮美和清新秀丽，通过古诗词文句的诵读，激发后人热爱祖国大好河山的情感。古代文学作品中表现出的对勤劳、诚实、勇敢、执著、坚贞、忠义等中华民族美德的颂扬，也是今天进行素质教育的生动教材。作为中国人，学习和认识我们的文学遗产是天职和义务，可以激励我们的爱国心，增强我们的民族自信心和自豪感。

从世界文明视野中反观文学价值。研究中国古代文学，重在梳理中外文化的异同。中国古代文学不乏保守主义倾向。但20世纪以来，我们面对的是外国文化迅猛的冲击和中国文化与外国文化的对话、交流，甚至是某种程度的融合，所以要求我们要置中国古代文学于世界文化之中，在世界文化视阈内观照中国古代文学，总结中外文学的异同之处，寻找彼此的契合点，探讨中国文学的特异性及对世界文化建设的互补意义。如中国古代文学中特有的崇尚自然观念，就对西方天人对立理念有匡正作用，对于调整现代工业社会人与自然的关系，就不乏特殊的认识论价值。

第十三章　中国古代艺术的主要成就及主体精神

中国传统文化异彩纷呈、绚丽多姿，中国古代艺术则是其中耀眼的一颗明珠。多种艺术门类争妍斗奇、百花齐放，取得了令世人瞩目的成就。中国古代艺术门类很多，品种齐全，雅俗共存，动静兼具，并以其统一的艺术精神，构成一个巨大的艺术体系。在数千年的历史发展和演变中，中国艺术植根于中国文化的肥沃土壤中，形成了自己独特传统，彰显中国文化的特质和精要所在。同世界其他民族艺术相比，我国的古代艺术在独特的地理环境、历史进程和思想文化传统等因素的影响下，形成了十分鲜明的民族特征，内容极其丰富，成为世界文化宝库中珍贵的遗产。

第一节　中国古代艺术的发展沿革

中国古代艺术有着丰富的内容和悠久的历史。可分为三个时期：先秦时代为萌芽期，艺术与文化从原始宗教向理性演化；秦汉时代为发展期，各门艺术以其自身的功能寻找自己的定位；魏晋南北朝到明清时期则为中国古代艺术的成熟期，各门艺术基本确立了在文化整体中的位置。

一、先秦时代：中国古代艺术的萌芽期

先秦时期的艺术主要表现为宗教意识，艺术形态体现在青铜礼器、绘画和音乐舞蹈上。

青铜器最早是作为礼器出现的，不但是人和神之间交流的中介，而且是人和人之间交流的礼仪器具，因而成为当时人的地位甚至国家地位的象征。青铜器分为乐器、炊器、盛食器、酒器、水器、兵器等六类。纹饰主要有动物纹、火纹、几何纹、人物纹等。而在动物纹中，饕餮纹是最有特色的艺术造型，它由两个或两个以上的动物组合而成，最常见的由夔龙组合而成。青铜器的整体造型虽表现出一种沉静和凝固，但动物纹饰的造型却显露出纯朴天真的生动。

原始绘画，最初是画在岩壁上或器物上，逐渐发展到墙壁、绢帛、纸张上。新石器时代的绘画，技巧尚显稚拙，但已具有初步造型能力，亦能抓住人物、鱼、鸟等外形动态的主要特征。夏商周三代，器物画一直是重要的绘画形式。随着青铜器和漆器的诞生，装饰性绘画也开始与之相伴。如战国宴乐攻战铜壶所描绘的剪影式分层绘画纹饰，生动地再现了当时所有的社会活动，如采摘、射猎、宴乐、战争等，人物造型各异，而且有表现裙裾的褶皱和鱼尾的刺纹，更注意细节和整体布局。春秋以后绘画内容更多地反映

了社会生活。战国出现了真正独立的绘画作品——帛画。1949年和1973年在长沙两处战国楚墓中出土了两幅帛画，均以单线墨笔勾勒，后者加以平涂和渲染设色，这种绘画技法一直沿用至今。这说明，早在战国时期就已奠定了中国画墨笔线描的绘画传统。

音乐舞蹈。原始时代的古乐常常是诗歌、音乐、舞蹈不同程度的结合体，都与原始人类的生产活动、自然灾害的斗争相关系。儒家所推崇的周公"制礼作乐"，即是把礼乐一并作为维持西周王朝统治的两大支柱，因而一旦到春秋战国时期发生了社会变化，孔子就认为是"礼崩乐坏"。由于儒家的不断提倡和发挥，礼乐并列为王朝统治者的工具，乐也在社会生活和艺术领域中占有崇高地位。孔子曰："兴于诗，立于礼，成于乐。"[①]足见孔子把"乐"当作人们修身成仁的关键；又曰："礼乐不兴，则刑罚不中，刑罚不中，则民无所措手足。"[②]可见孔子又把"乐"作为兴邦治国的根本。西周以后，音乐和舞蹈都有了很大发展。《诗经》305首诗歌其实就是当时的歌词，折射出当时音乐的繁荣景象。十五国风基本上源于民间歌谣，大雅小雅则以贵族乐歌为主，颂是宗庙祭祀的乐章，无不凸显当时比较丰富的音乐曲式与唱和形式。

二、秦汉时期：中国古代艺术的发展期

陶俑时代。秦始皇统一中国之后，建立了统一中央集权的多民族国家，形成了空前大一统的社会政治结构。秦始皇自感威严无比，为了追求死后同样的威严，不仅修筑了规模宏伟的陵墓，还制造了数目庞大的兵马俑来陪葬，从而迎来了陶俑时代。汉代雕塑艺术的主要成就，则表现在大型石刻作品上。西汉时，奴婢属吏俑颇为常见，而且有明确的分工。东汉陶俑的种类更加丰富，亭台楼阁、家丁奴婢、车辆牲畜、舞乐艺人，应有尽有，成为当时社会文化的"标本"。如果说西汉陶俑还保留着秦俑朴实风格的话，那么东汉陶俑则充满夸张意味，讲究线条流畅。甘肃武威出土的"马踏飞燕"，四蹄腾空和鬃尾飞扬的造型就表现一种天马行空的空灵感和速度感，造型比较夸张。总之，东汉的陶俑在写实的基础上，又融进了写意，这种酣畅淋漓的品格影响着后来佛教造像的风格。

秦汉时期的音乐舞蹈还可以从当时的壁画、雕塑和画像砖石等作品里看到端倪。西汉的拂袖舞女俑形象逼真、舞姿生动，成为舞蹈艺术高度发达的真实写照。两汉的画像砖石也反映了乐舞表演的画面，东汉时期的画像砖石还有杂技表演的内容，场面火爆，凸显民间艺术的盛况。

汉朝廷专门设置乐署"太乐"和"乐府"。"太乐"掌管雅乐，"乐府"掌管俗乐——民乐。"乐府"是汉武帝时设立的一个采诗配乐的政府机关，由于它采诗配乐，后世把它作为一种诗体的名称，叫做"乐府诗"。当时设立"乐府"的主要目的是娱乐宫廷，了解民情。影响最为深远的汉乐府在收集、整理和传播民间音乐方面发挥了很大作用。乐府歌大致包括两类：鼓吹曲与相和歌。鼓吹曲吸收了我国北部和西北部各民族民歌的

[①] 出自《论语·泰伯》.
[②] 出自《论语·子路第十三》.

元素，是一种类似进行曲的乐曲；相和歌则来自各地的民歌，采集范围遍及黄河流域和长江流域。

在书法上，汉代是汉字书法发展史上关键性的一代。两汉三百余年间，书法由籀篆变隶分，由隶分变为章草、真书、行书，至汉末，我国汉字书体已基本齐备。笔法不但日臻纯熟，而且书体风格多样。在隶书成熟的同时，又出现了破体的隶变，发展成为章草，行书、真书也已萌芽。小篆、隶书、草书、行书和楷书等各种书体的相继出现，奠定了后代书体的基础。秦汉时期主要是小篆和隶书的天下，秦代李斯的小篆，笔画均匀、圆浑遒健、沉着舒展，蕴含雄强浑厚之气。汉代隶书结体方正，具有充实、丰满和劲利之美。这些书法作品多存于刻石之上，在艺术上取得了非凡成就。至东汉末年，书法已经脱离实用而成为人们创作和审美的对象，并且出现了为人们所崇敬的书法家和最早的书法理论著作。秦汉时代的书法以其风格多样的艺术实践和理论上的可贵探索，引领后代书法艺术进入更为辉煌的殿堂大门。

秦汉时期是中国绘画史上一个繁荣而有生气的时期，它明确显示了这种艺术形式的要求和所蕴含的力量，取得了显著成就，涌现出壁画、帛画、木画、漆画、彩绘、石刻画等多种形式。秦代咸阳宫第三号秦宫遗址壁画是一组长卷式图画，画法着色富于变化，勾勒平涂点染兼用，反映出秦代绘画已具较高水平。汉代不仅有大量史料记载绘画艺术的盛况，而且留有丰富的绘画遗迹。迄今最早的汉代墓室壁画是1976年在洛阳市发现的卜千秋墓内壁画，内容表现墓主人死后"升仙"的情景，画法以线条勾勒客体和物象，画面夸张变形，色彩鲜艳斑斓，体现出力与动的韵律。卜千秋墓壁画、河北望都汉墓壁画、内蒙古和林格尔汉墓壁画、河南偃师杏园村汉墓壁画等，都是十分精彩的壁画；长沙马王堆帛画和临沂金雀山帛画都是帛画中的杰作；甘肃居延、江苏邗江出土的木版画，工艺装饰画中的漆画也有不少作品精美绝伦；加上大量的画像石与画像砖，使得汉代的绘画艺术异彩纷呈、夺人眼目。汉代绘画在艺术上运用了写实和装饰两种风格相结合的手法，为后代的绘画起到奠基作用。汉代画家有姓名流传后世的仅十余人，其中以给王昭君画像的宫廷画师毛延寿最知名。

三、魏晋南北朝到明清时期：中国古代艺术的成熟期

魏晋南北朝时期朝代更迭，学术思想活跃，促进了艺术的发展。这一时期的石窟壁画、墓室壁画、石刻、砖刻以及漆画等都已蔚然可观，出现了开宗立派的专业画家、书法家。作为奠立中国绘画理论基础的"传神论"、"六法论"也在此时提出。唐代出现了绘画成熟的中国学派的重要代表人物吴道子和杨惠之。盛唐时期的美术，以宏伟的气魄、丰富的内容和兼容并包的精神，成为中国古代美术发展中广泛和长远影响的巨流。中唐以后，在古代美术中长期占有主要地位的宗教美术规模缩小，手工业的发达和科学技术的进步促使绘画技法提高，如人物画中所表现的人体解剖知识，楼阁画中所表现的透视知识，山水画中所表现的远近法，都达到相当水平。写实能力的提高成为助成现实主义发展的一个条件。唐代美术不但是中国封建时期美术的高峰，也是当时世界美术的高峰，

影响世界。宋代绘画，由于延续了唐五代的风气，世俗的美术脱离了宗教的羁绊，得到独立发展。绘画的卷轴形式在宋代大为盛行，这些卷轴画中有一部分是由屏风及纨扇的装饰演变而来。宋代绘画的中心是皇家画院，绘画已经成为一种手工行业，有大量的市场的需要。元代的绘画，最引人注目的是水墨山水的发展，在笔墨技法上注重表现效果，轻视生活内容，造成了中国绘画史上的大转变。明清五百年间的绘画有很大发展，明初崇尚宋代画风的画家遍于宫廷、民间，明代中期文人画重新复兴于苏州，后期士大夫文人画更是向独抒性灵发展。明清更迭，并没有割裂绘画的传统，清代仍然画派林立，摹古、创新各行其道，文人画、西洋画也对宫廷绘画产生了影响。随着商品经济的发展，文人还以画为生、以画泄愤，金石书法的刚健之风也融入了绘画，民间绘画更加世俗化、商品化。作为中国古代绘画的最后辉煌，清代绘画已发生了奇变倾向，为近代中国绘画改革做好了准备。有画院派与非画院派之分，其中又掺杂了地域、师承等多方面因素，有所谓南宗、北宗之别，浙派、吴派之别，还有"四大高僧"、"江左四王"、"扬州八怪"、"常州画派"等。山水画虽有名家，但总体水平仍未超过宋元。花鸟画向水墨写意方向发展而有所创新，徐渭、八大山人、郑板桥等艺术个性十分突出。

魏晋南北朝时期是各种书体交相发展的时期，这时的隶书已走入公式化的末路，草书经章草阶段发展成今草，行书在隶楷递变过程中逐渐成熟，出现了很多著名的书法家和书法理论著作。如大书法革新家——钟繇、王羲之。魏晋南北朝是楷书发展的早期，南北朝碑刻是现存楷书的宝库，北朝碑刻即所谓的魏碑书法，魄力雄浑，体态多变，著名的有《龙门二十品》。行书是介于楷、草之间的一种书写简易、流畅的书体，以王羲之的《兰亭序》最有名。唐朝由于唐太宗好书法，尤喜王羲之的作品，对书法艺术的提倡有积极作用。因此出现了许多著名的书法家如欧阳询、虞世南、褚遂良，草书名家张旭、怀素，楷书名家颜真卿、柳公权等。五代以迄宋元，山水画一枝独秀。五代画家荆浩提出山水画的"六要"（气、韵、思、景、笔、墨），强调画面要表现大自然的内在精神。而后，山水画取代了六朝隋唐人物画的地位。两宋山水画名家辈出，代表有董源、范宽、巨然、米芾、马远、夏圭等。元代山水画以"元四家"为代表，即黄公望、王蒙、吴镇、倪瓒。他们在艺术表现上，不求写实，以个人灵性的抒发为主。花鸟画也有相当大的发展，出现了黄筌、黄居采等影响久远的人物。元初赵孟頫以其深深的文化素养，以及在诗词、书法等多方面的造诣，使其成为宋元"文人画"的代表。

戏曲由宋杂剧、宋南戏发展形成高度成熟的元杂剧及元、明南戏，出现了关汉卿、王实甫、马致远、白朴、高则诚等伟大剧作家及珠帘秀等一批表演艺术家，为后世留下了大量杰作。与此同时，说唱艺术也相当繁荣，唱赚、说话、诸宫调等多种形式的演出在城乡广泛流行。金代董解元的《西厢记诸宫调》是曲艺上不可多得的名作。戏曲、曲艺的繁荣也直接影响到音乐。宋元两代的乐坛除对传统的宫廷音乐有所加工外，主要趋向是走向民间。戏曲发展到明清又出现两次高潮，一次是明中叶至清初的昆曲大繁荣；一次是清末民初的京戏兴起。汤显祖的《牡丹亭》、李玉的《清忠谱》、洪昇的《长生殿》、孔尚任的《桃花扇》都是优美的不朽之作；王骥德的《曲律》、李渔的《闲情偶寄》是很有价值的戏曲理论著作。说唱艺术在清末民初也有较快发展。

此外，明清两代建筑、园林艺术也有长足进步。故宫、天坛堪称建筑史上的杰作，苏州名园、颐和园、圆明园、承德避暑山庄等，都体现了设计者高雅的审美情趣与布置能力。

第二节　中国古代艺术的主要成就

一、书法

中国书法是一门古老的艺术，迄今考古文物发掘的情况判断为始于八千年前的中华黄河流域的古陶器文，再经由甲骨文、金文演变而为大篆、小篆、隶书，至定型于东汉、魏、晋的草书、楷书、行书诸体，书法一直散发着艺术的魅力。在中国文化中，书法是我国特有的艺术瑰宝。在世界文字中，只有中国的文字没有停留在符号意义之上，而有自己独特的审美价值。我国最早的古汉字资料，是商代中后期（约前14世纪至前11世纪）的甲骨文和金文。甲骨文是中国书法史上的第一块瑰宝。严格地讲，只有到了甲骨文才称得上是书法。因为甲骨文已具备了中国书法的三个基本要素：用笔，结字，章法。而此前的图画符号并不完全具有这三种要素。甲骨文结体长方，奠定汉字的字形，文字的象形意味也更为浓重。而书法真正作为一门艺术则在汉末魏晋时出现。中国书法从字体类型上主要分为篆、隶、楷、草、行五类。

（一）篆书

篆书有大小篆之别，大篆主要有甲骨文、金文、石鼓文。甲骨文为商代遗物，是我国目前发现最早的成熟文字。它是用刀直接刻在甲骨上的。字形大小不一，分行布白自然，疏密得当，错落有致，放逸得当，严整娟秀。刀法亦有方圆肥瘦之别，各字随物异形，纯朴和谐。金文是指铸造或刻在青铜器上的铭文，又称钟鼎文。字有凹凸之分，凹为刀刻，呈阴文，凸为先用刀刻模型，然后浇铸呈阳文。起源于殷商，盛行于周代。金文多记录礼典、征伐、约契等，是承甲骨文体而又有新发展的文字。其特点是笔画线条浑朴自然，结字壮美多姿，字体渐趋整齐、雄伟纯朴。石鼓文因刻于石鼓上而得名，也叫籀文，是流传至今最早的刻石文字，为石刻之祖。其书法特点是浑厚自然，用笔圆劲挺拔，结体方正，规范严谨，形体较完备。它上承金文，下启小篆，是金文向小篆过渡的书体。

秦始皇兼并天下，丞相李斯主持统一全国文字，使之整齐划一，这在中国文化史上是一伟大功绩。秦统一后的文字称为秦篆，又叫小篆，是在金文和石鼓文的基础上删繁就简而来。《说文解字序》说："秦书有八体，一曰大篆，二曰小篆，三曰刻符，四曰虫书，五曰摹印，六曰署书，七曰书，八曰隶书。"基本概括了此时字体的面貌。

小篆起源于周末，流行于战国时的秦国一带，至秦朝时达到鼎盛。它由李斯创建，成为通用的公共书体，也称为官书。小篆的特点是皆大书而作细笔，劲挺圆润，去肉而筋独存。汉代篆书，现存主要有长沙马王堆汉墓出土的帛书，它和秦小篆相近，是介于小篆、隶书之间的字体，字形基本上是长方形的，笔画一般都圆瘦些，结构则匀称平正。三国时期的篆书，现存的有《三体石经》和李仲璇的《修孔子庙碑》，笔较圆细，收尾保留尖锋，对后来的篆书影响很大。唐代篆书，以李阳冰为最著名，他的篆法号称直接李斯，虽说高浑不足，却有规矩可寻，易于学习，影响很大。南唐及宋代篆书名家有徐铉、徐楷、郭忠恕、僧梦英、苏长卿等，他们的篆书也小有名气。元代篆书有赵孟頫、吾丘衍等。明代的篆书家有李东阳、腾用亨等。其中李东阳最有名，其余柔媚有余。清代篆书，比较有名气的有王澍、洪亮吉、孙星衍、钱坫、邓石如、黄子高等，他们在传承中又能推陈出新，具有自己的独特风格，可谓人才辈出。

（二）隶书

隶书的出现是汉字书写的一大进步，是书法史上的一次革命，不但使汉字趋于方正楷模，而且在笔法上也突破了单一的中锋运笔，为以后各种书体流派奠定了基础。隶书始于秦代，流行于西汉，鼎盛于东汉后期，在我国书法史上留下了辉煌灿烂的一页，与雄伟的万里长城和壮观的兵马俑一样，气魄宏大，堪称开创先河，是中华民族无穷智慧的结晶。隶书是在篆书和秦隶的基础上去其繁复、增减而创。结体端正整齐，秀丽端庄。隶书相传为秦朝程邈所创，其隶书特点是扁阔取势，结构简单，笔画平直，有了波磔。与小篆相比，书写更加方便，易于辨认。

汉代是汉字书法发展史上重要时期。这一时期主要代表作品有《马王堆帛书》，1973年在湖南长沙马王堆三号汉墓出土。它是研究西汉书法的第一手资料，使前人争论不休的西汉有无隶书的问题迎刃而解。《马王堆帛书》用笔沉着、遒健，给人以含蕴、圆厚之感。它的章法也独具特色，既不同于简书，也不同于石刻，纵有行、横无格，长度非常自由，有强烈的跳跃节奏感。总体反映了由篆至隶的演进阶段的文字特征。汉隶书家，东汉末年的蔡邕是继程邈之后的又一位著名书法家，蔡邕博学多才，精通经史、懂音律天文、善辞赋、工书法，以书写隶书最为著名。蔡邕的女儿蔡琰也是中国历史上第一个博学多才的有书法作品传世的女书法家，主要代表作有《熹平石经》。能代表汉代书法特色的，莫过于碑刻和简牍上的书法。东汉碑刻林立，这一时期的碑刻，以汉隶刻之，字形方正，法度谨严、波磔分明。此时隶书已登峰造极。唐代隶书书法家有韩择木、蔡有邻、李潮、史惟则，四大书家平分秋色，其中韩择木列四家之首，韩择木的代表作是《祭西岳神告文碑》；史惟则代表作是《大智禅师碑》。唐代隶书作品，著名的还有徐浩的《嵩阳观记》，唐玄宗的《石台孝经》，李白的《上阳台》，杜牧的《张好好诗》等。唐后期至宋代隶书衰落。到了清代又涌现出众多的隶书书家，其中以邓石如、伊秉绶最为突出。尤其是邓石如，他不仅篆书精妙，隶书也很突出。他用篆书笔法写隶书，开创"篆从隶来，隶从篆出"的笔意。伊秉绶博学多才，篆刻、绘画、诗文无所不精。在他的隶书作品中，反映出浓厚的"金石气"和"书卷气"。他与邓石如并称"南伊北邓"。清代的隶书书家们水平之高，阵容之大，弥补了唐宋以后的不足。

（三）楷书

两汉年间，书法由籀篆变隶分，由隶分变为章草、真书、行书，至汉末，我国汉字书体已基本齐备。笔法不但日臻纯熟，而且书体风格多样。在隶书成熟的同时，又出现了破体的隶变，发展而成为章草，行书、真书也已萌芽。楷书产生于汉末，盛行于魏晋南北朝时期，唐朝是楷书发展的黄金时代。楷书是由隶书经过长期发展演变慢慢退化而成的。

从汉字书法的发展上看，魏晋是完成书体演变的承上启下的重要阶段，是篆隶真行草诸体咸备俱臻完善的一代。汉隶定型化了迄今为止的方块汉字的基本形态。隶书产生、发展、成熟的过程就孕育着真书（楷书），这一书法史上重要时期，造就了两个承前启后，巍然绰立的大书法革新家——钟繇、王羲之。

三国时期著名的书法家钟繇，当为楷书开创之祖。钟繇的书法古朴、典雅，字体大小相间，整体布局严谨、缜密，对于汉字书法的创立、发展、流变都起到重要作用。他的主要作品有《宣示表》《贺捷表》等。正是在三国时期，楷书进入刻石的历史。三国（魏）时期的《荐季直表》、《宣示表》等成了雄视百代的珍品。

其后的是东晋书法家王羲之和王献之父子，他们被人称为"书圣"。王羲之的楷书传世之作均为小楷，其代表作品有《黄庭经》、《乐毅论》；王献之的楷书作品有《洛神赋十三行》小楷。唐朝是我国书法发展的鼎盛时期。由于实行了"书学"及唐太宗对书法艺术的钟爱和推崇，仅就正楷而言，唐初国力强盛，书法从六朝遗法中蝉脱而出，楷书大家是欧阳询。唐初欧阳询、虞世南、褚遂良、薛稷楷书四杰成为当时的书法主流，总特点结构严谨整洁，故后代论书有"唐重间架"之说，一时尊为"翰墨之冠"，延至盛唐。他们又都是各树一帜的书法名家。欧阳询的《皇甫诞碑》被称为"唐人楷书第一"。他的楷书用笔方正，且能于方整中见险绝，字体结构安排紧凑、匀称，间架开阔稳健，被后人称为"欧体"。虞世南代表作《孔子庙堂碑》，其字用笔圆润，外柔内刚，结构疏朗，气韵秀健，遒劲有力。褚遂良为初唐书法四家之一，其字体被誉为"字里金生，行间玉润，法则温雅，美丽多方"。书法中楷书笔意表现力高者当属褚遂良，代表作有《孟法师碑》、《雁塔圣教序》。薛稷为人好古博雅，辞章甚美，政事之余，专力于书画艺术，其书法特色是"结体遒丽"、"媚好肤肉"，继承和发扬了前辈笔法和风格。孙过庭既是书法家，又是一位书法理论家，著有《书谱》，至今仍成为学习草书的楷范，其书法妙于用笔，隽拔刚折，尚异好奇。中唐至盛唐楷书有了新的突破，中唐书法家有张旭、怀素、李邕、颜真卿等。颜真卿的书法雄健、宽博，树立了唐代的楷书典范，与柳公权并称"颜柳"，有"颜筋柳骨"之誉。宋代书坛上，名噪一时的是苏轼、黄庭坚、米芾、蔡襄，多是在行书上开拓了新的意境，在楷书方面并无新意。到了元代楷书的集大成者应为赵孟頫，他的楷书结体秀美，笔画圆润，外见温文典雅，内寓刚劲遒丽。赵孟頫传世作品之多，恐无出其右者，楷书代表作品有《妙严寺记》、《福神观记》、《胆巴碑》、《三门记》等。明代擅长于楷书者，主要有文徵明、祝允明、王宠、董其昌等。

（四）草书

汉代创兴草书，草书的诞生，在书法艺术的发展史上有着重大意义。它标志着书法开始成为一种能够高度自由的抒发情感、表现书法家个性的艺术。草书首先是人们为了书写便捷而创造的一种笔画连绵、结构省简的字体。草书的最初阶段是草隶，到了东汉时期，草隶进一步发展，形成了章草，后由张芝创立了今草，即草书。

草书又有章草、今草、狂草之分。章草产生于秦末汉初，盛行于两汉魏晋，唐始衰落，元明复兴，入清沉寂，清末又再中兴起来。东汉章帝爱好这种书体，因而得名。汉朝，杜度和崔瑗以写章草著称，并称"崔杜"。三国时，钟繇也擅精此体。西晋，索靖的章草艺术登峰造极，代表作是《月仪帖》。东晋时期，王羲之和王献之父子、卫铄都是章草能手。唐宋时，章草若存若亡。元朝，赵孟頫章草也较精到。明朝宋克独善章草。到了清末，章草复兴，涌现出沈曾植、王蘧等一批章草名家。章草的历史不长，但对后代书法的影响很大。今草创建汉末，当时还带有隶书的味道。到东晋，经过王羲之的"变体"，才脱胎换骨。唐代文化博大精深、辉煌灿烂，达到了中国传统社会的最高峰，可谓"书至初唐而极盛"。唐代墨迹流传至今者也比前代为多，大量碑版留下了宝贵的书法作品。整个唐代书法，对前代既有继承又有革新。楷书、行书、草书发展到此时都跨入了一个新境界，且不断创新，时代特点十分突出，对后代的影响远远超过了以前任何一个时代。唐代草书趋于成熟并出现了大家。卓有成绩的如智永、虞世南、孙过庭、颜真卿等，孙过庭的《书谱》，不仅堪称我国书法理论的一部重要著作，本身也是艺术水平相当高的草书作品。

唐朝中期出现了狂草，它的创始人是张旭。张旭的草书虽狂虽草，但不失法度，一点一画，皆有规矩，因为他的楷书亦有相当高的成就。张旭传世的作品不多，可见到的有《肚痛帖》、《古诗四帖》等。其次是怀素，他的书法热情奔放、豪迈恣肆，书法史上，将张旭和怀素称为"张颠怀狂"。宋代黄庭坚的草书如同他的楷书、行书一样称誉于后世，代表作有《诸上座》、《李白忆月游》、《花气诗》等。明代吴中四才子祝允明、唐寅、文徵明、徐祯卿，都擅长狂草，尤为突出的是文徵明，他各体兼工，尤精草书。传世草书作品有《玉泉千尺泻》、《文徵明四体千字文》、《桑母王安人墓表》等。明末著名书法家张瑞图，擅长草书，代表作有《骢马行》、《后赤壁赋》、《乐志论》等。

（五）行书

行书是介于楷书与草书之间的一种书法艺术。两晋书法最盛时，主要表现在行书上，东晋的"书圣"王羲之尤其擅长行书。其代表作是《兰亭集序》，号称"天下第一行书"，也因此被奉为"书圣"。其子王献之的《洛神赋》字法端劲，所创"破体"与"一笔书"为书法史一大贡献。加以陆机、卫瑾、索靖、王导、谢安等书法世家的烘托，南派书法相当繁荣。南朝宋之羊欣、齐之王僧虔、梁之萧子云、陈之智永皆步其后尘。

王羲之的行书书法特点洒脱流利，论者称其笔势以为飘若浮云，矫若惊龙，看似随意中书写，而神韵自得。《兰亭序》表现了王羲之书法艺术的最高境界。在用笔上有藏有露，侧笔取势，自然精妙。结体上变化多姿，匠心独运，文中20个"之"字，7个"不"字，虽重复出现，却无雷同。章法上则疏密斜正，敛放揖让，承接呼应，极为奇谲。唐朝时，由于唐太宗的提倡和喜爱，确立了行书在书法史上的地位，唐太宗本人也是行书高手，代表作是《温泉铭》。盛唐时，以李北海书法大家最为显著，他发挥自己的特点，创立了行楷,即在楷书的笔画中融会行书的笔意,在行书的结构中又吸收了楷书成分。传世作品有《麓山寺碑》、《云麾将军李秀碑》、《法华寺碑》。唐代书法家颜真卿不仅楷书艺术博大精深,而且在行书上也有极高的成就,其行书雄健刚强、气势磅礴,不追求雕琢之气,渗透了其刚正的性格、豪放炽热的情感,作品有《祭侄稿》、《争座位帖》、《刘中使帖》等。在行书方面,宋代的苏、黄、米、蔡也很有名。从书法风格上看,苏轼昂扬烂漫,黄庭坚昂藏郁拔,米芾俊迈豪放,蔡襄清秀圆润。他们都善学古人又富于创新精神,书风自成一格。元朝首推赵孟頫,其行书创遒劲姿媚新风,对元人和后世均产生极大影响,赵氏行书代表作是《洛神赋》。明代文徵明以行书见长,作品主要有《文信国诗》、《满江红》、《赤壁赋》等,其书法法度精严,笔势劲健。明代董其昌代表作有《书宋词册》等,灵秀天然,清润闲淡,奇宕潇洒。清代的傅山、王铎、郑板桥、何绍基都是行书大家。傅山行书圆转自如,天真烂漫;王铎的行书气势连贯,节奏强烈;郑板桥的脱尽时习,秀劲绝伦;何绍基书法矫健奇险,跌宕洒脱。清代书法开创了碑学,特别是在篆书、隶书和北魏碑体书法方面的成就,也预示着汉字的形体演变完成了一个循环。

二、绘画

我国夙有书画同源之说,有人认为伏羲画卦、仓颉造字,是为书画之先河。文字与画图初无歧异之分。中国古代绘画历史悠久,最早的绘画遗迹可以追溯到远古的岩画和新石器时代彩陶上丰富多彩的各种图案,随着春秋战国时期线描绘画技术的运用,表现物象的能力相当成熟,由是中国绘画逐步形成了自己完整的体系,并闻名于世。中国绘画种类繁多,有宫廷绘画、文人绘画、宗教绘画、市民绘画和民间绘画五类;通常情况下,中国传统绘画无论在艺术内容、形式上,还是在表现手法上,一般可以分为人物画、山水画和花鸟画三类。

(一)人物画

中国古代人物画自有其艺术体系,与之相适应的是其独特的艺术传统。因描写现实人物和历史故事的称人物画,因描写社会风俗的称风俗画,因描写古代妇女的称仕女画,因描绘人的肖像称写真。在绘画时使用技法不同分成工笔、写意、泼墨、白描等。

现存比较早期的人物画是战国时期帛画。1949年和1973年在长沙两处战国楚墓中出土了两幅帛画:人物龙凤帛画和人物御龙帛画,均以单线墨笔勾勒,力求将人物个性刻画得逼真传神、气韵生动、形神兼备[①]。两晋南北朝是古代人物画发展提高的阶段,出现了人物画家曹不兴(三国)、卫协(西晋)、顾恺之(东晋)、陆探微(南朝宋)、张僧繇(南朝梁)等。顾恺之是这个时期最重要的画家,传世作品有《女史箴图》、《洛神赋图》的摹绘本,刻画人物注重传神,人物线条圆转,后人称之为"春蚕吐丝",技法上受篆书影响,风格古朴,其用笔的功力,线条的质量,都是后人很难达到的。陆探微

---

① 朱耀庭. 中国传统文化概论. 北京:北京大学出版社,2005.

和张僧繇的人物画也取得很高的成就。后世评价这三人"像人之美，张得其肉，陆得其骨，顾得其神"。北朝画家曹仲达以画印度风格的佛像著称，所画佛衣紧窄，贴在身上，被称为"曹衣出水"。唐朝是人物画的成熟阶段，著名的人物画家有阎立本、吴道子、张萱、周昉。初唐阎立本的代表作有《步辇图》《历代帝王图》。盛唐的吴道子号称"画圣"，他擅长宗教绘画，善于运用简括的线条勾勒形体，使笔下的褒衣博带势若飞扬，人称"吴带当风"，与"曹衣出水"迥然异趣。五代的人物画家有周文矩、顾闳中等，北宋成就较高的则是李公麟。宋代的人物画也逐渐发生变化，出现了很多民俗画和历史故事画，传世的有张择端的《清明上河图》、李嵩的《货郎图》、李唐的《采薇图》、陈居中的《文姬归汉图》等。

（二）山水画

山水画（俗称风景画、风光画或彩墨画），描写山川自然景色为主体的绘画，是专门的艺术学科，在我国有着悠久的历史。早在两汉三国时就已经萌芽，在魏晋、南北朝已逐渐发展成为一个独立的画种。山水画的形成和确立，是魏晋崇尚自然意识的审美感知，文人个体意识的觉醒，东晋顾恺之、南朝宗炳、王微等画家开了山水画作为中国传统绘画主流的先河，并为山水画的发展奠定了坚实的基础。可惜他们的山水画真迹已不见流传，早期山水画的面貌只能从早期的山水文献和当时的人物画背景中去窥探。

唐代，山水画得以很大的发展，有南北两派，一派（北派）是青绿山水，代表画家是李思训父子。这一派画家长于细笔勾画，重彩着色，因而称为青绿山水；另一派是水墨山水，自吴道子开始，对后世影响最大的是王维和张璪。王维喜欢单色泼墨山水，讲求意境，画如其诗，恬淡宁静。张璪善于画山水松石，重视创作灵感，主张"外师造化，中得心源"。水墨山水是文人画的代表，对后世影响深远。王维被尊为文人画之祖，以诗人的学养发挥画家的气质，在文学和绘画领域揭示了诗与画的关系[①]。五代宋初的荆浩、关仝、董源、巨然、李成、范宽完善了山水画的艺术表现，把山水画推向了一个历史的高峰，并创立了南北山水两大体系：北方山水有阳刚之美，以荆浩、关仝为代表；南派则清秀柔美，以董源和巨然为代表。山水画成为这一时期的主流艺术，在表现领域中将山水的物理和技巧结合起来。自唐代以来，每一时期，都有著名画家专尚从事山水画的创作。尽管其身世、素养、学派、方法不同，但都能够用过笔墨、色彩、技巧，灵活经营，认真描绘，使自然风光之美，欣然跃于纸上，其脉相同。元代山水画趋向写意，以虚带实，侧重笔墨神韵，为山水画在审美范畴内增添了"逸"的概念，开创新风。明清及近代，续有发展，亦出新貌，在表现上讲究经营位置和表达意境。明代山水画分浙派、吴派和皖派。浙派代表画家为戴进、蓝瑛，皖派则以仇英、唐寅最有名气，吴派的画家主要有沈周、文徵明等。在浙派画家中，戴进当推第一，他的山水、道释、人物、花鸟、翎毛、走兽无所不工。沈周、文徵明、董其昌、陈继儒被誉为吴门四大山水画家。明代的山水画家体现出超凡脱俗的精神境界，使山水画活了起来。清代山水画家以"四王"为最著名，即王时敏、王原祁、王鉴和王翚。另外，佛门画家道济和八大山人朱耷

---

① 朱耀庭. 中国传统文化概论. 北京：北京大学出版社，2005.

也在山水画坛享有很高的声誉。

(三)花鸟画

花鸟画是通过描写刻画自然界的花鸟来表达作者的思想情感,给人以美的享受。中国古代花鸟画正式出现在魏晋南北朝之间。之前,花鸟作为中国艺术的表现对象,一直是以图案纹饰的方式出现在陶器、铜器之上。那时候的花草、禽鸟和一些动物具有神秘的意义,有着复杂的社会意蕴。人们图绘它们并不是在艺术范围内的表现,而是通过它们传达社会信仰和君主意志,艺术形式只是服从于内容的需要。

人类早期对花鸟的关注,是孕育花鸟画的温床。史书记载,魏晋南北朝时期已有不少独立的花鸟画作品,其中有顾恺之《凫雁水鸟图》、史道硕《鹅图》、陆探微《半鹅图》、顾景秀《蝉雀图》、袁倩《苍梧图》、丁光《蝉雀图》、萧绎《鹿图》,可以说明这一时期的花鸟画已经有了一定的规模。虽然现在看不到这些原作,但是通过其他人物画的背景可以了解到当时的花鸟画已具有相当高的水平,如东晋画家顾恺之《洛神赋图》中的飞鸟等。

顾恺之在《论画》中云:"凡画,人最难,次山水,次狗马。"魏晋南北朝,文人受玄学和中国佛学的影响,强调外师造化,中得心源,强调画意和诗情相通,讲究诗是无形画,画是有形诗。在这种文化背景下,出现了花鸟画派,特别注重诗意化表达,表现出梦幻般的迷人魅力,并以此为基础,奠定了此后中国花鸟画学的基本发展方向。

唐代,花鸟画业已独立成科,有花鸟画家80多人,如薛稷画鹤,曹霸韩干画马,韦偃画牛,李泓画虎,卢弁画猫,张旻画鸡,齐旻画犬,李逖画昆虫,张立画竹等,已能注意到动物的体态结构,形式技法也比较完善。五代是中国花鸟画史上的重要时期,以徐熙、黄筌为代表的两大流派,确立了花鸟画的两种不同风格类型,"黄筌富贵,徐熙野逸",黄筌的富贵不仅表现对象的珍奇,在画法上工细,设色浓丽,显出富贵之气;徐熙绘画特点落墨为格,杂彩敷之,略施丹粉而神气迥出。黄筌之子黄居寀、黄居宝,徐熙之孙徐崇嗣、徐崇矩都是当时花鸟画的重要画家。宋代出现了水墨梅、竹、松、兰,淡墨挥扫,整整斜斜,不专以形似,独得于象外,以拟人化的手法将崇高、贞洁、虚心、向上、坚强寄于"四君子"上。宋徽宗赵佶擅长工笔山水和花鸟,但又吸收了文人画的意趣,还设立翰林图画院,并亲自指导,让人整理编订了《宣和画谱》和《宣和书谱》。元代花鸟画受宋代文同、苏轼的影响,出现了一批专门画水墨梅竹的画家,以柯九思、倪瓒、吴镇、王冕为代表,表现了文人画家风格。清代石涛、恽寿平、朱耷(八大山人)和扬州八怪等都在花鸟画发展史上占有重要地位,特别是八大山人以其独特的绘画语言,表现内心的忧伤与家国之痛,其笔墨与造型均独树一帜。而恽寿平的没骨花卉则在黄徐体异中得以综合发展,为花鸟画新辟蹊径,使得花鸟画出现了一次小的高潮,花鸟画最终走向了成熟和完善。花鸟画的画法大致可分为两类:工笔花鸟和写意花鸟。昆虫亦有工、写之分。

中国古代绘画凸显共同的创作特点。其一,散点透视的"游目"。正像西画的焦点透视与西方文化认为从第一原理即可以推出整个体系一样,中国文化否认有一个最后视点，只有仰观俯察、远近往还才能味象观道。其二，以大观小。中国文化相信宇宙有一个"道"，中国绘画也相信有一个最佳视点，只是这视点不是"焦点"，而是"天眼"，即画家要站在一个宏伟的高度，俯察游观自己所表现的对象。因此，中国画家很少去写生，而是"饱游饫看"①，"搜尽奇峰打草稿"②，这样作画运思时，就处于一个以大观小、一切了然的境地。其三，遗貌取神。画是一个小宇宙，所谓天眼，就是要注意画的整体和谐，任何细部都必须符合整体性。其四，游目式的笔、色二墨。中国画是用线去表现一个空间，不像其他非西方文化那样是平面的，而是有深度，但又不是西画的深度那种科学几何式的三维。中国画的深度在吴道子式的白描中就是靠线的浓淡枯湿来形成。

三、音乐

中国音乐源远流长，古代文献中对尧舜古乐的记载，说明中国音乐起源甚早。河南舞阳县发现的18支七音孔和八音孔的骨笛，距今已有8000多年。原始社会的音乐与礼仪是相连的。到春秋战国时期，中国音乐形成了和其他文化不同的独特体系。中国古代音乐的发展可以划分为三个阶段：先秦时期，汉唐时期，宋元明清时期。

（一）先秦以钟磬乐为代表的乐舞占据主流

以钟磬乐为代表的乐舞占据主流。乐舞指的是音乐、舞蹈、诗歌三者交织在一起，成为密不可分的原始艺术。上古时期的乐器主要有钟、磬、鼓，已具备了宫、商、角、徵、羽音阶的五个音。音乐随着人类生活不断丰富、发展，人们为表达、发泄自己的情感而产生，也伴随着人类劳动能力的提高而逐步完善。原始乐舞只是一种与祈求丰年、祭祀、生产、生活紧密联系群体的歌舞活动，而并非指专门的艺术形式。

夏代开始有真正独立的乐舞的记载。传说夏代初期的国君启和最后的国君桀，都曾用大规模乐舞供自己享乐。我们从屈原的作品《九辩》、《九歌》中可以看到当时大型乐舞的场面。商代是尊事鬼神社会，祭祀、巫术活动一定要伴有隆重的乐舞，同时商人崇尚乐舞，以音乐与神鬼对话。乐舞成为人们进献、事奉、娱乐神鬼，以使人神沟通的重要手段。周代是中国古代礼乐制度比较完备的社会，诞生了我国最早的乐理著作《乐记》。因为实行分封制，所以礼乐制度正是对于这个严密的宗法等级网的强调和固定。《周礼》记载当时的乐舞有大司乐掌管，当时有名的音乐有《云门大卷》、《大夏》、《大武》等，这些音乐主要为宫廷宴饮服务，被称为雅乐；与之相对应的就是俗乐（地方民歌）。

春秋战国时代，《诗经》的编纂也正是春秋时期各地音乐逐渐复兴才出现的现象，其中著名的有郑、卫、宋、齐等地区的音乐。到后来，地方音乐甚至可以取代雅乐，用于礼仪了。春秋时期的伯牙是一位杰出的音乐家，其作品有《高山》、《流水》。湖北随县出土的战国初年的曾侯乙编钟总音域跨五个八度，甚至可以演奏和声。编钟铭文还记载了各种律名、阶名、音名之间的对应关系，这一切都充分凸显当时的音乐水平已经达到相当高的程度。

---

① 出自（北宋）郭熙：《山水训》。
② 出自（清）石涛：《搜尽奇峰打草稿图》。

（二）汉唐以歌舞大曲为代表的中古伎乐占据中心地位

可分为两个时期，前一时期包括秦、两汉、三国、晋，后一时期为南北朝、隋、唐、五代。两个时期的共同特点是歌舞大曲为音乐的主要形式；区别在于前一时期音乐是相合之曲，后一时期是各民族音乐交融的歌舞音乐。

秦汉时开始出现"乐府"。乐府是秦汉时期建立的管理音乐的一个宫廷官署，它继承了周代采风制度，搜集、整理了许多歌曲，主要的歌曲形式是相和歌。并从最初的"一人唱，三人和"的清唱，渐次发展为有丝、竹乐器伴奏的"相和大曲"。汉代以来，随着丝绸之路的畅通，各民族在音乐上的交流已经十分普遍。

唐代政治稳定开放，经济兴旺，统治者勇于吸收外域文化，加上魏晋以来已经孕育着的各族音乐文化融合，终于萌发了以歌舞音乐为主要标志的音乐艺术全面发展的高峰。燕乐成为新的宫廷艺术形式和中心。它继承了相和大曲的传统，融会了九部乐中的音乐精华，成为风靡一时的唐代歌舞大曲。《教坊录》著录的唐大曲共有46个，其中《霓裳羽衣舞》为世所称道。唐代音乐文化的繁荣还表现为产生一系列音乐教育机构，如教坊、梨园、大乐署、鼓吹署以及专门教习幼童的梨园别教园。文学史上堪称一绝的唐诗在当时是可以入乐歌唱的。当时歌伎曾以能歌名家诗为快；诗人也以自己的诗作入乐后流传之广来衡量自己的写作水平。在唐代的乐队中，琵琶是主要乐器之一。

（三）宋元明清以说唱、戏曲为中心

这一时期歌舞音乐继续有所发展，而且产生了许多新的音乐品种，从而使声乐和器乐得到了全面发展，成为中国近代音乐的基础。宋代前的中国音乐史几乎是宫廷音乐史，宋以后开始逐渐平民化。都市的繁荣，市民有了自己的娱乐场所，即瓦市或勾栏。宋代产生了宋杂剧、金诸宫调、金院本以及戏文等新的文学形式。在金院本和宋杂剧的基础上，元杂剧具备了成熟戏曲的诸种因素，形成了前景壮观的发展势头。明清时期，说唱和戏曲品种越来越丰富，成为音乐最重要的两大体裁。说唱以南方的弹词和北方的大鼓以及流行南北的牌子曲为主。弹词和大鼓的音乐已不再采用曲牌联套的结构，而用板腔体式。板腔体可以不再有这些规定，改用每一句七字或十字的整齐句型，句子数量可多可少，可视故事情节发展的需要增减，比较自由、灵活，使音乐的戏剧性大为加强。明清时代主要音乐形式是多种戏曲唱腔的兴起，构成了戏曲主要四大声腔，即浙江一带的"海盐腔"、"余姚腔"，江西的"弋阳腔"和江苏的"昆山腔"，最终流传下来的主要是后两者。

清乾隆五十五年（1790年）起，原在南方演出的三庆、四喜、春台和春四大徽调班社相继进京演出，同时吸收了汉调、秦腔、昆曲的部分剧目、曲调和表演方式，融化、演变成一种新的声腔，更为悦耳动听，称为"京调"。清末民初，上海的戏院全部为京班所掌握，正式称为"京剧"。京剧音乐属于板腔体，主要唱腔有二黄、西皮两个系统，所以也称"皮黄"。

随着昆曲、京剧、汉剧、湘剧、黄梅戏等地方戏的兴起，音乐的功能更加突出。它们在思想上、艺术上都较以前有了很大发展，内容丰富、形式多样，继承和发展了历代民间歌曲的现实主义传统,并以真挚地抒发人民的真情实感和现实生活为显著特色,具有高度的思想性,形成了这一时代音乐文化的突出特点。

中国古代音乐未能以自己为中心独立发展,而是依附于文化的各领域以游散的方式发挥多种功能。按其功能可分为五方面。其一,仪式音乐,用于祭祀、宗庙、大典,也包括宗教寺庙的仪式音乐。特点是音域不宽,节奏缓慢,完全服从于仪式的过程,肃穆庄重。其二,宫廷舞乐,主要用于帝王享乐。中国音乐的创作都在这个领域,如曾侯乙墓的编钟,唐代的霓裳羽衣曲。这类音乐主要服务于舞蹈。其三,声乐。就创作数量、流传空间、使用阶层来说,音乐占有更重要的地位。从《诗经》到明清戏曲从宫廷演唱、文人低吟、青楼妙音,到民歌俚曲,都是其表现形式。声乐是用歌词的内容来规范音乐表现的多样性,其在中国文化中的重要地位很切合中国文化的理性精神。其四,独奏器乐。中国音乐摆脱舞蹈、仪式、文学的影响而具有独立的文化意义,只有在表现文人意识的器乐中才得以凸显。琴、筝、笛、箫、二胡都可以独奏,琴的地位最重要。从魏晋嵇康等一大批著名士大夫琴家到明代朱权、陈星源等重独琴家,使琴一直与棋、书、画具有同等重要地位。独奏因与士大夫独立淡泊之心境相合;因而获得了特别的文化意义,嵇康诗"目送归鸿,手拂五弦,俯仰自得,游心太玄"即是其写照。其五,民乐。指民俗庆典中的音乐,以吹奏打击乐为主,热闹喧哗。

四、舞蹈

在漫长的历史进程中,中国古代舞蹈经历了若干阶段的发展、演变,逐渐形成以舞蹈、音乐、诗歌三者相结合的中国独特舞蹈艺术风格。

远古时代,我们祖先就用"手之舞之,足之蹈之"来表达他们最激动的思想情感。那时舞蹈活动几乎渗透到人类社会的一切领域,如劳动、狩猎、战争、祭祀、娱乐和性爱。可以说,没有一项重大的活动离得开舞蹈。随着社会的发展,舞蹈的思想内容和形式技巧也有很大发展,祭祀祖先、歌颂英雄的乐舞,庄严肃穆、气势雄伟;宴乐娱乐的舞蹈抒情优美、技艺绝伦。至于流传在各族人民中间的舞蹈,更是千姿百态、色彩斑斓。这些传统悠久的人体动态文化,以其特色和艺术感染力,成为灿烂的古代文化的重要组成部分。原始舞蹈的动作,一类是演事,即对某种过程的模拟,如对狩猎过程的模拟;一类是表达情绪,仅重复生活或鸟兽的某些或某个动作。前者是没有节奏的自然模仿;后者是节奏短促便于重复的动作,多带即兴成分。还有一类是祭祀或宗教活动中的静态造型,动作缓慢肃穆。

经夏商到周代,祭祀仪式逐渐与巫术分离。在宫廷形成了体现国家政治礼法并用于贵族教育的祭祀乐舞;在民间,对祖先、神祇的祭祀仪式也渐渐与巫术分离,形成节庆中的群众性歌舞活动。保留在宫廷乐舞与民间歌舞中的一部分原始舞蹈发生了变化,如单纯地模拟渐由象征性动作取代,形成动作节奏统一的集体歌舞;反映战争的一部分演变成角抵戏,一部分演化为军械舞蹈如弓矢舞、盾牌舞和有队列变化的舞蹈;表现性爱的舞蹈日渐文明,形成宫廷中的女乐舞蹈或民间的婚礼舞蹈;图腾装饰的原始舞蹈也渐渐演化为后世的面具舞蹈和龙舞等道具舞蹈。

汉代是我国古代舞蹈艺术的集大成时代。舞蹈作为一种表演艺术，是人类内在情感的抒发，也是天人合一的意象表现。其中"百戏"是盛行的一种表演艺术形式，所以汉代乐舞是一个广收并蓄、融合众技的时代，舞蹈受杂技、幻术、角抵、俳优的影响向高难度发展，丰富了传情达意的手段，扩大了舞蹈的表现能力。从出土的文物可以看到，汉代舞蹈舞姿舒展，热烈奔放，节奏感很强。凸显汉代的舞蹈除了保持一种粗犷、浑厚的风格外，舞蹈技艺向高难度发展，舞蹈的传情达意的手段及艺术表现力也丰富了许多。

南北朝时，是中国各民族文化大融合时期，在歌舞艺术上也互相学习。当时舞蹈已成为日常生活不可缺少的一部分。随着民族间音乐舞蹈文化的大融合，外国的音乐舞蹈文化开始传入中国，如"胡旋舞"、"天竺乐"等。周边国家的音乐舞蹈文化与中国各民族音乐舞蹈文化交流、融合，使当时的中国音乐舞蹈文化增添了丰富的内容，新的艺术表演形式层出不穷。因此，魏晋南北朝时期的少数民族音乐、外来音乐与中原汉族音乐的大融合是我国隋、唐音乐舞蹈文化走向鼎盛时期的先声。

隋唐时期，南北统一，南方与北方的乐舞也统一于乐部，其中胡乐成分所占较大，宫廷巨室闾阎细民，竞尚胡乐，相成习风，如《胡旋》、《胡腾》、《拓枝》之类遍及各地。唐代已设教坊，汇集培养了不少优秀的乐舞人才，创制和发展了不少优秀的乐舞节目，其中著名的如《霓裳羽衣舞》、《剑器舞》、《兰陵王》等，都达到了很高水平。但到晚唐五代时期，统治权力走向衰弱，地域分割，社会动乱，生产下降，有不少传统的古代乐舞和唐代创制的大曲逐渐消失，宫廷艺人流落民间，教坊梨园之盛也就随之消失了。到宋代重新组织了大曲和舞曲，多是队舞，有《剑舞》、《采莲》、《拓枝》、《调笑》等，有的虽与唐代同名，而内容大为不同。

宋代的都市娱乐，正向戏曲发展，舞蹈开始被戏曲所吸收融合，纳入戏曲表演之中。元明为南北曲的戏剧时代，舞蹈为戏曲所代替，舞艺收摄于剧艺，舞人转化为剧人，上自宫廷士大夫，下到市民阶层，都爱好戏剧。随着戏曲艺术的兴起，不少优秀的古典舞蹈和民间舞蹈作为戏曲艺术的重要表现手段吸收融化在戏曲之中，并随着戏曲艺术的发展而发展。另外，中国古典舞的动态、神韵，某些部分还被零散地保存和记录在洞窟壁画、岩画、墓室画砖和陶俑等较稳定的形象资料及文献资料中，但是作为优秀成品的古典舞蹈已然逐渐失传不复存在。

五、建筑

中国建筑具有悠久的历史传统和光辉成就。从陕西半坡遗址发掘的方形或圆形浅穴式房屋发展到现在，已有六七千年的历史。修建在崇山峻岭之上、蜿蜒万里的长城，是人类建筑史上的奇迹；建于隋代的河北赵县的安济桥，在科学技术同艺术的完美结合上，早已走在世界桥梁科学的前列；高达67.31米的山西应县佛宫寺木塔是世界现存最高的木结构建筑；北京明清两代的故宫则是世界上现存规模最大、建筑精美、保存完整的大规模建筑群。我国的古典园林，以其独特的艺术风格成为中国文化遗产中的一颗明珠。

这一系列现存的技术高超、艺术精湛、风格独特的建筑,在世界建筑史上自成系统、独树一帜,成为我国古代灿烂文化的重要组成部分。

中国古代建设分为四大类型:宫殿、陵墓、寺庙、园林。从远古到东汉,以宫廷建筑体系为主,东晋后出现士大夫的私家园林,南北朝后出于大量寺庙建筑。中国古代建筑艺术的特点包括以下内容。

巧妙而科学的框架式结构。因为中国古代建筑主要是木构架结构,即采用木柱、木梁构成房屋的框架,屋顶与房檐的重量通过梁架传递到立柱上,墙壁只起隔断作用,而不是承担房屋重量的结构部分。"墙倒屋不塌",概括地指出了中国建筑这种框架结构最重要的特点。

中轴对称、方正严整的群体组合与布局。中国古代建筑平面布局有一种简明的组织规律,每一处住宅、宫殿、官衙、寺庙等,都是由若干单座建筑和一些围廊、围墙之类环绕成一个个庭院而组成的。多数庭院都是前后串联起来,通过前院到达后院,这是中国封建社会"长幼有序,内外有别"思想观念的产物。一般都采用均衡对称的方式,沿着纵轴线与横轴线进行设计。比较重要的建筑都安置在纵轴线上,次要房屋安置在左右两侧的横轴线上,北京故宫的组群布局和北方的四合院是其典型实例。这种布局与中国封建社会的宗法和礼教制度密切相关。它最便于凸显宗法和等级观念,使尊卑、长幼、男女、主仆在住房上也体现出明显差别。

丰富多彩的艺术形象,特别是绘画、雕刻、工艺美术等造型艺术的特点,创造了丰富多彩的艺术形象,如富有装饰性的屋顶,衬托性建筑(华表、牌坊、照壁、石狮)的应用,以及色彩的运用等。

写意的山水园景,中国古典园林的一个重要特点是凸显意境,它与中国古典诗词、绘画、音乐一样,重在写意。造景家用山水、岩壑、花木、建筑表现某一艺术境界,故中国古典园林有写意山水园之称。从造景艺术创作来说,它摄取万象,塑造典型,托寓自我,通过观察、提炼,尽物态,穷事理,把自然美升华为艺术美,借以表现自己的情思。赏景者在景的触发中引起某种情思,进而升华为一种意境,故赏景也成为一种艺术再创作。这个艺术再创作,是赏景者借景物抒发感情,寄寓情思的自我表现过程,是一种精神升华,使人心性开涤,达到高一层的思想境界。在中国古典园林中,景的意境可分为治世境界、神仙境界、自然境界。

中国古代建筑艺术的精神内涵特征有三:其一,审美价值与政治伦理价值的统一,艺术价值高的建筑,也同时发挥着维系、加强社会政治伦理制度和思想意识的作用。其二,植根于深厚的文化根基,表现出鲜明的人文主义精神。其三,总体性、综合性强,往往动用一切因素和手法综合成一个整体形象,从空间组合到色彩装饰都是整体的有机组成部分,抽掉其中任何一项,都会影响整体效果。

六、雕塑

中国古代雕塑从时代上分为四个发展阶段:史前的彩陶时代,夏商周的青铜时代,秦汉的陶俑时代,魏晋以后的土石时代。

第十三章 中国古代艺术的主要成就及主体精神 / 193

史前的彩陶时代代表了中国古代辉煌的远古艺术。中国原始彩陶的时间从 6000 多年前的仰韶文化到 4000 多年前的大汶口文化，其空间大体分为三个区域：中原地区、西北地区和东南沿海地区。在器皿造型上，有模拟植物造型的，也有模拟动物造型、模拟人物造型、模拟器物造型的，但最常见的还是最符合陶器功能需要的碗、钵、罐、盆、壶、豆、瓶、鼎和鬶等十余种。在装饰图案类型上，有人物纹样（人面纹、群舞纹、蛙人纹等），动物纹样（鱼、鸟、蛙、鹿、猪、蜥蜴、壁虎等），植物纹样（花瓣纹、叶纹、树纹、谷纹等），几何纹（方格纹、网纹、波纹、三角纹、圆图纹等）等，最多的是几何纹。中国彩陶有很多世界级的珍品，如西安半坡的人面鱼纹图案，庙底沟的花朵图案，马家窑的波浪图案，半山的圆圈图案。中国远古艺术的另一个高峰是青铜纹饰。中国的青铜时代形成于约公元前 2000 年，经夏、商、西周和春秋，大约经历了 15 个世纪。其中商周青铜器由于处于文化意识形态的核心，具有更重要的意义。青铜器的类型有农具、工具、兵器、饮食器、酒器、水器、礼器、乐器、杂器、车马器、符及玺印等，其中最重要的是与意识形态最相关的礼器。青铜器的纹饰有兽面纹类、龙纹类、凤鸟纹类等各种动物纹、兽体变形纹、火纹、几何纹、人面画像等。中国青铜器也有许多世界级的珍品，如商代的司母戊鼎、西周前期的伯矩鬲、战国的宴乐渔猎攻战纹壶等。最早的雕塑是新石器时代的陶塑和陶器。在河姆渡等地出土的动物陶塑、人物陶塑以及人形或动物形器物，是其代表作品。动物形器皿惟妙惟肖，其艺术价值远远大于实用价值。

夏商周的青铜时代。青铜器是贵族的专享用品，大致可以分为乐器、炊器、盛食器、酒器、水器、兵器六类。青铜艺术在秦始皇时代走向了没落，代之而起的是陶俑艺术。

秦汉的陶俑时代。秦始皇陵兵马俑是最杰出的代表。目前发现四个俑坑，总面积两万多平方米，在中国雕塑史上意义相当重大。它确定了雕塑的写实传统；开始了雕塑重视面部表情、忽视躯体内在结构的传统；雕塑的世俗化倾向更加凸显。厚葬习俗在两汉得以延续，帝王贵族们都希望死后依然享有现世风光，因此都不遗余力地按照现实生活的样子打造自己的地下世界。在高陵大冢之前，有镇墓的石兽或歌功颂德的雕像；在陵寝中，镶嵌精美的画像砖石，雕刻各种各样的模拟实物的陶俑和木俑等。东汉陶俑的种类更加丰富，亭台楼阁、家丁奴婢、车辆牲畜、舞乐艺人，应有尽有，简直是当时社会文化的"标本"。东汉陶俑充满夸张意味，讲究线条流畅。

魏晋以后的土石时代。魏晋以后，宗教造像狂热盛行。由于佛道造像主要是石雕和泥塑，因而这一时期可以称为"土石时代"。以北方的佛教石窟造像最具代表性。保存下来的主要作品有克孜尔石窟、敦煌石窟、云冈石窟和龙门石窟等。雕塑在发展过程中，随着介质变化和审美精神的变化，也发生了一些变化，如明器雕塑、建筑附属雕塑、宗教造像雕塑以注重气势为主，凸显恢宏大气或尊卑差别。中国的雕塑从来没有脱离建筑而完全独立出来，更强化了中国艺术的整体性特征。

中国古代雕塑主要由四个集群组成：第一是陵墓集群，包括陵墓表饰（华表、石人、石兽等）、墓室雕饰（墓门、墓道、宫床等墓内建筑雕饰及墓内肖像）、明器艺术（陪葬用的俑和动物造型、建筑模型和器物模型）；第二是宗教集群，包括佛道寺庙和佛教石窟里的塑像、浮雕；第三是建筑装饰，包括宫殿、苑囿、会馆、牌坊、民居、桥梁等建筑物上的装饰性雕塑；第四是工艺雕塑，包括工艺性的泥塑、瓷塑、金属塑铸、木雕、干漆雕塑、竹雕、根雕、石雕、玉雕、牙雕、骨雕、角雕、果核雕等。其中第三类从功能和艺术类型的旨趣上也可以并入第一类。第四类纯为闲情清赏。第一、二类由于与中国文化的两大重要事务（敬祖与宗教）有关，因而凝结着较厚重的文化内容。

陵墓雕塑。中国古人从来没有彻底地否定鬼神。孔子说："祭神如神在。"①王侯将相都希望把自己现世的享乐与威风带到地下去，帝王们几乎都是从登基伊始就开始修建自己的陵墓。春秋战国以后多以俑代活人殉葬，葬下的雕塑是拟真的，如秦兵马俑，由于这些雕塑的目的是模仿实物，其精品也就类似于民间泥塑和文人的案头小品。陵墓雕塑的最高成就是在陵墓门前和神道上的雕塑。它们既要凸显墓主与冥界相连的威严和地位，还要对朝墓者产生心理影响。中国雕塑最优秀的作品都出现在这里，如霍去病墓的马踏匈奴、六朝陵前的辟邪、乾陵的飞马、顺陵的石狮等。

宗教雕塑，特别是佛教雕塑，与陵墓雕塑相比具有更多的变化和更丰富的内容。在雕塑材料上，石窟为石雕，寺庙多为泥塑。在艺术风格上，各代的佛、菩萨、罗汉雕塑与当时的人体审美观念紧密相连。魏晋六朝，瘦骨清相；隋唐五代，圆满丰腴；有宋以降，匀称多媚。和陵墓雕塑一样，佛教雕塑也以群体为主，每一庙或窟之中必有一个中心。这一雕塑既处于观者的视点中心，又是最高大的，其余雕塑则服从它，呼应它，从而构成整体效果。龙门、云冈、敦煌石窟如此，著名寺庙也是如此。从六朝到宋明，寺庙中雕塑群体又有一个逐渐由印度的寺庙安排到近似于中国朝廷的帝王、文臣、武将仪式安排的过程，总之雕塑群体越来越等级秩序化。宗教雕塑产生了许多优秀作品，云冈石窟的大佛塑像那面部超脱一切苦难的微笑，敦煌彩塑中身体呈S形被誉为"东方维纳斯"的菩萨，还有那肌肉一块块凸出，不是按西方的健美而是依东方的气功而显示出力量的金刚力士，都是世界一流的艺术珍品。

中国雕塑的审美意蕴。第一，概括写实。写实是雕塑艺术很重要的手段，但不是唯一的表现方式，有时过度的真实，主次不分，还容易造成琐碎或庸俗；概括是写实的高度提炼，写实与概括两者互相结合，成为中国雕塑艺术的优秀传统。第二，追求意境。艺术品不仅要具有外在的形态，更重要的是要能通过内在的气质感染观众，也就是雕塑作品要富有意境。雕塑家追求的是精神上的境界，也就是意境。从彩陶时代到土石时代，中国雕塑始终保持着以塑为主，以刻为辅的表现传统，始终没有改变重感觉的写实主义思维，意境的创造始终大于造型的设计，雕塑的主体总是以宁静的方式融入意境之中，中国彩塑中的很多细部不是雕出和塑出来的，而是绘出来的，这种雕塑的减省本身又是符合中国艺术的总体原则，因为中国艺术讲究的是气韵生动，神似胜于形似，即所谓"笔不周而意已周"。第三，立体造型。雕塑是利用立体造型来表现对象，它不同于平面的绘画，既不显示油画的笔触与色彩，也无法表现中国画的笔墨与章法。雕塑是利用立体造型的特点来表现人与物，观众直接感受到现实性的立体物象，这种美感是立体的视觉艺术美。第四，塑绘一体。不同材质具有不同的质地与颜色，雕塑家可以充分发挥质材

---

① 出自《论语·八佾》。

本身的特质，给人以不同感受。中国宗教造像和民间雕塑习惯在作品上涂以表现对象的原色，使之更接近真切的观感，并利用绘画的线条或线刻来补充圆雕的不足，以加强对象的动感与变化。如晚唐的佛教彩塑以五台南禅寺、佛光寺和晋城古青莲寺的造像为代表。而明代双林寺彩塑，神态自如，成为彩塑中珍品。汉、南朝、唐、宋的陵墓石雕、宋金墓室砖雕和居庸关的元代浮雕，其线刻都表现出惊人的感染力。

第三节　中国古代艺术的主体精神

中国几千年艺术史展现出了令人目不暇接的丰盛奇观，门类之多、风格之繁、流派之富，令人叹为观止，其中所蕴含的文化精神值得我们发掘、领悟并传承下去。唯有如此，才能真正感悟理解中国传统艺术的精髓。我们从几个视角解读中国古代艺术的主体精神。

一、天人合一、崇尚自然的思想内蕴

从先秦诸子的"天人之辨"，到汉代思想家政治家董仲舒的"天人合一"，再到宋代理学的"万物一体"论，"天人合一"的理念是始终中华传统文化的本原。天人关系是中国传统文化的重要组成部分，几乎贯穿中国古典艺术的方方面面。外在自然物的美源于其同人的生命发展有密切关系，其运动节奏、韵律同人的内在的伦理道德情感要求之间存在着某种吻合、一致、同一。如中国传统文人画家所追求的"天人合一"，就是一种通过平衡与和谐，通过"外师造化"，即向大自然学习，又经人的再创造即"中得心源"来表现自然与自然之道，最终达到大自然与人相一致的境界，强调人与自然融为一体，强调在两者合一中获得审美的最高境界。

要求美善统一的中国古代美学始终贯穿着鲜明的理性主义精神，却又不否定直觉和情感，而且极为重视直觉在审美和艺术中的重要作用。当他们将这种体悟以绘画的语言表达出来时，更多地注重对人精神境界的营造，画中的山水云雾与画中人甚至作画之人的身心融为一体，同时也使看画人达致忘我的境界。在各类艺术中，人都不是唯一重要的观照对象，人只是万物之一，与万物一样顺命于天，天才是主宰。人立于天地之间，所以顺应天理，取法自然，这就是艺术的最高境界。商周青铜器的凝重沉稳，木构建筑的厚基飞檐，正是贯通天地之气的体现。对音乐来说，最高境界莫过于"天籁之音""此曲只应天上有"。而雕塑、建筑、绘画、书法等造型艺术无不强调"法自然"，写其实，悟其意，更强调主观心得，务求神似，因此就总体看，它们都是"写意"的。中国文化传统里有儒、释、道三种成分，但贯穿艺术血脉的是"道"，道追求自在之境，是自然，是灵魂的反思。各类艺术形式在发展过程中能够互相渗透、交流融通，正是因为所有的艺术形式都是道所衍生的。

二、儒道互补、情理融合的建构风范

儒道两家是中国传统文化发展进程中的两支主要脉系，可谓中华文化的两大支柱。中国传统艺术的发展也深受儒道两家的影响。儒家和道家最初是对立的，但最终走到了

一起，相互补充，成为中国传统思想的一条基本线索，这就是所谓的"儒道互补"理念。道家文化的"虚静论"不仅直接表现于文艺创作及批评理论，而且以不同于儒家的方式和旨趣，塑造出一种超功利的艺术人格。而儒家的文艺观，其主导思想是事功的和教化论的。文艺的性质和功能，首先被界定在社会政治和伦理道德层面，文艺创作、接受和传播，就是为了达于政事，使于四方，近之事父，远之事君，用之于邦国，用之于乡人。儒家文化功利主义的价值取向，在赋予文学艺术以厚重的政治使命感和社会责任感的同时，有意无意地忽略了文学艺术的审美特质。相应地，道家文化的"怯天贵真"、"自然无为"、"大音希声"、"得意忘言"，才以其超功利、重审美的价值取向，弥补了儒家文化之不足。实际上，中国古代士大夫很少有纯粹的儒家或道家，他们往往具有进取与退隐的双重矛盾心理，但最终将两者折中，以"达则兼济天下，穷则独善其身"理念处世。

具体而言，中国古代园林艺术最能体现文人士大夫们自由的艺术观念和审美理想，与山水画的兴起大有关系。它企求人间的环境与自然界更进一步的联系，追求人为的场所自然化，尽可能与自然合为一体。它通过各种巧妙的"借景"、"虚实"方式、技巧，使建筑群与自然山水的美沟通汇合起来，形成一种更为自由也更为开阔的有机整体美。威严庄重的宫殿建筑的严格对称性被打破，迂回曲折、趣味盎然、以模拟和接近自然山林为目标的建筑美出现了。空间有畅通、有阻隔，变化无常，出人意料，可以引发更多的想象和情感，再现"山重水复疑无路，柳暗花明又一村"景色，在"情"与"理"之间寻求统一。

三、和谐统一、兼容并蓄的艺术境界

艺术的精髓在于承载传递人类文明精神，艺术的真谛在于求美。中国艺术发展史实际上就是兼容并蓄、和谐统一发展的历史。中和之美成为我国古代艺术追求的最高艺术境界，形成了"中和"这一特有的中国美学本体论范式，包括人与人之和、人与社会之和、人与宇宙之和。"中"即为适中，不偏不倚，表现在形态上则体式均匀。"和"即为和谐统一，也就是把若干相互矛盾的因素融合在一个整体之中，使之和谐。在中国特色的美学话语里，我们看到的不是像西方那样以部分与整体（"一多"）关系为核心的整一性、有机性、结构性，而是体现在两两相对的矛盾统一（"一两"）关系中的对偶性、均衡性、折中性。这一"中和"范式在具体的审美和艺术观念中，一般表述为"相乐"、"皆得"、"兼备"、"交融"、"互应"、"相生"、"两忘"等。它们集中体现了"合两致一"的传统思维路径，贯穿了"中"这一中国美学本体理念和最高理想，落实了"执两用中"的中国古典主义"中和"美范式。这种"中和"表现在文学中是不激不励、含蓄优雅、如诗如画、意境悠远；体现在书法中，是中正均停、端庄温厚、清逸洒脱。在书法中，"和"就是把方圆、轻重、长短、浓淡、干湿、疏密等对立矛盾并存融合，使之方圆兼备、刚柔相济、疏密相宜、干湿有度、和谐自然、和而不同。"和"，是突出一个整体的观念；"不同"，是体现艺术个性。综观中国艺术发展史，"中和之美"是中国古典文化融合的精髓，明清悲剧无论怎样使忠臣义士饱受委屈、受尽折磨甚至走向死亡，但最后总是以平反昭雪的大团圆来结尾。中和之道，既是中国艺术的内在精神，更是中国艺术追求的最高境界。

兼容并蓄、和谐统一异迹而同趣；古体诗词讲究"色彩观察"、"文字质感"，与绘画讲究"随类赋彩"相一致；古体诗词重立意构思与绘画重"经营位置"二者之间异类而同质，如同阴阳共存于道。兼容并蓄与和合之境紧密关联，和合之境正是各种矛盾对立都能包容渗透的结果。古今中外、闻名于世的艺术大师，脍炙人口的传世之作，无不是善于继承、勇于创新的结果。大量优秀作品，既承传延续着传统艺术的审美优势和特点，又努力创造着富有时代感的新颖鲜活的内容和形式。通过对艺术作品的时间性与空间性的相互关照、协调统一，使主体与客体契合而达到完美的境界。

四、主客一体、整体建构的思维范式

西方人的艺术思维倾向于主客分离，这便于对审美主客体进行深入细致地研究分析，所以西方多分门别类的文艺理论。中国人的艺术思维总是主客一体、阴阳合一，本质上是一种整体的直觉思维、朴素的系统思维。这种"直觉"是理智的，不是感觉的，而这种"理智"，又是直觉的，不是思辨的、逻辑的。它一般是从一种基本模式出发，通过一系列意象组合和直觉判断的矛盾运动，逐步拓展和深化，直到认识完成，逐渐逼近其中的本质意义，达到"目击道存"①。这种思维的机制与生活保持直接联系，不是向分析、推理、判断的抽象思辨方向发展，而是横向铺开，向事物的性质、功能、序列、效用间的相互关系和联系的整体把握方向开拓。

这种主客一体的思维机制，蕴含着理性的沉淀，又与个体的感怀、情感、经验、历史有关。它作为一个有机的思维整体，既酿成了中国文史哲不分家的传统，又阻碍了哲学、美学、文艺理论等分门别类的研究。《论语》、《老子》、《庄子》、《孟子》等著作，在哲学家的眼里是哲学，在文学家的眼里是文学，在史学家的眼里是史学。《史记》既是我国第一部传记文学著作，又是我国第一部纪传体史学著作。《诗经》本是文学作品，而儒学大师们却都把它当作政治著作，成为"五经"之一。

五、注重意境、追求神似的表现形式

中国艺术讲究意境。艺术家从对客观事物的观察、认识、体验及感受中，产生某种思想感情哲理及联想，然后透过某些特殊的艺术形式（如绘画、书法、雕刻、建筑、园林）等把这种思想感情充分展现出来。意境和情趣在书法艺术中表现得更为抽象，因为书法的表现形式并不是再现客观世界的客观形象，而是线条造型。园林艺术把建筑艺术、山水自然美及文学画融于一体。园林艺术强调把客观的自然之"景"及造园家主观的"情"结合起来，既模仿自然，又追求"诗情画意"的意境。

中国艺术十分强调神似，注重表现物的神态。艺术家的意趣，在于以形写神。绘画人物，着力表现人物的精神和个性；画草木、花鸟，着力表现它们的意趣和形态；画山水，着重表现山水风景美的境界和季节气候变化。形似要有生气，神采要不离规矩。而

---

① 出自《庄子·田子方》.

真正完美的艺术形象，应该是形神兼备，在形似的基础上，把客观事物的精神及艺术家主观精神两者交融及相契合的具体表现。

六、多样一体，注重教化的精神特质

较之西方艺术，中国的传统艺术有如下四个明显特点。一是"礼乐一体"的原则。所谓"礼乐一体"，包含了两层意思，即有礼必乐，乐附于礼；乐在诸多艺术中独具至尊地位。这是因为历代儒家学者都把"乐"看作是道德感化和政治教化的手段。二是融合互通的精神，即中国艺术的诸门类不是各自为域，互不相关的，而是彼此相通，融合为一的。古代的所谓"乐"，实际不只是音乐，而是音乐、舞蹈和诗歌的综合。墨子评论儒家是"诵诗三百，弦诗三百，歌诗三百，舞诗三百"，即是说《诗经》三百首，可以朗诵，可以弦弹，也可以歌唱和舞蹈。三是注重神韵的技法，即中国艺术注重表现事物的意趣和人的内在感情，要求在艺术创作中突出神似。我国古代的艺术家和艺术评论家们都非常重视"神似"这个问题。所谓"神似"就是要求艺术创作要表现对象的典型特征，揭示它们的内在精神。四是用于教化的目的，即传统艺术很重视艺术的目的性和社会功能。从孔子开始，儒家学者就非常重视《诗经》的思想教育作用。孔子曰："诗可以兴，可以观，可以群，可以怨。迩之事父，远之事君。"[①]

---

① 出自《论语·阳货》.

第十四章　中国古代科技的主要成就及基本特征

科学通常是指人们关于自然现象和规律的知识体系，包括数学、物理、化学、天学、地学、生物学、农学、医学等学科。技术一般被理解为关于工具、物质产品以及它们被用来达到实用目的的方式的知识，分为纺织、建筑、机械、冶金、车船、兵器、陶器、造纸、印刷等部门。中国古代在科学技术的多个领域和部门中，都创造了辉煌的历史和卓越的成就，对整个人类文明做出了巨大贡献。

第一节　中国古代科学领域的主要成就

一、天文学

天文学在原始社会时就开始萌芽。早在帝尧时代，就设立了专职的天文官，专门从事"观象授时"。仰韶文化时期，人们曾描绘出太阳边缘有大小如弹丸、成倾斜形状的太阳黑子。中国古代天文学成就大体可归纳为三个方面：天象观察、仪器制作和编订历法。

中国古代对太阳、月亮、行星、彗星、恒星，以及日食、月食、太阳黑子、流星雨等罕见天象，都有丰富的记载，其观察之仔细、记录之精确、描述之详尽达到了惊人的程度，这些记载至今仍具有很高的科学价值。在中国河南安阳出土的殷墟甲骨文中，已有丰富的天象观察的记载。这表明远在公元前14世纪时，我们祖先的天文学知识就已经很丰富。

在创制天文仪器方面，中国人也做出了杰出贡献，创造性设计和制造了许多种精巧的观察和测量仪器。中国最古老、最简单的天文仪器是土圭，也叫圭表，用来度量日影长短。西汉的落下闳改制了浑仪，这种测量天体位置的主要仪器，几乎历代都有改进。东汉的张衡创制了世界上第一架利用水力作为动力的浑象。元代的郭守敬先后创制和改进了10多种天文仪器，如简仪、高表、仰仪等。

古人勤奋观察日月星辰的位置及其变化，旨在通过观察这类天象，掌握其规律性，借以确定四季，编制历法，为生产和生活服务。中国古代历法不仅包括节气的推算、每月日数的分配、月和闰月的安排等，还包括许多天文学的内容，如日、月食发生时刻和可见情况的计算和预报，五大行星位置的推算和预报等。这说明中国古代对天文学和天文现象的重视，同时这类天文现象也是用来验证历法准确性的重要手段之一。中国古代历法特别重视冬至这个节气，准确测定连续两次冬至的时刻，它们之间的间隔就是一个回归年。根据观测结果，中国古代上百次地改进了历法。郭守敬于公元1280年编订的《授时历》，通过3年多的200次测量，经过计算，采用365.2425天作为一个回归年的长度。这个数值与现今世界上通用的公历值相同，比欧洲的格里高列历早了300年。

二、数学

数学是一切科学技术发展的基础，享有"科学之王"的美誉。中华民族以非凡智慧，在古代数学王国里耕耘拼搏，创造了世界一流的研究成果。

中国是最早应用"十进制"计数法的国家，比印度留下的十进制制数码早1000多年。同一时期的欧洲及其他国家还在用60进位、20进位的计算方法。在世界各种各样的记数法中，十进位记数法是最先进、最方便的。著名英国科学史学家李约瑟曾对中国商代记数法予以很高的评价："如果没有这种十进制，就几乎不可能出现我们现在这个统一化的世界了。"[①]

算筹是中国古代的计算工具，它在春秋时期已经很普遍，使用算筹进行计算称为筹算。中国古代数学的最大特点是建立在筹算基础之上，这与西方及阿拉伯数学明显不同。但是真正意义上的数学体系形成于西汉至南北朝的三四百年间。《算数书》成书于西汉初年，是中国传世最早的数学专著，1984年由考古学家在湖北江陵张家山出土的汉代竹简中发现。《周髀算经》编纂于西汉末年，它虽然是一本关于"盖天说"的天文学著作，却包括两项数学成就。其一为勾股定理的特例或普遍形式，"若求邪至日者，以日下为勾，日高为股，勾股各自乘，并而开方除之，得邪至日"[②]。这是中国最早关于勾股定理的书面记载。其二为测太阳高或远的"陈子测日法"。

《九章算术》在中国古代数学发展过程中占有重要地位。它经过多人整理而成，大约成书于东汉时期。全书共收集了246个数学问题并且提供了解法，主要内容包括分数四则和比例算法、各种面积和体积的计算、关于勾股测量的计算等。在代数方面，《九章算术》在世界数学史上最早提出负数概念及正负数加减法法则。注重应用是《九章算术》的一个显著特点。该书的一些知识还传播至印度和阿拉伯地区，甚至到达欧洲。《九章算术》的出现标志着以筹算为基础的古代数学体系的正式形成。

南北朝是中国古代数学的蓬勃发展时期，有《孙子算经》、《夏侯阳算经》、《张丘建算经》等算学著作问世。祖冲之、祖暅父子最具代表性。他们着重进行数学思维和数学推理，在前人刘徽《九章算术注》的基础上前进了一步。根据史料记载，他们著作《缀术》（已失传）取得如下成就：圆周率精确到小数点后第六位，得到 $3.1415926 < \pi < 3.1415927$，并求得π的约率为22/7，密率为355/113，其中密率是分子分母在1000以内的最佳值，欧洲直到16世纪才得出同样的结果；祖暅还推导出球体体积公式，并提出二立体等高处截面积相等则二体体积相等定理，欧洲17世纪才提出同一定理。

---

① （英）李约瑟. 中国科学技术史．（第3卷）．北京：科学出版社，1978.
② 出自（西汉）佚名：《周髀算经》上卷二.

隋唐时期的主要成就在于建立中国数学教育制度，这主要与国子监设立算学馆及科举制度有关。在当时的算学馆，《算经十书》成为专用教材。《算经十书》收集了《周髀算经》、《九章算术》、《海岛算经》等十部数学著作。数学教育制度对继承古代数学经典有积极意义。公元600年，隋代刘焯在制定《皇极历》时，最早提出了等间距二次内插公式；唐代僧一行在《大衍历》中将其发展为不等间距二次内插公式。

中国古代数学以宋元时期为最高境界。在世界范围内，宋元数学也几乎与阿拉伯数学一起居于领先地位。贾宪提出开任意高次幂的"增乘开方法"，同样的方法至1819年才由英国人霍纳发现；贾宪的二项式定理系数表与17世纪欧洲出现的"巴斯加三角"类似。秦九韶是南宋时期杰出的数学家。1247年，他在《数书九章》中将"增乘开方法"加以推广，论述了高次方程的数值解法，并且列举了20多个取材于实践的高次方程的解法，最高为十次方程。秦九韶还对一次同余式理论进行过研究。李冶于1248年发表《测圆海镜》，成为首部系统论述一元高次方程的著作。尤其难得的是，在此书的序言中，李冶公开批判轻视科学实践活动，将数学贬为"贱技"、"玩物"等长期存在的士风谬论。公元1280年，元代王恂、郭守敬等制订《授时历》时，列出了三次差的内插公式。郭守敬还运用几何方法求出相当于现在球面三角的两个公式。公元1303年，元代朱世杰著《四元玉鉴》，把"天元术"推广为"四元术"（四元高次联立方程），并提出消元的解法，还对各有限项级数求和问题进行了研究，得出了高次差的内插公式。

三、医学

（一）中医学

中医学是至今仍然屹立于世界科学之林的中国传统学科，它以完整系统、博大精深的理论体系、高超的医疗技术和丰富的典籍著称于世。三千多年前的殷商甲骨文中，已经有关于医疗卫生以及10多种疾病的记载。周代，医学已经分科，《周礼·天官》把医学分为疾医、疡医、食医、兽医四科；已经使用望、闻、问、切等诊病方法和药物、针灸、手术等治疗方法；王室已建立了一整套医务人员分级和医事考核制度。春秋战国时期，涌现出许多著名医家，如医和、医缓、长桑君、扁鹊等。《内经》等经典著作面世，是中医学理论的第一次总结。

秦汉时代，已经使用木制涂漆的人体模型展示人体经络，这是世界最早的医学模型。临床医学方面，东汉张仲景在《伤寒杂病论》中，专门论述了外感热病以及其他多种杂病的辨证施治方法，为后世的临床医学发展奠定了基础。据《史记·扁鹊仓公列传》记载，西汉初的名医淳于意曾创造性地将所诊患者的姓名、里籍、职业、病状、诊断及方药一一记载，谓之"诊籍"，成为现知最早的临床病案，其中包括治疗失败的记录和死亡病例。东汉末年名医华佗已经开始使用"麻沸散"进行各种外科手术，其中的胃肠吻合术华佗最为擅长。

从魏晋南北朝到隋唐五代，脉诊取得了突出成就，晋代名医王叔和在前代著作《内经》、《难经》"独取寸口"诊法的基础上，进一步总结，使之规范化，并归纳了24种脉象，提出脉、证、治并重的理论。这一时期医学各科已渐趋成熟。唐代有孙思邈的《千金要方》和王焘的《外台秘要》等大型综合性医书。从晋代开始，已经出现由国家主管的医学教育，南北朝的刘宋时代曾有政府设立的医科学校。隋代正式设立太医署，成为世界上最早的国立医学教育机构。

宋元时期，随着经济文化的发展以及国家对医学和医学教育的重视，宋政府创设校正医书局，集中了当时一批著名医家，对历代重要医籍进行收集、整理、考证、校勘，出版了一批重要医籍，促进了医学的发展。宋代除有皇家的御药院外，还设立官办药局、太医局、卖药所与和剂局等，推广以成药为主的"局方"。宋代由太医局负责医学教育，各府、州、县设立相应的医科学校；太医局初设九科，后扩为十三科。宋代在针灸教学法方面也有了重大改革，北宋时王惟一于1026年著《铜人腧穴针灸图经》，次年又主持设计制造等身大针灸铜人两具，在针灸教学时供学生实习操作，对后世针灸的发展影响很大。宋代有各种类型的医院、疗养院，有专供宫廷中患者疗养的保寿粹和馆，供四方宾旅患者疗养的养济院，收容治疗贫困患者的安济坊等。元代还有称为回回药物院的阿拉伯式医院。

明代中叶，北京已经有医学家创立的世界上最早的学术团体"一体堂宅仁医会"。该会由新安医学家徐春圃创立，有明确的会规，除开展学术交流外，还组织编撰了百卷《古今医统大全》。中医学最早的学术期刊《吴医汇讲》于1792年创刊，由江苏温病学家唐大烈主编。该刊发行近十年，每年一卷，有理论、专题、验方、考据、书评等栏目，促进了中医的学术交流，表明中医学科在古代已形成较为完备的体系。

（二）中药学

与中医学密切相关的中药学同样有瞩目的成就。早在春秋时期的《诗经》中，就已经记载了一些可以做药的植物，如"苯苢"（车前）、"蝱"（贝母）、"萑"（益母草）等。两千多年前的《山海经》更明确地提到120多种药，包括植物、动物、矿物三类，并提到了各种药的简单用法和治疗性能，有的还可以用来预防疾病。

由于古代的药物主要来自自然界的植物，因而人们把药物学著作称作"本草"。汉代，中国出现了一本专讲药物的书《神农本草经》，这是中国现存最早的药物学专著。书中记载药物365种，分成上、中、下三品。更可贵的是早在两千年前，我们的祖先即通过大量的治疗实践，发现了许多特效药物，如麻黄可以治咳喘、大黄可以泻下、常山可以疗疟等。这些都通过现代科学分析的方法得到证实。南北朝时期，博物学家陶弘景把前人积累的经验和知识搜集起来，结合自己的实践经验，进行了另一次总结，整理成《本草经集注》，共得药物730种，比《神农本草经》增加一倍。在书中，他首创按药物的自然属性和治疗属性来分类的新方法，把700多种药分为草、木、米食、虫兽、玉石、果菜和有名未用等七类。这种分类方法后来成为中国古代药物分类的标准方法，在以后一直被沿用，并加以发展。

唐代是中国封建社会的全盛时期，科技文化高度发展。这一时期，由政府主持编修了一部药物学著作，总结了一千多年来的药物学知识，并向各地征集实物标本，绘制成图，成为一部图文并茂的药物学专著，取名《新修本草》。书中共载药物844种，分为九类。这种由国家颁定的药物学专书，现在称作"药典"。"药典"的颁行，对于统一药名、修正对药性的认识、促进医药的发展，都有积极作用。

中国古代药物学的最高成就，是明代李时珍完成的不朽巨著《本草纲目》。全书52卷，记载药物1892种，收入方剂11000首，共分16部。书中图文并茂，纠正了前人许多错误，并以唯物主义的态度，猛烈抨击了当时方士道家企图通过服食炼丹求得长生不老药的谬论。它以单一的药物为纲，由同一药物派生或演化的附属物为目，对每一药物的名称、栽培养殖、收采、炮制、药性、应用、方剂等内容，旁征博引，考证鉴定，十分详明。书中对生物的分类法已具有初步的生物进化论思想萌芽，还应用比较解剖方法对动植物进行分类研究。这部书涉及古代自然科学许多领域，诸如动物、植物、化学、矿物、地质、农学、天文、地理等学科，并分别被全部或部分译成日文、英文、德文、法文、拉丁文、俄文等多种文字，在世界上广为流传。

四、农学

（一）农家与农学

"农家"之称，始于班固。"农家者流"与诸子并称于世，合称为"九流"。战国时期，诸子百家兴起。在三教九流之中，农家作为引人注目的一家，具有较大的影响和贡献。农家曾留下过较为丰富的著作，但大都亡佚，而且多为托名之作。如《神农》、《后稷》等，都是战国时代的作品。班固首次将农家列入战国诸子百家之中，并在《汉书》中载有战国时农家作品《神农》20篇和《野老》17篇。战国时农家的另一重要著作《后稷书》，应是战国时代较早的作品，故能为吕氏所采用。《吕氏春秋》中的《上农》、《任地》、《辨土》及《审时》等4篇文章，是目前所发现的战国时最完整的农家言论，成为最值得注意的农学论著。《上农》专谈农业政策，申述了"重农主义"主张，其余3篇则专谈农业生产技术，对土壤、水利、保墒、播种、植株培养等农业生产技术和措施，以及相土之宜、审天之时等问题都有所讨论，充分体现了春秋战国时的农学特点：既对前人的农业生产经验进行总结，使其理论化、系统化，成为普遍的技术原则；也针对新的历史条件，提出了发展封建农业经济的经营政策，为富国强兵服务。《上农》等4篇论文构成了一个较完整的农学体系，充分反映了战国时代的农政思想。

《孟子·滕文公》直接记载许行为"神农之言者"。记载许行的经济主张主要有两点：第一是君民并耕，即君主应和农民一样从事农业生产劳动；第二是物价统一，即保护农民的利益，以免遭受商业的侵害。班固《汉书》中有"为神农之言者许行"的说法[①]。

农家思想在中国古代社会具有独树一帜的作用。农家思想讲究"天"和"时"，农家思想的"天"，源起农业生产中不可控制的一切自然因素的总和，而生产中可以利用的因素，如自然界的节气就是所谓的"时"。农家思想对于解决"农"问题有着独到精确的见解，故无论是古代的诸子百家还是近代历史，处处充满了农家思想的痕迹。农家思想中针对"农"的研究被国内外各种思想广泛吸收。

---

① 出自《汉书·艺文志》.

(二) 中国古代农业技术发展历程

新石器时代为中国农业技术的萌芽时期,中国农业大约起源于一万年前,是在采集和渔猎经济中逐步发展起来;夏、商、周为农业技术的初步形成时期,发明了金属冶炼技术,青铜农具开始应用于农业生产,水利工程开始兴建;春秋战国为精耕细作的发生期,炼铁技术的发明,标志着新的生产力登上了历史舞台,铁农具和畜力的利用,推动了农业生产的发展;秦汉至南北朝为北方旱地精耕细作技术的形成期,这是中国北方地区旱地农业技术的成熟时期,耕、耙、耱配套技术的形成,多种大型复杂的农具先后发明和运用,著名农学家贾思勰写作大型农业百科全书《齐民要术》;隋唐宋元为南方水田精耕细作的形成期,经济重心从北方转移到南方,南方水田配套技术形成,水田专用农具发明与普及,南北方农业同时获得大发展;明清为精耕细作的深入发展时期,这一时期中国普遍出现人多地少的矛盾,农业生产向进一步精耕细作化发展,美洲新大陆的许多作物被引进中国,对农作物结构发生了重大影响,多种经营和多熟种植成为农业生产的主要方式。

《齐民要术》是我国现存最早的一部完整系统的农学名著,也是世界最古老的农业科学巨著之一。著者是我国东魏时著名农学家贾思勰。他"采捃经传、爰及歌谣、询之老成、验之行事"①,完成《齐民要术》。"齐民"即平民的意思,"要术"即谋生的主要方法。《齐民要术》的含义就是指民众从事生活资料生产的主要技术。作者在序言中说:"起自农耕,终于醯醢,资生之业,靡不毕书。"《齐民要术》不仅记载了黄河流域下游地区也记载了南方的农业生产,内容涉及生产生活的各个方面,包括田地的耕作技术;种子的选择保藏;各类粮食作物、瓜果蔬菜、花草树木的栽培种植;马牛羊猪的畜养及疾病防治;酒、酱、醋、豆豉、肉脯、饴糖等的制作;还包括烹饪技术、食品加工、笔、墨、胶、染料、护肤用品等的制作,与平民百姓生计息息相关的各个方面几乎都有论述。

第二节 中国古代技术领域的巨大贡献

与科学上的成就相比,中国古代的技术成就更为突出,其中不少在世界上长期处于领先地位,对人类文明的历史进程产生了重大影响。

一、四大发明

中国素以四大发明享誉世界。印刷术、指南针、火药和造纸术,这四大发明是中华民族奉献给人类文明甚至改变整个世界历史进程的伟大技术成就,反映了中国人民的伟大创造力,是中国之所以成为世界文明古国的标志之一。英国哲学家弗兰西斯·培根指出,印刷术、火药、指南针"这三种发明已经在世界范围内把事物的全部面貌和情况都改变了:第一种是在学术方面,第二种是在战事方面,第三种是在航行方面;并由此又引起难以数计的变化来:竟至任何教派、任何帝国、任何星辰对人类事务的影响都无过

---

① 出自(北魏)贾思勰:《齐民要术·序》。

于这些机械性的发现了。"①马克思评论道："火药、指南针、印刷术——这是预告资产阶级社会到来的三大发明。火药把骑士阶层炸得粉碎，指南针打开了世界市场并建立了殖民地，而印刷术则变成了新教的工具，总的来说变成了科学复兴的手段，变成对精神发展创造必要前提的最强大的杠杆。"②

指南针。战国时期，人们已发现磁石吸铁的现象，并用天然磁石制造"司南之勺"、"其柄指南"。此后，经过长时期的实践，发现了人工磁化的方法，造成更高一级的磁性指向仪器。宋代科学家沈括首先记载了地磁偏角，提出用天然磁石摩擦钢针，使之磁化成为磁针，可以指南，而常微偏东，并介绍了四种支挂磁针的方法：一是浮于水面，二是放在指甲上，三是放在碗沿上，四是线缕悬挂。后来又发展成磁针和方位盘联成一体的罗经盘，即罗盘。这种地罗还是一种水罗盘。当时，阴阳家用地罗看风水。在清丈田地和判决土地诉讼时，也使用地罗。北宋后期，指南针已用于航海，南宋时，使用"针盘"导航，这种针盘还使用"浮针"。指南针在12世纪传到阿拉伯，并从阿拉伯传到欧洲。

火药。火药是在炼丹中发明的，因为是用硝石、硫黄和木炭三种物质混合制成的，而当时人们都把这三种物质作为治病的药物，所以取名"火药"，意思是"着火的药"。自秦汉以后，炼丹家用硫黄、硝石等物炼丹，从偶然发生爆炸的现象中得到启示，再经过多次实践，找到了火药的配方。三国时马钧用纸包火药的方法作出娱乐用的"爆仗"，开创了火药应用的先河。唐朝末年，火药开始应用到军事上。人们利用抛射石头的抛石机，把火药包点着以后，抛射出去，烧伤敌人，这是最原始的火炮。后来人们将球状火药包扎在箭杆头附近，点着引线以后，用弓箭将火药射出去烧伤敌人。到了宋朝，人们将火药装填在竹筒里，火药背后扎有细小的"定向棒"，点燃火管上的火硝，引起筒里的火药迅速燃烧，产生向前的推力，使之飞向敌阵爆炸，成为世界上第一种火药火箭。以后又发明了火枪和枪，这些都是用竹管制成的原始管形火器，成为近代枪炮的源起。13世纪火药传到阿拉伯，欧洲人在和阿拉伯人的战争中学会制造火药和火药武器。

造纸术。东汉元兴元年（公元105年），蔡伦在前人造纸术的基础上，改革和推广了造纸技术。在此之前，商代用甲骨，西周用青铜器，春秋时将竹简、木牍、缣帛作为记事材料。汉代，农业发达，经济繁荣，国力强盛，文化事业蓬勃发展。笨重的竹简和昂贵的缣帛已不能满足人们的需求，寻求新的书写材料已成为时势所趋，造纸术应运而生。《后汉书·蔡伦传》对蔡伦发明造纸术的记载，成为迄今为止准确记载造纸术的最早记录。造纸术12世纪传到欧洲，直到18世纪以前，世界各国都在沿用中国的造纸技术。

印刷术。印刷术开始于隋朝的雕版印刷，经宋仁宗时的毕昇发展、完善，产生了活字印刷，并由蒙古人传至欧洲，所以后人称毕昇为印刷术的始祖。雕版印刷是用刀在一块块木板上雕刻成凸出来的反写字，然后再上墨，印到纸上。每印一种新书，木板就得从头雕起，速度很慢，如果刻版出了差错，又要重新刻。北宋刻字工人毕昇用质细且带

---

① （英）培根. 新工具. 北京：商务印书馆，1984.
② 马克思恩格斯全集. 第47卷. 北京：人民出版社，1979.

有黏性的胶泥，做成一个个四方形的长柱体，在上面刻上反写的单字，一字一印，放在土窑里用火烧硬，形成活字。然后按文章内容，将字依顺序排好，放在一个个铁框上做成印版，再在火上加热压平，即可以印刷。印刷结束后把活字取下，下次还可再用。这种印刷方法虽然原始简单，却与现代铅字排印原理相同，印刷技术进入一个新时代。元代著名农学家与机械学家王桢发明了木活字，并创造出比较简捷的适于汉字复杂特点的转盘排字方法，后来又发明了金属活字，使活字印刷得到了改进。

二、水利工程技术

水利是农业的命脉。几千年来，勤劳、勇敢、智慧的中国人民修建了无数大大小小的水利工程，有力地促进了农业生产。古代最重要的生产部门是农业，农业受自然因素影响极大。中国历代王朝都十分重视农业基础建设，兴建公共水利工程。同时，兴修水利不仅直接关系农业生产的发展，而且可以扩大运输，加快物资流转，发展商业，推动社会经济繁荣。所以，不仅在平定安世时期，就是在纷争动乱岁月，国家也往往不放弃兴办水利事业，如三国时期蜀国在诸葛亮的辅佐下，十分重视水利工程的兴办和对都江堰的修缮，强调要"以此堰农本，国之所资"[①]，并专置管理堤堰的"堰官"，负责维护都江堰。

由于历代政府的重视，中国古代的水利事业不断发展。夏朝时就掌握了原始的水利灌溉技术。西周时期已构成了蓄、引、灌、排的初级农田水利体系。春秋战国时期，各诸侯国就兴建了芍陂、漳水渠、都江堰、郑国渠等一批著名水利工程。秦始皇统一全国后，水利工程规模与日俱增。秦朝开凿的灵渠，沟通了漓江和湘江。两汉时期主要在北方有大量发展，如六辅渠、白渠的修建，同时大的灌溉工程已跨过长江。魏晋以后水利事业继续向江南推进，隋代完成的大运河使"运漕商旅，往来不绝"[②]，成为贯通南北的大动脉。唐代由政府主持兴修水利工程260多处。宋代更掀起了大办水利的热潮，公元1070~1076年间，京畿及各地兴修水利工程10739处，灌田36万顷。元明清时期的大型水利工程虽不及宋前多，但仍有不少，且地方小型农田水利工程兴建的数量越来越多。康熙亲政后，将"三藩"、河务、漕运列为三大政事，"夙夜廑念，曾书而悬之宫中柱上"[③]。平定"三藩"后，他更把治河放在首要位置，六次南巡调查研究，亲理河务，使黄淮海平原受灾程度明显减轻。

三、其他实用技术

（一）陶瓷技术

陶器的制作，可以说是人类最早的一项手工生产劳动，早在新石器时代早期，中国境内的先民们就已开始了陶器的制作。秦汉时期，各地发现的陶俑，如西安的兵马俑，以完美的艺术形式、生动逼真的神态，深刻地揭示了各种人物的内心世界，体现了中国

---

① 出自（北魏）郦道元：《水经注·江水》.
② 出自（唐）杜佑：《通典》卷一百七十七.
③ 出自《清圣祖实录》卷一五四.

雕塑艺术的现实主义传统和雕塑艺术的高度发展。南北朝时期，江南的瓷器生产呈现遍地开花的局面，北方的陶瓷手工业在南方制瓷工艺的影响下，首先烧制成功了青瓷，以后进一步发展了黑瓷和白瓷，为中国制瓷工业开拓了一条广阔的发展道路。

隋唐时代，陶瓷发展进入一个繁荣成长的阶段。表现在：第一，瓷器在隋唐普遍用较高温度烧成，胎质更为致密；第二，部分漆器、金属器及铜器的使用逐渐为瓷器所代替，瓷器生产得到社会各阶层的重视；第三，到了唐代，正式出现"窑"的专称，象征着产量的增长。宋元时期，制瓷工艺有很多革新与创造，既提高产量与降低成本，更不断提高质量。例如，宋代瓷窑普遍应用"火照"检查烧制过程中窑炉的温度与气氛，以保证更高的成品率。元代的景德镇在制瓷工艺上更有许多新的突破，使其日后成为全国的制瓷中心，赢得了"瓷都"的桂冠。明代，各种具有特殊技能的制瓷工匠向瓷业发达的景德镇汇集，形成了景德镇"工匠来八方，器成天下走"的局面。明代的中国瓷器，特别是青花瓷，几乎遍及亚、非、欧、美各洲，世界许多国家的大型博物馆都收藏有中国明代瓷器。清代，中国制瓷工艺达到了历史高峰，造瓷技术有更大进步。产品品质之精，造型之多样，彩釉之丰富，无不令人惊叹。

瓷器大约在公元8世纪唐代时通过"丝绸之路"或东方的海路，传到西亚和南亚，再由这些国家传到欧洲各国。中国瓷器以其瑰丽的色彩和高雅的气质，深受各国人民喜爱，成为高贵的艺术珍品。随着瓷器的西传，造瓷技术也于11世纪传到波斯和阿拉伯世界，15世纪传到意大利以及西欧，但欧洲人真正掌握造瓷技术是在18世纪初。中国的瓷器驰名世界，在西方人的眼里，"中国"（China）就是"瓷器之国"。

（二）纺织印染技术

中国古代的纺织与印染技术具有悠久的历史。早在原始社会时期，古人为了适应气候的变化，已懂得就地取材，利用自然资源作为纺织和印染的原料，并制造简单的纺织工具。直至今天，我们日常的某些生活用品和艺术品都是纺织和印染技术的产物。中国机具纺织起源于新石器时代的纺轮和腰机。西周时期具有传统性能的简单机械缫车、纺车、织机相继出现，汉代广泛使用提花机、斜织机，唐以后中国纺织机械日趋完善，大大促进了纺织业的发展。

古今纺织工艺流程和设备的发展都是应纺织原料而设计的，因此，原料在纺织技术中具有重要地位。古代世界各国用于纺织的纤维均为天然纤维，一般是毛、麻、棉三种短纤维。古代中国除了使用这三种纤维外，还大量利用长纤维——蚕丝。蚕丝在所有天然纤维中是最优良、最长、最纤细的纺织纤维，可以织制各种复杂的花纹提花织物。丝纤维的广泛利用，大大促进了中国纺织工艺和纺织机械的进步，从而使丝织生产技术成为中国古代最具特色和代表性的纺织技术。

中国古代用于着色的材料可分为矿物颜料和植物染料，其中以后者为主。古代先民很早就掌握了多种植物染料的性质，并发明了多种染色技术和被称为"缬"的防染印花技术。各种染料均有其着色原理，矿物颜料和植物染料虽然都是色料，但着色原理却不同。矿物颜料着色是通过黏合剂使之黏附于织物的表面，但颜色遇水即容易脱落；植物染料则不然，染制时，其色素分子是通过与织物纤维亲和而改变纤维的色彩，所着之色虽经日晒水洗，均不易脱落或很少脱落。古代常用的矿物、植物染料实在数不胜数，古人根据不同的染料特性而创造的染色工艺计有直接染、媒染、还原染、防染、套色染等。染料品种和工艺方法的多样性使古代印染行业的色谱十分丰富，古籍中见于记载的就有几百种，特别是在一种色调中明确地分出几十种近似色，这需要熟练地掌握各种染料的组合、配方及改变工艺条件方能达到。至于纺织产品，可归纳为刺绣、丝绸、服饰和地毯四大品种，其制作工艺各不相同、风格独具。

（三）建筑技术

中国古代建筑是世界上最古老的建筑体系之一，有七千年以上实物可考的历史。三千年前已形成以木构架为主要结构、以封闭的院落为基本的群体布置方式的独特风格。它的发展从未中断，并对朝鲜、日本和东南亚各地的建筑有重要影响。中国古代木结构技术居于当时世界的最高水平，在群组布局、园林和城市规划上也独树一帜，对世界建筑发展作出了重大贡献。

中国建筑在漫长的发展过程中，始终完整保持了体系的基本特征。可以分为几个大的发展段落，从商周到秦汉是萌芽与成长阶段，秦和西汉是发展的第一个高潮；历魏晋经隋唐而宋，是成熟与高峰阶段，盛唐至北宋的成就更为辉煌，是第二次高潮；元至明清是充实与总结阶段，明至盛清以前是发展的第三次高潮。可以看出，每一次高潮的出现，都相应伴有国家统一、长期安定和文化交流等社会背景。

秦朝统一后国运短促，但建筑工程规模却前所未有。曾用数十万人，修筑驰道、长城、阿房宫、秦始皇陵。秦始皇扩建咸阳宫殿，集中仿建六国宫室，使战国时各国建筑艺术和技术得以交流，为形成统一的中国建筑风格开创了先声。从盛唐开始，融合和吸收外来文化因素，逐渐形成完整的建筑体系，创造出空前的绚丽多姿的建筑风貌。中国古代的宫殿、寺院、宅第等布局和形式至此已基本定型，高坐式家具形式也已稳定下来。到了五代十国时期，中原残破，十国中如南唐、吴越、前蜀、后蜀却保持相对安定的局面，建筑仍有发展，并影响了北宋前期的建筑。而今天所见到的中国古代建筑，主要是明清两个朝代遗存。明清两代的建筑较之于唐宋时代的建筑缺少创造力，趋向程式化和装饰化，但古代建筑的优秀经验，仍体现在城市规划、宫廷建筑和园林建筑之中。建筑的地方特色和多种民族风格也得到充分发展。

中国建筑特别重视群体组合美。群体组合常取中轴对称的严谨构图方式，也有自由式组合。不管哪种，都十分重视对中和、平易、含蓄而深沉的美的追求。但根据所在的朝代不同，每个朝代的审美旨趣也有区别，使中国古代建筑呈现不同的时代特色。

第三节　中国古代科技的基本特征及在近代的发展迟滞

一、中国古代科技的主要特征

中国古代科技的众多领域虽然内容迥异，但却存在着几乎完全相同的思维定式和精神特质。正是这种思维定式和精神特质，使中国古代科技具备了统一的走向、特征和形态。

（一）实用性

从巩固封建秩序出发，统治者要求科学技术直接为发展生产服务成为必然，因此中国古代科技更多地具有实用性的色彩，其中又"绝对地以国家的'实用'为主"[1]，如天文历法、四大发明等。中国古代的发明创造没有上升到理论的高度，没有去考察相关技术构造的内在原理，也就无法从中推演、抽象出具有高度概括性的理论来。秦朝"焚书坑儒"时规定，"所不去者，医药、卜筮、种树之类"[2]，也就是对有实用价值的书要保留，表明科技的实用性仍受重视。汉承秦制，科技的实用性被固定了下来，但有所不同的是，把儒家确立为统治思想。西汉作为整理已有科技知识的重要时期，像医药、天文历法、数学与农学四大传统科技或在此时成书，或在原有基础上扩充，都是在儒家思想指导下，以实用性为特色的重要成果。这种特色，不仅在天文学、数学、物理学、化学、生物学、地学等自然科学各分支中表现出来，在工程技术、农学、医药学等方面更是如此。以古代的物理学为例，力学知识就与农耕技术、都邑建筑、铁制工具、各种原动力和简单机械的应用、水利工程、船舶制造、材料选配等紧密相连；声学知识就与乐器制造、音乐娱乐活动、礼乐制度的推进、特殊需要建筑的建造以及军事活动等紧密相连；热学与物理学知识则与冶炼业和炼丹术、火药、火箭的研制，气象、气候的观测以及日常生活等相联系；电学与磁学知识则与雷电现象的观察、防避，冶铁业的发展，地形测量、航海事业、军事、医学以及日常生活等紧密相关；光学知识则与古镜研制、照相、火的利用、自然现象的观察、对天然晶体的考察等息息相关。当然，在中国古代物理学发展中也有单纯为了揭示寻求物理规律而进行的研究，如元赵友钦之于几何光学，但毕竟是少数。

对于已形成体系的天文学、数学，其实用性特点也不例外，例如天文学就是围绕"颁历授时"等维护皇权的实用目的而开展。数学的发展同样与亟须回答的各种测量与计算等实际问题联系在一起，因而侧重于计算数学，凸显很强的程序性。

（二）整体观

中国传统的学术思想着重研究整体性和自发性，讲究协调和协和，把自然界看作一个有机整体，立足从整体上把握事物及其规律，强调把握事物之间的关系。中国古代科技的研究发展受到诸如"天人合一"、"阴阳五行"等哲学思想的影响，并由此而形成了具有自身特色的整体观。"天人合一"是一种以直觉和朴素的方式，表现人与自然沟通、智慧动物与养育环境的融合，以及自然界与人类之间共存共荣的思想。其主旨在于天与人的关系紧密相连、不可分割，也是指"天道"与"人道"、自然与人为的相通和统一。影响到传统的思维方式，不注意区别主观与客观、我与非我，而强调整体，以人和自然为一个和谐的整体，亦即庄子所说的"天地与我并生，而万物与我为一"[3]。中国古代科

---

[1] （德）黑格尔. 历史哲学. 北京：三联书店，1956.
[2] 出自《史记·秦始皇本纪》.
[3] 出自《庄子·齐物论》.

技中数学、天文学、中医学思想十分发达，但就思维方式而言，都被置于"天人合一"的分析框架之中。如中医学十分强调整体，主张从整体角度（包括对人体的整体考察以及人身生存环境考察）去治疗病症等。

阴阳五行说就是整体观的主要体现。阴阳是古代思想家解释自然界两种对立和相互消长的物质势力的概念。战国末期，它和天人感应相结合，更广泛地应用在自然现象、具体事物等方面，具有神秘色彩。五行则指水、木、金、火、土，战国时流行"五行相生相胜"之说，"相生"即相互促进，"相胜"即相互排斥。以此基础而生发出多项对应系统，如五色、五气、五味等。中国古代科技可以说是在阴阳五行学说的滋养和庇护下成长起来的，各学科和此说均有密切联系。如中医学就以阴阳五行学说区分人体器官和心态，将肝、心、脾、胃、肾人体五大器官，同喜、怒、哀、愁、惊五种情绪，以及酸、甜、苦、辣、咸五种味道，连同木、土、水、火、金对应起来，借以论述病因，并以此来实施治疗。

（三）封闭性

中国几千年基本上是一个较为封闭的大国，与古代两河流域、埃及、希腊、罗马等古代文明发源地相距较远，而周边的区域性小国和地区，发展层次大幅落后，从而使中国古代科技既自成一体，又相对封闭。在中国古代，大多数王朝的统治者自封天朝大国，唯我独尊。唐朝以后，周边国家来中国学习的多，而中国主动走出去的人较少，属于一种不完全对等的交流。长期形成的自满和保守思想阻碍了中国古代主动学习外国的先进文化与科学技术。例如中国古代的数学技术较为先进，尽管与阿拉伯地区交流不少，但始终没有吸收阿拉伯的数字符号、公式等优点，而长期通过语言来表达数学，造成晦涩难懂，显然影响了数学的进一步传播。

二、中国近代科技发展停滞的原因

中国古代科技曾经在世界文明史上写下了辉煌灿烂的篇章，但当西方经过文艺复兴的洗礼，近代科技开始生机勃勃迅速发展之际，中国科技却进展迟缓，越来越落后于西方，原因何在？

（一）传统思维方式的局限

其一，重实用，轻理论。注重科技的实用性曾经是一种巨大的推动力，促进了中国古代科技的发展，但是过于讲究实用而轻视理论的探讨，就很难形成完备、系统、富有逻辑性的理论体系。中国古代除了医学之外，其他各个领域都缺乏系统的科学基础和理论建树，因而很难获得长足的进步。比如天文学，古代人观测天象主要应用于政治需要或者王朝的更替，而一直未能进入哲理推理和科学抽象的殿堂。数学也以实用计算为前提，缺乏古希腊欧氏几何的精密逻辑体系，如《九章算术》仅是一部总结日常生活中诸多问题的习题集，并且在书中都给予正确答案，没有证明，也没有逻辑推理，因而没有建立起中国数学的学科体系。

其二，重直觉，轻分析。中国传统科学的辩证思维方式，使中国古代科学家在认识客观事物时，满足于通过直觉得到总体印象，不习惯于做周密、详细分析。中国古代的圣贤显示了与古希腊的智者极为不同的知识结构，古希腊的智者力图用理性的逻辑方法描绘自然世界的真实图画，以"求真"为趣旨，而中国的圣贤总是用直观的方法表现主观精神的总的理想图景，以"求善"为先导，往往具有神秘色彩。

因此，重实用、轻理论，重整体综合、轻个案分析的思维方法和研究范式，使中国古代科技没有顺利实现近代转化，除了中医学至今尚属科学范畴之外，其他科技都已被近代科技所取代。

（二）固有政治理念的束缚

重政轻技。中国是一个文化政治化倾向非常强烈的国家。可以说，从古至今，推崇政治，重视作官，鄙视技艺，轻视学问，成为整个国家的取向。孔子所谓"学而优则仕"，把所有的读书人都引上了"千里求学为作官"的歧路。很多科学巨著无人理睬，甚至成为绝版。《九章算术》在北宋以后，其术已不传，至明朝时已无人知晓，反而在传到日本和朝鲜后，一直被用作教科书而代代流传。明末宋应星著的《天工开物》，因与功名无关而很快失传，在日本却发展成为"天工学"，用以指导科技发展。李时珍花整整27年时间完成的《本草纲目》，没想到献给朝廷后，明神宗只批了"书留览，礼部知道"的字样就被束之高阁了。

重道轻器。表现在重视宏观之道的探索，重视事物总体特质、事物与环境关系的探求，而轻视事物具体形质的研究，轻视社会生产领域具体器物、具体技能的研究。中国古代的知识分子只热衷于参加科举考试、博取功名，而对科学技术持嘲笑的态度。中国传统伦理思想对科技发展的限制和束缚也是不言而喻的。"和用"、"厚生"的科技活动自然不能违背"正德"的宗旨，以儒家伦理教条来限制科技发展的事例亦屡见不鲜，如在"身体发肤，受之父母，不敢毁伤"观念的束缚下，人体解剖学在中国很难发展就是一个显例。

重农抑商。封建统治者长期重视农业发展，抑制工商业的发展，使科技发展缺乏应有的产业与社会基石。长期坚守"农桑为本，工商为末"，从事工商业者长期被视为贱民。儒家思想的"重义轻利"更进一步强化了这种执政理念，成为中国近代科技落后的社会根源。

（三）封建专制制度的扼制

封建专制制度对科技进步的束缚和障碍主要表现在：其一，科技人员社会地位低下。在中国古代有成就的科学家当中，几乎都是社会地位低下、淡于名利、安于贫贱的知识分子。以唐朝为例，医官最高不超过正五品，阴阳、工巧、造食、天文等最高均不得超过七品，造成传统的私塾老师不愿意传授学生有关科技知识，学生更不屑于学习钻研这类知识，很少有人真正会对科学感兴趣，或专门花费时间和财力去发展它，以至于一些曾在古代领先的科学技术门类在近代先后衰落，失去了领先地位。其二，始终没有形成科技产品的市场机制。中国古代高品位的科技产品，高水平的技师工匠，几乎全部为统治阶级所支配、占有。在统治阶级内部，封建等级制度严格地限制着各类科技产品的使用。一切豪华消费都按官阶的高低通过政府的计划进行调配，从而使中国缺乏真正意义上的市场，缺乏产品更新换代的观念和大幅度提高生产效率的迫切要求。其三，封建统治者为了维护统治，还经常直接限制科技的发展。中国中央集权制度的基础是个体小农经济和千百年沿袭不变的伦理道德传统，而科学技术则意味着自由独立思想的充分发展和劳动工具、生产生活方式的不断更新。在统治者看来，民间科技的发展会扰乱民众思想，不利于国家大一统的长期延续，因此，统治者对一切非官方科学技术存有天生的恐惧心理。这种保守、封闭、专制的学术氛围，对科学技术的发展无疑起着扼制作用。

第十五章 当代中国先进文化的主流趋向：构建社会主义和谐文化

文化人类学认为，文化的发展是按照一定的价值取向逐步积累和规范化，并成为一种稳定的形态。综观中国文化发展的历史长河，我们发现：她始终折射出一种和谐的精神，"追求和谐化是中国哲学中包括《周易》哲学、儒家哲学和道家哲学共同具有的价值取向"[①]。中国传统文化中蕴含着丰富的和谐思想，体现了先辈对于社会和谐的追求，为当代和谐社会的构建奠定了深厚的思想基础。但这些思想大多仅仅停留在"主张"层面，很少能够成为大多数人的共识并付诸实施。改革开放以来，传统的和谐思想才逐步显示其魅力，成为国人关注的热点，并逐渐上升为治国理念。2011年10月，中国共产党十七届六中全会报告中指出："文化是民族的血脉，是人民的精神家园。在我国五千多年文明发展历程中，各族人民紧密团结、自强不息，共同创造出源远流长、博大精深的中华文化，为中华民族发展壮大提供了强大精神力量，为人类文明进步作出了不可磨灭的重大贡献。中国共产党从成立之日起，就既是中华优秀传统文化的忠实传承者和弘扬者，又是中国先进文化的积极倡导者和发展者"[②]。因此，构建社会主义和谐文化越来越成为当代中国先进文化和主流文化发展的现实诉求。

第一节 构建社会主义和谐文化的时代必然性

构建社会主义和谐文化任务的提出，是在满足了一定的社会历史条件的基础上，顺应实践发展的必然要求和选择，成为现实发展的必然。

一、构建和谐文化是当今时代的发展要求

和平与发展成为当今时代的主题，各国人民渴望和平、谋求发展已成为不可阻挡的历史潮流。和谐共生是事物存在、发展的基础和前提，重整体、重和谐的价值取向，正在成为世界的主流。世界各国有必要建构一个符合人类整体利益的价值标准和价值体系，以合理、公正地处理事关各国以及世界发展的问题，使经济全球化的发展既符合人类整体发展进步的趋势，又能满足各个国家和地区的合理需求，使全球化真正成为发达国家和发展中国家双赢共享的全球化。在处理国家间关系时,应汲取中国传统文化中"协和万邦"、"亲仁善邻"等"和"的养分，遵循和平共处，求同存异，做到"和而不同"。

---
① (美)成中英. 世纪之交的抉择. 上海：上海知识出版社，2001.
② 中共中央关于深化文化体制改革推动社会主义文化大发展大繁荣若干重大问题的决定. 人民日报，2011-10-26.

不应诉诸武力或以武力相威胁解决争端，反对以暴制暴，以怨报怨，以恐反恐，力求通过协商解决，化干戈为玉帛，融合冲突。

中国传统文化以和谐作为基本价值取向。但近百年来，在西方文明的冲击下，许多仁人志士通过向西方学习，同时对传统文化进行批判的途径来寻找救亡图存之路，从而使得我们对传统文化一直是批判为主，整理继承不足，传统文化也一度风雨飘摇。毛泽东敏锐地察觉到这一点，早在 20 世纪 40 年代就明确指出："我们信奉马克思主义是正确的思想方法，这并不意味着我们忽视中国文化遗产"[①]，"从孔夫子到孙中山，我们应当给以总结，承继这一份珍贵的遗产。这对于指导当前伟大的运动，是有重要的帮助的"[②]。他强调对立统一，认为和谐是创新和发展的基础，创新和发展是和谐的结果。但由于当时处于战争与革命时代，这种主张被斗争思维所掩盖而未付诸实施。直到 20 世纪 80 年代，邓小平作出"和平与发展成为当今世界的主题"的著名论断，注重和谐、追求和谐再次被提上日程。邓小平创造了以政治公正为核心内容的社会主义和谐理论；运用可持续发展理论努力实现人与自然的和谐；运用非均衡发展思维，创造性地提出了"让少数人先富起来"、"最终达到共同富裕"的富民强国理论，希望达到经济社会的和谐发展。江泽民在纪念中国共产党成立 80 周年大会上的讲话中指出："世界要和平，人民要合作，国家要发展，社会要进步，是时代的潮流"，认为当前文化的核心是科学、和谐、发展与创新。胡锦涛在党的十六届六中全会明确指出："建设和谐文化是构建社会主义和谐社会的重要任务。"党的十七大强调："建设和谐文化，培育文明风尚，"进一步明确了建设社会主义和谐文化的新要求。

综观中国文化发展的历史长河，我们发现：中国传统文化始终散发着和谐的芳香，折射出和谐的精神特质，和谐是中国传统文化的价值取向，中国文化的发展历程就是和谐化的过程。但这种对于和谐的追求只有在生产力获得极大发展的今天，才有实现的可能。因此，建设社会主义和谐文化是中国文化发展的现实诉求。

二、构建社会主义和谐文化是社会主义初级阶段的国情需要

在社会主义初级阶段，中国社会的主要矛盾是人民群众日益增长的物质文化需求同落后的社会生产之间的矛盾。因此，既要大力发展生产力，不断地夯实物质基础，满足人民群众日益增长的物质需求；更要建设社会主义和谐文化，满足人民群众日益增长的文化需求。

建设社会主义和谐文化有利于促进中国经济社会的全面协调发展。发展包括经济、社会、文化、生态等诸多因素，是经济与社会的协调发展、全面进步。改革开放以来，我国经济建设取得巨大成就，人民生活水平显著提高，但社会发展不平衡，生态失衡、贫富差距加大、腐败现象蔓延等不和谐因素很难在短期内消除，甚至会延缓社会发展步伐。作为思想上层建筑的文化意识形态渗透在社会的各个方面中，并起着价值引导和精神道德支撑作用，具有强大和持久的反作用。当前，文化与经济的融合已成为必然趋势，

---

① 毛泽东文集.（第3卷）.北京：人民出版社，1996.
② 毛泽东选集.（第2卷）.北京：人民出版社，1991.

文化在综合国力中的地位和作用不断凸显。建设和谐文化,有助于培育经济社会协调发展的思想意识、思维方式,在关注经济建设的同时,更加重视社会的全面发展,从而促进经济社会的全面协调发展。

建设社会主义和谐文化有利于满足人民群众日益增长的文化需求。文化需求是社会成员的基本需求之一。随着经济社会的发展,民众的经济条件逐步改善,迫切需要丰富的文化生活,需要更多精神文化产品和服务。和谐文化内蕴着促进人的全面发展理念,强调文化发展的成果惠及全体人民。因此,应以建设社会主义和谐文化为载体,加强基础文化设施建设,为民众的文化活动提供有力的支持和保证;大力发展教育、科技、文化事业,为人民的全面发展创造良好条件;大力发展文化产业,创作生产出更多更好的文化产品,满足人民群众对精神文化产品的强烈需求;不断消除当前文化发展的不平衡,切实保障人民群众文化权益的实现。

由此可见,社会主义和谐文化是与社会主义初级阶段相适应的文化,建设社会主义和谐文化成为社会主义初级阶段的必然要求。

三、构建社会主义和谐文化是和谐社会的必然选择

党的十六届六中全会通过《中共中央关于构建社会主义和谐社会若干重大问题的决定》,明确地将建设社会主义和谐文化作为构建和谐社会的重要任务。加快推进和谐社会建设,不断促进社会和谐,必须加快建设和谐文化。

社会主义和谐文化是和谐社会的重要组成部分。构建社会主义和谐社会是经济建设、政治建设、文化建设和社会建设的综合结果。构建和谐社会,实现社会和谐,既包括经济、政治、文化及社会各系统、各要素的和谐,也包括各系统、各要素相互关系的和谐。社会主义和谐文化是和谐社会构建的文化要件,是构建和谐社会的价值导向和现实途径。经过改革开放 30 多年的建设和发展,中国已经成为世界舞台上一支举足轻重的力量。但在当前构建社会主义和谐社会、全面建设小康社会的进程中,中国仍处于"黄金发展期"和"矛盾凸显期"相互交织的关键阶段,经济体制变革、社会结构变动、利益格局调整、生活方式变化、各种思想文化与价值观念相互激荡,先进文化、落后文化和腐朽文化同时并存,正确思想和错误思想、主流意识形态和非主流意识形态相互交织,迫切需要统一思想、明确方向,使人们的价值选择、价值认同与社会主义的发展方向相一致,与构建和谐社会的发展要求相协调。因此,建设和谐文化是构建和谐社会的题中之意。社会主义和谐社会有六大特征:民主法治、公平正义、诚信友爱、充满活力、安定有序、人与自然和谐相处,体现了社会主义社会对人与社会、人与人、人与自然和谐的追求和要求。其中,民主法治、公平正义、安定有序体现了对人与社会和谐的要求,诚信友爱、充满活力体现了对人与人和谐的要求,而人与自然和谐相处则体现了对人与自然和谐的要求。而中国传统的和谐文化正是以追求人与人、人与社会、人与自然的和谐为特征的文化,与之相对应,我们所要建设的和谐文化应该是融合传统和谐理念的精华和社会主义和谐社会要求的文化积淀。因此,和谐文化是切合和谐社会要求的文化,成为和谐社会的重要组成部分。

社会主义和谐文化是构建社会主义和谐社会的精神支撑。胡锦涛同志提出，要通过"繁荣社会主义先进文化，建设和谐文化，为构建社会主义和谐社会作出贡献"[①]。和谐文化既是和谐社会的体现和升华，也为构建社会主义和谐社会提供道德基础、思想保证、环境支持和文化条件。

　　有利于形成与构建社会主义和谐社会相适应的道德基础。和谐社会要求人与人彼此诚信友爱，诚信是友爱的基础，是和谐社会的基石和出发点，也是和谐社会的落脚点。社会主义市场经济以来，人们的思想认识、价值观念有了显著变化，在经济和政治等领域出现了"诚信危机"。"人而无信，不知其可也。"[②]因此，必须进行社会主义和谐文化建设，加强社会思想和道德文化建设，用"诚实守信"理念引导人们用正确的立场、观点、方法去认识社会，用诚实的态度去看待和处理各种问题，形成"人人讲信用，人人守信用"的社会风尚，进而营造团结互助、互敬互爱的社会氛围，夯实社会主义和谐社会构建的道德基础。

　　有利于激发全社会的创造活力，为实现社会的全面、协调、可持续发展提供思想保证。和谐社会有着"充满活力"的协调发展要求，而和谐文化内含着协调发展的理念，这种发展包括经济、政治、社会、文化等诸多因素的全面、协调、可持续发展。因此，建设社会主义和谐文化能够有力地保证社会的全面、协调、可持续发展，实现社会和谐。

　　有利于营造和谐的社会氛围，为构建和谐社会提供相应的环境支持。当前，中国社会的经济成分、组织形式、利益关系和分配方式日趋多样化，出现纷繁复杂的局面，导致各种利益冲突和社会矛盾，不可避免地引起人们思想观念的矛盾和冲突。构建和谐社会就是要通过调整和化解各种利益冲突和社会矛盾来实现社会的和谐发展，这就需要有相应的社会机制，也需要有相应的社会文化。和谐文化具有弘扬正气、促进平等、维护和实现社会公平、增进社会阶层融合等功能。通过建设和谐文化，引导人们用和谐的思想观念和思维方式去对待客观存在的利益冲突和社会矛盾，有利于妥善协调和解决社会利益关系和矛盾冲突，形成"民主法治"、"公平正义"的社会氛围，以及全体人民平等友爱、融洽相处、社会安定有序的和谐局面。

　　有利于加强文化自身的发展，为和谐社会构建提供必备的文化条件。和谐文化必须在和谐中求发展，才能不断地实现和维护民众的文化权益，促进文化与经济、社会的协调发展。

　　总之，时代呼唤和谐文化，建设社会主义和谐文化是时代发展的必然要求，是社会主义初级阶段的重要任务，是构建和谐社会的实践呼唤。

第二节　社会主义和谐文化的基本内涵与基本精神

　　顺应时代和实践发展的要求，在构建社会主义和谐社会的过程中，要建设社会主义

[①] 胡锦涛. 在中国文联第八次全国代表大会、中国作协第七次全国代表大会上的讲话. 人民日报，2006-11-10.
[②] 出自《论语·为政》.

和谐文化。什么是社会主义和谐文化的本质属性？它有什么基本特征？它包括哪些的内容？

一、社会主义和谐文化的本质属性

要对社会主义和谐文化进行概念界定，首先需要了解和谐文化的含义。和谐文化具有丰富的内涵，学者们分别从内容层次、本质特征等角度对其界定。我们认为，可以从以下两个层面把握和谐文化的本质属性。

（一）以和谐为主要价值取向

和谐指要素内部以及要素之间的配合得当，它强调和而不同、协调相处，体现多样性的协调，表明均衡、协调的发展状态。中国传统文化中包含着丰富的和谐思想，如儒家"和为贵""天人合一""协和万邦"思想，道家"万物负阴而抱阳，冲气以为和"[①]主张，都把和谐放在重要位置。在人类社会发展历程中，和谐作为一种价值被中华先民孜孜不倦地追求，作为一种理念被人类贯穿在实践活动中。和谐文化则是以和谐为思想内涵和价值取向、以文化为表现方式的文化，它融思想观念、理想信仰、社会风尚、行为规范和价值取向为一体，包含着对和谐社会的总体认识和评价，是社会发展和文化建设的有机结合。和谐文化的形成，是一定的社会主体对历史的、现实的和未来的社会生活的自觉认识和向往，体现了社会主体对社会发展的认知水平。从表现形式来看，和谐文化包含思想观念、制度规范方面的内容。在思想观念上，和谐文化体现了人们对和谐社会的认知和感受，对社会和谐目标的追崇。在制度规范上，和谐文化体现了人们在和谐思想引导下建立起来的一系列调整利益关系、化解社会矛盾的制度和机制[②]。从存在形态来看，和谐文化并非独立于社会文化大系统，而是融合于社会文化之中，贯穿于社会文化的各种形式之中，其精神内核则是和谐。

（二）彰显主流文化形态的先进性

社会主义先进文化是人类进步的结晶，是面向未来的文化，遵循历史发展规律，顺应时代发展要求，具有创新性；是民族的科学的大众的文化，既扎根于民族文化土壤，又批判继承人类理性精神，同时尊重民众的实践创造，代表民众要求，为人民服务；是能够不断丰富人们精神世界的文化，前进方向指向人的精神世界不断丰富、人的精神力量不断增强，以及人的全面发展。和谐的思想观念是人类精神进步的产物，追求人与人、人与社会、人与自然以及人自身的和谐，达到人的自由全面发展，成为数千年来人类的美好理想，因此以和谐为价值取向的和谐文化自然具有进步的性质，从这个意义上说，和谐文化就是先进文化。和谐文化是一种全新的文化形态和文化范式，是一种与传统文化相承接、与社会基础相契合、与时代背景相适应的先进文化，反映了人们对和谐社会的总体认识、基本理念和理想追求，是构建和谐社会的文化源泉和精神动力。但先进文化并不等同于和谐文化，先进文化比和谐文化内涵更广，和谐文化包含在先进文化之中，

[①]《老子》第四十二章.
[②] 刘玉堂、刘保昌. 建设社会主义和谐文化的有效途径. 思想政治工作研究，2007，（6）.

是先进文化建设的现实要求和具体体现。

总之,社会主义和谐文化,就是以社会主义意识形态为核心,以社会主义核心价值体系为根本,以崇尚和谐、追求和谐为价值取向的思想文化。它融社会主义理想信念、以人为本的理念、自然和谐的行为规范于一体,是在借鉴人类有益文明成果的基础上不断创新的民族的科学的大众的现代文化,是以社会主义制度为基础,坚持以人为本,以先进文化为指导,立足现实,面向时代,放眼世界,与中华民族和谐传统相承接,与和谐社会要求相吻合的思想文化体系。

二、社会主义和谐文化的主体内容

马林诺夫斯基认为:"文化是包括一套工具及一套风俗——人体的或心灵的习惯,它们都是直接地或间接地满足人类的需求。一切文化要素,若是我们的看法是对的,一定都是在活动着,发生作用,而且是有效的。"[①] 社会文化都由物质生产文化、制度行为文化、精神心理文化三个层面构成。结合和谐社会的基本特征,社会主义和谐文化的主要内容包括以下内容。

(一)物质生产文化层面

所谓物质生产文化,又称物态文化,是指以艺术语言、动作、图像等手段反映社会生活的文化现象和文化产品。物质生产文化反映人的最基本的文化需求,是最先被注意到而又会因自然规律的作用在使用过程中不断被损耗的文化,是人不断地处理与自然的关系的成果累积。从中国古代的"人定胜天"思想到现在建设"环境友好型社会"的主张,凸显对于人与自然关系认识的转变:由过多地强调人对于自然的征服、改造、利用,转变为尊重自然、善待自然、回归自然、追求人与自然的和谐发展。随着中国社会生产力的迅速发展和物质生活水平的不断提高,人们越来越清醒地认识到文化在物质层面和谐发展的重要性与迫切性,"人与自然和谐相处"也被提上日程,成为构建社会主义和谐社会的基本特征。这就要求我们树立人与自然和谐相处的文化价值观,树立循环经济理念、循环消费理念和良性生态循环理念,合理开发、利用地球上的自然资源,保护人类赖以生存的自然环境,走生产发展、生活富裕、生态良好的文明发展之路。

(二)制度行为文化层面

制度文化,即保证物质生产和社会生活健康有序进行的制度管理文化,是和谐文化在法律法规、民主政治制度、经济制度、社会保障制度的体现。"民主法治"是和谐社会的基本特征,是社会公平正义、安定有序的基础和制度保障,成为和谐文化在制度层面的根本体现。完善的社会主义民主政治制度、经济法律制度、社会管理制度等是和谐文化的重要内容。首先,和谐文化是民主的文化,坚持以人为本的执政理念,用完善的民主政治制度保障人民当家做主和参与管理国家各项事务的愿望,完善利益表达机制,协调各社会阶层的利益,调动民众参与管理国家各项事务的积极性,发挥民众管理国家

---

① (英)马林诺夫斯基. 文化论. 费孝通. 北京:华夏出版社,2002.

各项事务的作用。其次，和谐文化是法治的文化，民主的实现需要以法治来保障，法治是和谐社会的基本要求和体现。通过社会和谐的人本精神的法律制度来确保人民当家做主的民主权利，是社会主义民主政治的必然要求。最后，民主精神和法治精神有机结合，并贯穿于社会和谐的人文精神的社会管理制度中，能够从整体上有效地协调、调控社会的运行，推进经济、政治、文化、社会生活的法制化、规范化，推动构建和谐社会任务的顺利完成，因而也成为和谐文化不可或缺的内容。

行为文化是指人们在长期的社会实践中形成的行为方式、处世原则、社会行为准则、社会道德习惯等。和谐文化在行为文化层面包括了平和包容的处世态度、通融和善的行为方式等。首先，处世态度是人们对世界上的人和事的基本认知和心态。处世态度是正确还是错误、积极还是消极，影响到人们的社会行为和人生状态。正确的、积极的、和谐的处世态度，有益于人们身心健康和精神愉悦，有助于人们融入社会和立业建功。当前，随着中国社会的迅速发展，人们自觉不自觉地被卷入一种"快餐式"的文化中，保持一颗平常心，用平和包容的态度看待世界上的人和事，显得尤为重要。应提倡以宽容、理性的态度对待社会现象和处理各种矛盾问题。其次，在行为方式上，任何社会都要讲规范、讲秩序、讲稳定、讲合作。在处理人与人、人与社会、人与自然关系上，应秉承"和为贵"、"退一步海阔天空"的精神，坚持真善美的价值取向，理性、融通、达观，自觉地求和，而不是偏执、极端，激化矛盾、引起冲突。当前，加强以社会主义荣辱观为核心的行为文化建设，形成自觉的道德纪律，营造良好的社会风气，创造和谐的社会氛围。

（三）精神心理文化层面

精神心理文化是指非物态文化，体现为对信仰和精神的追求，包括人的政治思想的树立、精神的塑造、道德修养的熏陶、科学文化知识的教育、素质能力的培训、思维方式的引导等。在和谐文化中集中体现为坚定的信仰、共同的社会理想、以和为贵的价值观念、和而不同的思维方式、安定健康的社会心理。首先，马克思主义的坚定信仰和中国特色社会主义共同理想是社会主义和谐文化的核心内容，处于统摄地位，因而成为和谐文化的核心内容。其次，以爱国主义为核心的民族精神和以改革创新为核心的时代精神，是社会主义和谐文化的重要内容。以爱国主义为核心的民族精神承继了中国传统和为贵的价值观念，要求人们在处理人与人、人与社会、人与自然关系时，要按照"诚信友爱"、"公平正义"、"人与自然和谐相处"的要求，在追求公平正义过程中，善待他人、社会和自然，妥善协调和处理社会矛盾，追求人与人、人与社会、人与自然乃至国与国的和谐；与此同时，要弘扬以改革创新为核心的时代精神，按照"充满活力"的要求，养成和而不同的思维方式，正视客观存在的差异性，求同存异，在统一与和谐中看到对立和矛盾，在对立中求统一，在矛盾中求和谐，以有效化解矛盾，实现社会和谐。再次，和谐文化还包括安定健康的社会心理。社会主义和谐文化应该能够引导人们树立社会主义荣辱观，正确对待自己、他人和社会，塑造符合"安定有序"要求的自尊自信、理性平和、积极向上的社会心态，促进人的心理和谐。

在社会主义和谐文化系统中,物质生产文化、制度行为文化、精神心理文化相辅相成、相互制约、相互融合、相互促进。其中,物质生产文化是基础内容,凸显和谐文化的艺术追求,满足城乡居民多层次、多样化、多方面的精神需要和审美需要;制度文化是关键环节,是物质生产和社会生活健康有序进行的重要保证,反映了社会和谐运行的规范化、有序化要求,而行为文化是重要内容,是和谐文化在人们社会行为上的体现,反映了社会的现实精神风貌;精神心理文化是核心要素,体现了人们对和谐社会目标的向往和追求,决定着物质生产文化、制度行为文化的发展取向。

三、社会主义和谐文化的基本精神

(一)和谐性与先进性相统一

和谐性。和谐文化是以和谐为价值取向的文化,强调和而不同、尊重差异、包容多样,注重主导文化与多元文化、主旋律与多样化的和谐,强调多元归于一统,一统包含多元,要求人们在尊重差异中扩大社会认同,在包容多样中增进思想共识,形成百花齐放、百家争鸣的生动局面,在各种文化的动态竞争中,使先进文化得以发展,健康文化得以支持,落后文化得以改造,腐朽文化受到抵制,使社会的不同文化主体和要素在交流比较中互动融合、相互促进、共同发展。

先进性。社会主义和谐文化是先进文化的重要组成部分。它以马克思主义为指导思想,内蕴着中国特色社会主义的共同理想、以爱国主义为核心的民族精神和以改革创新为核心的时代精神,符合中国先进生产力发展要求,代表着中国社会发展的方向和要求;它是民族的科学的大众的文化,体现了中国特色社会主义文化"面向现代化,面向世界,面向未来"的内在要求,符合时代发展和引领和谐社会建设的本质要求。

(二)人本性与包容性相统一

人本性。以人为本是马克思主义的重要原则。马克思主义认为,未来社会是"以每个人的全面而自由的发展为基本原则的社会形式",它"将是这样一个联合体,在那里,每个人的自由发展是一切人的自由发展的条件"[①],这种"自由人的联合体"的形成需要一定的条件,核心就是以人为本。以人为本,就是把人民的利益作为一切工作的出发点和落脚点,一切为了人民,一切依靠人民,不断满足人们多方面的需要,促进人的全面发展。自提出科学发展观以来,以人为本的思想便逐渐成为全社会的共识,它既紧扣为人民服务的宗旨,又与服务最广大人民群众的根本利益一致。建设和谐文化的最终目标就是促进社会的进步,进而实现人的自由全面发展。因此,人本性是和谐文化的本质特征之一。

包容性。所谓"海纳百川,有容乃大"。文化的发展,难以依靠单一的文化形态,需要文化上的相互宽容。和谐文化强调"和而不同",承认差异、尊重差异,倡导多元性,具有包容性。随着经济全球化不断加强,中国面临着多种文化形态并存的局面,如主流

---

① 马克思恩格斯选集. 第 1 卷. 北京: 人民出版社, 1995.

文化和非主流文化、传统文化和现代文化、雅文化和俗文化、理想文化和现实文化、一元文化和多元文化。因此，建设社会主义和谐文化，要"坚持以社会主义核心价值体系引领社会思潮，尊重差异，包容多样，最大限度地形成社会思想共识"[①]，通过社会主义和谐文化来融合调适不同文化。

（三）继承性和发展性相统一

继承性。中国传统文化体现出和谐化的价值取向，包含着丰富的和谐思想，是建设社会主义和谐文化的重要思想资源。但建设和谐文化，绝不是一般回到传统文化，更不是以传统文化取代社会主义文化，而是坚持实事求是的态度，自觉地消除传统文化中的消极成分，汲取传统和谐思想的有益成分，在继承传统文化精髓的基础上，立足于中国现阶段的实际，有意识地构建和营造一种有益于民族精神生成和发展的文化环境，发挥和谐文化传递-承接功能。

发展性。和谐文化以改革创新的时代精神为主体，具有鲜明的时代性。它立足于改革开放和现代化建设实践，着眼于世界文化发展的前沿，与和平与发展时代主题相符合、与社会主义基本制度相统一、与社会主义和谐社会要求相吻合、与改革创新时代精神相一致，在解决中国的时代课题中发展起来，是传统和谐思想在解决现代社会问题过程中被扬弃、创新的结果。

第三节 构建社会主义和谐文化的可行路径

十八大报告明确提出："扎实推进社会主义文化强国建设。"社会主义和谐文化是和谐社会的精神支撑，没有和谐文化，就没有和谐社会的思想根基，也就不可能有社会和谐发展的实践追求。建设和谐文化，是推进社会和谐发展的必然要求，是坚持中国特色社会主义道路的重要任务，也是构建和谐社会的一项基础性工程。

一、当前社会主义和谐文化构建面临的突出矛盾

当今时代，文化越来越成为民族凝聚力和创造力的重要源泉、越来越成为综合国力竞争的重要因素，丰富精神文化生活越来越成为中国人民的热切愿望。但随着全球化、信息化趋势的不断加强，当代主流文化建设面临诸多亟待解决的问题。

（一）意识形态的一元化与文化趋向多元化的矛盾

世界多极化、经济全球化的深入发展，引起各种思想文化的激烈竞争，历史和现实、外来和本土、进步和落后、积极和颓废相互激荡，有吸纳又有排斥，有融合又有斗争，有渗透又有抵御。总体上处于弱势地位的发展中国家，不仅在经济发展上面临威胁，在文化发展上也面临严峻挑战。保持和发展本民族文化的优良传统，大力弘扬民族精神，积极吸取世界其他民族的优秀文化成果，实现文化的与时俱进，无不成为关系国家前途

---

① 中共中央关于构建社会主义和谐社会若干重大问题的决定. 人民日报，2006-10-18.

和命运的重大问题。与对外贸易"出超"相比，中国就存在着严重的"文化赤字"现象，中国和西方的文化交流处于严重逆差状态。有学者指出："我们曾经是世界文明的中心之一，但是我们现在不少的学者还沉迷于在全方位的西学中间的定式中进行所谓的文化创造；我们曾经崇尚'以人文化成天下'，但是，现在担负着教化我们民族未来的却是漂洋过海而来的洋动漫；我们曾经是世界上唯一没有发生文明中断的伟大民族，但是，我们现在不得不承认的是我们的民众对我们的语言、对我们的元典的冷漠、生疏与渐行渐远；我们曾经向世界文明贡献了孔孟和老庄，但是，当今的我们却不得不背负着'文化赤字'的包袱，思索如何扭转文化贸易的极大逆差。"① 在日趋激烈的文化竞争中，谁占据了文化发展的制高点，谁就能够更好地掌握主动权。因此，必须坚持指导思想的"一元化"，用一种核心精神、核心文化引导和谐文化建设，即建设社会主义核心价值体系。

在坚持指导思想"一元化"的同时，我们必须承认这样一个事实，即当代全球文化的发展，呈现出"多元化"的趋势。随着改革开放程度的不断加深和国际文化交流的日益频繁，中国的文化发展也越来越呈现出多元状态。文化的繁荣发展离不开各种文化思潮流派的交流和碰撞，社会主义和谐文化应该具有包容性，允许多种文化共同存在、共同发展，在多样存在中寻找统一，协调与解决不同文化的冲突、碰撞和摩擦，激发全民族文化创造力，提高国家文化软实力。文化的一元化与多元化之间并不必然地存在矛盾，多元化给一元化带来挑战，但多元化并不意味着一定会动摇社会主义核心价值体系的主导地位。如何使其成为在统一指导下的多元，多元发展中的统一，共同服务于中国特色社会主义建设，无疑成为和谐文化建设首先要解决的课题。

（二）主流文化的先进性与大众文化多样性的矛盾

建设社会主义和谐文化，既有先进性要求，又有广泛性要求，要将二者有机结合。建设社会主义和谐文化，必须代表中国先进文化的前进方向，体现先进性的要求，但先进文化不是无源之水，它扎根于大众文化之中，来源于大众文化又高于大众文化。因此，要发展先进文化，主导整个社会文化的发展方向，应注重大众文化的发展，使文化被广大民众认同并共享。文化只有普及到全社会才有力量。所以，和谐文化建设应切实坚持"为社会主义服务，为人民服务"的"二为"方向，贴近实际、贴近生活、贴近群众，在广泛性基础上彰显先进性。

城市和经济发达地区聚集了大量的物质财富和文化资源，它不仅要为人们身体的栖居提供物质场所，还要为人们心灵的栖息提供精神空间；文化的创造活动也最为频繁地发生在城市和经济发达地区，这些地区的发展既需要把握文脉，保障文化定位目标的实现，又必须考虑如何充分维护和发展各个城区、各种文化的多样性和各自特征，并对郊区和周边地区产生辐射与影响。而郊区和乡村有丰富的风景名胜资源，有独特美丽的田园风光、民俗风情、特色民居，蕴藏着极为丰富的民族民间文化、乡土文化。文化发展在地域和城乡之间存在着明显的差异：东部沿海及大中城市由于经济发展水平比较高，其文化建设无论是硬件还是软件都有良好的基础；而中西部地区及广大农村，发展速度

---

① 沈壮海. 社会主义和谐文化建设的若干思考. 马克思主义研究，2007，（8）：78-81.

仍然缓慢，在经费投入、设施建设、队伍素质、资源总量等方面与城市文化建设存在较大的差距。文化发展的地域和城乡差异对于建设社会主义和谐文化提出了更高要求。因此，我们应推动不同文化在地域和城乡之间的合理流动，促进各地区及城乡之间文化的双向互动，形成各地区、城乡之间文化互补的态势，满足人民群众对于文化的多样性需求，实现人民群众对于文化共建共享的要求。

（三）人文精神与科学理性的矛盾

自然科学的精髓是客观、求实、理性的科学精神，自然科学求"真"，为育人的"硬件"，主要与作为立世之基的科学精神、生产力之源的科技知识、正确思维基础的科学思想、科学方法相关联；而人文科学求"善"，为育人的"软件"，常与民族存亡、国家强大、社会进退等大是大非相关联，同时也关系着个人思维智愚、人品高低、言行文野和事业成败。自然科学为人文奠基，人文科学则保证科学方向的正确[①]。因此，自然科学和人文科学是推动社会向前发展的两翼，应该相互融合、相互补充，二者的根本目的都是人自身的完善和社会的明显进步。当前文化领域出现了这样一种自然科学和人文科学发展中不和谐的状况：一方面，随着科学技术尤其是高科技的迅猛发展，绝大多数人更多关注自然科学的功利价值，而忽视自然科学的认知功能、客观求实的理性精神；另一方面，随着市场经济的发展，人文科学受到冷遇，人们对于真善美的追求，对于情理、仁爱、诚信高度重视的伦理价值观贬值，取而代之的是对物的崇拜、对经济价值的狂热追求。这种不和谐状况有悖构建和谐社会的要求，亟待解决。正如杨叔子先生所指出的，"科学人文、和而不同"，即自然科学和人文科学共生互动，相同互通，相异互补，和而创新。

（四）发展文化事业和推动文化产业的矛盾

文化产业和文化事业是文化建设的两个方面，直接关系着公民的文化权益能否实现，公民的多层次文化需求能否满足以及和谐文化建设能否成功。党的十六大报告首次明确了"文化事业"和"文化产业"概念。文化事业是以继承和弘扬传统文化，吸收和同化优秀外域文化，丰富和提高人们的思想道德水平和才智能力，优化社会风气，从而给人的全面发展和社会的全面进步提供精神动力与智力支持，以公益性质和精神为主要特征；文化产业主要按照经济法则和价值规律，采取规模化生产和市场化运作方式，以赚取利润和发展经济为目的的文化生产与文化消费活动，以经济性质和物质为主要特征。文化事业发展为文化产业发展提供基础和空间，而文化产业发展又为文化事业发展提供实现的形式和条件，从而带来文化与经济的互动。随着文化体制改革的深入，文化市场日益繁荣，各种图书报刊、音像制品及录像厅、网吧等场所大量出现，但仍存在诸如结构不合理、管理能力不足问题。文化事业的发展相对滞后，公共文化服务体系建设特别是农村仍处于起步阶段，公共文化服务能力和水平都亟待提高。因此，在建设社会主义和谐文化的过程中，要坚持把社会效益放在首位，坚持把发展公益性文化事业作为保障

---

① 黄志斌. 绿色和谐文化论. 北京：中国社会科学出版社，2008.

人民文化权益的主要途径，促进文化事业和文化产业共同繁荣、和谐发展。

二、构建社会主义和谐文化的可行路径

当前，中国的文化发展中仍存在着一些不和谐因素，建设社会主义和谐文化的过程也就是解决这些问题的过程。党的十八大报告指出："建设社会主义文化强国，必须走中国特色社会主义文化发展道路，坚持为人民服务、为社会主义服务的方向，坚持百花齐放、百家争鸣的方针，坚持贴近实际、贴近生活、贴近群众的原则，推动社会主义精神文明和物质文明全面发展，建设面向现代化、面向世界、面向未来的，民族的科学的大众的社会主义文化。"[①] 实际上指明了建设社会主义和谐文化应坚持的方向、方针、原则、内容等。同时，十八大报告进一步强调："建设社会主义文化强国，关键是增强全民族文化创造活力。要深化文化体制改革，解放和发展文化生产力，发扬学术民主、艺术民主，为人民提供广阔文化舞台，让一切文化创造源泉充分涌流，开创全民族文化创造活力持续迸发、社会文化生活更加丰富多彩、人民基本文化权益得到更好保障、人民思想道德素质和科学文化素质全面提高、中华文化国际影响力不断增强的新局面。"更为建设社会主义和谐文化提供了基本的路径选择。

（一）加强社会主义核心价值体系建设

党的十六届六中全会指出："建设和谐文化，是构建社会主义和谐社会的重要任务。社会主义核心价值体系是建设和谐文化的根本。必须坚持马克思主义在意识形态领域的指导地位，牢牢把握社会主义先进文化的前进方向，弘扬民族优秀文化传统，借鉴人类有益文明成果，倡导和谐理念，培育和谐精神，进一步形成全社会共同的理想信念和道德规范，打牢全党全国各族人民团结奋斗的思想道德基础。"由此，构筑社会主义核心价值体系成为和谐文化建设的根本任务。

从文化和谐的角度看，和谐文化是一种融合多样文化矛盾和冲突的文化，但各种文化在融合的过程中很难发生自发流转。因而，在充满矛盾和冲突的多样文化的存在中，应有一种主导性价值体系，以统摄、整合社会的文化资源，构建全社会的主导性价值体系。从历史发展的角度看，文化的不断发展进步是以核心价值体系为指导的结果。文化从低级到高级、从封闭到开放、从落后到先进的发展过程，既是社会核心价值体系不断形成与发展的过程，也是社会核心价值体系不断引领文化发展的过程。从现实发展的角度看，以社会主义核心价值体系为指导，推进社会主义和谐文化建设是文化建设的必然要求。当今世界，国与国之间的竞争主要体现为以经济为核心的"硬实力"和以文化为核心的"软实力"的竞争，文化"软实力"成为衡量综合国力的重要指标之一。面对文化多元化的现实，在提升"软实力"的过程中，中国文化发展必须坚持正确方向，努力按照现代化建设的要求，构筑包括富强、民主、文明、和谐，自由、平等、公正、法治，爱国、敬业、诚信、友善在内的社会主义核心价值观，借此凝聚和统一社会各阶层、各

---

① 胡锦涛. 坚定不移沿着中国特色社会主义道路前进 为全面建成小康社会而奋斗. 人民日报，2012-11-18.

利益群体思想，把握社会主义和谐文化建设的根本，培育和谐理念，培育和谐精神，营造和谐氛围，进一步形成共同的理想信念和道德规范，夯实全国各族人民团结奋斗的思想道德基础，才能保持对愚昧腐朽文化思潮的批判态势，支持健康文化，改造落后文化，抵制腐朽文化，借以支撑和谐社会构建，引领中国特色社会主义和谐文化建设。

（二）全面提高公民道德素质

大力加强道德建设，营造男女平等、尊老爱幼、互爱互助、见义勇为的社会风尚。道德，相对于法律而言，是一种柔性规范，通过对是非、善恶、正义与非正义等进行价值判断而形成并加以维持。具体而言，道德主要通过营造社会舆论、树立道德榜样、塑造理想人格、培养内心信念等方式，指导人们按照一定的善恶观念指导自己的行为，推动社会形成一定的主流风尚，调节和规范不同层面的社会关系，从而保持和维系一定的社会秩序。国家发展和社会进步都必须用道德来调节和维系社会关系，缓解社会矛盾。因此，加强道德建设是建设和谐文化的一项十分重要的任务。要坚持依法治国和以德治国相结合，加强社会公德、职业道德、家庭美德、个人品德教育，弘扬中华传统美德，弘扬时代新风。推进公民道德建设工程，弘扬真善美、贬斥假恶丑，引导人们自觉履行法定义务、社会责任、家庭责任；营造劳动光荣、创造伟大的社会氛围，培育知荣辱、讲正气、作奉献、促和谐的良好风尚；营造男女平等、尊老爱幼、互爱互助、见义勇为的氛围；普及科学知识，弘扬科学精神，养成健康文明的生活方式；发扬艰苦奋斗精神，提倡勤俭节约，反对拜金主义、享乐主义、极端个人主义；深入开展道德领域突出问题的专项教育和治理，加强政务诚信、商务诚信、社会诚信和司法公信建设。加强和改进思想政治工作，注重人文关怀和心理疏导，培育自尊自信、理性平和、积极向上的社会心态。深化群众性精神文明创建活动，广泛开展志愿服务，推动学雷锋活动、学习宣传道德模范常态化。弘扬中国传统文化中有利于社会和谐的内容，形成符合传统美德和时代精神的道德规范和行为规范。

引导社会舆论，营造和谐的舆论环境。社会舆论是指大多数人针对所关心的、有争议的问题所发表的共同意见和看法。正确的舆论导向、良好的舆论氛围，起到"社会安全阀"的作用。社会舆论把握和引导得好，可以对我们开展工作起到重大推动作用，促进社会稳定、人民团结、事业兴旺。因此，新闻出版、广播影视、文学艺术、社会科学，要坚持正确导向，唱响主旋律，为中国特色社会主义建设营造良好的思想舆论氛围。首先，充分发挥报刊、电台、电视台、互联网等新闻媒体宣传党的主张，弘扬社会正气，通达社情民意，引导社会热点，疏导群众情绪，进行舆论监督，加大正面宣传力度，引导人们正确认识发展形势，理解发展中的曲折，营造积极健康向上的主流舆论；健全突发事件新闻报道机制，及时发布准确的信息，使正确的舆论先入为主、先声夺人，消除猜疑与隔阂，化解矛盾，整合社会关系，解决人们存在的心理失衡、认识偏差、情绪失控等问题，为事件的妥善处理创造良好的舆论环境；加强对互联网的应用和管理，理顺管理体制，倡导文明办网、文明上网，使各类新兴媒体成为促进社会和谐的重要阵地，营造和谐的网络文化环境。其次，哲学社会科学要坚持以马克思主义为指导，以重大现实问题研究为主攻方向，发挥其应有的认识世界、传承文明、服务社会的作用。再次，文学艺术要弘扬真善美，创作生产出更多能够陶冶情操、愉悦身心的优秀作品，丰富群众的文化生活。

发展公平教育，提高全民族的思想道德素质和科学文化素质。教育是民族振兴的基石，教育公平是社会公平的重要基础。发展公平教育是提高全民族思想道德素质和科学文化素质的主要途径，是实施"科教兴国"战略的必然要求，也是建设社会主义和谐文化的基本要求。首先，确定基础教育均衡发展、各类教育协调发展的战略。在保障教育经费充裕、稳定的同时，确立以人为本的教育理念，提升和改善教育品质，保障教育公平，实施教育正义；优化教育结构，把农村教育作为当前及今后一个时期教育工作的重中之重；在教育投入上确立硬指标，加快普及高中阶段教育，大力发展职业教育，提高高等教育质量，尤其要确保基础教育的均衡发展。其次，彻底转化教育体系。从重视学历、以满足求职需要的学校教育，转化为面向社会所有人、非学历、多样化的终身教育体系，发挥教育在提升全民族科学文化素质中的重要功能。再次，坚持教育公益性质，扩大受益面。建设社会主义和谐文化的根本宗旨是让所有人得到平等的受教育机会，特别是要让低收入家庭中的孩子能够享有学习和发展的机会。因而，加大财政投入，规范教育收费，扶持贫困地区、民族地区教育，健全学生资助制度，保障经济困难家庭、进城务工人员子女平等接受义务教育，鼓励农村孩子通过自身的努力改变自己的命运。

（三）增强国家文化整体实力和竞争力

文化实力和竞争力是国家富强、民族振兴的重要标志。坚持把社会效益放在首位、社会效益和经济效益相统一，推动文化事业全面繁荣、文化产业快速发展。发展哲学社会科学、新闻出版、广播影视、文学艺术事业。加强重大公共文化工程和文化项目建设，完善公共文化服务体系，提高服务效能。促进文化和科技融合，发展新型文化业态，提高文化产业规模化、集约化、专业化水平。构建和发展现代传播体系，提高传播能力。增强国有公益性文化单位活力，完善经营性文化单位法人治理结构，繁荣文化市场。扩大文化领域对外开放，积极吸收借鉴国外优秀文化成果。营造有利于高素质文化人才大量涌现、健康成长的良好环境，造就一批名家大师和民族文化代表人物，表彰有杰出贡献的文化工作者。

推进文化创新，增强文化的发展活力。继承是社会发展的基础，创新是时代前进的动力。和谐文化建设，基础在继承，关键在创新。建设和谐文化，必须不断推进文化创新，促进文化内容形式、体制机制、传播手段的创新。只有不断推进文化创新，才能为和谐文化建设提供动力之源；只有不断推进文化创新，才能解放文化生产力，促进文化事业和文化产业的协调发展。首先，深化文化体制改革，实现文化事业和文化产业的协调发展。文化事业和文化产业是文化建设的基本形式，关系公民的文化权益能否得到实现，关系公民的多层次文化需求能否得到满足，关系文化体制改革能否取得成功，关系到社会的和谐。因此，必须实现文化事业和文化产业的共同繁荣、协调发展。一方面，完善文化领域的宏观调控，创新文化管理体制，深化文化事业单位改革，加快发展公益性文化事业，加强公共文化服务体系建设，加强农村公共文化建设，提高公共文化服务能力与水平，形成富有活力的文化服务与管理体制，营造有利于出精品、出人才、出效

第十五章　当代中国先进文化的主流趋向：构建社会主义和谐文化 / 227

益的环境，以维护和实现广大人民的基本文化权益，保证广大人民群众共享文化发展的成果。另一方面，加快以打造产业链条、拓展区域市场空间为导向的文化产业创新，优化文化产业结构，提高国有文化企业竞争力，坚持为人民服务、为社会主义服务的方向和百花齐放、百家争鸣的方针，推进以丰富群众文化活动为目标的文化品牌创新，积极发展新闻出版业、广播电视业、文化旅游业、演出业、体育业、文化休闲业，创作更多反映人民主体地位和现实生活、群众喜闻乐见的优秀文化产品，满足民众多层次的文化需求。其次，创新文化传播手段。当今时代，网络已经成为生活的一部分，甚至成为一种生活方式。应该积极地运用网络这一有效传播手段，使互联网成为传播先进文化的新途径、公共文化服务的新平台和健康精神生活的新空间。

（四）丰富广大人民群众的精神生活

让人民享有健康丰富的精神文化生活是全面建成小康社会的重要内容。要坚持以人民为中心的创作导向，提高文化产品质量，为人民提供更好更多精神食粮。坚持面向基层、服务群众，加快推进重点文化惠民工程，加大对农村和欠发达地区文化建设的帮扶力度，继续推动公共文化服务设施向社会免费开放。推广和规范使用国家通用语言文字。开展群众性文化活动，引导群众在文化建设中自我表现、自我教育、自我服务。开展全民阅读活动。加强和改进网络内容建设，唱响网上主旋律。加强网络社会管理，推进网络规范有序运行。开展"扫黄打非"，抵制低俗现象。普及科学知识，弘扬科学精神，提高全民科学素养。广泛开展全民健身运动，促进群众体育和竞技体育全面发展。

当前中国正处于"黄金发展期"和"矛盾凸显期"并存期，社会利益多元和社会阶层分化日益突出，社会矛盾特别是因为利益调整引发的社会矛盾更加复杂，都给人与人之间的交流与合作带来了诸多不利因素。协调利益冲突、化解矛盾、消除隔阂、重建和谐的人际关系已成为建设和谐文化的迫切任务。宣传和思想政治工作以及文化部门通过各种阵地和载体，开展群众性精神文明建设活动，增进人际理解与信任，培育高尚的人际文化，形成和谐的人际环境；增强公民、企业、各种组织的社会责任，把和谐社区、和谐家庭等和谐创建活动同群众性精神文明创建活动结合起来，突出思想教育内涵，广泛吸引群众参与，形成我为人人、人人为我的社会氛围；在全社会大力弘扬谅解宽容、豁达大度的精神，积极倡导友爱向善、互帮互助的风尚，以个人的友爱之举赢得他人的友爱之心，形成全社会的友善之风；以相互关爱、服务社会为主题，深入开展城乡社会志愿服务活动，建立与政府服务、市场服务相衔接的社会志愿服务体系；加强心理健康教育和保健，健全心理咨询网络，塑造自尊自信、理性平和、积极向上的社会心态，达成人与人之间的宽容友善与团结互助；促进人的心理和谐，加强人文关怀和心理疏导，引导人们正确对待自己、他人和社会，做到"己所不欲，勿施于人"，努力形成积极向上、融洽和谐的人际氛围。

文化有一个积累和创新的过程，因而建设社会主义和谐文化不可能一蹴而就，需要全社会齐心协力，共同解决建设中面临的问题与矛盾。始终坚持社会主义先进文化的前进方向，树立高度的文化自觉和文化自信，向着建设社会主义文化强国宏伟目标阔步前进。

第十六章　当代中国大众文化的发展趋向：休闲化与网络化

20世纪90年代以来，随着社会主义市场经济的不断推进，文化开始走出书斋，阔步迈进大众生活，中国大众文化发展处于更加多元的国内外背景下，越来越呈现出多样化的景观。在一个全面进入"转型期"的历史阶段，大众文化娱乐化和网络化趋向日益凸显。

第一节　20世纪80年代的"文化热"与"文化论争"

新中国成立后，文化学和许多学科一样，曾经一度中断了研究和探讨。党的十一届三中全会以后，思想领域出现了一个持续十余年的文化研讨热潮。无论是专家学者、青年学生，还是其他社会各界人士，都共同关心并热烈讨论文化问题；无论是报纸杂志、广播电视、大学课堂，还是其他教育文化场所，文化无不成为社会关注的中心。

一、"文化热"的兴起与缘由

20世纪80年代，曾经受到冷落的文化学再度进入人们的视野，得到了持续关注，形成了所谓的"文化热"。1983年12月，由中国社会科学院近代史所、复旦大学历史系和联合国教科文组织《人类科学文化史》中国编委会，召开了"中国文化史研究学者座谈会"。对文化与文明及其关系、文化史的研究对象和范围、文化的性质、形态、结构、演化和分类及中外文化交流等问题都进行了深入研讨。1984年12月，上海中青年理论工作者召开了"全国首届东西方文化比较研讨会"，就"文化及东西方文化的概念"、"东西方文化比较的意义"等展开了热烈讨论。与此同时，《文汇报》、《光明日报》相继开辟的"中国传统文化和现代化"、"关于中国传统文化"专栏，一批文化系列丛书的出版，对"文化热"起了推波助澜作用。20世纪80年代形成的"文化热"是新时期人们思想文化争论的交锋，是一种寻求对中国社会问题的文化解释的公共热情的释放。这场文化讨论由京、沪等大城市扩展到全国，由知识界扩展到整个社会，有其深刻的时代背景。

首先，随着思想解放运动的继续深入，人们在清理"左"倾错误的同时，开始对"文化大革命"乃至整个传统文化进行反思。人们不可避免地要问：为什么会出现"文化大革命"？为什么会出现个人崇拜等现象？这些现象与传统文化有无关系？对这些问题的思考不仅对人们既有价值观念产生了重要影响，而且促使人们对传统文化进行重新审视。

其次，改革开放后，西方文化涌入，对人们的思想意识和价值观念提出了严峻挑战。十一届三中全会以后，随着西方经济思想和经济管理体制的引进，西方的政治、文化理论学说乃至生活方式亦随之涌入国门。存在主义、人道主义、精神分析学说、老三论（信息论、控制论、系统论）相继被介绍进来，在思想界引起巨大反响，萨特、尼采、弗洛伊德成为人们谈论的热门话题。从世俗文化层面，伴随国门的打开，异域生活方式也纷纷在国内亮相。为了抵制异质文化的"入侵"，在理论界，先后开展了反自由化、反"和平演变"等活动，并围绕人生观、人道主义等问题展开讨论。

第三，随着经济改革初见成效，文化建设被提上国家政治的议事日程。1980 年 12 月，邓小平在中央工作会议上指出，我们要建设的社会主义国家，不但要有高度的物质文明，而且要有高度的精神文明。1982 年中共十二大上，胡耀邦作报告中，更发出"努力建设高度的社会主义精神文明"的号召，提出"我们在建设高度物质文明的同时，一定要努力建设高度的社会主义精神文明，这是建设社会主义的一个战略方针问题"。政府的积极倡导，对文化讨论的兴起和发展起着重要的引导作用。

二、文化论争的主体内容

20 世纪 80 年代兴起的文化讨论，主要围绕文化学理论、对中国传统文化和西方文化的估价、中国传统文化与西方文化的关系以及中国文化的未来走向等内容展开。事实上当时人们更多关注的是如何估价中国传统文化、如何看待中西文化的关系和中国文化的未来走向等问题，对文化学理论和对西方文化的研究较为薄弱。

（一）中国传统文化的内涵与基本精神

由于这场文化讨论的导火索是如何开展文化史研究，也由于这场文化讨论的深层原因是反思"左"倾错误的根源，因而如何评价中国传统文化，成为一个热点问题，并展开了激烈争论。较为重要的观点有"儒家文化"说；"封建文化"说；"多元的复合体"说；"周秦至清中叶这三千多年历史中形成并发展起来的文化"说，以及"中国古代思想家所提炼出的理论化和非理论化的转而影响整个社会的、具有稳定结构的共同精神、心理状态、思维方式和价值取向等精神成果的总和"说等。

什么是中国传统文化的主干，当时主要有"儒家思想主干"说，"道家思想主干"说，"儒、道共为主干"说，"儒表法里"说，"以儒家思想为主，儒、道、释三家间相互渗透、相互补充"说，以及"儒释道法三学二教并行而由儒学居中制衡"说等。

什么是中国传统文化的核心精神，是当时争论最多的问题之一。主要有"调和持中（或中和主义、追求和谐）"说，"人文主义"说，"人伦主义"说，"王权主义（或者说专制主义）"说，"礼为中心"说，"天人合一"说以及"尚通"说等。

有关中国传统文化的特点，有学者认为，中国传统文化是一种富于静态美的文化，其封闭性集中显现于一些牵动民族意识神经的哲学观念，包括循环论的发展观、以宗法为经的人伦道德观、"反求诸己"的人生态度等。这一观点引起了轩然大波，从而使围绕传统文化开放性与封闭性特点的讨论，成为讨论的热点问题之一。既然文化讨论已经全面铺开，就势必涉及思维方式在文化结构中的深层地质问题，主要有"从整体的直观到经验的直觉"说，"超稳定"说及"反创造"说等。

（二）中国传统文化的时代意蕴

讨论传统文化，势必探讨传统文化与现代化的关系问题。于是，传统文化与现代化是否相容、传统文化中有无民主和科学、传统文化中是否具有现代化因素、如何寻找传统文化与现代化的结合点，自然成为人们关注的热点问题。如对17世纪中国出现的社会批判思潮，有人认为其性质与欧洲的文艺复兴相类似，是近代的曙光；持反对意见者认为它是传统文化的自我调整，是日落西山时天空中的一抹晚霞；还有人认为明清之际思想的性质，既非近代的曙光也非中世纪的晚霞，而是近代思想的胚胎。

对中国传统文化的不同估价，直接影响到中国文化前景和出路问题的认识。自近代以来，随着西方文化的东来，就先后出现过"中体西用"论、"全盘西化"论、"中西会通"说等主张。

与"中体西用"论主旨相同的是"儒学复兴说"。在20世纪80年代的文化讨论中，对中国内地儒学复兴影响最大的是美国华裔学者、哈佛大学教授杜维明。从20世纪80年代中期起，他先后奔走于中国内地、香港、台湾及新加坡等地，倡导儒学第三期发展。儒学复兴逐渐演变成一股社会思潮，围绕现代新儒学、儒家资本主义以及是否在中国内地复兴儒学等问题，展开了激烈论争。

"全盘西化"论在现代史上不仅是历史学、文化学概念，同时也是政治学概念。在文化讨论过程中，很少有人公开主张实行全盘西化，但事实上这股思潮在当时影响很大。直到1989年以后，伴随政治形势变化和学术风尚转换，这一思潮才逐渐退隐。

"西体中用"论。这一主张早在20世纪30年代的东西文化论战中就被明确提出，40年代初贺麟也曾使用此提法。1980年，黎澍在义和团运动80周年学术讨论会上提出，应当把"中学为体，西学为用"改为"西学为体，中学为用"。这一主张被李泽厚引用，以阐述他的文化主张，从而引起激烈论争。季羡林认为西方文化已经走到了尽头，21世纪将是中国文化的世纪，理由是"三十年河东，三十年河西"。这一主张提出后，也引起了激烈的论争。还有张岱年提出的"综合创造"论，这一主张得到了诸多学者的赞同。无论是重估中国传统文化，还是探讨中国文化的出路，都绕不开对"五四"新文化运动的评价。20世纪80年代文化讨论兴起后，围绕"五四"运动与全盘反传统、"五四"运动与激进主义、救亡与启蒙的关系等问题，也曾展开激烈的争论。此外，围绕所谓"彻底重建"论、"中西文化平衡"论、"中西文化互为体用"论、"道德重建"论、"对传统创造的转化"论等文化主张也有一些讨论，但相对来说影响甚微。

总体看来，"文化热"可以解释为重大社会变革时期的文化启蒙，但其背后潜藏的却是"文化救国"与"文化本位"的传统情结。"文化热"是中国近现代社会发展的特殊现象，每当社会发展的重要时刻，都会爆发巨大的"文化热"。"文化热"的诱发还导源于中西方文化的冲突，代表着人们对文化在社会、经济发展中重要性的认同，体现了在社会发展的转折关头文化启蒙的必要性，因为文化变革毕竟是社会变革的先导。但在潜意识中，无可否认地也存在着夸大文化在社会变革中作用的倾向。100 多年来，中国人对以传统为对象的文化反思与文化批判表现出一如既往的热忱。20 世纪 80 年代"文化热"的发生，同样与部分知识分子把民族危机归结为文化危机的思维模式相关，表现出与现代新儒学的某种契合。文化讨论在社会变革中具有启蒙意义，这是"五四"新文化运动的价值之所在，但如果把文化的地位抬到不适当的高度，就会陷入文化决定论和文化救国论，而文化本位和文化救国情结的运作，会把文化精英乃至社会大众的注意力集中到形而上的文化问题上，分散、淡化对现实政治、经济问题的注意力，"文化热"中的精神之花势必难以结出政治、经济之果。"文化热"中的代表人物，虽对民族前途忧心忡忡，最后却无力把自己的理想变为现实。应当尽快走出关于传统的形上围城，把注意力转移到文化建设的现实构建中。[①]

第二节　20 世纪 90 年代以来大众文化的休闲化趋向

一、20 世纪 90 年代以来中国大众文化的转型

（一）文化转型的社会背景

国际上，20 世纪 80 年代末，苏联解体、"东欧剧变"使持续了几十年的"冷战"宣告结束，和平与发展成为时代主题，世界发展出现了多极化趋势。但民族问题、宗教问题及各国家、各地区间为争夺利益而发生的冲突乃至局部战争依然存在。与此同时，新技术革命特别是信息革命的爆发，使世界上一些发达国家在信息产业等最现代化的领域展开一轮新的竞争，从而带动了经济日益"全球化"的局面。广大发展中国家不甘于遭遇"穷者更穷、富者更富"的恶性循环厄运，采取各种方略来应对经济"全球化"对本国经济可能带来的冲击，同时也在寻求迅速发展的历史机遇。20 世纪 90 年代的"经济全球化"、"政治多极化"趋势与走向，极大地拓展了人们的视野，影响着人类的价值观念、思维方式、社会结构、生活方式与心理心态。

在国内，经济上，20 世纪 90 年代邓小平南方讲话之后，我国明确提出"建立社会主义市场经济体制"的宏伟目标，并相继制定了一系列政策、法规、措施，涉及国民经济和社会发展几乎所有的领域、行业。但是计划经济体制的许多弊端，尤其是由于刚刚步入"转型"状态的"双轨制"矛盾所带来的诸多弊端，也在社会主义市场经济体制改革的不断深入中凸显出来。政治上提出"将社会主义现代化建设全面推向 21 世纪"的总目标，并制定了一系列完整、系统、成熟的政治方针、路线和政策。

（二）文化格局的自身嬗变

20 世纪 90 年代文化的格局，分为主流文化、精英文化和大众文化。这三种文化形态与文化存在方式始终在社会文化中鼎足而立，其对立与互补、冲突与交融，构成这一时期中国文化领域繁荣与混乱同在、希望与失望并存的格局。

[①] 樊浩. 论"新儒学理性"与"新儒学情结". 中国社会科学，1999，（2）.

主流意识形态的不断强化。中共第三代领导集体高度重视主流意识形态的作用,在宣传思想领域采取有力的战略与策略,不断予以强化,以凸显主流文化对社会应有的价值引领作用。江泽民关于"以正确的舆论引导人,以科学的理论武装人,以高尚的精神塑造人,以优秀的作品鼓舞人";关于社会主义精神文明建设诸多问题的论述;关于"讲学习、讲政治、讲正气"的论述,构成主流意识形态主题。"主旋律"作为一种形象的表述,体现了主流意识形态对于精神产品生产与传播的总体要求。对于先进的、体现时代精神的英雄模范人物的大力宣扬,对于落后、愚昧、错误的甚至反动的思想意识与行为的揭露与鞭挞,对于优秀的精神产品的表彰与鼓励,无不彰显主流文化、主流意识形态的强化。

精英文化圈的日趋分化。与20世纪80年代"异曲同工"的状态(精英文化形成一股较大的、具有共同思潮特征的状态)不同,90年代精英文化圈出现严重分化趋向。"转型期"中国经济建设的大踏步前进,经济发展成为社会最为关注的中心话题,思想文化"形而上"的优越地位开始跌落,精英文化圈中的人们感觉自己从"话语中心"被挤压到"话语边缘"。现实生存的压力与话语中心转移带来的失落,使得"文化热"时期"振臂一呼应者云集"(鲁迅语)的精英文化风光不再,并出现严重分化。一部分人"下海"、"投笔从商",一部分人归并主流,一部分人将视野瞄准了大众文化,不一而足。事实上随着改革开放的深入,中外文化交流在广度、深度上远超以往,但引发"文化热"时期广泛社会轰动的理论、学说似乎已不存在,而更多的新理论、新学说、新话语仅限于较为狭窄的小范围、小圈子里传播,这种趋势迄今尚未根本扭转。

大众文化地位的持续飙升。大众文化的发展在现代中国一直遭受挤压,经常与"庸俗"、"市侩"、"粗鄙"、"低劣"等贬义词联系在一起。20世纪90年代市场经济的活跃、商品意识的普及,给大众文化发展创造了极好的生存空间,使之地位迅速提升,成为社会关注的中心,开始扮演起时代文化的"主角",以赵本山为代表的大众化作品独霸春晚舞台20余年,即是其体现之一。凸显两个特色:一是大众传播媒介跃升为最具社会影响力、最大的社会舆论来源,报纸、杂志、电影、广播、音像尤其是电视,成为人们日常生活中不可或缺的伴随物;二是"消费主义"盛行,似乎一切都可纳入"消费主义"视野,成为大众消费的对象。举凡名人私生活、政坛秘闻、社会黑幕都可以进入大众消费领域,乃至街头报摊上各类杂志、读物,都无不充斥感官刺激与时尚内容。

二、大众文化的休闲化倾向

大众文化是社会文化系统中一个相对滞后但又具有相对独立性的文化形态,它是在现代工业社会中产生的与市场经济发展相适应、以城市大众为主要消费对象并通过现代媒体广泛传播的文化形式,诸如通俗文学、娱乐活动等。从大众文化的内容、功能和传播主体看,它既同体现执政党意识形态和为国家所倡导的主流文化、知识分子所追求的精英文化相区别,也同传统农业社会中的各种民间文化、通俗文化存有一些原则差异。

(一)文化休闲化的内在原因

经济市场化是其根本动因。市场经济以市场为资源配置的主要手段,文化生产机构陆续被推向市场，只得依靠文化受众获得生存，文化受众的口味成为文化创作的主要导向。作品的精神内涵让位于物质内容，经济规律替代了审美原则，市场经济模式带来消费至上的消费主义价值观，本应成为提升人的精神境界的文化也不得不降格为一个普通的消费物品。文化已不再是认知世界、陶冶灵魂、表达理想与信仰的主要方式，而是一种提供感官快乐的手段，文化美学变成了精神快餐。市场化过程出现了生活的功利化、感性化和金钱化，享乐主义人生观被许多人所认同与接受，这又导致文化生活的世俗主义和官能主义。理想被嘲弄，崇高被调侃，神圣被亵渎，文化的启蒙和批判功能甚至被视为"乌托邦"而遭抛弃。

文化意识形态的淡化与宽松是重要政治条件。在以经济建设为中心政策导向下，经济衡量标准成为文化创作个体的主要价值导向。人们不再强调意识形态分野的重要性，人际关系和社会生活平常化。"双百"（百花齐放，百家争鸣）方针、"双为"（文艺为社会主义服务，为人民服务）方向得到了真正落实。文化价值观真正呈现多元并存、和平共处、相互借鉴的宽容局面。

电子媒介的迅速发展培育了娱乐文化消费群体。电子传媒拉近了精英文化与大众文化之间的距离，电子传媒的价廉物美和普通大众生活的改善，使文化生活需要和文化生活的支付能力不断提高。普通大众对文化品质的要求往往不是形而上的终极价值信仰，不是隐晦的语言表达方式，而是简单明了的娱乐和消遣，大众文化占据文化的半壁江山成为大势所趋。

（二）文化休闲化的基本表象

主体市民化。大众文化本质上是随着现代城市的出现和在工业社会条件下产生的一种市民文化，现代城市的出现是其基本前提和依托。因为现代城市既是政治经济中心，也是文化中心，它不仅代表着先进的工业文明，而且代表着先进的生活方式，并创造出一种超越于传统农业文明的市民文化。如果没有现代城市的产生及其工业社会的来临，进而超越传统农业社会之乡土文化，新兴大众文化也就失去其经济基础和社区条件。大众文化的产生主体以及消费主体具有典型的市民化趋向和市民化特征。与按照血缘、地缘关系而聚集的农村居民不同，城市居民是由无数个没有血缘、地缘关系的人汇集而成的，其共同身份是城市大众，其普遍的文化需要和共同的文化人格，构成一种独特的大众文化形态的市场温床和主体条件。相对于传统乡土文化，源于城市的大众文化具有一定的先进性和明显的比较优势，因而会源源不断地向农村传播。

应用科技化。有异于传统农业社会的民间文化，大众文化更多借助和运用大量的现代化科技传播手段。影视产品制作、演唱设施、娱乐手段、广告设计、文化产品生产等，无不广泛运用现代科技成果。没有现代化科技传播手段的运用，大众文化就不可能产生如此强大的生产力和如此高效的传播速度。

消费娱乐化。大众文化的主要功能是娱乐，其产品主要是娱乐消费品，它反映和满足的是人们的日常文化娱乐需要。人们作为消费者可以根据自己的需要和条件自由地购买大众文化产品；而大众文化的生产和传播者也应满足人们的消费需要、维护人们的消费权益和遵守国家的产业政策与管理规定。大众文化反映了最广大群众的基本需要，具有深厚的群众基础和大量消费者，具有高度的普及流行化特征。一部电视剧播出万民争睹，一首歌曲可以迅速唱遍全国，一款网络游戏引领众人追逐。

运行市场化。与传统农业社会中"饥者歌其食，劳者歌其事"的自发性、集体性、非功利性的民间文化、通俗文化创作不同，大众文化生产具有明确的功利目的、商品属性和商业特征，其运行基本遵循着市场机制和商业规则。在创作和生产中，文化产品经营者从策划、制作、传播、推销各运营环节都要计算成本和收益，都会由市场这只"看不见的手"驱使而追逐着利益最大化目标。大众文化成为一种产业化的运作方式。在生产环节上，大众文化是由文化生产者、文化生产资料组成的进行大规模、高效率、批量化文化产品生产活动的生产体系。大众文化越来越成为国家的重要产业部门，国家为了规范和促进大众文化发展，制定文化产业政策和文化产业管理制度。在社会效应上，大众文化产业吸纳大量就业人口，为国家提供税收，大众文化产业正在成为朝阳产业之一。

总之，大众文化的形成是当代中国市场经济条件下市民社会成长的伴生物。它开辟了迥异于单位所属制的政治等级空间和家族血缘伦理关系网的另一个自由交往的公共文化空间。从歌迷会、球迷会、练歌房，到网上聊天室，无不提供了文化的个人空间和个性表达方式，实现了个人在公共空间的拓展想象、选择趣味、充实个人情感生活的某种可能。

（三）文化休闲化的功能影响

大众文化以其强烈的娱乐功能，满足市场经济社会各阶层人们的文化娱乐需求。大众文化是历史发展到一定阶段的必然产物。首先，随着市场经济体制的逐步完善，激烈的竞争和快节奏的工作和生活节律，促使人们渴望身心的放松。大众文化适应了这一要求，它通过视听等快感效果，缓释了人们劳作的紧张和内心的焦虑，表达了大多数人的审美需要和精神心理需要，使紧张疲惫的身体和精神得到放松。其次，随着我国经济体制转轨在各个领域的全面铺开和改革的进一步深化，整个社会都处于全面转轨的调整和震荡过程中，面对生存重压和社会利益的重新分配及调整，人们的心理变得敏感、脆弱，极易失衡，需要精神的抚慰，大众文化给其提供了宣泄情感的最佳途径。最后，现代科学技术的迅速推广和应用，加快了社会现代化的进程，也使得现代社会生活日益喧嚣，人们在紧张、单调、枯燥的劳动时间之外，越来越有意识地追求轻松自在的文化娱乐方式。电影、电视、流行音乐、通俗报刊、卡拉OK、露天舞场及各种娱乐设施纷纷出现，大众文化进入文化市场，并主宰文化市场。大众文化正是以其多样性、娱乐性、广泛性，迅速占领文化市场，满足了大众现实的文化消费需求。

大众文化突破了精英文化的沉重性和受众面的狭隘性，弥补了主流文化的单调和枯燥，并以其生动的视听形式和先进的传播手段，开拓出一个泛大众文化群体。尊重大众的趣味并不等于没有文化品位。文化必须为社会主义服务，为人民服务。然而，长期以来，如何真正贯彻与落实文化为大众服务的问题始终没有很好解决。文化是人的文化，特别在社会主义条件下，文化享受更是普通劳动者的基本权利，文化不能脱离普通大众而存在，大众需要才是文化的生命之源。如果大众的文化选择表达其真实意愿，那么，无论是雅是俗、是文是野，都有存在的合理性。大众文化在本质上是一种以广大群众的生存、享受和发展需要为出发点和归宿的文化形态。大众文化还是社会大众直接参与创造的文化。大众文化不应被看成是对高雅文化、主流文化或文化自身的挑战与威胁，而是文化形式和功能的新拓展。

市场经济社会需要人们树立相应的现代文化价值观念，而大众文化以其寓教于乐、潜移默化的方式，影响改变着人们传统的价值观念、思维方式和生活方式。现代社会倡导民主、平等、自由的价值观念，要求尊重个人的正当利益，塑造独立的个性，传统价值观已难以适应这一社会要求。在这种背景下，大众文化以其漠视权威、追求个性独立和个人正当利益、更具娱乐功能的特点得以迅速兴起、成长并扩展开来，以其灵活多样的形式吸引着包括最底层的劳动人民，文化一改往日居庙堂之上的神圣面目，冲出了精英分子的文化圈，更进一步走向平民，体现了文化的民主化、普及化、平民化[①]。

文化娱乐化也存在不容忽视的负面社会效应。大众文化带来的巨大的经济效益与文化自身应具备的社会效益很难保持经常性的一致，有时甚至会发生对立或错位。在一定条件下，大众文化中也会产生一些反文化的东西，如刺激人们物质欲望，单纯追求感官享受甚至低级趣味，把文化仅仅理解为消遣和娱乐，失去文化应有的启迪性、反思性、批判性；麻痹人的精神和意志，部分受众失却了人生的终极关怀或理想信念；受众一味被动地过度消遣性文化会抹杀人们的想象力、创造力和生命活力。赵本山在春晚的没落和无奈谢幕，就是缘于其作品过分注重"俗"而忽视了文化"雅"的一面，使其离春晚舞台越来越远。对大众文化的双重社会效应，我们应予以正视，不能因正面社会效应而忽视其负面影响，也不能因其具有负面影响而否定大众文化存在的合理性。

三、大众文化的未来路向展望

20世纪90年代开始兴起的中国大众文化首先是一场世俗化运动。它是市场经济条件下社会整体变革的一部分，表明市民社会对自身文化利益的普遍肯定，小康时代大众文化生活需求的合理性，以及处于上升期的内在动力与相应的批判意识。其在建立初期所表现出来的非政治、非道德价值、非艺术甚至非审美的某些现象特征，正是其对过去时代极端政治价值观的反弹，以及对先前政治—伦理一元价值结构的冲击。

大众文化不仅对改革开放前的意识形态进行冲击和批判，更重要的是，当代大众文化的主体是大众，本能地具有一种依托大众、趋向民主的品格，指向开放的双向交往的多元化意识形态。大众文化改变了原有的文化资源分配方式，进行了文化资源的再分配；创建了新的公共文化场域，建立了大量新的文化资本及其积累与运作方式，改变了原有的单一政治文化资本的拥有方式或独享方式，创建了适应各种不同层次和等级的文化消费空间和消费方式，使大多数人可以更自由、快捷地获得自己喜爱的文化资源；创建了大众的新的文化时尚与公共文化话题。新时期中国大众文化的发展路向主要有以下几点。

---

① 张颖. 大众文化的社会功用与民族凝聚力的建构. 广州社会主义学院学报, 2012, (4)：78-81.

人文性。大众文化在本质上是一种以最广大民众的生存、享受、发展需要为出发点、归宿点和最高价值目标的人文文化形态。大众文化自始至终都体现着一种人文本质和人文精神，蕴涵着一种人文目标，昭示着人文价值理性。随着人类物质文明的不断进化和主体意识的日益觉醒，大众文化在新时期将更加凸显其人文本质、人文理性和人文精神。体现和反映新时期中国大众文化人文化发展方向的基本内容：贴近大众文化生活，满足大众文化需要，尊重大众文化权利，凸显大众文化理想，以及提升大众文化品格。

科学性。新时期是知识经济时代，科学技术越来越成为决定生产力、文化力和综合国力的关键因素。大众文化作为一种精神文化形态，要跟上时代步伐、获得持续发展动力，就必须不断地吸纳新的科学知识，运用先进科学方法整合当代科学精神，从而使自身呈现出一种科学化发展方向。否则，就有可能是虚妄和病态的，甚至可能误入歧途。

民族性。大众文化在当代中国的发展不是中国传统文化的中断，而是其合理发展。植根于民族传统文化土壤、反映民族文化思想、体现民族文化风格、优化民族文化人格和展示民族文化精华，是确立中华民族的国际文化地位的基本要求，也是中华民族自立于世界最先进民族之林的基本方略。

国际性。新时期是全球经济文化一体化的时代，每一个国家和民族要保持生机、活力和先进性，就必须与整个世界保持全面开放、充分交流的状态，吸收一切优秀的文化成果，主动接轨国际文化主潮流，紧跟国际文化发展新趋向，并通过广泛及时地吸收和借鉴国外有益文化成果，不断丰富自己的文化内容和创新表现形式，不断提高文化品位，以高尚的精神塑造人、以优秀的作品鼓舞人。

第三节 21世纪以来大众文化的网络化趋向

当代社会已经进入网络社会，网络不仅进入社会经济领域，推动生产、消费的变革，而且进入社会文化领域，使传统文化受到强烈冲击，文化的载体和传播方式发生了根本性变化，人们迎来了前所未有的网络文化时代。

一、网络文化的内涵与特征

网络文化是一种新生事物和一种新型的文化形式，随着信息技术尤其是网络通信技术的发展而产生并发展起来，是人们在社会活动中依赖于以"信息、网络技术以及网络资源为支点的网络活动而创造的物质财富和精神财富的总和"。网络文化是一个内涵十分丰富的概念，对此认识角度与层面不尽相同。从字面来看，"网络文化"有两方面含义：一是网络不仅是一种技术与社会现实，更是一种文化现实，网络本身就是一种新兴文化形态；二是文化是以网络的形态存在和发展，人无时无刻不生活在文化之网中，网络文化成为人类文化发展的网络化形态的最典型体现。

从网络文化包含的内容看，可以分成如下层面。

网络文化行为。网民在网络中的行为方式与活动，大多具有文化意味，他们就是网络文化的基本层面，是其他层面形成的基础。

网络文化产品。这既包括网民利用网络传播的各种原创的文化产品，如文章、图片、视频、Flash等，也包括一些组织或商业机构利用网络传播的文化产品。

网络文化事件。网络中出现的一些具有文化意义的社会事件，不仅对网络文化的走向起一定作用，也对社会文化发展产生一定影响。

网络文化现象。有时网络中并不一定发生特定的事件，但是一些网民行为或网络文化产品会表现出一定的共同趋向或特征，形成某种文化现象。

网络文化精神。主要特点表现为自由性、开放性、平民性、非主流性等，随着网络在社会生活中渗透程度的变化，网络文化精神也会发生变化。

网络文化具有以下特征。

即时性。网络的出现引发了文化载体及其传播方式革命，使文化信息能在同一时间得以迅速传播，打破了传统载体及传播方式的时差。传统的文化传播，或者是口头传述的表达方式，或者是文字印刷的书刊，其传播速度有限。网络却能够以最快速的方式将声音、文字、图形、色彩、数字融为一体，并以最快的方式同时传播。网络文化产品不必经出版社、印刷厂、书店等环节，进入网络的人们能够同时接受文化信息、参与文化活动。

开放性。网上作品的传播，能够迅速到达其他地域，通过信息高速公路而进入别的国家和地区，为其他国家和地区的人所接受。网络时代是地球村时代，网络经济推动了全球经济一体化进程，使全球性文化成为可能。网络文化打破了时差性、地域性，开创了一个共享、开放的文化世界。在网络世界中，文化交流距离缩短，交流界限淡化，甚至能进行超国界、超时空的文化对话、讨论和交流。

多样性。由于载体及其存在方式的深刻变化，网络文化超越了传统文化的纯语言化的存在方式，具有超文字、超语言化的特点。网络文化不仅具有语言、文字表达方式，而且有图像、色彩、数据、声音，甚至更为丰富多彩的文化表达交流方式，人们有着全新的文化感受，调动人类各种感受器官的活动，甚至能营造出虚拟化、数字化的时空，思维、想象力能够更自由地展开。在网络文化中，人们的文化活动、文化消费不是片面的语言文字欣赏，而是融视、听、读、想象于一体，具有动态性、全景性、逼真性的特点。

互动性。在传统文化中，文化的创作者和消费者是相互分离的，作家、画家、音乐家等创造出作品，而读者、观众被动地接受作品。网络文化打破了传统的交流方式，文化消费者可以通过网络直接同创作者交流，创作者也可以通过网络直接接受读者的意见和观点，使文化创作变为创作者和读者共同参与的过程，展现一种新型的文化活动。网络文化为大众的直接参与提供了良好的条件，人人都可以在网上自由发表作品，阐述自己的见解和观点，直接与他人交流、讨论，而无需经过编辑的筛选，也没有权威的限制。文化的创作就不再是个别专家、艺术家所垄断的专利、特权，人人都有参与网上创作的机会和自由，真正跨越大众文化和精英文化的鸿沟。通过网络的广泛参与，网络文化不再是供知识分子、社会精英所独享的雅文化,而是大众共同参与的通俗文化。

二、网络文化勃兴的双面相应

当代文化正处于大变动、大融合、大碰撞的过程之中,网络文化正是这一过程中出现的新型文化形式。对于网络文化,我们应辩证理性地审视和思考。

(一)网络文化的正面效应

网络文化作为反映社会现实的一种文化形态,是人类社会发展的结果,是人类社会"自为的生命存在",其存在的合理性及对社会进步意义毋庸置疑。

网络文化的革命性拓展。网络文化的产生既是人类文明的划时代成果,也是由农业文化、工业文化向信息网络文化的革命性发展。依托高新技术手段、以数字化形态出现的网络文化,同依托传统载体、以非数字化形态存在的传统文化相比,其生命力、辐射力、交往力、扩张力要强得多。网络文化是一种新型文化,促使人类思维方式由一维向多维、由平面向立体、由线性向非线性、由收敛型向发散型转变;变革了人们的文化价值观及信息观、交往观、时空观、等级观、实体观等;产生了一种新的认知模式,凸显人机协同性、即时交互性和动态创新性等特点,促进了群体思想及其行为规范的创新。

网络文化促使传统文化生成模式的转型。如果说全球化使科学与民主成为20世纪新文化运动的里程碑,那么21世纪知识与自由的新文化(网络文化)则因为全球化而飘扬在信息文明的新旗帜之上。在全球互联网上产生的不仅是新技术、新经济,更是一种新文化,而且是在一个前所未有的载体(全球)上发生的,又是以一种全新的界面(网络)出现,这是一场脱胎换骨式的变革。网络文化不仅以网络语言为交流和传播手段,而且通过个人和家庭终端联系社会,形成全新载体。在人类文化的变迁中,如果说第一代文化是以语音为载体的语音文化,第二代是以文字为载体的文字文化,那么第三代则是以电子—电磁波为载体的电子—电磁波文化,这种新文化为人类文化样式的创新奠定了坚实基础。

网络文化推进了人类经济的快速发展。马克思曾经说过:"各种经济时代的区别,不在于生产什么,而在于怎样生产,用什么劳动资料生产。"[1]信息社会与工业社会的重要区别在于信息处理与传播方式的变化。如果说工业文明是以机器为中心的商品社会,那么信息时代就是以网络为中心的服务社会。当今,以互联网为代表的当代信息网络已经突破信息交流渠道的范畴,成为集信息聚集、处理、传播、开发、利用于一体的功能综合的信息平台。随着网络的发展,网络文化已渗透到企业生产、经营、管理的各个方面,成为经济社会活动的基础。

(二)网络文化的负面效应

网络文化带来许多值得人们思考的问题。网络作为继报刊、广播、电视等大众传媒之后的"第四媒体",借助先进的电子信息技术,已日渐成为一尊万能的偶像,并通过

---

[1] 马克思恩格斯全集.(第23卷).北京:人民出版社,1972.

一定观念模式或理论形态导致技术理性的横行无忌，以及人文价值理性的遮蔽和冷落。网络技术一方面在现实生活的各个方面满足人们的需求，发挥着控制大众意识、诱导大众行为的操纵功能，用标准化、复制性的文化产品把自己设定的理解方式强加给大众；另一方面，又在精神生活领域千方百计抬高"技术的艺术性"以打造"艺术的技术"，用技术手段改变人们对艺术的认知方式和感悟方式，修正传统的艺术观念，消解乃至摧毁人文的审美创造性，影响艺术的"出场"和功能范式。

随着全球网络的发展，网络文化中的信息污染越来越严重。因特网可以在全球范围内传递声像、图文并茂的多媒体信息，且传播速度快、使用方便且难以控制，加上网民素质差别很大，文献信息质量存在着严重的参差不齐现象。在"信息自由"口号下，一些冗长信息、污秽信息、盗版信息、虚假信息、失真信息、过时信息和错误信息等，都可以通过因特网广为流传，成为严重危害人们身心健康的公害。网络文化构成的虚拟世界，容易造成人们社会责任感缺失。面对互联网中海量信息"轰炸"，人们缺乏驾驭能力，往往不辨真伪，在人云亦云中失去理性思考和判断，形成"网络综合征"，即由于过分依赖网络，造成人际关系隔离，人文精神缺失，产生紧张、孤僻、情感缺乏等症状，表现出不同程度的人格障碍和交往障碍，一旦离开网络便无所适从，无法面对现实社会。

网络文化加剧了民族文化之间的矛盾和冲突。因特网使全球相连，完全打破了传统的物理上的空间概念，各国之间真实的地理距离不复存在，世界变成了地球村。网络文化传播成为跨文化的传播，促进了文化的碰撞与交融。多元的文化传播在网络上将出现从未有过的激烈竞争局面，传播的全球化与新的文明冲突将成为网络传播的重要特征。随着网络的发展，这种文化冲突更加频繁，冲突范围不断扩大。

第四，网络文化成为西方势力进行文化渗透和意识形态入侵的便捷手段。尽管文化全球化的题中之意是实现文化信息全球一体化与文化本体个性化的统一，而不是文化的殖民化，但在信息全球一体化过程中，某些国家通过网络进行文化渗透的客观现实是存在的。美国微软公司总裁比尔·盖茨说过："信息高速公路将打破国界，并有可能推动一种世界文化的发展，或至少推动一种文化活动、文化价值观的共享。"[①]目前，许多西方发达国家的政治团体利用网络进行意识形态的渗透和宣传，对持不同政治立场的团体进行攻击和颠覆。在网络上，意识形态的冲突变得既隐蔽化，又复杂化，各种组织和个人都可以在网络上发布政治观点，形成网络信息多样化态势。网络上各种思想并存，甚至尖锐对立，形成网络信息的"世界大战"，虽然没有硝烟，但所造成的影响却是深远的。

三、用主流文化引领网络文化建设

基于网络文化的双重效应和趋利避害原则，应"加强和改进网络内容建设，唱响网上主旋律"[②]，用社会主义核心价值体系引领网络文化建设，发展健康向上的网络文化，

---

① [美]比尔·盖茨. 未来之路. 北京：北京大学出版社，1996.
② 胡锦涛. 坚定不移沿着中国特色社会主义道路前进，为全面建设小康社会而奋斗. 人民日报，2012-11-18.

最大限度地凝聚社会思想共识。

网络媒介是技术主导的弱把关媒介，相较于传统媒介，网络社会文化更加复杂多元，主流文化与非主流文化、先进文化与落后文化相互交织，有时甚至难辨彼此。因此，要想用社会主义核心价值体系引领网络文化建设，必须适应网络传播特性和网民精神心理特点，创新网络文化建设的内容和方法，在复杂的网络文化中牢牢掌握我国意识形态领域的主导权、主动权和话语权。

尊重网民认知差异性和价值差异性，尊重网民的表达权。我国正处于"经济转轨、社会转型"的关键时期，各种问题和矛盾层出不穷，网民认识问题的角度和方法也千差万别，言论趋向多元，意见发生分歧，已经成为网络文化常态。言论自由是民主政治的基础和条件，还是发现和传播真理的途径。因此，必须尊重和保护网民的表达权，允许他们站在不同立场和角度表达各自利益诉求。最近几年，网络群体性事件频繁发生，既是新旧体制交织、利益分化等问题导致的各种现实矛盾在网络上的集中反映，也与有些地方政府和领导习惯于把个人意志当作政府政策强制推行，压制网民言论自由，引起网民反感密切相关。因此，尊重和保障网民言论自由，用包容态度对待网络上不同的声音，有助于建设和谐网络。当然，尊重网民认知差异性和价值差异性，尊重网民的表达权，绝不是放任错误言论、违法言论肆意传播，而是要树立网络意见多样共生、和而不同观念，在差异和对话中扩大社会主义核心价值体系的影响力。当多数网民的意见代表正确舆论时，必须坚定不移地按照多数网民的意见引导舆论；当多数网民的意见不代表正确舆论时，也不能简单压制、封堵网民发言，而是要坦诚对话，耐心说服，缩小分歧，扩大共识，根据不同社会阶层、社会群体的愿望和诉求，作出决策。

承认网络文化传播"西强我弱"的现实，积极打造网络传播民族品牌，占领网络文化传播主阵地。一方面，我们要优化和完善网络布局，加快光缆干线网建设，积极推进三网融合，增强网络传播硬实力。只有掌握网络传播关键技术，控制关键环节，在制定网络传播规则中获得发言权，才能真正获得网络文化传播的主动权和主导权。另一方面，要建设大批立足我国国情、扎根我国网民的民族品牌网站，在承认网络传播"西强我弱"的现实基础上扩大网络文化认同，在开放包容中形成思想共识，抵御西方文化霸权和意识形态渗透，确保网络民族文化的独立性和积极健康的发展方向。当西方文化通过网络蜂拥而至时，只要我们坚守思想文化阵地，自觉担负促进社会主义核心价值体系建设的责任，大力推动中国特色社会主义最新理论成果的网上传播，增强理论宣传的吸引力和影响力，真正推动我国网络文化健康向上发展。

主要参考文献

鲍宗豪. 2001. 网络与当代社会文化. 北京: 三联书店.
陈蒲清. 2007. 论语注译. 广州: 花城出版社.
陈蒲清. 2008. 孟子注译. 广州: 花城出版社.
陈鼓应. 2001. 庄子今注今译. 北京: 中华书局.
陈一平. 1994. 淮南子校注译. 广州: 花城出版社.
陈来. 1987. 朱熹哲学研究. 北京: 中国社会科学出版社.
陈来. 2009. 古代宗教与伦理——儒家思想的根源. 北京: 三联书店.
成中英. 2001. 世纪之交的抉择. 上海: 上海知识出版社.
陈兵. 1992. 佛教禅学与东方文明. 上海: 上海人民出版社.
陈兵. 2008. 佛法在世间. 北京: 中国时代经济出版社.
陈云金, 陆保生. 2002. 孙子兵法评释. 武汉: 武汉大学出版社.
戴震. 1982. 孟子字义疏证. 北京: 中华书局.
丹纳. 1983. 艺术哲学. 北京: 人民文学出版社.
樊浩. 1992. 中国伦理精神的历史建构. 南京: 江苏人民出版社.
方克立. 1997. 现代新儒学与中国现代化. 天津: 天津人民出版社.
方立天. 1992. 佛教哲学. 北京: 中国人民大学出版社.
费孝通. 1999. 费孝通文集. 北京: 群言出版社.
冯友兰. 2004. 中国哲学史新编. 北京: 人民出版社.
冯友兰. 2009. 中国哲学史. 北京: 三联书店.
冯天瑜. 1994a. 中国文化史纲. 北京: 北京语言大学出版社.
冯天瑜. 1994b. 中华元典精神. 上海: 上海人民出版社.
高亨. 1998. 周易大传今注. 济南: 齐鲁书社.
郭象. 1996. 庄子注. 上海: 上海书店.
葛荣进. 1991. 道家文化与现代文明. 北京: 中国人民大学出版社.
龚红月. 2000. 中国传统文化新论. 广州: 暨南大学出版社.
顾炎武. 2006. 日知录集释. 上海: 上海古籍出版社.
顾建华. 1998. 中国传统文化. 长沙: 中南工业大学出版社.
郭沫若. 2004. 中国古代社会研究. 石家庄: 河北教育出版社.
贺麟. 1988. 文化与人生. 北京: 商务印书馆.
黑格尔. 1956. 历史哲学. 王造时. 北京: 三联书店.
何乃光, 姜汝真. 1996. 中国文化概要. 北京: 华文出版社.
侯外庐. 1957. 中国思想通史. 北京: 人民出版社.
侯外庐, 邱汉生, 张岂之. 1987. 宋明理学史. 北京: 人民出版社.
胡适. 1997. 中国哲学史大纲. 上海: 上海古籍出版社.
胡留元, 冯卓慧. 2006. 夏商西周法制史. 北京: 商务印书馆.
胡世庆, 张品兴. 1991. 中国文化史. 北京: 中国广播电视出版社.
黄志斌. 2008. 绿色和谐文化论. 北京: 中国社会科学出版社.

黄宗羲. 1985. 明儒学案. 北京：商务印书馆.
黄宗羲. 1990. 宋元学案. 北京：中国书店.
金元浦，谭好哲，陆学明. 2008. 中国文化概论. 北京：首都师范大学出版社.
金岳霖. 1995. 金岳霖文集（第1卷）. 兰州：甘肃人民出版社.
康有为. 1998. 新学伪经考. 北京：三联书店.
孔繁. 1991. 魏晋玄谈. 沈阳：辽宁教育出版社.
孔颖达. 1990. 五经正义. 上海：上海古籍出版社.
梁启超. 1987. 中国历史研究法. 上海：上海古籍出版社.
梁启超. 1998. 清代学术概论. 上海：上海古籍出版社.
梁启超. 2008. 中国近三百年学术史. 北京：中国社会科学出版社.
梁漱溟. 2005. 中国文化要义. 上海：上海世纪出版集团.
李刚. 1994. 劝善成仙——道教生命伦理. 成都：四川人民出版社.
李零. 2006. 〈孙子〉十三篇综合研究. 北京：中华书局.
李约瑟. 1990. 中国科学技术史. 北京：科学出版社.
林甘泉. 2002. 从文明起源到现代化. 北京：人民出版社.
刘蕙孙. 1990. 中国文化史稿. 北京：文化艺术出版社.
刘介民. 1997. 中国传统文化精神. 广州：暨南大学出版社.
鲁迅. 1958. 鲁迅全集（第6卷）. 北京：人民文学出版社.
马克思. 1975. 资本论. 北京：人民出版社.
马林诺夫斯基. 2002. 费孝通译. 文化论. 北京：华夏出版社.
毛泽东. 1991. 毛泽东选集（第1卷，第2卷）. 北京：人民出版社.
毛泽东. 1996. 毛泽东文集（第3卷）. 北京：人民出版社.
毛泽东. 1999. 毛泽东文集（第8卷）. 北京：人民出版社.
牟钟鉴，胡孚琛，王葆玹. 1991. 道教通论. 济南：齐鲁书社.
牟宗三. 1997a. 中西哲学会通十四讲. 上海：上海古籍出版社.
牟宗三. 1997b. 中西哲学的特质. 上海：上海古籍出版社.
培根. 1984. 新工具. 北京：商务印书馆.
齐光. 1993. 孙子兵法今译今注. 北京：北京古籍出版社.
钱穆. 1988. 中国文化史导论. 北京：三联书店.
钱穆. 1997. 中国近三百年学术史. 北京：商务印书馆.
屈守元，常思春. 1996. 韩愈全集校注. 成都：四川大学出版社.
任继愈. 1983. 中国哲学发展史（先秦卷）. 北京：人民出版社.
任继愈. 1994. 中国哲学发展史（隋唐卷）. 北京：人民出版社.
任继愈. 1998. 中国哲学发展史（魏晋南北朝卷）. 北京：人民出版社.
商聚德. 1996. 中国传统文化导论. 保定：河北大学出版社.
释印光. 2000. 印光法师文钞. 北京：宗教文化出版社.
司马迁. 1982. 史记·太史公自序. 北京：中华书局.
苏舆. 2002. 春秋繁露义证. 北京：中华书局.
孙雍长. 1998. 老子注译. 广州：花城出版社.
檀江林. 2009. 中国文化概论. 合肥：合肥工业大学出版社.
汤用彤. 1982. 隋唐佛教史稿. 北京：中华书局.
汤用彤. 1997. 汉魏两晋南北朝佛教史. 北京：北京大学出版社.
汤用彤. 2001. 魏晋玄学论稿. 上海：上海古籍出版社.
唐君毅. 2006. 中国文化之精神价值. 南京：江苏教育出版社.

王弼. 1996. 老子注. 上海：上海书店.
王夫之. 2000. 张子正蒙注. 上海：上海古籍出版社.
王宁. 2000. 中国文化概论. 长沙：湖南师范大学出版社.
王阳明. 1992. 王阳明全集. 上海：上海古籍出版社.
王阳明. 2000. 传习录. 上海：上海古籍出版社.
武树臣. 1994. 中国传统法文化. 北京：北京大学出版社.
吴小如. 2001. 中国文化史纲要. 北京：北京大学出版社.
王泽应. 1999. 自然与道德. 长沙：湖南大学出版社.
吴震. 2003. 阳明后学研究. 上海：上海人民出版社.
万俊人. 1997. 现代西方伦理学史. 北京：北京大学出版社.
徐光启. 1984. 徐光启集. 上海：上海古籍出版社.
徐洪兴. 1996. 思想的转型——理学发生过程研究. 上海：上海人民出版社.
徐复观. 2001. 两汉思想史. 上海：华东师范大学出版社.
徐复观. 2005. 中国人性论史. 上海：华东师范大学出版社.
杨泽波. 1995. 孟子性善论研究. 北京：中国社会科学出版社.
杨泽波. 1998. 孟子评传. 南京：南京大学出版社.
杨向奎. 1997. 宗周社会与礼乐文明. 北京：人民出版社.
阴法鲁，许树安. 1991. 中国古代文化史. 北京：北京大学出版社.
余英时. 2004. 现代儒学的回顾与展望. 北京：三联书店.
张岱年. 1980. 哲学与文化. 北京：教育科学出版社.
张岱年，方克立. 1994. 中国文化概论. 北京：北京师范大学出版社.
张岱年，程宜山. 2006. 中国文化论争. 北京：中国人民大学出版社.
张立文. 1987. 传统文化与现代化. 北京：中国人民大学出版社.
张立文. 2002. 宋明理学研究. 北京：人民出版社.
张立文. 2004. 和合哲学论. 北京：人民出版社.
张立文. 2007. 中国哲学史新编. 北京：中国人民大学出版社.
张岂之. 2008. 精编中国思想史. 台北：水牛图书出版公司.
张晋藩. 2003. 中国法制史. 北京：高等教育出版社.
张汝伦. 2001. 现代中国思想研究. 上海：上海人民出版社.
张君劢，丁文江. 1997. 科学与人生观. 济南：山东人民出版社.
张勇. 1991. 章太炎学术文化随笔. 北京：中国青年出版社.
郑家栋. 1997. 当代新儒学史论. 南宁：广西教育出版社.
周忍伟. 2005. 中国文化导论. 上海：华东理工大学出版社.
钟国发. 2003. 神圣的突破. 四川：四川人民出版社.
"中国军事史"编写组. 2007. 中国历代军事思想. 北京：解放军出版社.
邹昌林. 2000. 中国礼文化. 北京：社会科学文献出版社.
朱熹. 2000. 近思录. 上海：上海古籍出版社.
朱贻庭. 1994. 中国传统伦理思想史. 上海：华东师范大学出版社.
朱耀庭. 2005. 中国传统文化概论. 北京：北京大学出版社.
庄锡昌. 1987. 多维视野中的文化理论. 杭州：浙江人民出版社.